방과후돌봄교실

지도자료집

방과후아동지도사·유아교사·초등교사·보육교사·학부모

방과후 돌봄교실
지도자료집

윤정한 엮음

해피&북스

책을 엮으면서 …

　1970년대 이후 급격한 경제발전은 여성의 사회진출을 유도하게 되었고, 기혼 여성의 취업은 가정에서의 부모의 역할과 가족의 기능을 약화시켰습니다. 대가족 제도에서는 여성이 경제활동에 참여하더라도 자녀를 대신 양육할 수 있는 대리모가 존재하였으나, 핵가족화 되면서 그것이 불가능하게 되어, 그 대리 양육을 할 수 있는 공적체제, 즉 방과 후 아동 돌봄의 필요성이 증가하게 되었습니다.
　특히 방과 후에 혼자 지내는 아동들이 수십만 명에 달하는데, 이들은 자기보호 기능이 상대적으로 낮은 초등학생들입니다. 따라서 부모가 귀가하기까지 돌보아 줄 사회적 필요성이 절실하게 되었습니다. 영유아보육 만큼이나 중요하고 시급한 일이 방과 후 **초등돌봄사업**이라고 할 수 있습니다. 이제 새 정부가 초등학생 방과 후 돌봄교실 사업을 확대하고자 하는 것은 매우 반갑고 당연한 일이라 할 수 있습니다.
　이 책은 보육교사 양성과정이 개설되는 초기에서부터 지금까지 대학과 교육원에서 강의하면서, 그리고 우리나라에 최초로 방과후아동지도론 과목이 보육교사 교육원에 개설되면서 지금까지 강의해 오면서, 또한 수년간 방과후아동지도사 자격과정을 강의하면서, 방과후어린이집이나 지역아동센터, 아동복지관, 그리고 **초등돌봄교실** 등의 교사들과 초등학생을 둔 학부모들이 아동을 지도하는데 도움이 될 수 있도록 특별지도 영역별로 자료들을 모아 정리하여 한권의 자료집으로 묶어내게 되었습니다. 특히 방과 후 초등학생들을 지도하는 **초등돌봄교실** 교사들에게는 매우 유익한 자료집이 되리라 생각합니다.
　본 자료집에 사용된 자료들은 각종 단행본과 인터넷에서 검색한 자료들로서, 혹 저자들의 저작물을 인용하는 과정에서 허락을 득하지 못한 부분이 있더라도, 우리 아이들의 올바른 지도와 초등돌봄교실 보육강사들과 아동지도자들을 사랑하는 마음과, 우리 미래의 주역들을 아름답게 길러내는 마음으로 널리 양해하여 주시기를 바랍니다.
　앞으로 계속하여 방과 후 아동지도자들에게 도움이 될 수 있는 각종 자료들을 수집하여 보기 좋게 엮고, 새로운 자료들을 검색하여 업데이트 된 자료를 제공하고자 합니다.

2013년 봄에
엮은이

차　례

제 1 장　아동기의 이해 ················· 9
제 2 장　아동상담과 대화법 ············· 41
제 3 장　자기주도 학습의 이해 ·········· 67
제 4 장　학습지도 ······················· 111
제 5 장　생활지도 ······················· 129
제 6 장　인성지도 ······················· 155
제 7 장　성교육 ························ 173
제 8 장　미디어교육 ···················· 197
제 9 장　글쓰기 지도 ··················· 217
제10장　독서지도 ······················ 249
제11장　논술지도 ······················ 275
제12장　현장학습지도 ·················· 299
제13장　N.I.E지도 ····················· 317
제14장　창의성지도 ···················· 343
제15장　환경교육 ······················ 359
제16장　놀이와 게임지도 ··············· 381
부 록 1　초등돌봄교실의 이해 ·········· 395
부 록 2　초등교육과정의 이해 ·········· 411
　　　　참고자료 ······················ 429

제1장 아동기의 이해

인간발달 영역은 인간이 시간이 경과함에 따라 양적 또는 질적으로 어떻게 변화하는가에 대한 과학적인 연구 분야로서 자신이나 다른 사람을 이해하는데 체계적인 도움을 제공하고 있다. 오늘날 발달학자들은 인간발달에 영향을 미치는 요인을 밝혀 봄으로써 특정한 행동이 왜 일어나는가를 설명하려고 노력하며, 또한 모험적이고 복잡한 과제인 행동을 예언한다. 경우에 따라서는 어떤 형태의 훈련이나 치료를 제공함으로써 발달을 수정하거나 최적화하고 한다.

아동발달에 관한 연구는 매우 실제적인 시사를 한다. 현재 아동의 양육을 담당하고 있는 부모나 보호자들에게는 그 아동이 정상적인 발달을 하고 있다고 이해시켜 주거나, 아동의 발달지체를 극복하는 방법에 대해 도움을 줄 것이다. 만약 보육사가 담당 아동의 발달과정에 대한 이해와 아동들의 연령에 맞게 양육방법을 습득한다면 좋은 양육 및 교육 프로그램을 계획할 수 있을 것이다.

1. 발달의 이론

1) 프로이드 발달이론

프로이드는 성격발달의 세 가지 기본원칙으로 정신적 결정론, 무의식의 중요성, 성적 에너지(리비도)를 제시하였다.

첫째, 정신적 결정론은 인간의 정신적 활동이 이전의 행동이나 사건에 의해 결정된다고 보는 것이다.

둘째, 인간의 행동이 의식적 과정보다는 인식할 수 없는 무의식에 의해 동기가 유발된다고 보았다.

셋째, 본능적인 성적 에너지가 행동과 사고의 동기가 된다고 간주하였다. 특히, 프로이드는 모든 본능이 근본적으로 성적인 것이라 믿었기 때문에 인간의 성격발달이 성적인 욕구와 밀접한 관련이 있다고 믿었으며, 이 성격발달을 심리성적 발달이라 일컬었다.

(1) 구순기(oral stage)
출생 후 대략 1년 동안에 해당되는 시기로서 리비도가 입에 있기 때문에 주로 빠는 행위를 통해 쾌감을 충족시킨다. 인공수유나 이유 등으로 구순 욕구 충족이 좌절되거나 반대로 과도하게 충족되는 경험을 하게 되면 구순 고착 성격을 갖게 된다. 이것은 후에 과식이나 과음, 과흡연 등과 같은 행동 특성으로 나타나기도 하고 때로는 타인에 대한 의존 혹은 분노 등으로 표현되기도 한다.

(2) 항문기(anal stage)

대략 2, 3세에 해당되는 시기로서 주로 배설 행위를 통해 쾌감을 얻는다. 이 시기에는 보통 대소변 가리기 훈련이 시작되는데 이때 유아는 처음으로 본능적으로 욕구 충족을 통제 받는 경험을 하게 된다. 구순기에서처럼 이 시기에도 대소변 훈련과 관련하여 너무 엄격하고 강압적인 경험을 하거나 반대로 너무 느슨한 경험을 하게 되면 항문 고착 성격을 갖게 된다. 항문 고착 성격은 항문 폭발적 성격과 항문 강박적 성격으로 구분된다. 전자의 경우는 보통 지저분하며 정돈되지 않으며 낭비벽이 있는 행동 특성을 나타내고, 후자의 경우는 고집이 세고 완고하며 검소한 반면에 인색한 특성으로 나타난다.

(3) 남근기(phallic stage)

4, 5세경에는 리비도가 항문에서 성기로 옮아간다. 따라서 성기를 통한 리비도의 만족을 추구하게 된다. 남아의 경우 이성의 부모인 어머니에 대해 성적인 욕망과 애착을 느끼며 아버지를 경쟁자로 생각하는 소위 오이디푸스 콤플렉스를 나타낸다. 이러한 과정에서 남아에게 거세 불안이 유발되는데 이 불안을 감소시키기 위해 어머니에 대한 성적인 욕망과 아버지에 대한 적대감을 억압하게 되며 아울러 아버지에 대한 동일시를 통하여 남성다움을 발달시켜 간다. 여아의 경우 이성의 부모인 아버지에 대해 성적인 애착을 느끼게 되는데 이를 엘렉트라 콤플렉스라 부른다. 이러한 과정에서 여아에게 남근 선망이 나타난다. 남근기에 고착된 남자는 경솔하고, 과장이 심하며, 야심이 강하고 여자는 난잡하고, 유혹적이며, 경박하다.

(4) 잠복기(latincy stage)

6세부터 11, 12세 무렵까지를 말하며 초등학교 재학 시기와 대략 일치한다. 이 시기는 오이디푸스 콤플렉스를 극복하고서 성적 욕구나 갈등이 억압되는 평온한 시기라고 볼 수 있다. 이 시기에 아동은 지적 활동이나 운동 등 사회적으로 용인되는 활동에 많은 에너지를 투입하며, 특히 지적인 탐색이나 주위 환경에 대한 탐색이 활발하게 나타난다. 잠복기에 고착되면 성인이 되어서도 이성에 대한 친밀감을 갖지 못한다. 즉, 이성과의 성적관계를 회피하거나 정서적인 감정 없이 단지 공격적인 방식으로서 성적행동을 하게 된다.

(5) 생식기(genital stage)

사춘기 이후 전 생애에 걸쳐 계속되는 시기로서 리비도가 다시 성기로 돌아오고 성행위를 통한 성적인 만족을 추구한다. 이 시기에 이르면 이성에 대해 진정한 관심을 가지고 성숙한 사랑을 할 수 있으며, 이 단계에 이르기까지 순조롭게 발달한 사람은 이타적이고 원숙한 성격을 지니게 된다. 이상적인 생식기적 성격 발달을 위해서는 근면을 배워야 하고, 즉각적인 만족을 지연시켜야 하며, 책임감이 있어야 한다. 아동기 초기에 경험한 심각한 외상으로 인해 성적 에너지의 고착이 있으면 생식기에서의 적응이 어렵다.

2) 에릭슨 발달이론

에릭슨의 발달 이론은 심리 사회적 측면이라는 기준을 가지고서 생을 여덟 단계로 구분하고 있다. 각 단계는 적응적 대처 양식과 부적응적 대처 양식이라는 양극적 측면을 가지고 있다. 에릭슨의 심리사회적 자아발달 이론은 세 가지 특징을 가진다. 첫째, 일생에 거친 성장을 논하고 있다. 둘째, 인간이 생물학적 환경적 영향에 전적으로 좌우되지 않는다고 가정하였다. 셋째, 개인의 성장에 문화가 기여하는 것을 주목하였다. 매 단계마다 문화적 목표와 동경, 사회적 기대와 요건, 문화가 개인에게 제공하는 기회들이 있다는 것이다

(1) 신뢰감 대 불신감(출생~1세)
유아와 엄마의 상호 작용을 통한 사회적 관계는 유아가 세계를 신뢰하느냐 그렇지 않으면 불신의 태도로 보느냐를 결정하게 된다. 엄마가 유아의 신체적 욕구에 매우 반응적이고 애정적이며 충분한 사랑과 안정감을 제공한다면 유아는 주위 세상을 신뢰하기 시작할 것이며, 이러한 기본 신뢰감은 타인에 대해서 뿐만 아니라 자신에 대한 태도를 특징짓게 된다. 반면 엄마가 거부적이고 무관심하며 행동에 일관성이 없을 때 유아는 주위 세상에 대한 불신의 태도를 발달시킨다. 이렇게 양육의 질에 따라서 신뢰 혹은 불신의 태도를 발달시키게 된다.

(2) 자율성 대 회의감 및 수치심(2~3세)
아동은 다양한 신체적 및 정신적 능력을 발달시킨다. 따라서 최초로 아동은 많은 일들을 스스로 할 수 있게 되며 이 과정에서 자율 의지를 경험하게 된다. 에릭슨은 특히 아동에 있어서 잡아두고 내보내는 능력을 강조하였으며 이를 통해 아동은 어느 정도 선택을 실천할 수 있다고 주장하였다. 아동이 자율적인 의지를 실천하도록 허용되지 않으면 타인과의 관계에서 수치심을 느끼거나 자신에 대한 회의감을 발달시킨다.

(3) 주도성 대 죄책감(4~5세)

이 시기에는 아동의 운동 능력이나 지적 능력이 더욱 완전하게 발달함으로써 더욱 많은 것을 행할 수 있으며, 활동의 목표나 계획을 세워 이를 달성코자 노력하게 된다. 이 과정에서 주도성이 발달하게 된다. 또한 이 시기에 환상 형태의 주도성으로서 이성 부모에 대한 소유욕이 나타난다. 이 새로운 자기주도적 활동이나 환상에 대해 처벌하거나 금기시하고 혹은 나쁜 것으로 느끼도록 하면서 죄책감을 발달시킨다. 오이디푸스적 관계와 관련하여 아동은 더욱 현실적인 목표로 인도될 수 있으며 이를 통해 성인과 같은 책임감과 도덕성을 발달시키게 된다.

(4) 근면성 대 열등감(6~11세)

이 시기에는 아동의 세계가 상당히 확대되고 집 밖에서 새로운 영향력을 받게 된다. 집이나 학교에서 활동하면서 근면성을 학습하기 시작하는데 이것은 주로 타인으로부터 인정을 받고 과제의 완수로부터 오는 즐거움을 얻기 위한 수단으로서 작용한다. 이러한 새로운 기능들은 주로 부모나 교사의 태도에 의해 결정되는데, 건설적이고 교훈적인 칭찬이나 강화는 근면성을 길러 주지만, 조롱하고 거부적인 태도를 보이면 부적합감이나 열등의식을 발달시킨다.

(5) 정체감 대 역할 혼돈(12~18세)

이 시기의 청소년은 급격한 신체 변화와 사회적 요구에 당황하게 되며 자신의 존재에 대한 새로운 탐색을 시작한다. 에릭슨은 이 시기를 개인의 자아정체감이 해결되어야 하는 중요한 시기로 간주하였다. 청소년기는 아동기와 성인기간의 과도적 시기로서 자아정체감을 형성하고 수용하는 일이 지극히 어렵고 불안한 과제가 된다. 정체감이 형성된 개인들은 확신을 가지고 다가오는 성인기에 대비하지만 실패한 개인들은 정체감 위기 즉, 역할 혼돈에 빠진다. 에릭슨은 정체감 발달에 있어서 청소년이 동일시하고자 하는 인문이나 사회 집단의 영향력을 강조하였다.

(6) 친밀성 대 고립감(19~35세, 성인초기)

이 시기에는 부모로부터 독립을 성취하여 직업을 선택하고 배우자를 찾으면서 성숙하고 책임 있는 성인으로서의 역할을 시작한다. 생산적인 일에 종사할 뿐만 아니라 우정 혹은 성적 결합의 형태로 타인과 친밀한 관계를 수립한다. 여기서 자신의 정체감을 타인과 융화시켜야 할 필요가 있다. 자신의 정체감을 타인과 융화시킨다는 것이 자신의 정체감을 잃는다는 것은 결코 아니다. 친밀한 관계를 수립하는 데 실패한 개인의 경우 고립감을 가지고서 타인과의 접촉을 회피하거나 자신에게 위협적으로 느껴지는 사람에게 거부적이며 공격적인 태도를 보이기도 한다.

(7) 생산성 대 침체감(35~50, 중년기)

이 시기에는 주로 다음 세대를 가르치고 지도하는 데 능동적이고 직접적으로 관여하게 된다. 자신의 자녀가 없는 경우에 다음 세대를 위한 사회 봉사 등을 통해 생산성을 발휘하게 된다. 또한 자신이 종사하는 분야와 관련된 직업적인 성취나 학문적, 예술적 업적 등에서도 이러한 생산성이 나타날 수 있다. 이러한 생산성의 형성에 실패한 개인은 침체감에 빠지고 따분함을 느끼며 빈곤한 대인 관계 등을 나타낸다.

(8) 자아통정감 대 절망감(노년기)

노년기에는 신체적인 노쇠와 직업으로부터의 은퇴, 친한 친구나 배우자의 죽음 등으로 인하여 무력감에 빠지기 쉽다. 이 단계는 자아통정감 혹은 절망의 시기로서 이것은 개인의 전 생애를 조망하는 방식을 결정한다. 만일 성취감과 만족감으로 생을 회고하며 성패에 잘 적응했다면 자아통정감을 갖게 되는데, 이것은 자신의 위치와 과거를 수용하는 것을 의미한다. 반면에 자신의 삶이 무의미한 것이었다고 느끼게 되면 절망감에 빠지게 된다.

3) 피아제 발달이론

피아제는 인간이 태어날 때 유전에 의해 가장 기본적인 것만을 가지고 태어나지만 환경과 상호 작용하는 가운데 연령이 증가함에 따라 인지가 발달한다고 보았다. 피아제는 인지 발달을 자기중심성의 감소 과정으로 설명하고 있는데 특히 조작(내면화된 행동체계)의 개념을 도입하여 인지 발달 단계를 제시하였다. 피아제는 조작의 유무 및 유형에 따라서 인지 발달을 네 단계로 구분하였는데 이 인지발달단계는 몇 가지 특징을 지닌다. 첫째, 단계별 성취연령은 개인차가 있기 때문에 제시된 연령이 반드시 들어맞지 않는다. 둘째, 모든 아동은 단계를 순서대로 통과하여 발달하며, 절대로 단계를 뛰어 넘을 수 없다. 셋째, 다음 단계로 이동하는 과도기에는 두 단계의 인지적 특성이 함께 나타날 수 있다. 넷째, 형식적 조작기에 도달한 아동이나 고도로 인지발달이 된 성인도 때로 낮은 단계의 사고를 한다.

(1) 감각 운동기(0~2세)

인지 발달의 첫 단계는 감각 운동기라고 부른다. 이 단계에서 인지발달은 감각과 신체적 운동으로부터 얻어진 정보에 기초하기 때문이다. 이 시기는 하위 6단계로 구분되며 유아는 반사적 행위로부터 점차 목표 지향적 활동으로 나아가게 된다. 즉 초기의 외현적, 감각 운동적 행위로부터 점진적으로 내재적인 행위로 발달해 간다. 이 기간 중에 중요한 지적 성취의 하나가 대상연속성(object permanence)의 획득인데, 이것은 모든 대상들이 독립적인 실체로서 장소가 옮겨지거나 시야에서 사라지더라도 계속 존재한다는 사실에 대한 인식을 말한다.

① 반사 활동기(출생~약 1개월) - 신생아가 학습되지 않은 생득적 반사로써 그 주위 환경에 적응하려는 시기이다.
② 일차 순환 반응(1~4개월경) - 순환이란 우연히 일어났던, 흥미를 끄는 행동을 반복한다는 의미에서 붙여진 이름이며 일차적이란 이러한 행동이 생물학적인 반사에 그 근원이 있기 때문에 붙여졌다. 흥미를 끄는 행동은 아동의 신체를 중심으로 반복해서 나타나는 매우 단순한 것이다. 자신의 신체를 제외한 외부적인 사건은 이때 일어나지 않는다. 그래서 자아탐구 단계라고도 볼 수 있다.
③ 이차 순화반응(4~8개월경) - 이 단계의 특징은 순환반응이 유아 자신의 신체에 한정된 것이 아니라 주위환경에 존재하는 물체에까지 확대된다는 것이다. 2차 순환반응은 환경에 대한 인식의 시작으로 우연히 했던 행위가 재미있었다면 똑같은 결과를 얻기 위해 행동을 반복하는 것이다.
④ 이차 반응의 협응(8~12개월경) - 이 시기는 특별한 목적을 달성하기 위해 여러 가지 도식을 새로운 상황에도 사용하게 된다.
⑤ 삼차 순환 반응(12~18개월경) - 생후 12개월에서 18개월의 유아에게는 삼차 순환반응이 일어난다. 1차 순환반응은 흥미를 끄는 단순한 행동을 반복하는 단계이며, 이차 순환반응은 이전에 만족을 주었던 행위를 목적을 갖고 반복을 계속하는 것이다.
⑥ 사고의 시작(18~24개월경) - 감각운동기의 마지막 단계의 아동은 문제를 해결하기 위해 실재의 물체뿐 아니라 상징이나 이미지를 인지적으로 조합하고 조정하기도 한다. 즉, 상징은 통해 새로운 인지구조를 생각하기도 하며, 이러한 인지구조들을 결합시켜 새로운 수단을 발생하는 사고를 시작한다.

(2) 전조작기(2~7세)
이 단계에서의 유아는 언어 사용과 함께 어느 정도 정신적 표상에 의한 사고가 가능하기는 하지만 개념적 조작 능력이 부족하다. 이 시기는 두 하위 단계로 나누어지는데, 그것은 전 개념기(3~4세)와 직관적 사고기(5~7세)이다. 전 개념기의 유아는 성인들과는 달리 미숙한 개념을 활용하며 직관적 사고기의 유아는 반성적 사고의 과정을 거치지 않기 때문에 잘못된 판단을 하는 경우가 많다. 자기중심성(ego-centrism)은 이 시기에도 지속되는 강력한 특성으로서 놀이 행동이나 집단 독백과 같은 언어 행동에서 쉽게 관찰할 수 있다. 이밖에도 이 시기에는 한 가지 관점에서 사물을 판단하고 분류하는 중심화현상이나 사고가 한쪽 방향으로만 진해오디는 비가역성 때문에 수, 양, 부피 등의 차원에서 보존개념이 형성되지 못한다.

(3) 구체적 조작기(7~11세)

이 시기에 들어서면 훨씬 성숙된 인지 구조를 나타내어 논리적인 사고가 가능해진다. 이때 논리적인 조작은 가시적이고 구체적인 차원에 한정되고 아직 추상적이거나 복잡한 수준에는 미치지 못한다. 자기중심성이 점차 감소되며 중심화 현상에서 벗어나게 된다. 또한 사고에 있어서 가역성을 획득하게 됨으로써 이전 단계에서는 불가능했던 보존개념을 형성하게 된다. 피아제에 따르면 가역성이란 반환성과 상보성이라는 두 자기 조작 형태로 나타난다. 이밖에도 분류가 가능해지고 서열화 등의 능력을 갖추게 된다.

(4) 형식적 조작기(11~14,15세)

피아제에 의한 최종 인지 발달 단계가 형식적 조작기인데 이 시기에는 명제나 가설과 같은 상황 즉, 추상적인 차원에서도 논리적인 사고가 가능하다. 따라서 이 시기에 가능한 대표적인 사고 형태의 예로는 가설 연역적 사고, 명제적 사고, 조합적 사고 등을 들 수 있다.

단계	연령	중심적 특징
감각운동기	0~2세	모방, 기억 사고의 시작 대상영속성 인식 단순 반사행동에서 목적을 가진 행동으로 발전
전조작기	2~7세	언어가 점차적으로 발달하고 상직적인 형태로 사고 일방적인 관점에서 사고할 수 있음 사고와 언어가 자아중심적인 특징을 보임
구체적 조작기	7~11세	논리적으로 구체적인 문제를 해결할 수 있음 보존의 개념을 이해하고, 유목화하고 서열화 할 수 있음 가역성을 습득
형식적 조작기	11세이후	논리적으로 추상적인 문제를 해결 할 수 있음 사고가 점차로 과학적이 됨 복잡한 언어과제나 가설적인 문제를 해결 할 수 있음

4) Kohlberg의 도덕성 발달이론

Kohlberg는 도덕성이란 개인에 의해 내면화된 사회적 행위의 문화적 규범으로 보았다. 그는 J. Dewey가 주장하고 있는 도덕성 발달의 3단계(전인습적 단계, 인습적 단계, 자율적 단계)와 Piaget의 도덕성 발달 단계를 종단적 연구 및 범문화적 연구를 통하여 재정립하여 3수준 6단계의 발달 단계로 세분화하였다. 초기

단계는 Piaget의 단계와 유사하며 발달의 후기 Piaget의 이론에서 설정되지 않은 자기원리의 도덕성 단계를 더 첨가하였다.

Kohlberg는 먼저 각 연령별 아동에게 딜레마 상황을 제시하여 도덕적 판단을 요구하였고, 그들의 도덕적 추론에 근거하여 단계를 구분하였다.

어느 부인이 암으로 죽어가고 있다. 그 부인을 살릴 수 있는 약을 그 마을의 약제사가 발명하였다. 그 부인의 남편인 하인즈가 약을 사러갔더니 약제사는 약의 제조비보다 열배나 높은 가격을 요구하였다. 하인즈는 약값을 구하려 하였지만 반값밖에 구하지 못하였다. 마침내 그는 약제사를 찾아가 아내가 죽어가고 있으니 먼저 약을 주면 나중에 꼭 약값을 갚겠다고 사정하였으나 그 약제사는 들어주지 않았다. 결국 하인즈는 아내를 살리기 위해 약방을 부수고 들어가 약을 훔쳤다. 하인즈는 어떻게 행동해야 했으며 그 이유는 무엇인가?

<도덕성 발달 단계>

수준1. 인습 이전 수준		
판단은 개인적 욕구와 타인들의 규칙에 따른다.		
단계1	복종-처벌 지향	벌을 피하기 위해 권위와 규율에 복종하는 단계. 좋거나 나쁜 행동은 그것의 물리적 결과에 의해 결정된다.
단계2	개인적 쾌락주의	상과 칭찬을 받기 위해 동조하는 것으로서 인생의 가치를 자신이나 타인의 욕구 충족에 두고 있다. 더 이상 규칙이나 법률이 고정적이거나 절대적이지 않다.
수준2. 인습 수준		
판단은 다른 사람들의 인정, 가족의 기대, 전통적 가치, 사회의 법 그리고 국가에 대한 충성에 근거한다.		
단계3	착한 소년 착한 소녀 지향	도덕은 다른 사람과 좋은 관계를 유지하는 것으로 다른 사람을 기쁘게 해주고 도와주려 한다.
단계4	사회질서와 권위지향	법은 절대적이며 권위는 인정받아야 하고 사회적 질서는 유지되어야 한다.
수준3. 인습 이후 수준		
공통의 기준이나 권리 및 의무에 따라 행동한다.		
단계5	사회적 계약지향	법은 여러 사람이 함께 살기 위해 동의한 장치라고 이해한다. 그러나 법이 사람들이 필요로 하는 바를 충족시키지 못한다면 언제든지 변경시킬 수 있다.
단계6	보편적 윤리 지향	선과 권리는 개인적 양심의 문제이며, 보편적 원리에 의해 모든 인간은 존엄하고 정의의 원칙이 우선되도록 행동한다.

2. 발달의 측면

인간발달이 복잡한 이유는 발달의 여러 측면에서 성장과 변화가 다르게 일어나기 때문이다. 인생의 각 시기에 따라 신체적, 지적, 인성적, 사회적 발달은 서로 영향을 주며 복합되어 있다.

1) 신체적 발달

신체발달은 신체, 두뇌, 감각능력, 운동기술에서의 모든 변화를 의미하며, 그것은 지능 및 인성발달에도 상당한 영향을 미친다. 예를 들면 유아는 감각활동이나 근육활동으로부터 환경에 대한 많은 지식을 얻게 된다. 치매와 같이 성인기 후기에 일어나는 뇌의 생물학적 변화는 최근에 일어난 일에 대한 기억상실과 인성의 변화를 초래할 수 있다.

2) 지적 발달

지적 발달이란 학습, 기억, 추리, 사고, 언어 능력과 같은 여러 가지 정신 능력의 변화를 뜻한다. 이러한 변화들은 근육발달이나 정서적 발달과 밀접하게 관련되어 있다. 예를 들면, 아기의 기억 능력의 발달은 어머니가 가버리면 다시는 되돌아오지 않을 것이라는 공포 즉, 격리 불안의 발달을 가져온다. 만약 유아가 지난 일을 기억하고 앞으로의 일을 예측하는 능력이 없다면, 그들은 어머니의 부재에 대해 걱정할 수 없을 것이다. 기억은 또한 유아가 신체적으로 하는 행동에 영향을 미친다. 동생이 블록으로 쌓은 탑을 쓰러뜨려 야단을 맞았던 기억을 가진 남아는 똑같은 행동을 하지 않게 된다.

3) 인성과 사회적 발달

개인이 일을 해 나가고 감정을 표현하며 다른 사람과 어울리는 독자적인 방식인 인성과 사회성의 발달은 신체적, 인지적 기능에 영향을 미친다. 예를 들면, 또래 친구가 많은 아동들은 많은 신체활동을 통해 외부에 대한 두려움을 줄이고 환경에 대한 탐색활동을 늘임으로써 인지발달을 가져올 기회를 많이 갖는다.

< 학령전기와 학령기의 비교 >

구분	아동기	
	학령 전기(4~6세)	학령기(6~12세)
신체적 발달	·체중 : 출생시 5배/신장 : 2배 ·삼각형, 사각형 그리기 ·작은공 던지고 받기	·점진적, 지속적 발달 ·영구치 ·뇌발달 촉진 ·성장통 ·11세 이후 2~3년: 여아 우세한 발육
인지적 발달	·초기적 수준의 도덕발달 -프로이드 : 외디푸스 콜플렉스 해결로 초자아 형성 -피아제 : 도덕적 타율성 단계 -콜버그 : 전인습적 수준의 도덕성 ·행동이론 : 상벌에 대한 반응, 관찰학습, 대리학습	·프로이드 : 잠복기 해당 ·피아제 : 구체적 조작사고 단계 ·보존개념 획득 ·유목화 / 조합능력 ·탈중심화
심리사회적 발달	·성역할에 대한 인식 ·자아개념 형성 ·정서적 적응과 방어기제 ·집단놀이	·학교의 영향 ·친구관계 ·팀스포츠 (cf. 상상놀이→집단놀이→팀스포츠)
관심대상 문제	·남아 : 공격적 성향 증가 → 대중매체의 영향	·학습장애 : 언어장애 / 시각과 인식에 관련된 문제 / 운동장애 / 과잉행동장애
프로이드	남근기	잠복기
피아제	전조작기	구체적 조작기

3. 발달에 영향을 미치는 요인

발달은 개인이 타고난 특성과 더불어 경험에 의해 여러 가지 영향을 받는다. 어떤 경험은 다른 경험보다 더 많은 영향을 미친다. 어떤 경험은 순전히 개인적인 반면, 또 어떤 경험은 그 세대나 집단에 보편적일 수 있다. 인간 자신의 행동과 그들이 선택한 생활방식이 또한 그들의 발달에 영향을 준다.

1) 내적 영향과 외적 영향

내적인 영향은 부모로부터 이어받은 선천적인 생물학적 자질인 유전에서 비롯

되며, 외적 영향 또는 환경적인 영향은 인간이 외부세계와의 경험에서 받게 되는 비유전적인 영향이다.

그러나 이러한 영향의 구별이 분명하지는 못하다. 예를 들면 명랑한 아동은 다른 사람으로부터 긍정적 반응을 이끌어내고 이러한 경험은 아동의 행동이 보상을 받을 것이라는 신뢰감을 더 가지게 하며 더 많을 것을 시도하게 함으로써 신뢰를 가지지 못하는 아동보다 더 유능해진다. 개인차의 정도는 성장함에 따라 더 커진다. 초기의 발달이 주로 개인이 가진 유전적 소질과 관련되지만 성장과정에서 개인마다 다른 경험을 통해 점점 개인차가 크게 나타난다.

2) 규범적 영향과 비규범적 영향

규범적 영향이란 주어진 집단에서 대부분의 사람들에게 비슷한 방식으로 발생하는 영향이다. 규범적인 연령별 영향은 언제 어디서 살든지 간에 특정한 연령집단에서의 사람에게 아주 유사한 생물적, 환경적 영향이다. 이러한 영향으로 입학, 입대, 은퇴와 같은 문화적 경험이나 사춘기, 폐경과 같은 생물학적 경험이 포함된다. 규범적 연대별 영향은 특수한 세대의 사람들에게 보편적인 생물학적, 환경적 영향이다. 예를 들면, 1950년대의 전쟁과 빈곤, 1990년대의 컴퓨터의 영향 등과 같은 요인들이 포함된다.

비규범적인 생활 사건들은 개인생활에 중요한 영향을 미치는 특별한 사건이다. 대개의 사람에게는 일어나지 않거나 또는 대다수 사람과 달리 다른 시기에 일어나는 사건들이다. 어렸을 때 부모가 사망하거나, 재해를 당하는 일, 선천적 결함을 지닌 아기의 출생 등 불행한 사건이나 갑작스럽게 부자가 되거나 특별한 좋은 직장을 갖게 되는 것 등 행복한 사건이 포함된다. 이러한 사건은 부정적이든, 긍정적이든 간에 예측할 수 없으며 대비할 수 없기 때문에 규범적 사건보다 더 많은 스트레스를 겪게 된다.

3) 결정적 시기

결정적 시기란 어떤 주어진 사건이 가장 큰 영향력을 가지게 되는 특별한 시기를 뜻한다. 예를 들면, 임신초기의 임산부가 약물을 복용하거나 X-ray를 찍게 되면 임신후기의 경우보다 기형아를 낳기 쉽다. 신체적 사건만이 아니라 초기의 경험이 그 이후의 인성을 결정할 수도 있다는 것이다. 그러나 발달의 다른 측면에 있어서 결정적 시기에 받은 영향이 이후에 회복될 수 없다는 결정적 시기의 개념은 학자들 간의 논의가 계속되고 있다.

4. 아동기 발달의 특징

아동기는 초등학교에 다니는 시기로 생활의 중심이 가정에서 학교로 옮아감에 따라 아동들은 사회적 관계를 형성하고 사회인으로서의 기초를 배우며, 사회가 요구하는 도덕 판단도 획득하고 양심도 발달시켜나가는 단계이다. 대부분의 시간을 가정 밖에서 보내는 이 아동들은 부모의 영향보다는 또래의 영향에 의해 더 많이 사회화되는 특징을 나타낸다.

1) 신체 및 운동발달

아동기에 접어들면서 아동들은 이전 시기보다 더 느리게 성장하는 모습을 나타낸다. 아동기 초기에는 남아의 키와 몸무게가 앞서나 10세쯤 되면 여아의 키가 남아보다 앞서며 몸무게도 11세에서 여아가 남아보다 무거워진다. 그러나 13세경이면 남아는 다시 모든 부위의 성장에서 여아를 앞선다. 이 시기에는 아동의 신체 형태와 능력에서 큰 변화가 일어나지는 않지만 유아기와 비교할 때 더 유연하고 조화된 활동을 할 수 있다. 신체활동은 아동의 신체기술을 숙달시킬 뿐만 아니라 아동의 자아존중감을 증가시킨다.

(1) 신체발달

아동의 신체적 발달은 정신발달과 밀접한 관계가 있다. 그러므로 아동의 신체적 발달에 관한 파악이 필요하다. 이 시기의 신체적 결함은 신체적 의미 뿐 아니라 정신적, 정서적 의미도 크다. 아동기는 신체의 성장과 발달은 완만하게 이루어진다. 남아의 경우 평균 6년 동안 신장이 113cm에서 136cm로 약 23cm가 자라며, 체중에 있어서는 20kg에서 30kg정도로 증가하여 10kg정도의 증가를 보인다. 12세경의 신장은 출생 시의 약 2.8배, 체중은 약 8배가 된다. 또한 유치가 빠지고 영구치가 나는 때이기도 하다.

이와 같이 신체발달에 변화가 일어남에 따라 신체 각 부분의 비율은 달라진다. 머리는 체격에 비해서 큰 편이지만 얼굴의 면적은 전체 면적의 10%로 줄고, 머리둘레는 성인의 95%가 된다. 영구치가 생겨나 입매가 달라지고 얼굴의 하부가 커지므로 어릴 때의 얼굴모습은 없어진다. 그리고 출생 시에는 가슴이 둥글고, 목이 짧으며, 어깨가 올라가 있는 것이 특징인데, 3세부터 10세 까지 가슴이 넓어지고 편편해지며, 늑골은 수평적이던 것이 굽어지게 된다. 그리고 목이 길어짐에 따라 어깨는 내려온다. 골반은 나이가 들어감에 따라서 커지고 넓어지며 수직적인 것이 줄어간다.

신장·체중·흉위 등 여아도 남아와 비슷한 성장속도를 유지하고, 모든 면에서 남아가 약간 우세하나 11세 부터는 여아가 우세하기 시작한다. 이는 사춘기의 변화가 남아보다 약 2년쯤 먼저 시작되기 때문이다. 또한, 사회·경제적 지위가 높은 가정의 아동과 지능이 높은 아동일수록 신체성장이 빠르다.

(2) 운동발달

운동의 발달은 신체의 발달과 병행하는 것으로서 작은골의 발달과 밀접한 관계가 있다. 작은골은 걷기를 배우기 시작하는 영아기에 가장 빨리 발달하고, 5세까지 거의 성인의 크기에 도달하게 된다.

소근육 운동의 발달로 도구사용이 원활해지는데, 8-10세는 손의 사용이 정확해져서 단순히 글자를 베끼는 것이 아니라 제대로 쓸 수 있게 되고, 10-12세에는 복잡하고 신속한 동작이 필요한 공예작품과 악기연주를 할 수 있게 된다. 이러한 소근육 운동기술은 여아가 남아에 비해 우수하다. 운동발달의 성차는 남아와 여아가 거의 비슷하다. 과거에 여아에 비해 남아가 우세했던 것은 운동능력의 성차를 사회적인 기대나 운동에 참여하는 기회의 차이에 기인하는 것으로 보고 있다.

운동기술이나 근육의 협응이 세련되고 정교화 되어 운동의 힘이나 기교가 증대되는 시기이다. 달리기, 계단 오르기 등에서부터 성인이 할 수 있는 스케이트, 스키, 수영, 잠수, 야구, 축구 등에 이르기까지 다양한 활동에서 다양한 기능이 세련되고 정교화 된다. 춤, 놀이, 운동, 게임 등의 활동을 하는데 중요한 역할을 하는 유연성, 균형, 협응능력이 발달한다. 특히, 이 시기에는 뛰기 능력과 공놀이 기능이 크게 발달한다.

이러한 운동기능의 발달은 지적, 정서적, 사회적 발달을 촉진시킬 뿐 아니라 성격형성에도 중요한 영향을 준다. 이 시기의 운동기능은 유아기에 비해서 속도, 정확성, 안정성, 호응성, 역량 등이 더욱 발달되고 교묘해진다. 즉 이 시기는 유아기에 배운 운동기능을 더욱 완성시기면서 새로운 기능을 습득해 가는 실행기이다. 학령기는 이전에 비해서 성숙요인보다 학습요인이 발달에 더 큰 영향을 준다고 할 수 있다.

운동의 세기도 연령에 따라 증가되며, 신장이나 체중 또는 건강상태에 비례하고, 남아가 여아보다 우세한 경향이다. 그리고 자신의 신체를 더욱 잘 통제할 수 있으며, 더 오랫동안 앉아 있을 수 있고 주의를 기울일 수 있다. 그러나 달리거나 뛰기, 자전거타기를 하는 것보다 가만히 앉아 있는 것을 더 피곤해한다.

(3) 건강과 질병

초등학교 시기의 아동은 자신의 외부와 내부를 구별할 수 있고, 병의 원인과 병이 생기는 과정을 구별할 수 있다. 또한 병의 원인은 외적인 것이지만, 병은 신체의 내부에 존재한다는 것을 이해하는 단계이다.

아동기 질병으로는 호흡기 질환이 가장 빈번히 발생한다(1년에 6-7차례). 또한 최근 관심을 모으는 질병으로는 천식과 비만 등이 있다.

천식은 간헐적으로 기침을 하고, 숨을 헐떡거리거나 씩씩거리며, 호흡에 문제를 보이는 증상인데, 원인은 호흡기 질환, 알레르기, 스트레스, 운동, 기온이나 습도의 갑작스런 변화 등이다.

비만은 성인의 경우 고혈압, 심장병 또는 사망과 관계가 있지만, 아동의 경우는 신체적인 문제보다 정신건강과 사회성 발달에 영향을 준다. 즉 또래들에게서 소외되는 정상아동보다 자아개념이 낮고, 비만에 대한 사회의 부정적인 고정관념 때문에 사회적응에 어려움을 겪는다. 원인으로는 생물학적 요인, 과식으로 인한 지방세포의 발달, 아동의 음식물에 대한 기호, 긴장과 불안 등을 들 수 있다.

(4) 신체발달에 따른 지도방법

신체 및 운동발달은 어린이가 또래와 어울려 노는데 중요한 역할을 하고 성격발달과도 관련된다. 체격이 작고 허약한 어린이는 대체로 소심하고, 겁이 많고, 걱정은 많지만, 크고 힘이 센 어린이는 쾌활하고 창조적이며 적극적으로 자기표현을 잘한다. 이 시기에는 그룹을 형성하여 다양한 스포츠에 참여하게 되는데, 이것은 아동들에게 운동 뿐 아니라 경쟁심, 자아존중감을 키워 주고 또래친구나 친구를 만들어 주므로 충분한 기술과 환경조성을 마련해 주어야 한다. 남아가 여아에 비해 운동의 여러 가지 기능이 더 발달하고 능력이 뛰어난 것으로 보이지만, 이는 남아와 여아의 기능숙달을 다른 양상으로 이끄는 강한 문화적 압력의 영향이 신체나 기술의 차이보다 더 클 수 있다. 그러므로 능력과 소질에 맞는 다양한 운동경험과 운동기술을 숙달할 수 있도록 환경과 조건을 제시해주고, 건강한 신체를 통해 자신감과 적극적인 성격형성을 돕도록 해야 한다.

2) 인지능력의 발달

(1) 구체적 조작능력의 발달

피아제의 이론에 의하면 약 7세경에 이르면 아동들은 정신적 조작을 수행할 수 있는 능력을 획득한다. 그 결과 아동들은 논리적인 사고를 할 수 있고 전 조작적 사고의 자아 중심적이고 직관적인 제한된 특성에서 벗어나기 시작하며 보존개념, 서열화 능력, 분류화 능력이 발달하면서 아동들의 추리능력도 정확해지고 복잡해지며 융통성을 갖게 된다. 그러나 이 시기의 아동들이 해결할 수 있는 논리적 문제는 여기 그리고 현재의 구체적 사물에 한정되며 경험적인 사실에 비추어 가능하다. 추상적, 가설적인 문제의 해결에는 어려움을 갖는다.

① 보존개념 - 사물의 외형이 변하여도 길이, 양, 무게, 면적, 부피 등은 변하지 않고 동일한 상태를 유지하는 것을 이해하는 능력을 말한다. 여러 가지 영역의 보존개념들은 일정한 시기에 한꺼번에 획득되는 것이 아니라, 영역에 따라 달

리 나타난다.
　② 서열화 - 사물을 체계적 순서로 배열하는 능력을 말하는데 구체적 조작기에는 하나의 차원에 따라 사물을 배열하는 것이 아닌 두 개 이상의 차원을 동시에 고려하여 사물을 배열하는 중다서열화(multiple separation)가 가능해진다.
　③ 유목화 - 어떤 공통된 특성에 의하여 물체들을 군집시키는 능력이다. 예를 들어 기타, 하프, 플루트, 드라이버, 망치, 톱, 포도, 배, 귤 등을 제시하면 아동은 악기, 연장, 과일 등의 3개 그룹으로 분류할 수 있다. 또한 서열화와 마찬가지로 2개 이상의 유사성을 바탕으로 사물을 동시에 분류할 수 있으며, 상위개념과 하위개념을 구별할 수 있는 유포섭능력도 7, 8세경에 획득된다.
　④ 탈중심화 - 자기중심성을 벗어나 다른 특성 또는 전체로 신축성 있게 사물을 지각하고, 자기 자신의 시각에서 타인의 시각으로 옮겨서 지각할 수 있는 능력을 말한다. 탈중심화는 정신적 조망의 회전능력이다.
　⑤ 공간조망 - 다른 사람의 위치에서 공간적 시각을 추론할 수 있는 능력을 말한다.
　⑥ 감정조망 - 어떤 사태에서 타인의 감정을 추론해서 이해하는 것을 말한다.
　⑦ 인지조망 - 타인의 사고과정이나 행동의 원인을 추론하고 이해하는 능력을 의미한다.
　결론적으로, 7~12세의 아동은 자신의 사고나 행동에 대해 객관적 관점에서 되돌아 볼 수 있으며, 동시에 타인의 사고나 감정을 이해하고 예측할 수 있는 상호적 조망수준에는 미치지 못한다.

* 인지양식
　① 사려성과 충동성-IQ가 같고 같은 언어능력을 갖고 있는 아동도 문제가 주어졌을 때, 다른 양식으로 반응한다. 충동성과 사려성의 차이를 일으키는 원인은 정보처리과정의 차이에서 비롯된다. 즉, 사려적인 어린이는 체계적이고 효과적인 방법으로 사물의 특성을 탐색하고 충동적인 아동은 체계적으로 탐색하지 않고 문제가 제시되는 즉시 반응하려는 성향이 있다고 한다.
　② 장 의존성과 장 독립성-장 독립성은 장(field)의 영향을 받지 않거나 비교적 적게 받고 내적단서에 의해 판단을 하는 인지양식이고, 장 의존성은 장의 영향을 많이 받기 때문에 외적 단서에 의해 판단을 하는 인지양식을 말한다. 연령이 증가함에 따라 장 독립성이 발달한다. 장 의존성과 장 독립성의 발달은 부분적으로 유전에 기인하지만, 부모의 양육태도의 영향이 크다.
　부모의 권위를 덜 강조하는 가정에서 자란 아동은 장 독립성이 높고, 부모의 권위가 강조 되거나, 일방적으로 애정을 표현, 자녀 양육에 일관성이 적은 가정에서 자란 아동은 장의존성이 높다.

(2) 지능의 발달

지능의 발달을 연령단계별로 보면 출생 후 4세까지 50%, 4~8세까지 30%, 8~13까지 12%, 13~17세까지 나머지 약간의 비율로 발달한다. 10세 이후에는 지능은 상당히 안정성을 갖게 된다.

지능발달에는 어느 정도 개인차가 있는데 개인차의 내용으로는 정신적·신체적 건강, 학습조건, 성(sex), 사회경제적 조건 등을 들 수 있다. 정신적·신체적으로 건강치 못하여 발육이 늦어진 아동은 자연적으로 지능지수가 평균 이하가 되며, 신체 장애아 등 신체적으로 불리한 조건의 아동은 내분비선의 기능장애로 균형을 유지하지 못하여 지적 기능발달에 문제가 생기게 된다. 남녀 간 지능의 종합적 차이는 없었지만 여아는 기억, 언어능력 등에 우세하고 남아는 수학적 능력, 기계적 능력 등이 우세하다. 또한 남아가 여아보다 우세하게 보이는 경향은 신체적 성숙과 흥미의 방향의 차이라 할 수 있다. 사회적 계층에 있어서 상류층의 아동이 하류층 아동보다 지능지수가 높다고 할 수 있는데, 이는 환경의 효과적 요인에 의한 것이라 할 수 있다.

지능은 유전요인과 일부 환경요인으로 형성되므로 아동기의 교육은 지능의 발달을 촉진시키는 역할을 한다고 볼 수 있다.

* 지능발달의 환경적 요인
① 아동의 영양관리와 의학적 관리를 잘 할 것
② 부모가 아동의 발달 특히 지능발달에 대한 지식을 가질 것
③ 아기 때부터, 다양한 자극과 풍부한 지각 경험을 갖게 할 것
④ 풍부한 언어자극을 주고, 늘 말로 표현하는 습관을 갖도록 할 것
⑤ 성인이 모범적인 언어를 사용하고, 어린이로 하여금 정확한 언어를 사용하도록 격려하고 도와줄 것.
⑥ 지적 호기심을 적절히 충족시켜 주고 키워줄 것
⑦ 스스로 생각할 수 있는 기회를 많이 만들어 주고 답을 재촉하거나, 지나친 스트레스를 주지 말 것
⑧ 창의적 생각이나 활동을 격려하고, 자유로운 놀이활동을 권장할 것
⑨ 지적 성취에 대해 보상을 하되, 결과보다는 과정을 더욱 중시할 것
⑨ 정서적 안정을 주고, 아동의 생활과 행동에 자율성을 충분히 부여할 것

(3) 지각의 발달

지각(perception)이란 감각기관을 통해서 대상의 성질을 파악하는 작용을 말한다. 지각은 일반적으로 공간지각, 시간지각, 운동지각, 사물지각, 성질지각의 5가지로 구분된다.

공간지각은 거리나 방향, 사물의 모양 등을 식별하는 것으로 여러 가지 사물에

대한 비교학습을 통해 습득되어진다. 아동의 공간지각의 발달은 연령에 따라 발달양상이 다르다. 즉 6-7세경에는 좌우, 방향, 거리를 알고, 7세경에는 방위와 방향의 지각이 급속도로 발달하며, 8세경에는 외국 혹은 세계의 관계 등 더욱 넓은 사회관계를 좀 더 이해할 수 있게 되고, 9세경에는 관심이 세계적으로 확대된다.

시간지각은 사물이나 사건의 계기, 연결, 리듬을 식별하는 지각으로서 계획에 의하여 측정되는 객관적 시간과 개인이 자기를 중심으로 하여 느끼는 주관적 시간이 있다. 객관적 시간의 지각은 일정하지만 주관적 시간은 어른에 있어서도 정확할 때가 드물다. 6세경에는 객관적인 시간 지각이 상당히 발달되며, 8세경에는 연, 월, 일, 시, 분까지 말할 수 있도록 지각이 발달되고 수개념 까지도 확실하게 된다.

운동지각은 사물의 상태나 운동 혹은 사람의 활동을 식별하는 것으로서 시각운동이 가장 중요한 역할을 하며, 촉각운동, 청각운동 등도 관여한다.

사물지각은 개개인의 사물이나 사건 또는 사람을 식별하는 지각으로 시각이 매우 중요한 기능을 하며, 비교적 일찍부터 발달하는 지각이다.

성질지각은 사물의 색채, 무게 등 사람이나 사물의 성질을 식별하는 것으로서 6-12세 사이에 무게나 물체의 성질에 대한 판별력이 현저하게 발달하며, 12세를 중심으로 그 정점에 도달하게 된다.

(4) 기억의 발달

아동기의 기억을 발달시키는 조건은 정신적·신체적인 상태와 기억하려는 재료 등에 밀접한 관계가 있다. 기억에는 기계적 기억과 논리적 기억이 있는데, 기계적 기억은 8-9세경에 현저하게 발달하고, 11세경에는 논리적 기억이 나타나 14-15세경에 기계적 기억과 교체한 후 17세경에 본격적으로 발달한다.

기억에는 또 개인에 의한 차이, 즉 개인의 표상형에 따라 차이가 있다. 기억했던 내용을 재생함에 있어서 어떠한 표상형을 취하는 것이 편리한가는 아동에 따라서 다르다. 어떤 형태의 기억이 우세한가 하는 것도 개인에 따라 다르다. 이러한 기억을 그 기능에 따라 분류해 보면, 청각의 기능이 뛰어난 청각형, 시각적 기능이 뛰어난 시각형, 언어 또는 운동에 의한 기억력이 뛰어난 운동형, 이 모든 것을 혼합한 혼합형 등이 있다. 기억은 아동기에 현저히 발달하므로 이 시기에 발달을 촉진하도록 지도해야 된다.

(5) 사고의 발달

유아의 사고는 미분화적·주관적인 것이 특징이다. 이러한 특징을 Piaget는 '자기중심적 사고'라고 일컫고 있다. 이러한 특징은 아동기 초기에도 발견되어지는데, 점차 구체적 사고에서 추상적 사고로, 개별적 사고에서 전체적 사고로 발달해 가는 것이 일반적 경향이다.

대체로 7세까지는 구체적이고 자기중심적인 경향이 강하지만 8-9세경에는 추상적 사고를 할 수 있는 소지가 이루어지고, 12세를 넘으면 추상적인 사고가 발달하면서 창조적 사고가 풍부하게 된다.

6-8세경의 1단계에서는 사고가 미분화상태에 머물며, 지각과 정서가 결합하여 자기중심성이 강한 특성을 보이며, 11-13세경의 2단계에서 논리적·추상적 사고가 가능하게 된다. 그러나 이 단계에 있어서도 아직 아동의 주관적 사고가 많이 남아있다. 제 3단계인 13세 이후가 되어서야 자신의 주관적 사고에서 벗어나 객관적으로 추리할 수 있는 단계에 이른다.

Piaget는 사고의 발달을 설명하면서 조작이란 용어를 사용하였으며, 조작이란 정보의 전환을 이해하는 정신능력으로서 가역적 정신활동이다. 예를 들면 정신적으로 3과 5를 합하면 8이 되고, 8에서 3을 빼면 다시 5가 된다는 것을 이해할 수 있는 것이 조작이다. 초등학교에 입학한 아동들은 구체적 환경사상에 조작을 적용할 수 있으며, 또한 행동으로 수행함이 없이 정신적으로 순서에 따라 배열하는 것이 가능하다.

구체적 조작기 동안 아동들은 많은 개념적 기술을 점차적으로 획득한다. 그 대표적인 기술에는 보존기술, 분류기술, 조합기술이 있다.

(6) 언어의 발달

언어란 개인의 사상, 감정, 의사를 다른 사람에게 전달하는데 사용되는 일절의 수단 즉, 말, 글, 표식, 표정, 손짓, 예술작품 등을 말한다. 따라서 쓰이는 수단이 소리에 의한 것이냐 문자에 의한 것이냐에 따라서 문어와 구어로 구분된다.

아동의 어휘는 6세경부터 현저하게 발달하게 되는데, 이때의 사용 어휘 수는 대체로 2,500어 정도 되는 것으로 알려져 있다. 사회적으로 언어생활이 본격화되기 시작하는 아동기는 그 언어생활에 있어서 몇 가지 특징을 나타낸다. 첫째, 동년배 아동끼리 대화형식의 언어행위가 점차로 발전되어 간다. 둘째, 지금까지는 전달적 기능이 중심이던 언어행위가 발전되어 자신의 행위를 계획하거나 조정할 때에 쓰일 수 있는 언어의 지적 기능으로까지 확대된다. 언어능력의 발달은 학년별로 특수한 능력구조를 가지며 1-2학년에서는 문장력, 3-4학년에서는 발표력과 문법능력, 5-6학년에서는 독해력 등이 발달한다.

* 언어발달의 측정방법
① 어휘력 검사
② 유사점과 차이점 찾기
③ 모순점 찾기
④ 은유법의 이해정도

⑤ 스무고개
⑥ 단어연상 검사 - 자극단어들을 제시하고 아동이 가능한 한 빨리 머리 속에 떠오르는 것을 말함. 정서상의 어려움을 조사하는 방법으로 사용되고 있다.
⑦ 아동들 사이의 의사소통

이 시기에 부모나 교사는 아동의 흥미를 이용하여 최대한 계속 새로운 언어능력 수준으로 발달할 수 있도록 도와주어야 한다. 저학년 시기에는 농담이나 수수께끼와 같은 놀이 중심의 언어능력 발달 학습이 효과적이고, 읽기와 쓰기가 발달함에 따라 제2외국어의 지도 또한 가능한 일이다(기본적인 언어습득 이후). 더불어 사회성 발달에 따라 사회활동이나 대인관계에 알맞은 언어구사 능력을 학습 지도가 요구되어진다(언어예절, 상황에 맞는 언어구사-사회와 조직의 공통언어).

(7) 상상의 발달

상상력은 4-7세에 절정기에 이른다. 아동기에는 상상과 현실이 분화하는 시기이다. 즉, 아동 초기에는 사실과 상상을 혼동하여 악의 없는 거짓말을 할 때가 있으나 10세 이후부터는 사실을 인지할 수 있게 되어 상상과 사실을 구성하기 위한 능동적 상상을 나타내기 시작한다. 그리하여 장난감보다는 실물과 친구, 또는 자연을 상대로 한 놀이가 많고 동화나 전설보다는 역사와 위인담을 좋아하게 된다. 상상은 창조력의 기반이며 창조력은 생활을 개선하고 사회문화를 향상시키는 원동력이므로 아동의 상상력 지도는 매우 중요한 것이다.

(8) 창의력 발달

창의력은 일상생활에서 당면하고 있는 여러 가지 문제 사태를 새롭고, 독특하고, 가치 있는 방법으로 해결하려는 고차적인 정신능력을 말하는데, 지능과 달리 성격적 동기적 특성이 포함되어 있다. 창의력이 높은 아동은 독립심이 강하고 폭넓은 개방성을 가진다. 창의적인 상상은 특히 8, 9세쯤부터 발달하여 13, 14세가 되면 더욱 활발해지는데, 이는 상상과 현실이 분화하며 자연현상이나 물리적인 변화에 대한 호기심도 모험적이고 탐구적이어서, 이 방면의 욕구가 커지게 된다. 이러한 시기에 창의력을 증진시키기 위한 환경적 조건, 즉 창의력을 개발육성 시킬 수 있는 분위기와, 적극적으로 그러한 사고를 하게 하는 어떤 형태의 노력이 필요하다.

* 창의력 발달의 환경적 요인
① 아동이 자유롭게 질문하고 탐색할 수 있는 자율적·허용적 태도를 가질 것.
② 어른의 문제해결 방법을 아동에게 강요하지 말 것.
③ 아동의 창의적 표현을 기꺼이 보상하고 격려할 것.

④ 다양한 인지적·문화적 경험을 갖게 할 것.
⑤ 질문형식의 언어를 사용할 것.
⑥ 아동의 독립성·개방성 등을 강화하고 신장시킬 것.
⑦ 전통과 인습에 얽매이지 말 것.

(9) 수 개념 발달

수 개념의 발달은 추상능력, 언어능력, 사고능력, 상상능력 등의 발달과 밀접한 관계를 갖는다. 수 개념은 시간과 공간지각의 발달 및 언어발달과 병행해 가는 것이며, 발달이 비교적 느린 것 중의 하나이다. 아동은 1학년 때 100까지의 수 계열 개념이 생긴다. 또한 초등학교 1-2학년 과정의 산수교육을 받고 나면 계산능력도 현저하게 발달한다. 즉, 추상화의 능력과 언어능력이 발달함에 따라 구체적인 것에서 추상적인 것으로 발달된다. 3-4학년에서는 산수적 습관과 태도가 현저하게 발달하며, 사물에 대한 간단한 수량적 방법에 적응하는 능력이 발달된다. 즉, 3학년까지 분수개념의 발달이 보이며 4학년부터는 가감법, 승제법 등의 계산을 할 수 있게 되고, 5-6학년에서는 수 체계의 이해나 함수개념 또는 산수 계산능력이 크게 발달한다.

(10) 인지발달에 따른 지도방법

인간은 우리가 알 수 없을 정도로 지적 발달을 할 수 있는 가능성을 가지고 태어난다. 이 말은 지능이 거의 선천적으로 결정된다는 종래의 생각을 전적으로 부인하고, 지능은 오히려 환경의 작용에 의하여 결정된다는 것을 주장하는 것이다. 더욱이 지능의 향상은 인간발달과정 중 나이 어린 시기에 가장 왕성하며 이 시기에 지능발달에 필요한 적절한 환경의 자극을 받느냐 못 받느냐에 따라서 상당한 정도의 지능의 변화를 가져온다는 것도 확실해 졌다.

인지적 기능 발달은 개인의 기질, 인지양식, 개념적인 양식, 부모의 양육태도와 밀접한 관련이 있다. 일반적으로 언어능력이 수나 공간관계능력보다 뛰어난 아동은 의존적인 행동을 강화하는 경향이 있으며, 공간적, 수적인 능력이 언어능력보다 더 뛰어난 아동들은 자유롭게 경험을 할 수 있는 허용적인 환경이 조성되었다. 공간적인 능력은 물리적인 환경과의 상호작용이 필요하고 수에 관한 기술은 스스로 과제를 수행하고 집중하는 능력을 필요로 하기 때문에 아동의 자율적 경험은 이러한 비언어적 기술을 발달시키는데 중요한 요인으로 작용하는 것이다.

지능의 발달을 촉진하기 위해서는 풍부한 탐색경험, 지각경험, 그리고 언어발달을 촉진할 수 있는 자극과 지적 성취에 대한 즉각적인 물적 심리적 보상이 필요하며, 지적으로 성장하려는 강한 성취동기와 보다 풍부하고 광범위한 문화적 경험이 필요하다고 한다.

3) 정서발달

(1) 정서발달상의 특징

정서란 자극에 대하여 동요·흥분될 때 경험하는 심리상태나 감동으로서, 포괄적인 정신·신체적(psychosomatic) 상태라 할 수 있다. 정서표현은 변전성, 일시성, 강열성, 빈번성 등을 그 특징으로 들 수 있는데, 아동이 성장함에 따라서 이러한 정서적 표현방법이 달라지게 된다. 영유아기에 있어서는 미분화적, 전체적, 직접적인 표현을 했으나 점차 성장해감에 따라서 스스로 이를 억제할 수 있게 되며, 분화된 간접적인 표현을 하게 된다. 또한 아동이 성장해 감에 있어서 어떤 정서적 경험을 하느냐에 따라 그의 성격발달에 큰 영향을 주게 된다.

(2) 정서의 유형

① 공포감 - 아동기의 공포요인은 구체적이고 직접적인 작용보다 상상적, 가상적, 비현실적, 초자연적인 것에 대한 공포가 많아진다. 또한, 중시해야 할 것은 이시기의 공포대상이 성인기에 와서도 그대로 공포를 유발한다. 학령기 공포의 증상은 다음과 같다.

- 악몽과 수면장애; 공포나 불안 기타 고통스러운 감정이 악몽이나 수면장애로 표출된다. 보통 피암시성이 강하고 정서적으로 미성숙한 아동이 몽유병적 경향을 많이 보인다.
- 학교 공포증; 학교생활에 대한 공포와 집을 떠난다는데 대한 염려 때문에 발생하는데 이는 어머니의 과잉보호로 아동의 의존적, 절대적 욕구가 어머니와의 격리를 두려워하기 때문이다.
- 경련; 8-10세에 가장 많이 볼 수 있는 심리적 긴장에 의한 증상인데 목적이 없는 반복적이고 자동적인 운동반응이다. 이 경우는 엄격한 부모 밑에서 긴장을 느끼는 아동에게서 발생한다.

② 분노 - 공포보다 훨씬 자주 일어나며 언어적 공격을 많이 사용한다. 욕망 좌절시, 진행 행동의 방해시. 놀림을 받았을 때, 비교 당할 때, 자기의 실수나 어리석음을 알았을 때, 무시당할 때 분노를 표출한다.

아동기의 분노란 욕구불만이나 요구의 좌절에 의해서 일어나는 정서를 말한다. 그렇기 때문에 분노는 자아의식의 발달과는 깊은 관계가 있다.

Gesell은 아동기의 분노표출을 연령별로 설명하고 있다. 즉, 7세에는 이 시기 전보다 공격행동은 줄어들지만 형제 혹은 친구끼리 자주 싸운다. 8세에는 신체적 공격이 줄고 언어적 공격, 즉 말다툼, 별명 부르기, 욕지거리 등의 표출이 많아진다. 9세에는 말다툼이 상호간의 비판에 의한 공격으로 변한다. 10세에는 남아는 동료로부터 소외되었을 때, 여아는 용모나 옷차림에 대해 놀림을 받았을 때 말다툼을 한다. 11세에는 말다툼이 감정을 상하게 하는 방법을 취하고 분노를 억제할 수 있다. 12세에는 부모나 교사의 행동을 비판하면서 분노를 나타낸다. 말다툼이 논리적으로 되고 계획적인 복수도 한다. 분노를 불평으로 나타내기도 한다. 분노를 일으키는 정서적 상황 자체는 대체로 바람직하지 못하다. 따라서 공포와 마찬가지로 번번이 표출될 때는 습관화되어 성격발달에 악영향을 미치게 된다.

③ 불안감 - 공포, 분노에 이어 불안은 공포의 일종으로 무서워하는 대상이 확실하지 않은 심리상태, 즉 막연한 공포가 불안이다. 아동기는 지적 발달 특히 상상력의 발달과 생활여건의 확대에 따라 여러 가지 문제에 대해서 불안이 생긴다. 이 시기의 불안은 주로 부모의 자녀에 대한 과잉에서 오는 갈등과 교사의 전제적 지도에 대한 공포, 그리고 가정생활과 학교생활과의 부조화의 영향을 크게 받는다.

 - 억압; 불안을 야기하는 충동, 기억 등을 의식에 떠오르지 못하도록 막는 것을 말한다. 억압에는 보상이 뒤따르기 때문에 방어기제로서 사용되고 학습된다.

 - 치환; 아동이 적절한 정서적 반응을 가지고 있으나, 그 반응을 일으킨 원천이 아닌 다른 대리물로 돌린다.

 - 합리화; 어떤 행동이나 태도의 실제 이유가 용납될 수 없고 이를 의식하면 고통스러운 불안과 죄의식이 뒤따르기 때문에, 여기에다 사회적으로 용납될 수 있는 이유를 붙이는 것이다.

 - 반동형성; 사실상으로나 상징적으로 더럽고 지저분해지는 것을 용납할 수 없다는 듯이 행동하지만, 강력한 욕망에 대해 방어하고 있다.

 - 도피; 위협적인 상황이나 사람에게서 직접 도피하거나 도망가는 것이다.

 - 퇴행; 전 단계에서 특성을 이루던 반응들을 채택하는 것이다. 손가락을 빤다든가 오줌을 싸는 행동이 연령발달에 따라 사라졌다가 다시 그런 행동을 하는 것이 퇴행의 좋은 예이다.

④ 질투 - 질투는 대부분 학업성적, 명예나 지위 등에 있어서의 경쟁, 동무나 교사를 독점하려는 욕구에 기인한다. 이러한 질투의 표현을 살펴보면, 상대방을 때리거나 들볶거나 짓궂게 구는 것과 같은 신체적 동작이 많다. 이와 같이 이 시기의 질투는 자기중심적, 배타적, 일반적인 생각과 감정이 기본적인 것으로, 사회성 발달에 지장을 주어 사회적응을 곤란하게 하는 경우도 있다.

⑤ 애정 - 애정의 정서는 공포나 노여움처럼 뚜렷한 정서의 특성을 지니지 않은 단순한 감정의 상태라고 할 수 있다. 그러나 이 욕구가 부모에 의해 충족되고 있는가의 여부가 아동의 성격발달에 커다란 영향을 미치며, 특히 아동들의 자아발달에 있어서 중요하다. 즉, 타인으로부터의 애정과 인정을 받고 수용되는 것이 자기를 승인하고 자기를 수용하는 전제인 것이다.

⑥ 기쁨 - 기쁨도 다른 정서의 표현과 마찬가지로 처음에는 감각적·생리적인 욕구의 충족에서만 기쁨을 느끼다가 성장·발달해감에 따라 사회관계의 중요성이나 자아실현의 기회를 뚜렷하게 느끼게 되어 사회적·정신적 욕구의 충족에서

기쁨을 느끼게 된다.

⑦ 호기심 - 호기심은 아동의 성장·발달에 따라 다르게 나타나는 경향이 있다. 아동기의 호기심의 대상은 주로 자연현상에 관한 객관적인 지식과 독서인데, 직접적인 탐구 또는 질문을 통해서 만족을 얻지 못한 호기심은 독서를 통해서 만족하게 된다. 호기심에 영향을 주는 주요인들은 생활환경, 교우관계, 시간적 조건, 아동의 내적 조건 등에 따라 다르다.

(3) 정서발달에 따른 지도방법

유아기나 아동기에 있어서의 정의적 경험이 청년기 이후 성인에게 있어서 나타나는 정서적 불안정 상태의 큰 원인이 되고 있다. 그러므로 인간의 정서적 발달을 기하기 위해서, 유아기나 아동기에 있어서의 정서적 경험을 바르게 할 수 있도록 적절히 지도한다는 것이 대단히 중요하다.

이 시기는 정서의 통제와 조정이 가능한 수준에 이른다. 직접적인 의사표현보다는 간접적인 표현을 하고, 신체적인 표현보다는 언어적인 표현을 하는 발달단계인 만큼 지시나 통제, 명령보다는 스스로의 행동에 대해 칭찬하고 아동의 판단을 존중하는 것이 건전하고 건강한 정서형성에 중요한 역할을 한다. 또한, 이 시기에 주요한 정서특징인 불안이나 공포에 대처하는 방법으로 노래나 게임, 유머 등을 통해 안정된 정서를 갖도록 도울 수 있다. 구체적으로 놀이는 아동의 신체적 에너지를 방출하고 앞으로의 생활에 대비하며 어려운 목적을 달성함으로써 즐거움을 얻고 좌절감을 극복할 수 있다.

신체적 접촉을 하고 경쟁하고자 하는 욕구를 방출하며, 사회에서 용인되는 방법으로 공격적인 행동을 하며, 집단에서 다른 사람과 어울리는 방법을 발달시킨다. 유머의 사용도 웃음이라는 선물을 통하여 여러 상황에 대한 불안을 극소화시키는데 많은 도움이 된다. 이러한 방법들을 아동들의 개별특성과 취향 등을 고려하여 적절하게 사용할 수 있도록 부모나 교사는 구체적 방법에 대해서 고민해야 할 것이다. 그러나 적당한 공포나 불안의식은 아동들의 여러 행동에 대해 사회적인 통제를 할 수 있고, 양심을 형성하는 데 도움이 되므로 아동 성장, 발달에 도움을 줄 수 있다는 것도 고려되어져야 할 부분이다.

정서적 안정을 유지하고 보다 행복한 삶을 유지할 수 있도록 하는 데 도움이 될 수 있는 몇 가지 중요한 지도상의 요점을 기술하면 다음과 같다.

① 정서적 안정을 위해서는 무엇보다도 아동의 기본적인 욕구가 충족되어야 한다. 기본적인 욕구 중에서도 가장 강한 것이 생리적 욕구이다(적절한 물질적 양육의 필요).

② 가정에서 충분한 애정을 받고 한 인간으로서 존중받는 생활을 한 아동들이 성장하면 정서적으로 보다 안정되고 건전한 방향으로 발전하는 경향을 가진다(안정된 가정생활).

③ 어떤 좌절된 감정이 있을 때 그것을 적절히 표현함으로써 그 감정을 순화시킬 수 있는 기회를 가지게 해야 한다(자기표현의 기회).
④ 아동 자신이 소화하기 어려울 정도의 심한 정서적 긴장에 갑작스럽게 직면하게 되면 큰 해를 가져올 가능성이 있으므로 그러한 상황으로부터 보호하고 점진적 접근방법의 지도가 필요하다(적극적인 정서적 긴장의 회피).
⑤ 사회적 경험이 부족하거나 사회적 관계가 원만치 못한 경우 정서적 긴장 내지 정서적 불안을 가져올 수도 있다(건전한 사회생활을 위한 기회).

4) 사회성 발달

아동이 초등학교에 입학하면 사회적 환경이 급격히 변하고 가정의 활동시간이 늘어난다. 낮 시간의 대부분을 집밖에서 보내는 아동들은 친구들과 집단을 이루고 서로 영향을 주고받는다. 활동중심은 학교가 되며 또래친구는 아동의 성장발달에 중요한 역할을 한다. 아동들은 친구를 통해 사회생활에 필요한 방법을 배우고 자신이 속한 문화의 가치관과 행동규범을 배우면서 사회화된다. 이 시기의 또래들은 아동의 부모들보다 더 강력한 사회화 대리인이 된다.

아동기의 또래집단은 단 두 명의 단짝 친구에서부터 여러 명의 집단까지 다양한 수의 아동으로 구성될 수 있다. 이들은 지속적 만남을 통해 우정을 서로 나누며 보통 동성으로 구성된다. 초등학교 저학년의 또래집단은 비교적 구조화되지 못하고 구성원들의 공식적 역할이 정해져 있지 않으며 행동통제를 위한 규칙이 거의 없는 동시에 구성원의 변화가 많은 것이 특징이다. 그 결과 개인의 행동에 미치는 집단의 영향은 그렇게 크지 않다. 그러나 아동이 10세 정도에 이르면 또래집단의 구조는 뚜렷해지고 공식화되며 특정의 아동이 지도자로 부상한다. 이제 또래집단은 구성원들에게 동조하도록 압력을 가하고 엄격한 규칙을 적용하기 시작한다.

(1) 사회적 성장과 발달 특징

아동의 사회적 환경은 가정과 이웃에서부터 학교 특히 학급으로 확대된다. 아동이 학교에 입학하게 되면 그들의 사회적 행동에 변화를 갖게 된다. 즉, 자기중심성을 점차적으로 탈피하여 행동이 사회화되어가고, 그들의 관심 또한 주관적 세계에서 객관적 세계로 옮겨가고, 개인주의 시기에서 집단행동의 시기로 변화한다.

대부분 저학년에 있어서는 개인주의적 특성이 있어서 사회적 관계에 미숙하고 생활전반에 걸쳐서 성인에 의존하는 경향이 남아있다. 그러므로 교우관계는 아직 약하고 자기가 소속하고 있는 집단에 대한 의식도 충분하게 발달되어 있지 않다. 그러나 3학년부터는 학교생활에 익숙해지고 학우상호간에 정신적 교류가 형성되어 공동의식, 소속의식으로부터 오는 이른바 우리의식(we-consciousness)이 발달하여 교우관계를 리더를 중심으로 하여 집단을 형성한다. 이 집단을 도당이라고 하며, 9-12세까지의 시기를 도당시대라고 부른다. 이때 사회적 의식이 급속도로 발달하게 된다.

이렇게 하여 사회성이 발달하여 가면 이기성이 점차 줄어 들어가고 반면에 실용성이 증대하여 간다. 그런데 이것은 단순한 연륜의 증가에 의한 것이 아니고 부모나 교사 등의 지도에 의하여 사회화되는 데서 이루어지는 것이다. 그리고 친구들과 어울려 생활하는 가운데 다른 아동의 욕구를 알게 되고, 또 그 입장을 인식하게 된다. 즉, 사회적 통찰이 발달하게 된다. 그리하여 타인과의 교섭이나 협동에 익숙해지게 되고, 사회생활에 대한 적응능력이 생기게 된다.

아동은 도당활동을 통하여 사회화의 여러 가지 기본적 태도와 자질을 학습한다. 다시 말해서 또래들과의 집단생활을 통해서 자기표현의 욕구와 사회적 승인감을 만족시키며, 이기적인 태도를 버릴 줄 알게 되고, 용감성, 인내성, 정의감, 준법성, 협동성 등의 바람직한 사회적 의식이 싹트게 되는 것이다. 또래집단을 통하여 부모나 교사가 주지 못하는 것을 얻고 있다는 점에서 도당은 큰 의의를 지닌다.

(2) 가정

부모-자녀 간의 상호관계가 변화한다. 부모의 통제가 줄어들고 아동 스스로가 자신의 일을 처리해 나가며 부모와는 다르게 행동하는 가정 밖의 어른들과 상호작용하면서 비교적 형식적이고 성취 지향적인 관계를 이룬다. 또한, 형제관계에서는 형제 경쟁관계를 유지 하지만, 사건에 대해 의견을 교환하고 집안일을 비교적 균형적으로 나누며, 성인의 권위에 대항하기 위해 단결한다.

세약적인 어머니 밑에서 자란 아동은 후에 흔히 더 순종적이고 의타적이며, 부끄러워하는 경향을 나타내며, 지배적인 면이 적은 반면 예의바르고 깔끔하며 너그럽다. 이러한 아동은 흔히 호기심이 적고 스스로 시작하는 활동이 적다.

형제가 있고 없는 것은 아동의 성격의 형성에 상당한 영향을 준다. 만일 혼자인 경우 그 아동은 언제나 자신이 가족의 중심이라는 관념을 떨쳐버리기 어려워 밖에 나가 같은 또래 친구들과의 관계에서도 자기가 중심이 될 것을 기대하게 되고, 그렇지 못할 경우 몹시 좌절하게 된다. 반면 형제가 많은 집의 아동은 가족 밖의 아동이나 단체에 훨씬 쉽게 적응하며, 이는 그들이 보다 많은 사회적 기회가 있었기 때문으로 본다.

(3) 학교

학교는 공식·비공식 교육과정을 통해 아동에게 영향을 준다.
 ① 근면성 - 학교생활에 즐거운 태도로 임하고 새로운 학습을 즐겁게 받아

들이면서 근면성을 발달한다. 그러나 역으로 학교를 부정적인 태도로 받아들이면 열등감을 갖게 된다. 근면성과 열등감의 발달에 영향을 주는 요인은 부모의 양육태도와 아동의 자기능력에 대한 자신감이다.

② 성취동기 - 근면성과 열등감의 위기는 학령기 아동에게 무엇인가 훌륭한 것을 성취하고자 하는 다소 지속적인 동기를 유발시킨다. 성취동기는 학령기 아동의 근면성이나 능력과 연관된다.

③ 교사 - 교사는 살아있는 환경으로 학교교육에서 아동의 적응과 발달에 크게 영향을 준다. 교사가 갖는 아동의 잠재가능성에 대한 기본적 신뢰와 긍정적 기대감이 아동발달에 지대한 영향을 준다. 권위적, 독단적 교사에 비해 민주적, 온정적, 지성적인 특성의 교사가 아동의 창의성을 높이며 훈계, 감독 등 교사의 지시적 특성보다는 수용, 칭찬과 격려, 질의응답과 같은 교사의 비지시적 특성이 아동을 적극적이고 긍정적인 방향으로 발달시킨다.

(4) 교우관계

성의 잠복기로써 대개는 동성의 친구관계를 갖는다(애착형성). 남아는 단체를 이루며 친구를 사귀고, 옥외놀이를 좋아하며 도구적 욕구에 의해 친구를 사귀는 경향을 나타내고, 반면 여아는 일대일의 개별적 친구관계를 이루며, 실내놀이를 좋아하고 표현적 욕구에 의해 친구를 사귄다. 이 시기 아동은 우정·친구 관계의 공통적 특성은 친밀감과 유사성이다. 자기 또래가 입은 옷이나 신고 다니는 신발을 친구와 동일한 것으로 갖고자 하는 동조성이 강력한 사회적 특성으로 대두되는 시기이다.

이 시기의 아동은 동성의 또래들과의 상호작용을 통하여 하나의 동일한 문제에 대해 다양한 견해가 존재할 수 있다는 것을 인식한다. Piaget는 또래들은 서로 동등하게 상호작용하기 때문에 아동 각자의 자아 중심적 조망을 감소시키는 데 기여한다고 주장한다. 이 시기의 아동을 서로 다른 견해를 갖는 또래들과 상호작용함으로써 그 자신의 견해의 한계를 이해시키기 위해 절충한다. 따라서 또래집단의 상호작용은 아동으로 하여금 자아중심성에서 탈피하여 융통성이 있는 성인 사고에 접근하도록 도와준다.

(5) 동조성의 발달

이 시기의 아동은 또래집단의 승인을 중요시한다. 또래집단으로부터 승인을 받고자 하는 아동의 욕구는 또래집단에 대한 동조경향을 자극한다. 이러한 동조성은 아동기에서 증가되기 시작하여 청소년기 동안 감소된다. 동조성의 정도는 아동기에 가장 강하게 나타나고, 남아보다는 여아가 보다 동조적이다.

또래집단은 구성원들에게 집단의 규칙에 동조하기를 원하기 때문에 아동의 사회화에 중요한 역할을 한다. 동조성(conformity)은 정상적이고 적응적이며 건강한 형태의 행동특징이기는 하지만 지나친 동조경향은 아동의 자율적인 판단과 행동을 방해하므로 심각한 문제를 야기 시킬 수 있다.

동조성은 초등학교 저학년에서 증가하기 시작하여 아동기 동안 가장 강하게 나타나며 청소년기 이후부터 감소하는 양상을 보인다. 또한 여아들이 남아들보다 일관성 있게 더 많이 동조적이며, 거짓말이나 훔치기 등과 같은 반사회적 행동에 대한 동조경향성은 청소년기까지 증가하고 그 이후로 감소하는 편이다.

(6) 단체 놀이와 우정의 발달

아동기에는 상호간의 공유된 관계를 형성하려고 노력하면서 서로의 이기주의를 만족시키기보다는 공통적인 관심사를 위해 협력한다. 비밀과 감정을 공유하고 개인적인 문제를 해결하기 위해 서로 돕는다. 이러한 우정의 발달은 그 지속기간이 길어지고 서로에게 애정과 존경을 느끼며 타인의 관점을 고려할 수 있는 조망능력을 획득한 아동들은 우정의 고유한 기쁨과 가치를 인식하고 친구의 개인적 특성과 싫어하는 것, 좋아하는 것, 근심하는 것이 무엇인가를 알게 된다. 그러나 이들의 우정관계는 대단히 배타적이며 가까운 친구사이는 소유관계로 간주되어 친한 친구가 어떤 일을 하기 위해 다른 아동을 선택하면 거부당했다고 느끼며 배신감을 가진다.

특히 이 시기는 단체의 성공을 개인의 성공만큼 중요시하기 때문에 단체놀이를 선호한다. 아동은 단체놀이를 통해서 각자 자기의 역할을 성실히 수행하면 단체는 성공할 것이라는 노동분배의 개념을 학습하게 되며, 동시에 각 개인이 어떤 한 부분을 수행할 수 있는 반면, 다른 아동들은 다른 부분을 더 잘 수행할 수 있다는 역할 분배의 의미도 학습하게 된다. 또한 이러한 단체경기를 통하여 경쟁의 본질과 승리의 중요성을 학습한다.

또래집단과의 상호작용 경험은 이원적 우정관계인 가장 친한 단짝 친구를 사귈 수 있도록 유도한다. 아동기에 경험하는 동성의 우정은 성인기의 바람직한 이성관계 발달을 위한 필수적 요소가 된다.

(7) 사회적 관계의 발달

아동들의 또래집단을 관찰해보면 각 아동이 형성하는 사회적 관계를 관찰할 수 있다. 혼자 외톨이인 아동이 있는가 하면 여러 아동들에 둘러 쌓여 있는 아동도 있다. 일반적으로 인기 있는 아동은 건강하고 정력적이며 사회적으로 성숙하다. 이들은 주도적으로 활동하나 상황의 요구에 적절하게 대응하며 타인을 돕는 경향이 있다. 지적으로 유능하면서 운동능력을 지닐 가능성이 크다. 이들은 지도자가 되는 경향이 많다. 그러나 한편 특정과제에서 뛰어난 능력을 지닌 아동이 지도자가 되기 쉽다.

인기 있는 아동들과는 대조적으로 인기 없는 아동들은 집단으로부터 거절당하고 고립된다. 이들은 적절한 사회적 기술이 부족하고 어리석은 아기같이 행동하거나 거칠게 행동한다. 그러나 인기가 없는 아동이라고 할지라도 반드시 부적응적인 것은 아니다. 인기가 아동들에게 중요하지만 대부분의 인기 없는 아동들은 잘 적응하며 성공적으로 성장한다.

(8) 도덕성의 발달

아동은 학령기 이전에 초보적이지만 양심 또는 초자아를 나타내기 시작한다. 아동은 부모와 동일시하여 부모의 가치, 태도, 옳고 그름의 행동기준을 받아들인다. 즉 아동은 이러한 기준에 따라 자기의 행동을 판단하며 이 기분에서 벗어나면 불안과 죄의식을 느낀다. 즉 아동은 자기행동을 판단하고 통제할 내적인 점검자를 가지게 되고 부모에게 벌을 받으리라고 여겨지는 행동을 할 때마다 자신을 벌한다. 그리고 아동은 부모의 가치와 태도를 내면화시킴으로써 자기가 소속된 사회와 문화집단의 규칙과 기준을 선택한다.

사회적 규범을 수동적으로 받아들이고 그것을 적극적으로 추진한다. '착한 아이'를 지향하고, 권위나 규칙, 사회질서를 존중하며 이를 준수하는 것을 절대의무로 받아들이고 도덕적 판단의 근거로 삼는다. 또한 초보적인 형태의 양심과 초자아를 나타낸다. 정의와 불의에 관심을 갖게 되며, 학령기 중기부터는 일반사회의 정의에 대해서도 생각하게 된다.

(9) 양심의 발달

첫 번째 기제는 부모가 온정과 사랑을 가지고 있어서 아동이 동일시하고 모델로 삼으면 아동이 부모의 규범을 보다 잘 내면화시킬 수 있고, 이러한 규범을 거스르면 고통스럽고 자아상을 손상시키기 때문에 이를 피하려고 한다. 두 번째의 기제는 보다 부정적인 성격을 띠고 있다. 아동이 부모의 사랑과 인정을 받아오다가 부모가 제시한 규범을 어기게 되면 부모로부터 인정과 사랑을 못 받게 될까봐 두려워하며 불안이 생길 것이다. 아동들은 대부분 이러한 불안을 덜기 위해 부분적이나마 부모의 규범을 따른다. 이러한 사실은 아동이 부모에게서 온정과 사랑을 느껴 부모의 사랑을 잃지 않으려는 동기가 있어야 가능하다.

아동의 양심발달은 부모가 가지는 규범과 부모-자녀관계의 관계에 의해 결정된다. 즉 부모가 가진 양심과 규범이 성숙하고 합리적이며 지나치게 엄격하거나 가혹하지 않고 융통성이 있을 때, 그리고 아동이 적극적인 동일시와 모델링을 통해 부모의 규범을 받아들이려고 할 때 아동의 정상적인 초자아의 발달이 촉진될 것이다.

(10) 성 역할의 발달

현대사회에서는 성별에 따른 행동개념이 변화되고 문화적으로 규정된 성 역할에 대한 전통적 개념이 수정되어지고 있다. 이러한 변화를 놓고 볼 때 어떤 문화권에서든지 남성과 여성에 부여된 역할과 특성이 남녀의 생물학적 차이와 같이 '운명 지워진'것이라고 볼 수 없다. 그렇지만 활동, 흥미, 능력에 있어서 성 차가 존재함을 여러 연구에서 지적하고 있다.

아동은 주로 동성의 부모와의 동일시과정에서 성 역할을 습득하며 행동에 대한 부모의 적절한 보상과 제지에 따라 학습된다고 볼 수 있다. 또한 아동이 학교에 들어가면 사회문화가 요구하는 것이 성별에 따라 다름을 알게 되며 성 역할을 인식하게 된다. 성 역할에는 생물학적 요인도 인정되지만 사회화과정 -부모의 양육태도, 대중매체, 학교교육 등-이 중요하다.

(11) 자아개념의 발달

자아개념(self-concept)이란 우리자신의 특성에 대해 가지고 있는 체계화된 내적, 개인적 생각이자. 그 속에는 자신의 신체적 특성과 성별, 행동경향성, 정서적 특성, 능력, 흥미 그리고 목표가 포함되어 있다. 아동은 성장함에 따라 자아개념은 확대되고 상세해지며 복잡해진다.

일반적으로 자아개념은 자아상(self-image)과 자아존중감(self-esteem)의 두 가지 요소를 포함한다. 자아상이란 우리의 내적 모습으로서 어떤 특성을 어느 정도로 지니고 있는가에 대한 개인의 생각이다. 자아상은 다시 지각된 자아(perceived self)와 이상적 자아(ideal self)로 구분된다. 지각된 자아는 앞의 표현과 같이 실제적 특성에 대해 갖는 생각인 반면 이상적 자아란 앞으로 원하는 자신의 모습이다. 그림을 잘 그리지 못하는 아동은 잘 그리고자 하는 소망을 가질 수 있다.

지각된 자아와 이상적 자아 사이의 불일치는 아동에게 합리적이고 도달가능한 도전이 되기 때문에 성격발달을 촉진시킨다. 즉 동기가 될 수 있어 아동의 수행을 자극하고 발달의 원동력이 된다. 그러나 지나치게 적은 불일치는 침체를 가져오고 지나치게 큰 불일치는 실패와 손상된 자아존중감을 야기 시키기 쉽다.

자아개념의 결정요인은 다음과 같다.

① 아동의 연령과 능력 - 자아개념의 발달은 인지과정의 성장에 의존하기 때문에 연령이 증가함에 따라 개인의 자아개념은 보다 상세해지고 복잡해진다. 비교적 간단하고 구체적으로 자신을 표현하던 어린 아동은 점점 추상적인 방식으로 자신을 기술하게 된다.

아동의 능력 또한 자아개념과 높은 상관관계가 있다. 성공적인 과제수행은 아동의 자아개념을 높여주고 다른 과제에 도전할 가능성을 증가시킨다. 성공경험은 아동의 자아존중감을 증가시키고 실패는 자아존중감을 감소시킨다.

② 아동의 양육방법 - 부모의 양육방식과 아동의 자아존중감과의 관계에 대해 체계적인 연구를 한 Coopersmith는 높은 자아존중감을 갖는 아동의 부모들은

권위적인 부모로서 자녀에 대한 깊은 애정과 관심을 가지고 주의를 기울였으며 행동의 한계와 규준을 설정해 놓고 있고 아동을 거칠게 처벌하거나 학대하지 않음을 밝혔다. 이들은 아동의 의견을 존중하고 권리를 인정하였으며 조화로운 부부관계를 유지하였다. 반면 낮은 자아존중감을 갖는 아동의 부모들은 자녀에 대해 무관심하거나 적대감을 갖는 경향으로, 자녀를 짐으로 생각하였고 일관성 없는 훈육으로 처벌, 강요, 애정철회방법을 주로 사용하였다.

③ 성취동기 - 아동들은 각기 다른 수준의 성취동기를 갖는 경향이다. 최초의 성취 지향적 행동은 유아기에서부터 나타나며, 인지능력과 사회적 능력이 발달됨에 따라 과제의 난이도와 자신의 능력을 비교하고 성패의 가능성을 평가한다.

아동의 성취동기는 부모의 양육방식과 성취 지향적 역할모델의 존재여부에 따라 증가될 수 있다. 조사결과에 의하면 높은 성취동기를 갖는 아동의 부모들은 성취훈련을 시키는 경향이 있다. 일반적으로 어머니들은 엄격한 행동목표를 설정하고 수행을 격려하는 반면, 아버지들은 아동의 독립적 행동을 허용하고 자기신뢰와 숙달을 강조함으로써 부모간의 차이를 나타낸다.

(12) 사회성 발달에 따른 지도방법

이 시기 아동은 사회적 규준을 수동적으로 받아들이고 적극적으로 실행하는 단계로 도덕성이 상당히 높은 수준이다. 개인적이기보다는 집단적인 성향을 가지고 있고, 사회의 발전을 위해서 개인이 희생할 수 있다고 생각하는 아동이 그렇지 않은 아동보다 훨씬 높은 비율이다. 그렇기 때문에 사회에 대한 부정적이고 비판적인 시각보다는 긍정적인 시각과 안목을 기를 수 있도록 부모나 교사의 올바른 행동이 선행되어져야 한다. 더불어, 부모의 가치관, 부모의 애정과 관심, 가정의 화목도가 도덕성과 자아개념의 발달에 큰 영향을 준다는 사실에 주목하여야겠다. 이 시기의 아동은 독립적인 주체성과 존재를 찾으려는 준비단계에서 자기의 부모를 어느 정도는 객관적으로 지각하고 판단할 수 있기 때문이다.

또한 부모는 또래집단을 형성하고 그 집단에서의 자아정체성과 스스로의 독립적 안정성을 찾으려고 하는 아동을 존중하고 배려하는 입장에서 지켜보아야 하며, 잘못이나 실패에 대해서도 경험을 통해 배울 수 있도록 관망하는 입장이 되어야 한다. 언제나, 아동을 지지하고 성취동기를 부여하며 칭찬과 격려의 방법으로 아동을 대할 때, 이 시기에 중요한 사회성인 근면성이 발달하고 적극적 자아개념을 가지는 건강하고 건전한 성인으로서 도약할 수 있다.

어린이가 학교에 입학하게 되면 그들의 사회적 관계는 크게 확대되어 자기 사회의 구성원으로서 무엇을 해야 하고 무엇을 하면 안 되는지를 배우기 시작한다. 사회적으로 요구되는 태도와 가치관을 형성하기 위한 지도는 생활지도의 여러 활동을 통해서 이루어지고, 여러 가지 경험이 복합적으로 작용하기 때문에 특정한 태도를 형성하기 위한 지도 방안을 제기하기는 어려운 일이다. 따라서 여기에 구체적인 지도방법을 제시하기보다 사회학습에 있어야 할 일반적인 학습 원리를 제시하려한다. 사회적 태도와 가치관이 형성되는 학습원리는 다음과 같다.

① 태도와 가치관의 선별 : 학생들에게 학습시켜야 할 가치관과 태도가 어떠한 것이어야 하느냐를 발견하고 선별하는 문제가 교사 개인의 힘으로만 해결 될 성질의 것이 아니지만, 우선 어떠한 방법으로든 교사가 이를 해결해 내지 않을 수 없는 책임을 지고 있다.

② 개념의 명료화 : 일단 어떤 가치관과 태도가 선별되면 다음에는 그 개념이 뜻하는 의미를 구체적이고 명확하게 규명해야 하는 문제가 뒤따른다. 그리고 같은 개념이라도 학생들의 수준에 따라 그 뜻의 표현이 달라져야 할 것이다.

③ 충분한 인지적 경험의 제공 : 어떤 대상에 대한 새롭고 정확한 정보를 제공하는 일은 그 대상에 대한 태도와 가치관의 형성 및 변화를 가져오게 하는 교육적 과정의 제1차적 단계가 된다. 그리고 다양한 방법으로 학습자 자신이 풍부한 인지적 경험을 할 수 있도록 함이 보다 효과적인 방법인 것이다.

④ 바람직한 모형제공 : 학교에서 아동이나 학생에게 바람직한 모형을 제공하지 못하면, 그들은 자기 나름대로의 모형을 학교 외부에서 구하게 된다. 교사 자신이 학생을 위한 바람직한 모형 구실을 할 수 있는 행동을 해야 한다.

⑤ 즐거운 정의적 경험을 도울 수 있는 풍토 조성 : 학급내의 사회적 풍토는 주로 교사와 학생 그리고 학생 상호간의 인간관계 유형으로 형성되며, 성원간의 심리적 관계를 지배하게 된다. 따라서 교실 내를 명랑하고 매력적이고 즐거운 분위기로 만들어야 한다.

⑥ 실천할 수 있는 활동의 기회제공 : 태도와 가치관은 용어나 문장을 읽고, 암기하고, 이야기하는 것으로 형성되는 것이 아니다. 다양한 실제적인 행동 경험을 통해서 스스로 뜻을 파악하고 느끼며 이를 내면화하여야 하나의 행동 성향으로 형싱되는 것이나. 사회에 봉사하는 태도와 가치관의 실천을 통하여 몸에 배게 하지 못하는 한 그 목적을 달성 할 수 없는 것이다.

⑦ 집단활동의 활용 : 개인의 태도와 가치관을 바람직하게 변화시키는 데는 집단 활동이 효과적이다.

제2장 아동상담과 대화법

1. 아동상담의 이해

1. 아동 상담의 기초

1) 상담의 개념

상담이란 교육적·인성적·직업적 사회적 문제를 갖고 있는 개인에게 전문적인 입장에서 전문가에 의해 개인 대 개인, 개인 대 집단의 관계 하에서 계획적이고 전문적으로 도와주는 임상적 봉사의 과정 및 활동을 의미한다.
학자들이 말하는 상담의 정의는 다음과 같다.
 · Patterson ; '정신건강을 증진시키기 위하여 인성의 체계적 지식에 기초한 심리치료자와 클라이언트간의 인간적인 관계의 과정을 말한다.'
 · Williamson ; '상담이란 현실적으로 각 개인의 적응을 도울 뿐 아니라 장래 적응을 준비하도록 도와주는 것이다.'
 · Thorne ; '상담이란 심리학의 분야에서 숙달된 상담자가 성격적이 문제 때문에 고민하는 피상담자를 행동적으로나 또는 말로 도와주려는 면대면의 관계이다.'

2) 상담의 특징

① 상담은 내담자의 자발적인 행동변화에 영향을 미친다.
② 상담의 목표는 자발적인 변화를 촉진하기 위한 조건들을 제공함에 있다.
③ 다른 모든 인간관계와 마찬가지로 상담관계에서도 명백한 한계 내지 제한이 내담자에게 주어진다.
④ 행동변화를 촉진할 수 있는 조건들은 면접을 통하여 제공된다.
⑤ 경청이 상담에서 수행되지만 모든 경청이 상담은 아니다.
⑥ 상담자는 내담자를 다른 인간관계에서 이루어지는 이해와 질적으로 구별되는 이해를 하고 있다.
⑦ 상담은 사적으로 이루어지며 논의된 내용은 비밀이 유지된다.

3) 상담의 목표

상담의 궁극적인 목적은 인간의 지적·정의적·행동적으로 균형 있는 성장과 발달을 촉진하는데 있다.
① 행동 변화
② 적극적인 정신 건강의 증진
③ 문제해결과 증세 제거
④ 내담자의 잠재력 촉진과 개인의 효율성 증진
⑤ 의사결정의 기초

4) 상담의 기본 조건

(1) 수용
① 인간의 가치와 존엄에서 출발한 것으로 내담자의 필요를 충족시키기 위해 가능한 조건을 최선을 다하여 제공하려는 마음의 태세
② 무조건적 긍정, 인격 존중
③ 내담자 수용 범위
· 내담자의 존재 그 자체를 수용하는 것
· 인간의 제반특성을 수용하는 것
· 인간의 구체적 행동을 수용하고, 행동의 잘잘못을 떠나 그러한 행동이 있었음을 있는 그대로 받아들이는 것.

(2) 공감적 이해
① 내담자의 입장이 되어서 그를 이해하는 것으로, 인간의 심리적인 세계에서 피상담자의 내면적인 동기세계를 이해해 주는 자세
② 공감적 이해는 감정이입적 이해 또는 내적 준거체제에 의한 이해라고도 함.

(3) 일치
① 내담자의 상담목표와 동기 등이 상담자와 서로 일치하는 것
② 상담자와 내담자의 내면적 심리체계의 경험과 그에 대한 인식만이 아니라 그에 관련된 표현 모두가 일치되어야 한다.
③ Rogers는 상담의 필수조건이라고 함

(4) 래포(rapport)의 형성
① 상담자와 내담자가 상호간에 신뢰하고 존경하며, 감정적으로 친근감을 느끼는 인간관계이며 상호적인 책임관계가 있는 분위기를 만든다.

② 래포 증진을 위한 기술
· 동정 - 동정하는 표현이나 언사로 대하는 것이다.
· 확신 - 문제는 해결될 수 있다고 내담자를 격려하고 안심시킨다.
· 승인 - 말이나 행동에 대해 동의표시를 하는 것이다.
· 유머 - 긴장이나 불안을 풀어주기 위해 재미있고 우스운 이야기를 해준다.
· 객관적 자료의 사용 - 교과서, 참고도서, 연구결과 보고, 도표 등을 제시
· 개인 사례 제시 - 상담자 자신의 이야기를 해주는 식의 방법으로 사례제시
· 내담자가 한 말을 출발점으로 하여 다음 화제의 계기를 마련해 준다.

5) 상담의 기본원리

① 개별화의 원리-개인의 개성과 개인차를 인정하는 범위 내에서 상담을 진행
② 의도적 감정표현의 원리-내담자가 자유롭게 의도적인 표현을 보장받도록 분위기 조성
③ 통제된 정서 관여의 원리-상담자는 내담자의 정서변화에 민감하게 반응하여 적극적 관여
④ 수용의 원리-상담자는 내담자에게 따뜻하고 수용적이어야 하며 내담자를 인격체로 존중
⑤ 비심판적 태도의 원리-상담자는 내담자를 '유죄''무죄'등의 과격한 언어로 다루어서는 안 됨
⑥ 자기결정의 원리-내담자의 가치와 결정을 존중하고 스스로 문제해결 할 수 있다는 신념을 갖게 하는 것에서 시작
⑦ 비빌보장의 원리-상담자는 상담내용의 비밀을 지켜줄 의무 있음

* 생활지도와 상담과 심리치료의 차이

생활지도	상담	심리치료
·학생들이 학교내외에서 당면하는 적응 발달상의 문제를 돕기 위해 마련되는 교육적, 사회적, 도덕적, 직업적 영역 등의 계획적 지도 활동을 말한다.	·자격을 갖춘 상담교사가 학생 개개인의 문제나 특정집단을 상담하고 학교에서의 생활지도 계획에 전문적인 자문을 하는 입장으로 생활지도 활동의 한부분이다.	·환자의 증상을 제거,수정, 완화하고 장애행동을 조정하며 긍정적 성격발달을 증진시킬 목적으로 훈련된 사람이 환자와 전문적인 관계를 의도적으로 형성하여 정서적 문제를 심리적 방법으로 치료하는 것

6) 상담의 형태

형태	상담 문제	상담자 활동
위기(crisis)	·자살기도 ·약물불안 ·실연	·개인적 지지 ·직접적인 개입 ·더 필요한 지지의 집중 ·개인상담이나 적합한 의료원이나 기관에 뢰
촉진 (facilitative)	·직업정치· ·학업문제 ·결혼에의 적응	·개인상담 : 내용과 감정의 반영 　　　　　　정보제공, 해석 　　　　　　직면, 행동지시 등을 포함
예방 (preventive)	·성교육 ·자아와 진로의식 ·약물인식	·정보제공 ·적합한 프로그램에 의뢰 프로그램 내용과 과정에 관한 개인상담
발달 (developmental)	·긍정적인 자아 개념 발달 ·중년에서의 진로변경 ·죽음의 수용	·가치관의 명료화 ·의사결정 검토 ·중요인물과 환경에 관련된 개인적 발달 상담

7) 상담면접의 주요방법

경청	·경청이란 남의 말을 주의 깊게 기울여 열심히 듣는 것이다. ·학생이 말을 하는 동안 교사가 경청한다는 것은 학생의 말을 교사가 중요하게 여긴다는 뜻을 전달하는 것이며 학생은 표현을 계속할 수 있는 용기를 얻게 된다.
피드백	·가능한 상대방을 자연스러운 눈으로 바라보며 상대방이 이야기 하는 동안 머리를 끄덕임으로써 관심을 갖고서 듣고 있음을 보여주어야 한다.
수용	·수용이란 내담자의 이야기에 주의를 집중하고 있고, 듣고 있다는 것을 보여주는 기법이다. 교사는 학생의 이야기를 들으면서 '으흠' '으응' '아!' '그래?'라는 식의 반응을 보일 수 있다. 이런 반응은 "계속해서 이야기 해라. 내가 너의 이야기를 집중해서 듣고 있어"라는 의미를 간접적으로 전달한다.
재진술	·재진술은 생담자가 내담자의 말을 그대로 되풀이 하는 것이다. ·재진술은 상담자가 세심하게 내담자의 이야기를 듣고 있다는 것을 간접적으로 나타내면서 내담자로 하여금 자기 자신의 말의 의미에 대하여 더 깊은 관심을 가지게 하는 이중의 효과를 나타낸다.

환언	·환언은 학생이 하는 이야기의 내용을 교사가 다른 말로 표현하는 것으로 대부분의 경우 학생이 한 말의 수보다 적은 말로 이루어지며 학생이 한말을 교사가 정확하게 이해하고 있는지를 확인하고 학생으로 하여금 자신의 내면세계의 심리적 특징을 이해하도록 하기 위해서 이용한다.
반영	·반영이란 내담자에 의해서 표현된 요소가 되는 주요 내용과 태도를 새로운 용어로 부연해 주는 것이다. 내담자의 말을 그대로 되풀이 하는 것이 아니라 그 내용의 밑바탕에 흐르고 있는 감정을 파악하는 것이 중요하다.
직면	·직면은 내담자가 내면에 지니고 있는 자신에 대한 그릇된 감정, 특히 현실의 경험과 일치되지 않는 감정을 드러내어 스스로 인지하도록 하는 것이다. ·직면은 상담교사가 내담학생이 미처 깨닫지 못하고 있거나 인정하기를 거부하는 생각과 느낌에 대해 주목하도록 하는 것이다.
해석	·해석은 내담자로 하여금 자기의 문제를 새로운 각도에서 이해하도록 그의 생활경험과 행동의 의미를 설명하는 것이다. 해석을 할 때는 상담자가 내담자에게 새롭고 보다 기능적인 참조체계를 제공한다.
되받아주기	·학생의 말을 되받아준다는 것은 앞에서 예시한 재진술의 차원을 넘어서 학생이 표현한 말의 밑에 깔린 욕구, 감정, 동기, 희망 등을 교사가 파악한 대로 되돌려 표현해 주는 것이다.
적극적청취	·대화에서 적극적 청취는 상대방의 심리적 내면세계에 귀를 기울이며 그의 '소리 없는 마음의 소리'를 듣는 것이다. 즉 청취는 적극적이며 창조적인 활동이다. 이러한 적극적 청취는 학생과의 대화뿐 아니라 거의 모든 대화를 효과적으로 이끌어가는 가장 필수적인 기법이다.
요약	·요약은 생각과 감정을 하나로 묶어 정리하는 것이다. 내담자의 말을 요약하기 위해서는 말의 내용, 말할 때의 감정, 그가 한 말의 목적, 시기, 효과에 대해서 주의를 기울여야 한다.
명료화	·명료화란 내담자의 진술의 내용을 반영해 주는 특별한 방법으로서 내담자가 이야기한 것의 실제를 요약해 주는 것이다. 이는 내담자의 감정을 밀어부치지 않고 그의 방황이나 흩어진 반응 등을 단순화해 줌으로써 통찰의 발달을 촉진시켜 주는 것이다.

8) 상담이론 분류

인지적 영역의 상담이론	정의적 영역의 상담이론	행동주의 영역의 상담이론
인지적 사고력을 강조하고, 개념, 사고, 신념, 합리적인 문제해결정보 등을 다룬다.	인간의 증오심, 질투, 시기, 불안, 죄책감 등과 같은 것으로 부정적 정서를 주로 다룬다.	행동주의 심리학에 근거를 둔 것으로 주로 관찰될 수 있는 인간의 행동을 중심으로 다룬다.
① 지시적 상담 ② 합리적 정의 상담 ③ 개인구념 상담 ④ 현실치료 상담	① 정신분석 상담 ② 인간중심 상담 ③ 개인심리 상담 ④ 의사거래 상담 ⑤ 형태주의 상담 ⑥ 실존주의 상담	① 행동주의 상담 ② 상호제지 상담

2. 아동상담의 이론적 모델

상담자의 인간에 대한 이해, 삶의 문제와 이를 보는 관점, 병리관에 따라 아동의 문제해결을 위한 상담목표와 상담과정, 상담전략 등이 달라진다. 상담이론은 개인의 어떤 측면에 초점을 맞추느냐에 따라 개인의 정서와 감정에 초점을 맞추는 정서적 접근, 개인의 사고와 신념에 초점을 맞추는 인지적 접근, 관찰 가능한 행동에 초점을 맞추는 행동적 접근으로 분류한다.
* 정서(감정): 인간중심 상담, 게슈탈트 치료
* 행동(행동): 행동상담, 현실치료, 단기상담, 개인심리학
* 인지(사고): 합리적·정서·행동치료, 인지행동치료, 정신분석상담, 교류분석 등.

1) 정신 역동적 상담모델

정신 역동적 상담의 창시자인 Sigmund Freud는 인간을 비합리적이고 결정론적인 존재로 보며, 인간의 행동은 비합리적인 힘, 무의식적 동기, 생물학적 및 본능적 충동, 생의 초기 6년(구강기, 항문기, 남근기, 잠복기, 성기기) 동안의 심리성적 욕구에 의해 결정된다고 보고 있다.
또한 정신 역동적 상담에서는 인간의 본능을 강조, 본능은 고통을 피하고 쾌락을 추구하는 삶의 본능인 에로스와 공격적인 욕구를 추구하는 죽음의 본인 타나토스로 구성, 또한 인간의 성격이 원초아, 자아, 초자아로 구성, 원초아를 성격의

생물학적 구성요소, 자아를 심리적 구성요소, 초자아를 사회적 구성 요소를 보았다. 원초아, 자아, 초자아 사이의 갈등이 인간의 통제를 넘어설 때 인간은 불안을 느끼며, 불안에는 현실적 불안, 신경증적 불안, 도덕적 불안이 있다. 개인이 불안을 극복하고 불안에 압도되지 않도록 자아를 보호하는 일을 자아방어 기재가 한다고 본다.

인간의 불안의 종류는 다음과 같다.

* 현실적 불안 - 외부환경에 위협이나 위험이 존재 할 때 나타나는 정서적 반응으로 위험이나 재해를 대비하여 오히려 자기보존을 하는 데 도움이 될 수 있다.

* 신경증적 불안 - 본능적 충동이 의식화됨으로써 자아가 본능을 통제 할 수 없어 위협 당할 때 나타나는 반응으로 아동의 경우는 신경증적 불안을 현실적 불안으로 경험하게 된다.

* 도덕적 불안 - 자아가 초자아의 벌을 받을 위협이 있을 때 나타나는 정서적 반응이 도덕적 반응 이다.

아동의 경우 잘못한 행동에 대해 부모의 벌을 받아야 한다는 공포심이 도덕적 불안을 경험하게 한다. 그리고 무의식 수준에서 일어나는 자기방어 기재에는 억압, 거부, 반동 형성, 투사, 치환, 합리화, 승화, 퇴행, 내사, 동일시, 보상, 의식화와 무효화가 있다.

* 억압(repression) - 불안을 회피하는 가장직접적인 방식으로 무의식 충동이 표출될 수 없도록 완전히 차단함으로써 의식 할 수 없게 하는 것이다.

* 투사(Projection) - 스스로 받아들일 수 없는 충동이나 태도, 행동을 다른 사람이나 환경으로 돌리는 것을 말한다.

* 반동형성(Reaction Formation) - 사회적으로 용인될 수 없는 충동이 표출되는 것을 막기 위해 그 충동이 의식수준에서 정반대로 표현되는 것이다.

* 전위 (Displacement) - 본능적 충동을 만족시키기 위해서 선정된 대상에게 어떤 장애물로 인해 접근 할 수 없을 때 새로운 대상을 선정하게 된다.

* 고착(Fixation) - 성격 발달의 단계를 거치는 과정에서 어느 일정한 단계의 좌절이나 불안이 지나치면 해결하기 힘든 다음 단계로 이동하기보다는 현재의 발달에 머무는 것.

* 퇴행(Regression) - 현재단계에서 좌절이나 불안이 지나치면 이전 발달 단계로 되돌아가는 것이다.

* 취소(Undoing) - 수용 할 수 없는 생각이 떠오를 때 이를 되돌리기 위해 상징적인 행동을 수반한 마술적 생각을 하는 것.

정신 역동적 상담은 우리의 의도, 욕망, 신념에 있어서 스스로 어떻게 속이는지 또 이 속임 들이 우리의 표출된 목적과 행동들 속에서 어떻게 싸움, 투쟁으로 생성되는지에 관한 것이다. 따라서 정신 역동적 상담 목표는 무의식을 의식화하여 개인의 성격구조를 수정하고, 자아를 강화시켜, 행동이 본능의 요구보다는 현실에 바탕을 두도록 하는 것이다.

정신 역동적 상담의 상담자와 내담자 관계의 핵심은 전이관계이다. 자신의 인식을 증가 시키고, 행동에 대한 지적 통찰을 얻게 하여 증상의 의미를 이해하도록 하는 것이며, 치료자는 증상 이면에 숨어 있는 수수께끼를 풀고 아동의 갈등이 완화되도록 수수께끼를 설명하는 "해석자" 치료기법에는 꿈의 분석, 자유연상, 해석, 저항의 분석과 해석, 전이의 분석과 해석 등이 있다.

2) 개인 심리학적 상담모델

Adler는 인간을 전체적으로 보아야 한다는 입장에서 in-divide라는 어원을 가진 individual, 즉 나눌 수 없는 전인이라는 의미를 가진 라틴어의 individum을 선택하여 "개인심리학(Individual psychology)"이라고 명명했다.

Freud는 인간의 정신을 둘 또는 셋으로 나누었고, 서로 배타적이고 적대적인 관계를 가지고 있다고 보았으나, Adler는 의식과 무의식, 마음과 육체, 접근과 회피, 양가감정과 갈등들의 양극성의 개념이 개인의 주관적인 경험으로서만 의미가 있다고 보고, 개인의 성격은 통일성과 자기일관성을 전제로 한 자아 일치된 통합된 성격구조를 이루고 있다고 보았다.

치료보다는 예방이 중요함을 강조하여, 오트리아의 교육개혁 프로그램을 주관하였으며, 비엔나 학교체제와 연계 최초의 아동상담소를 설립 실험학교도 세워 치료교육, 교육 치료적 틀을 체계화하고, 부모교육, 부모상담 프로그램, 교사교육, 집단상담의 새로운 장을 개척하였다.

Adler의 기본개념으로는 열등감과 보상, 우월성 추구, 생활양식, 사회적 관심, 창조적 자아, 출생순위, 가상적 목표 등이 있다. Alder는 열등감이 인생전반에 걸쳐 커다란 영향을 미치고 있음을 통찰하고, 그 기원을 밝히고 있다. 열등의 감정을 극복 또는 보상하여 우월해지고, 위로 상승하고자 하는 목표를 달성하고자 노력한다. 우월에의 추구는 삶이 기초적 사실이며, 모든 인간이 문제에 직면하였을 때 부족한 것을 보충하고, 낮은 것은 높이며, 미완성의 것을 완성하고, 무능한 것을 유능하게 만드는 경향성이 있다고 본다. Freud가 인간 행동의 동기를 긴장을 감소하고 쾌락을 얻는 것으로 보는 데, Adler는 긴장의 감소를 목표로 보지 않고 완전으로 추구하는 더 많은 에너지와 노력을 요구하며 긴장을 증가시키는 것이다.

개인심리학에서는 현재 아동의 행동에 영향을 주는 것은 과거의 경험이 아니라 행동 이면에서 아동이 기대하는 목적이 행동에 주요 동기 또는 충동이 된다고 한다. 이를 개인심리학에서는 가상적 목표라고 한다. 따라서 치료자는 장애의 원인 규명보다는 아동이 선택한 장애행동을 통해 추구하려는 목적을 규명하는 것이 매우 중요하다.

생활양식은 한 인간의 삶의 목적, 자아개념, 가치, 태도 등 그 인간의 독특성을 설명하는 Adler의 독자적 원리로서, 상담이나 치료는 사람들이 왜 그런 식으로 행동하고 사고하고 느끼는지에 대한 이유를 설명하고, 비뚤어지고 잘못된 생활양식을 수정하거나 재교육하는 것을 의미한다. 즉, 개인 심리학적 목표는 내담자의 열등감 극복, 사회적 관심 증진, 잘못된 생활양식의 수정이다.

개인 심리학적 상담의 과정은 다음과 같다.

첫째, 치료관계 수립 단계 - 관심기울이기, 경청, 목표를 규정하거나 명료화하기, 공감하기.

둘째, 내담자의 역동탐색 단계 - 내담자를 분석하고 평가 가족 내에서의 아동의 심리적 위치, 출생순위, 부모-자식관계 등 가족구성 탐색 초기 회상, 꿈 분석, 우선적 과제, 통합과 요약, 격려.

셋째, 통찰단계 - 자신의 잘못된 목표나 자기 패배적인 행동에 대해 통찰.

넷째, 재교육 단계 - 새롭고 더 효과적인 방법을 시도 자신이 결정 행동하도록 격려 즉시성, 역설적 의도, 마치 ~인 것처럼 행동하기, 수프에 침 뱉기, 자기간파, 버튼 누르기, 악동의 함정 피하기, 과제 설정과 열중 등.

3) 인간중심 상담모델

인간중심 창시자는 Carl Rogers 인간중심적 상담에서는 내담자에 대해 무조건적 존중과 정확한 공감적 이해를 해야 한다고 믿고 있다.

Rogers는 타인으로부터 인정받고자 하는 긍정적인 자기 존중의 욕구와 자신이 경험하는 타인의 평가 간에 불일치가 커지면, 불안을 경험 상담 목적은 내담 아동의 자아개념과 유기체적 경험 간의 불일치를 제거하고, 아동이 느끼는 자아에 대한 위협과 그것을 방어하려는 방어기제를 없애 줌으로써 충분히 기능하는 사람이 되도록 돕는 것이다.

기본개념은 긍정적 인간관, 유기체와 현상, 자아와 자아개념, 자아실현 경향성, 인간중심적 아동상담은 감정에 대한 공감적 반영, 내담자가 성장하도록 도울 수 있는 상담 분위기를 형성하고 진실한 보살핌, 존중, 수용, 이해의 태도 등이다.

* **상담자와 내담자 간의 관계의 조건(Rogers, 1957)**
① 두 사람은 심리적 접촉을 한다.
② 상처를 받았거나 통합되지 않은 불안한 상태에 있는 사람을 내담자라 부른다.
③ 상담자라 부르는 사람은 관계에서 일치적이거나 통합적이다.

④ 상담자는 내담자에 대한 무조건 긍정적 존중을 경험한다.
⑤ 상담자는 내담자의 참조체계에 대한 공감적 이해를 경험하고 이 경험을 내담자에게 전달하기 위해 노력한다.
⑥ 상담자의 공감적 이해와 무조건 긍정적 조건이 어느 정도는 전달되어야 한다.

* 아동상담자가 가져야 할 아동 이해(Landreth; 1991)
① 아동은 성인의 축소판이 아니며 치료자는 아동의 성인의 축소판인 것처럼 반응하지 않는다.
② 아동은 사람이다. 아동들도 깊은 정서적 고통과 기쁨을 경험할 수 있다.
③ 아동은 독특하고 존중받을 가치가 있다. 치료자는 각 아동의 독특함을 높게 보고 존중한다.
④ 아동은 사람이다. 아동은 장애와 자신이 살고 있는 환경을 극복할 수 있는 대단한 능력을 소유하고 있다.
⑤ 아동은 성장과 성숙을 향한 타고난 경향성을 가지고 있다. 이들에게는 내적인 직관적 지혜가 있다.
⑥ 아동들에게는 긍정적인 자기안내(Self-direction)의 능력이 있다. 창의적인 방법으로 자신들의 세계를 다룰 수 있다.
⑦ 놀이는 아동들의 자연스러운 언어이며 아동들이 가장 편안해하는 자기표현이 매개체이다
⑧ 아동들에겐 침묵할 수 있는 권리가 있다. 치료자는 아동이 말하지 않기로 한 결심을 존중한다.
⑨ 아동들은 자신들이 필요로 할 때 치유적 경험을 할 것이다. 치료자는 언제 어떻게 아동이 놀이해야 하는지를 결정하지 않는다.
⑩ 아동의 성장을 재촉해서는 안 된다. 치료자는 이점을 인식하고 아동의 발달 과정에 인내한다.

* 아동중심 상담의 8가지 원리(Landreth; 1991)
① 치료자는 순수하게 아동에게 관심을 가지고 따뜻하고 보살피는 관계를 발전시킨다.
② 치료자는 아동의 무조건적 수용을 경험하며 아동이 다른 모습이기를 바라지 않는다.
③ 아동이 완전하게 자신을 탐색하고 표현할 수 있도록 하기 위해 치료자는 안전하고 허용적인 분위기를 만든다.
④ 치료자는 항상 아동의 감정에 예민하며 아동이 자기 이해를 발달시킬 수 있도록 그러한 감정들을 부드럽게 반영해 준다.

⑤ 치료자는 아동이 반응적으로 행동할 수 있다는 깊은 믿음을 가지고 있으며 개인적 문제를 해결할 수 있는 아동의 능력을 확고하게 존중하며, 아동이 그렇게 할 수 있도록 허용한다.
⑥ 치료자는 아동이 내적 자기 안내를 신뢰하고, 아동이 관계의 모든 영역을 리드하도록 허용하며, 아동의 놀이나 대화를 인내하려는 충동에 지향한다.
⑦ 치료자는 치료과정의 점진적인 성질을 이해하고 서두르지 않는다.
⑧ 아동이 개인적이고 적절한 관계상의 책임을 수용하도록 도울 수 있을 때만 치료적 제한을 설정한다.

4) 행동주의적 상담모델

행동분석은 20세기 초 정신역동이론에 반기를 들고 형성된 학습이론의 한 분야로, 인간의 문제를 잘못된 학습에서 비롯된 습관으로 본다. 행동주의에서는 특정한 행동을 이끌어내고 유지시키고 제거하는 환경적 반응이나 사건들 사이의 상호작용과 관계를 강조한다. 환경과 그들의 상호작용을 통해 행동을 배우고 사는 데 필요한 기술과 능력을 학습해 나간다고 본다. 즉, 행동주의에서는 인간은 반응자이지 형태를 만드는 자(shaper)는 아니라고 본다.

아동상담에서 행동주의적 상담모델은 고전적 조건형성, 조작적 조건형성, 인지적 치료의 세 영역에서 발달 고전적 조건형성은 Ivan Pavlov(1927)와 Joseph Wolpe(1958)의 연구 조작적 조건형성을 B. F. Skinner(1976)의 연구 인지적 치료는 Albert Bandura (1977)의 연구에 근거한 사회학습이론이다.

반응적 조건형성 모델(Respondent Conditioning Model)은 두 개의 사건 유사한 시기에 발생할 때 유사한 의미를 가지게 되고 그 결과 유사한 반응이 발생하게 된다는 것이다. 아동치료의 행동주의적 접근은 학습이론 특히 Skinner의 조작적 조건형성에 근거를 둔다.

Ross(1976)는 행동의 원인을 개념화 인간의 행동은 오랜 기간의 유전적, 기질적 요인, 과거의 학습 역사, 현재의 생리적 상태와 환경적 요인에 의하여 결정된다고 보았다.

* 행동주의적 상담의 기본적 특징과 가정
① 부적응 행동을 변화시키기 위해 실험에서 유추한 학습 원리를 사용한다.
② 행동과 행동에 대한 현재의 영향을 강조
③ 외형적 행동변화를 치료평가의 가장 중요한 준거로 삼는다.
④ 치료목표를 설정에 있어 구체적이고 객관적인 용어를 사용한다.
⑤ 구체성과 특정을 엄수한다.
⑥ 효과적인 치료를 제공하기 위해 연구가 필수적이라 본다.

⑦ 교육적이며 행동적 절차는 각 내담자의 독특한 피로에 적합하도록 한다.

상담자의 역할은 강화를 주거나 처벌하기, 모델로서 역할하기, 긴장완화나 둔감 시키는 것이며, 치료기법에는 이완훈련, 체계적 둔감법, 모방, 자기표현 훈련, 자기조절 프로그램과 자기 지시적 행동, 중다양식 치료 등이 있다.

5) 인지 행동적 상담모델

인지 행동적 상담모델은 인간을 합리적이고 올바른 사고와 비합리적이고 올바르지 못한 사고, 그리고 둘 다를 할 수 있는 존재이며, 인간의 문제행동이 비합리적 사고에 의해 형성된다고 보는 존재로 본다.

인지 행동적 상담목표는 환경에 대한 아동의 부적응적인 정서, 인지, 그리고 행동 반응들을 수정하거나 향상시키는 것이다. 인지 행동적 상담에서 상담자와 내담자의 관계는 친밀함을 극소화 상담자는 주로 인지적 측면을 강조 지시적이고 설득력 있는 방법을 채택 인지 행동적 상담에서 상담자는 자문, 진단자, 그리고 교육자의 역할을 한다. 그리고 치료기법에는 인지적 방법, 행동적 방법, 정서적 방법이 있다.

인지-행동치료를 하는 동안 아동들은 자신이 결핍되거나 왜곡된 사고의 요소들을 확인하는 것을 배우고, 사고하는 방법을 연습한다.

아동의 인지치료를 향한 첫 번째 단계는 어려운 상황에서 자신의 사고와 감정에 대한 인식을 발달시키는 것이다. 행동 기법에는 모델링, 역할극, 표출 경험, 이완 훈련, 조건 강화 등이 포함된다.

인지-행동치료의 마지막 단계에서 다루는 내용은 주로 스트레스-유발 상화에 대한 내담자의 표출이다.

6) 통합적 상담모델

인지, 정서, 그리고 행동적 기술을 능숙하게 결합하여 사용하며 내담자가 자기의 신념이나 가정에 대하여 생각하게 하고 자신이 갈등하고 투쟁하고 있는 감정 수준을 경험하게 하며, 자신이 획득한 통찰을 실생활에 적용하면서 새로운 방식으로 행동하게 하려면 이러한 기술을 결합할 필요가 있다. 통합적 상담기법이란 상담의 전 과정에서 이러한 세 가지 차원의 상호작용을 고려하는 상담양식을 말한다.

2. 아동과의 대화법

1. 너-전달법(You-message)

1) 해결책을 제시하는 말투

만일 어떤 사람이 당신의 결점을 들추어내며 고치라고 명령한다면 그러한 충고를 기쁘게 받아 들여 실천할 수 있을까 한 번 생각해 보자. 이런 경우 당신은 내심 "웬 참견이람!"하고 생각할 것이다. 그 충고가 옳다고 생각되어도 남의 충고를 듣는다는 것이, 더구나 명령조의 충고를 듣는다는 것이 그렇게 즐겁지는 않을 것이다. 이와 같이 해결책을 제시하는 말투는 상대방에게 좋은 영향을 미치지 못한다.

2) 강요하고 지시하고 명령하는 말

예) "휴지통 좀 치워." "오늘 오후까지 반드시 이걸 다 해야 해." 등의 '무엇을 해라', '무엇을 하지 마라' 식의 말투

3) 경고 위협하는 말

명령적 말투가 효과를 얻지 못했을 때 보다 강력하게 의사를 표현하는 방식이다. 이런 말투는 상대에 대한 저항감, 적개심을 갖게 하고 친밀감을 상실케 한다.
예) "너, 내 말대로 하는 게 좋을 걸. 만약 그렇지 않으면, 너에게 별로 좋지 않을 거야."

4) 당부, 설교하고 도덕적 행동을 요구하는 말

예) "너도 이제 어른이니, 자기가 맡은 일은 스스로 해야지."
  "자기 맡은 일에 최선을 다하면 언젠가는 자신의 능력을 인정받을 때가 올 거야."

5) 충고하거나 이론적으로 설득하는 말투

예) "그런 일은 어른들과 의논해야 되는 거야."
  "네 동생들 앞에서 행동하는 걸 조심하는 게 좋겠어. 형이라면 동생들의 모범이 되어야 할 것 아니냐?"

6) 평가, 비판, 우롱하는 말투

이런 말투로 인해 상대방은 반항하거나 자존심이 상하기 쉽고, 심하면 자기 비하적, 자기 조소적으로 자신감을 상실할 수 있다.
예) "너, 철들려면 아직도 멀었구나." "너, 그 실력가지고 어느 대학에 갈 수 있겠니?"

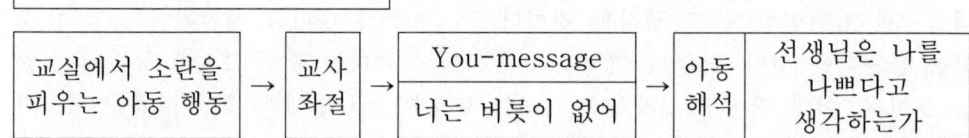

- 아동에게 너는 나쁜 사람이라고 경멸하는 것으로 들리게 된다.

2. 나-전달법(I-message)

'나-전달법'이란 P.E.T 창시자인 Thomas Gordon에 의하여 창시된 용어로서 놀라운 효자를 가져오는 의사소통 방법이다. 다른 사람을 평가하고 해석하는 것이 아니라 자신이 느끼는 감정과 경험을 표현하므로, 자신을 아이에게 더 잘 알릴 수 있도록 도와주며, 궁극적으로는 자녀에게 그들의 마음을 정직하게 개방하도록 용기를 주게 된다.

1) 나-전달법의 장점

① 아동을 비난하지 않고 행동에 대해서 느낀 바를 말하게 한다.
② 위협적으로 말하지 않기 때문에 아동은 이야기를 훨씬 더 잘 경청하게 된다.
③ 아동의 행동의 결과로써 느끼게 된 감정에 대하여 아동이 분명히 알게 한다.
④ 바람직한 행동이 무엇인가에 대해서 아동에게 분명한 정보를 제공해 준다.

2) 나-전달법의 효과

① 나-전달법은 대화를 부드럽게 하고 원만한 관계를 유지하는 데 효과적이다. 나-전달법을 사용하게 되면 아동들의 저항이나 반항하는 경향이 훨씬 낮아진다.
② 나-전달법은 아동의 행동에 대해 자신이 스스로 책임을 지도록 하는 것이

므로 행동을 교정하는 데 효과적이다.
③ 나-전달법의 표현은 정확한 것이기 때문에, 아동의 행동으로부터 오는 감정을 정직하게 전달함으로써 아동의 생각에 영향을 미칠 수 있다.
④ 아동이 그 감정을 그대로 수용하게 되면 아동 자신도 부모(교사)를 수용할 수 있는 관계가 형성된다.

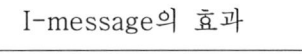

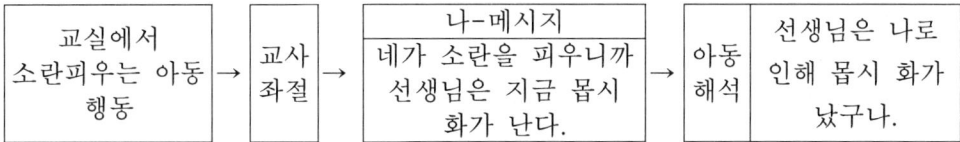

- 아동의 행동에 대한 책임을 부여하므로 너-메시지에 의해 형성되는 부정적 영향을 줄이고 스스로 사려 깊은 성찰을 하도록 돕는다.

3) 나-전달법을 사용하는 시기

정중한 요구를 하여 자녀의 행동을 변화시킬 수 없을 때, 두 번째로 사용할 방법이 '나-전달법'이다. 만일 '나-전달법'을 사용한 뒤에도 여전히 문제가 해결되지 않은 채로 남아 있으면, 세 번 째 단계로 논리적인 설명이 필요하다.
'나-전달법'은 조용하나 단호한 목소리로 표현할 때에 가장 효과적이다. 그러므로 당신이 화가 났을 때에는 피하고, 마음을 가라앉히고 난 후에 시용하도록 한다.

4) 나-전달법의 요령

나-전달법은 일반적으로 세 부분으로 나누어진다.
① 네가 ~하면(행동 서술)
② 나는 ~라고 느껴진다. 왜냐하면(느낌 서술)
③ 이렇게 했으면 좋겠어(정중한 요구)

예 1)
① 부모에게 방해가 되는 행동을 말한다.(단순히 서술만 하지 비난하지는 않는다.) = " 네가 학교가 끝나고 전화도 없이 안 돌아오면…."과 같은 것이다.
② 행동의 결과 때문에 생긴 부모의 느낌을 말한다. = "너에게 무슨 일이 생겼나 걱정이 된다."와 같은 것이다. 왜냐하면, = " 나는 네가 어디 있는지 몰랐기

때문이지."
　③ 정중하게 행동의 변화를 요구한다. = "다음부터는 어디에 가든지 먼저 엄마에게 알려주었으면 좋겠어."

예 2)
　① 행동이나 상황을 오는 그대로 말한다.
　"너는 간식을 먹고 접시를 치우지 않고 그대로 놓아두는 구나."
　② 그 상황에 대해서 느끼는 바를 말한다.
　"내가 일일이 네 뒤를 따라다니며 치우느라고 시간도 많이 들고 힘이 들어. 마치 내가 네 하인처럼 느껴지는 구나."
　③ 아동에게 원하는 바를 구체적으로 말한다.
　"나는 네가 간식을 다 먹고 나서 빈 그릇을 싱크대에 담궈 두면 좋겠어."

　이것을 '나'-전달법으로 풀어서 쓰면 다음과 같다.
　"네가 간식을 먹고 나서 그릇을 탁자에 그대로 놓아두는 구나. 네 뒤를 따라다니며 치우자니 시간도 걸리고 피곤하기 때문에 마치 내가 네 하인같이 느껴지는 구나. 나는 네가 간식을 다 먹고 나서 빈 그릇을 싱크대에 담궈 두면 좋겠어."

5) 나-전달법의 종류

　나-전달법이 항상 긍정적인 장면에서만 사용되는 것은 아니다. 예를 들면 "네가 지금 방으로 들어올 때 나는 기분이 좋았어."와 같이 매우 긍정적이기도 한 반면에, "내 마음이 상하고 위협을 느끼게 돼. 너를 피하고 싶고 다시는 보고 싶지 않아."와 같이 매우 상반적일 수도 있으며, 또한 "나는 아무런 느낌도 없어."와 같이 중간 입장일 수도 있다. 이러한 '나-전달법'에서는 부모를 기분 나쁘게 하는 것은 아이의 행동이 아니라, 행동의 결과라고 본다.
　만일 자녀의 행동이 부모에게 방해가 되지 않으면 부모는 그 일로 화가 나지 않을 것이다. 예를 들어, 부모가 부엌에서 저녁을 준비하고 있고, 자녀는 한쪽에서 웃으며 즐거운 놀이로 시간을 보내고 있다고 하자. 웃는 소리로 인해서 부모는 방해받지 않는다. 그러나 전화가 왔을 때는 아이의 행동과 웃음소리는 부모에게 방해가 된다. 시끄러워서 전화 소리를 들을 수 없기 때문에 짜증을 내게 되는데, 행동 그 자체보다는 행동의 결과에 중심을 두고 있기 때문이다.
　따라서 '나-전달법'은 다음과 같은 유형으로 구분할 수 있다.

(1) 긍정적 나 전달법

부모나 자녀 모두에게 문제점이 없을 때, 상대의 행동에 대하여 나의 좋은 생각이나 느낌을 전달하는 의사소통 기술이다. 아동의 바람직한 행동을 강화하는데 도움이 된다.
   예) "네가 인사하는 걸 보니 기분이 좋구나!"(인사하는 행동을 증가시킴)
      "네가 이 문제를 나에게 의논하러 와서 기분이 좋아."

(2) 예방적 나 전달법
아동의 바람직하지 못한 행동을 줄이거나 예방하기 위해서 사용한다.
   예) "네가 상 주위에서 놀고 있으면 걱정이 된다. 네가 컵을 깰까봐."

(3) 직면적 나 전달법
행동을 변화시킬 목적으로 사용하며, 주로 아랫사람이나 친구들 간에 사용한다.
   예) "내가 네게 말할 때 네가 대답하지 않거나 쳐다보지 않으면 기분이 상해."

6) 나-전달법의 주의 점

① 너를 주어로 하는 표현이 꼭 감춰질 필요는 없다.
   예) "나는 네가 학교에 갔다 와서 약속한대로 청소를 안 해서 못마땅하게 생각한다. 그래서 나는 네가 훌륭한 사람이 아니라고 생각한다. 너는 약속만 하고 번번히 약속을 지키지 않았기 때문에 나는 네가 거짓말쟁이라고 생각한다. 네가 거짓말만하기 때문에 나는 기분이 나쁘다. 나는 네가 나쁜 사람이라고 생각한다."
② 부정적인 것을 강조하지 않는다.
③ 나-전달법은 반드시 상대를 평가하지 않는 태도가 필요하다.(언어와 표정도 중요)
④ 때에 따라서 학생들이 나-전달법을 사용하면 이를 무시할 수 있으므로 일관되게 사용하는 것이 바람직하다.
⑤ 나-전달법을 전달할 경우에는 다시 수용적 태도(경청)로 되돌아 와야 한다.
   예) 엄마 : "네가 늦게 까지 TV를 보고 있으면 엄마는 걱정이 된다. 왜냐하면 너는 늦게 자게 되고 그렇게 되면 아침에 깨워도 안 일어나서 학교에 지각하게 되기 때문이야."(나-전달법)
      아이 : "하지만 엄마 이건 내가 오래전부터 보고 싶어 했던 TV프로예요. 이것만은 꼭 보고 싶어요."
      엄마 : "그래, 넌 그 프로가 몹시 보고 싶은가 보구나."(반영적 경청)
      아이 : "네."
      엄마 : "하지만, 너무 늦게까지 안 자고 있으면 네가 내일 아침 못 일어날

까봐 엄마는 걱정이 된단다."(나-전달법)

7) 나-메시지와 너-메시지의 차이점

구분 내용	너-메시지(You-message)	나-메시지(I-message)
예시	"이제 그만 둬."(명령) "조용히 하는 게 좋을 거야." "내가 가르쳐 준대로 해." "하는 일이 늘 그렇군."	"교실이 이렇게 시끄러워서 나는 어찌할 바를 모르겠어." "너희들이 이렇게 교실을 어지럽힐 때 나는 정말 화가 나."
개념	"너"가 주어가 되거나 생략됨	"나"가 주어가 됨
결과	모든 초점이 아동에게 주어진다. 아울러 아동은 교사가 왜 그렇게 명령하는지 전혀 이해하지 못하고 지시에 따를 뿐이다.	모든 초점이 교사에게 주어진다. 아울러 아동은 자신의 행동이 교사에게 어떤 느낌을 주었는지 명백하게 파악하게 된다.
효과	• 비난, 평가하는 말로 해석되어 방어적, 공격적 반응이 일어나기 쉽다. • 죄의식을 갖게 하거나 자존심을 상하게 한다. • 배려 받지 못하고 무시당한다는 생각을 갖기 쉽다. • 반항심, 공격성, 방어를 야기하여 이성적인 태도가 형성되기 어렵다. • 행동의 변화보다는 거부하도록 한다.	• 느낌의 책임을 자신에게 돌린다. • 청자에 대해 부정적인 평가를 하지 않기 때문에 방어, 부적응이 일어 날 가능성이 적다. • 관계를 저해하지 않는다. • 청자로 하여금 자성적인 태도를 형성하기 쉽다. • 청자로 하여금 변화하려는 의지를 높일 가능성이 높다.

3. 효과적인 대화의 기술

1) 적극적 경청

• 적극적 경청은 학생들로 하여금 흥분된 느낌을 잘 처리하고 또 진정시킬 수 있도록 도와준다. 흥분되고도 고통스러운 감정들을 표현함으로써 학생들은 그러한 감정으로부터 벗어나서 학습으로 되돌아 갈 수 있게 된다. 적극적인 경청은 이와 같이 정서의 정화를 촉진시켜 준다.
• 적극적 경청은 학생들로 하여금 자신의 정서를 두려워할 필요가 없으며 그러

한 느낌은 나쁜 것이 아니라는 것을 이해하는데 도움을 준다. 적극적 경청으로 교사들은 학생들이 「느낌이란 친구와 같은 것」이라는 사실을 이해하도록 도울 수 있다.

• 적극적 경청은 학생들로 하여금 문제를 해결할 수 있도록 촉진시켜 준다. 왜 냐하면 적극적 경청은 학생들이 이야기를 하도록 하는데 효과적이므로, 심사숙고 하여 문제를 해결해 나가도록 해 주기 때문이다.

• 적극적 경청은 학생들로 하여금 교사의 말을 더욱 적극적으로 경청하도록 한다. 교사가 그들의 말에 귀를 기울일 때 학생들은 자신들의 의견·견해·느낌과 그리고 생각을 교사가 이해하고 있다는 것을 알게 되고 따라서 그들은 교사의 견해와 의견에 대하여 훨씬 쉽게 마음을 열게 된다. 학생들이 교사의 말을 전혀 들으려고 하지 않는다는 것을 이들 교사가 학생들의 말을 경청하는 효과적인 기술을 사용하지 않고 있음을 나타내 준다.

• 적극적 경청은 학생과 교사 간에 좀더 친밀하고 의미 있는 관계를 증진시켜 준다. 교사로부터 경청을 받는다고 느끼는 학생들은 보다 큰 자존심을 가지게 되며, 경청해 주는 교사에게 온정감을 느끼게 된다. 공감적으로 경청하는 교사들은 잠시 동안이라도 그들의 입장이 되어 볼 수 있기 때문에, 학생들을 보다 폭넓게 이해하고 친밀감을 느끼게 된다. 공감적으로 듣는 것, 즉 학생들과 함께 그들의 인생항로를 몇 발짝을 함께 걷는다는 것은 학생을 보호하고, 존중하는 사랑하는 행위이다.

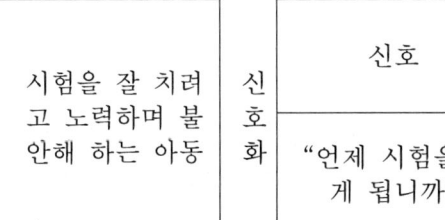

2) 반영적 경청

반영적 경청은 자녀의 이야기를 들은 후, 부모는 아이로 하여금 자기가 이야기한 것과, 이야기하지 않은 이면에 숨은 감정을 파악해 자녀에게 되돌려 이야기해 주는 것이다.

사람이 당황하면 이야기 할 때 초점을 잃어버린다. 부모는 반영적으로 들어줌으로써 자녀가 당황하고 있는 문제에 대해 이해하고, 이를 통해 생각하도록 도와줄 수 있다. 즉, 부모는 자녀가 문제를 해결하도록 돕기 위하여 그들의 감정을 정리하고 반영하게 해 줄 수 있다.

인간의 의사소통은 폐쇄적 반응과 개방적 반응으로 나눌 수 있다. 폐쇄적 반응이란 듣는 사람이 잘 듣지 않고, 들은 말에 대해서 이해도 못하는 것을 의미한다. 이는 의사소통을 단절시키는 경향이 있다. 반대로 개방적 반응이란 듣는 사람이 다른 사람이 말한 것을 잘 듣는 것을 의미한다. 듣는 사람이 단어 뒤에 숨은 감정을 분명히 지적함으로써 말하는 사람의 말에 반응하는 것을 말한다.

반영적 경청은 아이의 감정과 의미를 반영하는 개방적인 반응을 의미한다. 여기에는 다양한 감정에 대응하는 민감성과 그것을 표현하는 능력이 요구된다. 이것은 옳고 그름을 평가하지 않는 소위 '비평가적인 것'이다. 그러므로 이것은 아이로 하여금 '자기의 이야기를 부모가 듣고 있다'고 느끼게 하며, 계속 이야기하도록 격려하는 방법이라고 하겠다.

의사소통 과정은 언어적일 뿐만 아니라 비언어적이기도 하다. 즉, 얼굴표정, 목소리 및 행동은 부모가 이야기를 듣고 있는지 아닌지를 나타내준다. 웃음, 얼굴표정, 어깨를 두드려 주는 것과 같은 비언어적인 행동을 통해서도 의사전달이 된다. 과잉보호, 잔소리, 간섭 등을 배제하기로 결정하면 이것은 아이에게 수용의 의미로 전달된다. 부모가 아이의 감정과 의미를 무비판적으로 받아들일 때 아이와의 공감이나 의사소통은 강화될 수 있다.

행동은 의미를 나타내는데 있어서 때로는 언어보다 더 정확하다. 부모는 아이의 언어표현 이상으로 아이의 행동을 살펴보아 행동의 의미를 파악할 줄 알아야 한다. 성인이 아이들에게 그들의 비언어적 표현을 인식한다고 말해주면 아이들은 자신의 감정을 더욱 솔직히 표현한다.

3) 대안 찾기

아이들은 성장하는 동안에 여러 가지 도움이 필요하므로, 적절할 때 부모가 자녀를 위해 문제 해결을 위한 대안과 해결책을 찾아 줄 수 있다. 그러나 대안을 찾는 과정은 충고하는 것과 혼동되어서는 안 된다. "이것을 해 보아라." 또는 "나는 네가 ~을 해야 한다고 생각한다."와 같은 충고는 별로 도움이 되지 않는다. 그 이유를 설명하면 아래와 같다.

(1) 충고는 아이 스스로 문제를 해결하는 방법을 학습하는데 도움이 안 된다. 그것은 오히려 자녀를 부모에게 의존하게 만든다.
(2) 대부분의 아이들이 충고를 받아들이려 하지 않는다. 아이들은 부모의 충고에 대해 의심하며, 또 충고대로 하고 싶어 하지 않는다.
(3) 만일 부모의 충고 결과가 바람직하지 않았다면 그 책임은 부모에게 있다고 생각한다.

아이에게 대안에 대해 탐색하도록 도와주는 것은 아이로 하여금 문제를 규명하고 해결하는데 적절한 방안 선택을 분별하도록 도와주는 것을 의미한다. 이는 자기 행동의 결과에 대해 평가하도록 한다는 것이다.

* **대안 찾기의 단계**

(1) 아이의 감정을 분명히 이해하기 위해 반영적 경청 방법을 사용한다.
"너는 화가 났구나" "너는 기분이 상했구나."
(2) 브레인스토밍(brainstorming, 여러 사람이 함께 머리를 짜는 과정)을 통해 대안을 찾는다.
"여기서 네가 할 수 있는 일을 한번 찾아보자."
"선생님과 좀 더 친해지기 위해 무슨 일을 하면 좋을까?"
(3) 아이가 해결책을 선택하도록 돕는다. 아이에게 여러 가지 가능성에 대해 평가하여 선택하도록 도와준다.
"가장 좋다고 생각되는 것이 무엇이니?"
(4) 예상되는 결과에 대해 논의한다.
"만일 네가 그렇게 한다면 어떤 일이 일어날 것 같으니?"
(5) 무엇을 결정했는지 알아본다.
"너는 무엇을 하기로 결정했니?" "언제 이것을 할 예정이니?"
(6) 평가 시간을 계획한다.
"이 일을 얼마 동안 할 거니?" "이일에 대해 언제 다시 이야기해볼까?"

여기서 주의할 점은 너무 빨리 대안 찾기로 들어가지 말아야 한다는 것이다. 만일 부모가 지나치게 서두른다면 아이는 채 준비되어 있지 않을지도 모른다. 때때로 부모는 뒤에서 아이가 대안을 찾을 준비가 될 때까지 정서 상태를 이해하는 선에 머물러 있어야 한다.

아이는 경험의 부족으로 인해서 그럴듯한 생각을 유출해 내지 못할 때가 있을 것이다. 이런 때는 가상적인 어투로 제안을 할 수 있다. "만일 ~을 한다면 어떤 일이 일어날지 생각해 보았니?" 단, 아이가 부모에게서 생각을 얻기 위해 의존하지 않도록 제안은 가능한 한 적어야 한다.

* **부정적인 영향을 미치는 대화기법**

① 명령, 지시, 강요
"그만 좀 시끄럽게 해라"
 * 공포감이나 심한 저항을 유발
 * 반항적인 행동, 말대꾸를 증가
② 주의, 협박, 경고

"만약 그 짓을 그만두지 않으면, 그때는 매를 맞을 거다."
"선생님 일을 방해하지 않는 게 좋을 걸, 그렇지 않으면 화를 낼 테다."
* 공포감, 복종을 유발
* 원망, 분노, 반항을 유발

③ 도덕적 훈시, 설교
"항상 고맙다는 말을 해야만 한다."
"사람이 이야기하고 있을 때 방해해선 안 돼."
* 의무감이나 죄책감을 일으킴
* 아동으로 하여금 자기 입장을 고집하고 방어하게 만듦

④ 충고, 제안, 해결 방법 제시
"내가 충고하자면 너는 잘 웃지 않는 게 단점이지."
"네 옷 좀 치울 수 없겠니?"
* 아동이 자신의 문제를 해결할 수 없다는 점을 암시
* 의존성이나 저항을 유발

⑤ 가르침, 논리적인 설득
"책은 집어던지라고 있는 게 아니라 읽으라고 있는 거야."
"칼을 그런 식으로 사용하는 것은 예의에 어긋나는 거야."
* 아동으로 하여금 교사의 말을 듣지 않도록 만듦
* 아동으로 하여금 열등감, 무력감을 느끼게 함

⑥ 판단, 비판, 비난
"너는 신중하게 생각하지 않아."
"그렇게 애를 쓰더니만 겨우 이 꼴이니?"
* 무능력하고 어리석고 형편없이 판단한다는 것을 암시함
* 부정적인 판단이나 호통치는 것에 대한 공포를 넘어서 대화를 단절시킴
* 아동이 비판을 사실로 받아들이거나 말대꾸를 함

⑦ 칭찬, 부추김
"그렇게 사려 깊지 못한 것은 너답지 않구나."
"너는 언제나 모든 아이들에게 친절하더구나."

⑧ 욕설, 조소, 창피주기
"그래, 너 잘났구나."
"그렇게 유치한 짓을 하다니 창피한 줄 알아라."
* 아동으로 하여금 자신은 가치 없고 사랑 받지 못한다고 느끼게 함
* 아동의 자아상에 파괴적인 영향을 끼칠 수 있음

⑨ 해석, 진단, 심리분석
"영희에게 질투심을 느끼는가 보구나."
"네가 정말로 말하려는 것은 그게 아니야."

"내가 피곤할 때면 항상 넌 날 괴롭히는구나."
 * 위협과 좌절을 줌
 * 아동이 궁지에 몰리고, 노출되거나 불신 당했다고 느낄 수 있음
 * 아동이 왜곡되고 노출되는 것을 두려워하여 대화를 멈춤
⑩ 안심시키기, 동정, 위로지지
"앞으로 나아질 거야." "괜찮다."
"네가 왜 철수를 때렸는지 이해할 수 있단다."
 * 아동으로 하여금 이해 받지 못한다고 느끼게 함
 * 강한 적개심 유발 ("말이야 쉽지")
⑪ 캐묻기와 심문하기
"왜 그런 짓을 했지?" "네가 무슨 짓을 했는지 아니?"
"누가 너에게 그런 짓을 가르쳐 주었니?"
"무엇 때문에. 어떻게 그렇게 했니?"
 * 질문에 답하면 종종 비판이나 해결책이 따르므로, 아동은 대답하지 않거나 대충 말하거나 거짓말을 하게 됨
 * 질문을 하면 아동은 교사가 무슨 의도로 말하는지 혼란에 빠져 불안해하거나 두려워함
 * 교사가 퍼붓는 질문에 대답하는 동안 죄인처럼 심문 받는 느낌으로 불안에 떨게 되어 아동이 자기 문제의 방향을 잃을 수 있음
⑫ 빈정대기, 돌려 묻기, 화제 바꾸기, 후퇴
"세상 일 다 해결해 보시지!"
"즐거운 일이나 이야기하자."
"고막이 터질까 봐 겁나지 않니?"
 * 삶의 어려운 문제를 대처하기보다 회피해야한다는 것을 암시
 * 아동의 문제가 중요치 않고, 사소하거나 쓸모없다는 것을 나타낼 수 있음
 * 아동이 어려움을 겪고 있을 때 마음을 열지 않음
⑬ 반대, 거부
"제발 나를 좀 괴롭히지 마."
"귀찮게 굴지 말고 네가 알아서 해." "나는 말 듣기 싫어."
 * 아동이 소외감을 느끼고 마음의 문을 닫아버림
⑭ 비교
"순이를 봐라. 순이는 너보다 키가 작아도 얼마나 잘 달리니."
 * 포기를 조장
 * 자존심에 상처를 많이 입게 됨

* 효과적인 영향을 미치는 대화기법

① 관심 기울이기
   *좋은 자세 : 몸의 위치, 움직임, 앉은 자세
   * 온화한 시선의 접촉 : 집중과 관심의 전달
   * 상냥한 얼굴 표정 : 미소, 수용적이고 부드러운 늠성
   * 즉각적인 언어 및 비언어적 행동
② 확인하기
   * 반복하기
   * 바꾸어 말하기
   * 요약하기
③ 자기노출
   * 아동의 문제와 유사한 자신의 과거의 경험 및 감정을 특별히 언급하거나 지금 이 시간의 경험이나 감정을 이야기하는 것
④ 효과적인 질문하기
   * 패쇄적 질문보다는 개방적 질문을 사용
   * 직접적인 질문보다 간접적인 질문을 사용
   * '왜'라는 질문 대신에 '어떻게' '무엇'과 같은 용어 사용
   * 이중 질문 사용 금지
⑤ 공감하기
   * 아동과 대화를 나누는 동안 자기가 직접 경험하지 않고도 아동의 감정을 거의 같은 내용과 수준으로 이해하는 것
   * 감정, 기분에 초점을 두어 아동을 이해하고 있다는 사실을 말로 표현해야 함.
⑥ 맞닥뜨림
   * 상대방이 잘못하고 있는 경우 또는 상대방에게 모순점이 있을 때 지적해 주는 것. 상대가 맞닥뜨림을 인정하고 수용하고 있을 정도의 충분한 신뢰관계가 되어 있을 때 사용
⑦ 긍정화
   * 아동의 긍정적인 면이나 바람직한 면을 찾아내어 그 점을 부각시키는 것
   * 부정표현 : "너는 욕설을 자주 하는 것이 문제야."
   * 긍정표현 : "너는 친구들과 쉽게 사귀고 친구들을 잘 도와주는 것은 너의 좋은 자랑이라고 생각한단다."
⑧ 피드백
   * 상대방의 행동이 나에게 어떻게 비쳐지는지를 상대방에게 솔직하게 알려 주거나 지적해 주는 것

* 주의할 점
 - 평가적인 말은 피하고 서술식으로 표현
 - 처음에는 긍정적인 피드백을 사용
 - 객관적인 근거를 바탕으로 해야 하며 행동변화를 강요해서는 안 됨.

제3장 자기주도 학습의 이해

(SDL: Self-directed learning)

1. 자기주도 학습의 필요성

1. 자기주도 학습의 필요성

21세기 지식기반 사회는 자기학습(self-learning)에 의하여 생존해야 하는 평생학습 사회이기 때문에, 종래의 전통적 지식교육이나 교사의 일방적 지도계획에 의한 학습지도는 부적합하다고 볼 수 있다. 학습 주도권을 선생님이나 부모님이 쥐고 있기 때문에 학생들은 타율적인 수업방식에 길들어져서 자기주도 학습의 핵심인 '자기 주도성'과 '자기 관리능력'을 점점 상실해 가고 실정이다.

공부습관이 올바르지 못하는 아이들, 효율적인 공부를 하지 못하는 아이들, 기초와 기본학력이 부족한 아이들, 교과학습 부진에 빠진 아이들, 공부하는 만큼 성적이 잘 오르지 않는 아이들, 공부에 흥미를 잃고 공부하기를 싫어하는 아이들, 학습 무기력에 빠진 아이들, 시험불안을 가지고 있는 아이들, T·V시청 또는 인터넷 중독에서 벗어나지 못하는 아이들, 인생목표가 분명하지 못한 아이들에게 필요한 공부 방법을 깨우쳐 주고, 자기주도 학습습관 형성, 학습동기 조절능력, 학습인지 조절능력, 학습행동 조절능력 등의 향상을 통하여 자연스럽게 자기주도적인 학습 능력을 갖도록 하는 것이 필요하다.

① 학습에 있어서 주도권을 가진 사람은 학습자는 가만히 앉아서 가르쳐 주기를 기대하는 학습자보다 더 많은 것을 학습하고 더 잘 배우게 된다는 것이다. 그들은 뚜렷한 목적의식과 동기를 가지고 학습에 임하며 그들은 또한 수동적 학습자보다 학습한 내용을 더 오래 기억하고 그것을 더 잘 활용하는 경향이 있다.

② 자기 주도적 학습은 자연적, 심리학적 발달 과정이라는 것이다. 인간이 처음 모체에서 태어날 때는 의존적인 존재에 불과하다. 그러나 성숙해지면서 인간은 점차적으로 부모, 교사 및 다른 성인들의 통제로부터 독립하게 된다. 성숙의 본질은 자신의 삶에 대해 책임을 지는 능력을 개발하는 것, 즉 점차적으로 자기주도적 존재가 되는 것이다.

③ 교육에 있어서 새로운 발전 예컨대, 새로운 커리큘럼, 개방 교실, 무학년제 학교, 학습 지원센터, 독학, 비전통적 학습 프로그램, 벽 없는 대학 등에서는 학

습자가 그들 자신의 학습에 대해 많은 주도권을 가져야 한다는 무거운 책임을 지우고 있다. 자기 주도적 탐구 기술을 익히지 않고서 이러한 프로그램에 참여하는 학생들은 불안, 혼란, 실패를 경험하게 될 것이다.

④ 급속한 변화를 특징으로 하는 정보화 사회에서의 교육의 목표는 이미 알려진 내용을 전달하는 것이 아니고, 새로운 지식을 쉽고 효율적으로 습득할 수 있는 능력을 갖추는 것이다. 또한 미지의 세계에 적응하기 위해서는 학습을 생활 그 자체로 생각해야 하며, 교육은 청소년기의 학교 교육 뿐 아니라 평생 교육으로 규정지어져야 한다. 학교 교육 이후의 학습은 급변하는 세계에서 적절하게 살아나가기 위해서 요구되는 지식, 기술, 이해력, 태도, 가치를 습득하는데 초점을 두어야 하므로 자기 주도적 학습이 요구된다.

따라서 다음과 같은 학생들에게 자기주도 학습의 꼭 필요하다고 볼 수 있다.
① 기초와 기본학력이 부족한 아이들
② 교과학습 부진에 빠진 아이들
③ 보충·심화학습이 필요한 아이들
④ 공부에 흥미를 잃은 아이들
⑤ 공부하는 방법을 잘 몰라 성적이 오르지 않는 아이들
⑥ 인생목표가 없는 아이들
⑦ 학습 무기력에 빠진 아이들
⑧ 스스로 학습에 부정적인 아이들
⑨ 시험불안에 빠져 있는 아이들
⑩ 자기 자신을 이기지 못하는 아이들
⑪ 항상 시간이 부족하다고 생각하는 아이들
⑫ 인터넷 중독에서 벗어나지 못하는 아이들
⑬ 스타사랑에 빠져 있는 아이들
⑭ 공부하는 행동이나 습관이 올바르지 못하는 아이들
⑮ 기타 자기주도 학습이 부족한 아이들

2. 자기주도 학습의 정의

자기주도 학습은 1961년 시카고 대학의 휼(Houle, C.)에 의해 '자기교육(self teaching)'이라는 용어를 사용하면서 자기주도 학습 전략이 '교사 없는 학습'에 국한된 것이 아니라는 경향으로 변해가고 있다. 나아가 자기주도 학습의 철학적 배경은 듀이(J. Dewey) 철학을 배경으로 볼 수 있다.

듀이의 자기주도 학습의 의미는 '주도성'과 '자아'에 대한 그의 주장을 검토해 봄으로써 가능하다. 듀이에게 있어서 '자아', 즉 개인은 최종적으로 성취된 상태가 아니라 발달되는 과정에 있다. 따라서 듀이가 염두에 둔 주도성은 교육적 경

험을 통해서 형성되고 발달되는 것이라 할 수 있다. 즉 주도성은 교육적 경험에 따르는 것이며, 교육적 경험이 전개됨에 따라 성장하는 것이다. 여기서 강조되는 것은 '교육적 경험'이다. 듀이가 보기에 학습자에게 일어나는 모든 경험이 교육적인 것은 아니다. 경험은 반성(reflectiveness), 관련성(connectedness), 그리고 계속성(continuity)의 특성을 가질 때만 교육적인 것이다.

듀이에 따르면, 학습에 있어서 학습자의 주도성은 교육적 경험을 통해 형성되고 발달하는 것이기 때문에, 학습 초기에는 교사가 학습과정을 이끌고 안내를 해야 한다. 학습자들은 교사의 안내를 받아 교육적 경험에 가담하면서 점차 앞으로 자신의 학습을 이끌고 나갈 주도적인 능력을 발달시킬 수 있는 것이다. 교사 또한 학습이 진행되면서 학습자에게 학습을 주도할 권한을 이양하게 된다. 이렇게 볼 때, 듀이에게 있어서 학습자의 자기주도적인 학습능력이란 학습 과정이 진행됨에 따라 점차적으로 신장되는 것이며, 이러한 과정을 통해 학습 과정은 진정으로 학습자에게 의미 있게 되는 것이다.

자기주도 학습(self-directed learning)은 자기조절학습(self-regulated learning), 자기계획학습(self-planning learning), 자기교수(self-teaching), 개별학습(individualized learning) 등 다양한 용어가 사용되고 있지만, 자기주도적 학습이라는 용어가 가장 보편적이며, 일관되게 사용되고 있으나, 그 정의는 학장 따라서 조금씩 다르다.

Knowles는 자기주도 학습을 "타인의 도움 없이 자기 스스로가 주도권을 가지고 학습목표를 설정하고 효율적인 학습전략을 사용하여 학습결과를 스스로 평가하는 일련의 과정"으로서, "학습자가 자신의 학습을 위한 필요를 진단하고 학습의 목표를 설정하며 적절한 학습전략을 설정하고, 이를 이용하여 그 학습의 결과를 평가하는 과정에서 스스로 주도적인 역할을 수행한다."고 정의하였다.

Gibbons는 "자기주도 학습이란 언제, 어디서, 어떤 방법을 사용하든지 학습자 스스로의 노력으로 자신의 지식, 기술, 성취감 혹은 개인적 발달을 향상시키는 것으로, 이는 학습자 자신이 선택하고 스스로 초래한 결과"라고 하였다.

김경희(1998)는 자기주도 학습을 "개별 학습자가 스스로 학습요구를 진단하고, 학습목표를 설정하고, 학습에 필요한 인적·물적 학습자원을 확보하고, 적합한 학습전략을 선택하여 실행하며, 학습을 통해 성취한 학습결과를 스스로 평가함으로써 학습해가는 과정이다."라고 정의하였다.

송인섭(2007)은 "자기주도 학습은 스스로가 자신의 선생님이 되어 공부에 필요한 환경을 만들고, 자기주도 학습을 방해하는 장애를 제거하여 학업성취를 극대화하는 공부전략이며, 그리고 자기주도 학습능력은 훈련에 의해 길러지는 것이고 개발된다."라고 하였다.

따라서 자기주도 학습은 자기에게 적절한 학습목표를 설정하고, 그것을 달성하기 위한 실천계획을 세우고, 해결하고 처리하는 학습방법을 선택하여 학습활동을 전개하며, 학습 자료의 활용과 학습평가를 할 수 있는 능력이라고 볼 수 있다. 나아가서 자기주도 학습은 혼자서 배운다는 것만을 의미하는 것은 아니라, 교사와 동료들과 함께 배우는 가운데 학습능력을 키우고, 다른 사람과의 만남을 통해 학습의 즐거움과 기쁨을 맛보게 되는 적극적인 의미까지 포함한다. 이러한 자기주도적 학습은 인터넷 교육이 확산되면서 개별적으로 학습을 진행할 수 있는 학습자의 학습주도권이 강조되면서 더욱 중요시 여겨지는 개념이라 할 수 있다.

3. 자기주도 학습의 목적

1) 자기 주도적 학습능력 신장

학습능력이란 학습해서 획득한 능력으로서 실제적 문제 상황에 전이되는 힘을 지닌 학습 능력이다. 또한 자기 주도적 학습 능력이란 자기 주도적 학습을 실행해 나갈 수 있는 능력이라고 할 수 있다. 학습된 능력으로서의 학습능력은 선천성의 의미가 강한 적성이나 지능 등의 능력만으로 이루어지는 것은 아니다. 학습능력은 내용관련 학습능력, 일반적 학습능력, 기초적 학습능력으로 구분된다(교육학대사전, 1988).

① 내용관련 학습능력은 새로 학습하려는 학습과제에 직접적으로 관련되는 선행 학습능력을 말한다.

② 일반적 학습능력은 일반지능, 적성, 창의력 등과 같이 학생들이 학습해야 할 특정 과제에 직접적으로 관련되어 있지는 않지만, 학습해야 할 과제의 학습가능성을 결정하는 데 간접적으로 작용하는 능력, 즉 일반능력을 말한다.

③ 기초적 학습능력이란 독서력이나 성취동기와 같이 학교 학습을 촉진하는 힘은 지니고 있지만 이것이 어떤 특정 학습과제의 학습을 그대로 보장해 주는 것은 아니라는 점에서 기초적 학습능력이라 한다.

자기 주도적 학습 능력이 높은 학습자의 특징은 다음과 같다.
① 학습에 책임을 더 많이 떠맡으려 한다.
② 다른 사람들로부터 또는 함께 배우려고 한다.
③ 자신의 발전을 분석, 규정, 평가하는 데 참여한다.
④ 가치관이 명백하며 일치하는 목표를 설정한다.
⑤ 목표달성을 위한 개인적, 집단적 계획을 수립한다.
⑥ 자기-규율을 실행한다.
⑦ 다양한 학습 자료를 사용하는 데 익숙하다.
⑧ 다양한 방법으로 학습한 것을 보고한다.
⑨ 언제, 어떻게 다른 사람들의 도움이나 지도를 요청할지 알고 있다.
⑩ 집단역동을 분석하고 이용한다.

2) 창의력 및 문제해결력 신장

모든 지식은 비판적인 사고 속에서 그리고 그러한 사고를 통하여 존재한다. 그리고 학문이란 사고의 한 가지 표현 형식이다. 수학 공식을 외울 수 있는 정도만큼 수학을 아는 것이 아니라 수학적인 사고를 할 수 있는 정도만큼 수학을 안다. 과학 교과서에 있는 사실과 법칙을 기억해 낼 수 있는 만큼 과학을 아는 것이 아니라 과학적인 사고를 할 수 있는 정도만큼 과학을 안다. 그러므로 우리가 학생들을 가르칠 때, 교과목 내용을 이루고 있는 지식 속으로 학생들 스스로가 사고해 가도록 하고, 지식 발견의 과정을 거치게 하지 아니하면 학생은 아무런 지식도 얻지 못하고 수업을 마치는 셈이 된다.

따라서 자기주도 학습과정에서는 지식은 사고이며, 교사와 학생의 동반관계에서 이루어지는 것이다. 급변하는 지식 기반 사회에 자기 주도적으로 적응하기 위해서는 창의성이 있는 지식과 유용성이 있는 지식이 필요하다. 단순 지식, 암기된 지식이 아닌 창의력, 사고력, 문제해결력, 의사소통능력, 협동능력 등이 특별히 요구된다. 이를 위해서는 프로젝트 중심 수업, 발표 수업, 토론학습, 협력 학습, 논술 교육, 클럽 활동 등의 활성화로 창의적 문제해결력을 신장시켜야 한다.

4. 자기주도 학습의 특성

자기주도 학습이란 '자신이 학습목표를 설정하고 그 목표를 달성하기 위한 적절한 학습 전략을 구상하고 선택하며, 학습 목표 달성 여부를 평가하는 일련의 학습 과정 전체를 학습자 스스로 주도하고 관리하되 학습 조력자와의 협력과 상호작용을 통해 이루어지는 학습'이라고 할 수 있다. 따라서 그 특징은 다음과 같다.

① 학습자가 주도가 되어 다양한 경험을 구축해 가는 과정을 중시한다.
② 학습의 다양한 변인이 복합되어 그 질이 우수하다.
③ 학습자가 선택적으로 학습하는 과정이다.
④ 다양한 정보 통신 매체를 활용하여 학습과제를 주도적으로 해결해 가는 학습이다.
⑤ 교과 특성 및 학습 내용에 적합한 사고활동이 조장되는 학습이다.
⑥ 다변적인 학습 체제를 적용하여 학습자의 능력과 수준에 맞는 맞춤형 학습이다.
⑦ 학습자가 스스로 원리나 법칙을 스스로 찾도록 하는 학습이다.
⑧ 문제해결의 다양한 방법을 찾아보게 하는 학습이다.
⑨ 협동학습을 습관화하는 학습이다.
⑩ 학습자가 자발적으로 활동하는 학습이다.
⑪ 토의와 토론을 통하여 지식을 형성해 나가는 학습이다.

⑫ 집중과 여유의 시간을 적절히 가지는 학습이다.

5. 자기주도 학습의 요소

자기주도 학습은 타인의 조력 여부와 관계없이 개별 학습자가 주도권을 가지는 학습 과정으로서, 학습자는 학습 목표를 설정하고, 학습 자원을 확인하며, 중요한 학습 전략을 선택하고, 학습 결과를 평가하는 일련의 작업을 수행하는 것을 의미한다. 따라서 자기주도 학습에서는 지식, 능력, 가치관, 태도 등을 기르고, 학습 환경과 학습 자원을 관리하고, 주어진 정보를 능동적으로 처리할 수 있도록 하는데 필요한 학습 방법의 학습(learning how to learn)을 터득하고, 학습에 대한 학생의 주도권과 책임성을 부여함으로써 가능한 능동적인 학습 태도를 기르는 것이다.

1) 선행적 요소

자기주도 학습을 잘하기 위해서는 학습과 인성의 두 바퀴가 균형을 이루어야 한다. 어느 한쪽으로 치우치면 불균형으로 무너지는 경향이 있다. 우리 학생들이 건강하고 올바른 학업을 하기 위해서는 균형 잡힌 생활이 필요하다.

학습분야와 인성분야가 모두 중요하지만, 그 중에서도 인성분야가 학습분야를 이끌고 가야 한다. 인성분야는 밭이요, 학습분야는 씨앗과도 같다. 좋은 열매를 많이 수확하기 위해서는 기름진 밭도 중요하고, 건강한 종자의 씨앗도 중요하다. 씨앗이 잘 자랄 수 있도록 하기 위해서는 밭의 돌과 풀 등을 걸러내고 잘 갈아야 한다. 씨앗이 잘 자랄 수 있도록 먼저 터전을 준비하고 마련해야 한다.

인성분야의 주요핵심은 꿈과 목표설계, 진로탐색 구축, 책과 신문을 통한 종합적 사고력, 공부이유 발견 등이다. 그리고 학습분야의 주요핵심은 공부 방법의 습득, 공부습관 개선, 학업성적 향상 등이다.

2) 기초적 요소

학생들의 자기 주도적 학습능력을 기르기 위한 세 가지 요소는 다음과 같다.
① 정의적 요소 - 호기심, 유능감, 달성 동기, 실패공포 및 무력감
② 인지적 요소 - 학습의 즐거움 인식, 학습의 의의나 가치발견, 자기 인식 및 평가, 원인 귀속의 태도
③ 기능적 요소 - 학습계획을 작성하는 방법, 필요한 정보를 수집하여 정리하는 방법, 사고하는 형태와 조사하는 방법, 익히는 방법, 학습결과의 종합 방법 등.

3) 필수적 요소

학습자가 자기주도적으로 학습을 진행하기 위해서는 학습자 자신이 교수계획·설계·실행 등 직접 담당해야 하는 것을 의미하기 때문에, 자기주도적 학습이 진정한 의미에서 효율적으로 이루어질 수 있기 위해서는 다음과 같은 기본 전제조건들이 충족되어야 한다.
 ① 학습 필요와 욕구 파악 - 자신의 선행지식의 정도, 학습능력, 자신의 학습 스타일 등 학습에 관한 기초요소들에 대한 분석.
 ② 학습참여와 참여시기 결정 - 적극적이며 능동적인 참여, 참여의 강도·깊이 등의 결정, 결과에 대한 책임의식.
 ③ 적절한 학습목표 설정 - 정확한 분석을 통하여 도달 가능한 목표설정.
 ④ 학습내용 및 방법의 선정 - 자신에게 적합한 방법을 자율적으로 선택.
 ⑤ 성취결과의 평가 - 학습자 자기평가가 우선함.

4) 촉진적 요소

자기주도적 학습에서는 학습계약, 자기주도적 학습을 위한 준비, 동료 학습집단의 활용, 시간할당 등을 자기주도적 학습의 촉진요소로 보고 있다.
 ① 환경조성 - 자기주도적 학습을 유인하는 가장 중요한 요소로는 환경과 환경 배치가 있다. 환경의 배치에 따라 학습자의 자기주도적 학습을 촉진시킬 수 있음을 의미한다. 환경조성은 전문가, 역할 모델, 서적, 특별 TV 프로그램 등과 같은 주변 환경에 존재하는 여러 자원을 포용하고 있기 때문에 자기주도적 학습을 촉진시키기 위해서는 학습자가 속한 사회적 환경과 맥락의 이해가 선행되어야 한다.
 ② 학습계약 - 자기주도성의 향상을 위해 학습자가 지원·촉진의 주체자인 교수자와 상호 대등한 계약관계를 맺고, 교수자로부터 지지·지원·촉진 활동을 받으며 학습을 진행하는 것을 의미한다.
 ③ 동료 학습집단의 격려 - 동료 학습집단을 통해 자신의 개별화된 목표에 대한 지지, 정보교환, 새로운 아이디어를 통한 자극, 관련 자료에 대한 정보 등을 효과적으로 활용할 수 있다.

6. 자기주도 학습의 원리

 ① 학습 욕구와 동기의 계속적인 자기 확인(self-reaffirmation) - 자기 주도적 학습은 자신의 내면적인 동기 유발로부터 출발한다.
 ② 학습 계획의 자율적 수립(self-planing) - 자기 주도적 학습은 스스로 계획

을 세운다.

③ 학습 과정에서 능동적이고 적극적인 자기 주도권(self-initiation) - 학습자는 스스로 세운 계획의 주도권을 쥐고 능동적으로 학습한다.

④ 학습 기회와 학습 방법, 학습 자료의 자율적 선택(self-selection) - 학습자는 자신에게 최적으로 가용한 학습 기회, 학습 방법, 학습 자료 등을 스스로 선택한다.

⑤ 학습 속도의 자율적 조절(self-pacing) - 자기 주도적 학습에서 학습자는 학습의 전 과정을 자신의 능력, 여건, 목표 등에 비추어 스스로 보조를 맞추어 나간다.

⑥ 학습에서 학습자이면서 자율적인 교수자의 역할(self-tuition) - 자기 주도적 학습은 무엇보다도 학습자 스스로 가르친다.

⑦ 학습 결과의 자기 평가(self-evaluation) - 자기 주도적 학습에서 학습자는 스스로 평가한다.

7. 자기주도 학습의 모형

Knowles는 자기주도 학습 5단계 모형을 다음과 같이 제시하였다.

1단계 : 학습욕구 진단

학습자들은 다양한 이유들을 가지고 학습 활동에 참가한다. 출발점 행동, 자기 주도적 학습에 대한 일반적 능력 수준, 학습자의 사전 경험, 기대 등을 파악하기 위하여 대상 학습자들을 관찰하고 직접 만나서 그들과 면담을 하는 일은 대단히 중요하다.

대상 학습자 집단의 일반적 특성을 규명하는 일 또한 중요하다. 일반적 특성은 읽기 수준, 주의 집중력, 이전의 경험, 동기 수준, 학교 또는 수업에 대한 태도, 그리고 사전 학업 성취 정도에 대한 정보 등을 포함한다. 빠뜨려서는 안 될 다른 중요한 특성은 대상 학습자들이 이미 습득하고 있는 관련 지식과 기능의 범위와 내용이다.

2단계 : 학습목표 설정

자기 주도적 학습에서는 학습자의 요구나 능력에 따라 학습 목표가 다양하다. 따라서 교사는 다양한 목표를 가진 학습자들의 요구에 맞도록 다양한 과정과 절차를 사용할 수 있어야 한다.

학습 목표는 학습의 실행 결과 학습자가 보여줄 수 있는 행동을 구체적으로 기술한 것이다. 이 목표는 자신의 요구 분석을 통해 도출되는 것이다. 따라서 교사는 학습 초기에는 학습 문제를 명확히 인식하도록 하는 것이 중요하다.

3단계 : 학습자원 파악

자기주도 학습 과제를 계획하고 수행하는데 도움이 되는 유용한 자원을 찾아내는 일은 스스로 학습하는데 있어서 매우 중요하다. 자기주도 학습은 학습을 고립화시키는 것이 아니라 교사, 지도자, 자원 인사, 동료, 교재, 교육 기관 등 다양한 형태의 조력자들과의 협력 하에 이루어지는 학습 활동이기 때문이다. 이러한 자원은 인적 자원(전문가 및 친구 등), 비인간적 자원(서적, 잡지, 컴퓨터 프로그램 등), 집단자원(취미 클럽·자원 집단) 등 세 가지 주요 범주로 구분하는 것이 보통이다.

4단계 : 학습전략 선정

학습에 있어서 학습자의 학습 요구는 일상생활의 경험만큼 광범위하고 그에 따른 학습 내용도 다양하여 그로 인한 학습 방법 역시 여러 가지 방법이 고안되고 있다. 따라서 개인 나름대로 다양한 학습 방법을 이용하여 자신의 학습을 진행할 수 있다.

자기주도 학습에서는 학습자의 선행 경험을 중요한 학습 자원으로 여긴다. 학습자가 자신의 경험 밖에서 완전하게 자기주도 학습을 수행하는 것은 불가능하기 때문이다. 학습자는 자신에게 친숙한 경험일 때 더 잘 이해한다. 따라서 학습자는 자신의 선행 경험을 바탕으로 학습을 보다 효율적으로 이루어지게 하는 방안을 모색해야 한다. 학습의 효율성을 높이기 위해서는 학습자 자신의 요구나 배경뿐만 아니라 선행 경험을 바탕으로 자신에게 친숙한 내용이나 경험들로 학습 내용을 선정해야 한다.

또한 학습에 참여하는 학습자는 흥미, 취미, 사회적 경험, 사회 경제적 배경 등이 서로 다를 수밖에 없다. 이와 같은 학습자의 이질적인 성격은 학습 요구에 반영되고, 이에 따라 다양한 학습 방법이 채택되어 학습 활동에 활용되어야 한다.

학습자가 학습하고자 하는 의사가 있다면 학습 기회를 찾아 나서게 되며 강연회나 도서관 등을 이용하는 학습 방법을 스스로 활용하게 될 것이다. 또한 이러한 학습자들을 위하여 기관이나 시설, 단체 등에서 교육 기회를 제공할 수도 있다. 따라서 이 단계에서는 목표 달성을 위한 학습 시간의 배당, 학습 순서의 계획, 학습 자원에 대한 접근 절차와 이용할 자료의 선정 등이 결정된다.

5단계 : 학습결과 평가

자기주도 학습은 학습자 자신이 자신의 학습 전체의 기획, 실행 및 평가 등에 대해 일차적인 책임을 지는 것이 그 특징이다. 따라서 학습 결과에 대한 학습자의 자기 평가가 중시된다. 그러나 자기주도 학습의 성공, 질 및 효율성에 대한 자기 보고적 평가에만 의존하는 것은 객관성 확보에 문제가 있다. 학습자들은 그들의 학습 노력에 대해서 외부적 평가보다 높은 효율성과 질적 정도를 주장할 것으로 여겨지기 때문이다. 따라서 학습 결과의 효율성과 질적 정도를 중시하면서도 평가의 객관성을 확보할 다양한 방안들이 계획 단계에서 논의되어져야 한다.

8. 자기주도 학습의 전략

1) 학습자 관리 전략

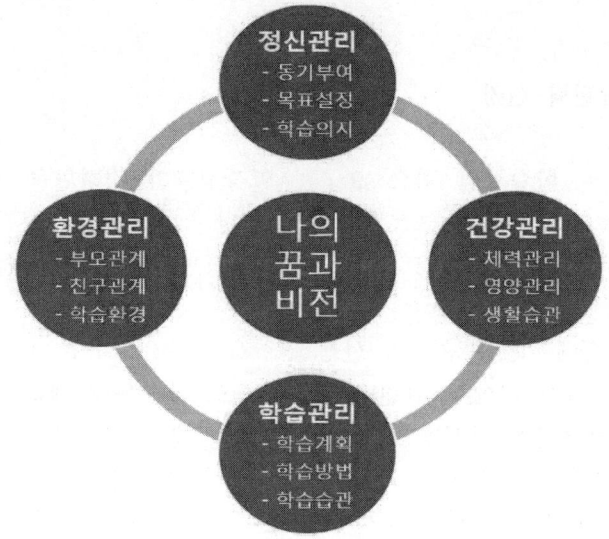

(1) 정신관리

학생들이 공부를 하고 싶은 마음과 해야 한다는 태도를 학습 동기라고 하는데, 학습 동기를 심어주기 위한 과정을 학습동기부여라고 한다. 학생이 스스로 동기부여 되었을 때, 학습은 제대로 이루어질 수 있고 효율적이며 그 효과 또한 크다.
꿈과 목표가 있으면서, 본인 스스로가 학습의 주체가 되고, 미래의 희망찬 진로를 가지고 있을 때 동기부여가 발생한다. 동기부여는 장래 되고자 하는 꿈, 뭔가 하고 싶어 하는 욕망, 스스로에 대한 믿음을 가진 신념에서 온다. 이러한 신념이 생의 목표를 설정하게 하며, 그 목표를 이룰 수 있는 의지를 갖게 한다.

(2) 학습관리

학습관리는 일반적으로 학습계획과 학습의 기술, 그리고 학습방법 관리로 나뉘는데, 학습계획은 시간의 낭비를 줄이고, 주어진 시간을 효율적으로 사용함으로

써 노력을 집중적으로 할 수 있게 한다. 학습계획이란 실행과 연결되는 것이 중요하므로, 계획된 학습량과 실제 실행한 학습량을 비교해 보아야 한다. 이를 토대로 계획을 수립하고 성취도를 높이면 계획표 없이 공부하는 것과는 비교되지 않는 좋은 결과를 얻을 수 있다.

그리고 학습방법의 관리 측면에서 중요한 것은 예습과 수업, 복습의 3단계 학습법을 익히는 것과, 각 과목마다 학습방법이 다르다는 것이다. 예습-수업-복습으로 이어지는 3단계 학습법은 시간관리와 기억의 메커니즘이라는 측면에서 중요하며, 이런 방법이 습관화 되어야 효과적인 학업성취를 이룰 수 있다.

(3) 환경관리

공부에 집중하기 위해서는 우선 공부를 잘할 수 있는 좋은 환경을 만들어야 한다. 환경관리는 학교, 학원, 집에서의 책상, 의자, 조명 등을 포함하는 물리적 환경과 인간관계, 커뮤니케이션 등의 사회적 환경관리로 나눌 수 있다.

물리적 환경에서 사람마다 다소 차이는 있겠지만 자신에 맞는 최적의 공부 장소와 시간을 찾아내야 한다. 예를 들어, 어떤 사람은 도서실에서 공부가 잘되기도 하지만, 어떤 사람은 자기 방에서 혼자 공부할 때 머리가 맑고 집중이 잘된다고 한다. 중요한 것은 내게 맞는 환경조건을 찾는 것이다. 그리고 인간관계 또한 중요한 환경이다. 우선 부모와의 관계가 원만하여야 하고, 나아가 친구관계가 원만해야 공부하는데도 지장이 없다.

(4) 건강관리

자기주도 학습의 마지막 요소로서 건강관리는 공부에서도 핵심 관리사항이다. 건강이 좋지 않으면 마음이 공부를 원하더라도 몸은 따라가 주지 않고, 쉽게 피곤하여 공부에 쉽게 집중하거나 오랜 시간 지속적으로 하지 못한다.

공부라는 황금알을 계속 낳으려면 건강한 거위가 필요한 것처럼, 지속적으로 최고의 성적을 올리려면 최적의 컨디션을 가지는 건강한 몸이 필요하다. 시험 치르는 당일 아프기라도 하면 그 동안 공부한 것도 소용이 없다. 공부하면서 적당한 운동을 병행하여 건강한 몸을 지키는 것이 공부에서도 없어서는 안 될 관리사항이다. 그러므로 필요한 영양을 공급하여 최상의 컨디션을 만들어야 하며, 꾸준하게 체력을 관리하여야 한다. 또한 올바른 식습관, 운동습관, 생활습관을 갖는 것이 중요하다.

2) 학습자 주도 수업 전략

(1) 인지적 측면
① 학습에 질문을 던지도록 하게 한다.

- 무슨 일이 일어났는가?
- 나는 그것에 어떤 식으로 대응하고 행동했는가?
- 왜 나는 그런 식으로 대응할 수밖에 없었는가?
- 유사한 일이 발생하면 나는 또다시 같은 식으로 대응할 것인가?
- 그렇다면 왜 그런가? 아니라면 왜 아닌가?
- 대안은 없는가? 라는 일련의 질문을 통해 자아 성찰적 사고를 습관화하게 한다.

② 학습 과제에 대하여 분석을 하도록 하게 한다. 학습 과제가 어린이 자신의 향상에 도움이 되고 공부할 만한 가치가 있다고 인식되어 학습 과제에 대한 분석 의지가 강하게 작용할 때 자기 주도 학습의 성공률이 높아질 것이다.

(2) 기능적 측면
① 학습 과제를 선정하는 방법을 사전 지도한다.
② 학습 활동 계획을 작성하는 방법을 알게 한다.
③ 필요한 정보를 수집, 정보의 분류와 정리, 해석하는 방법을 이해하고 이용할 수 있게 한다.
④ 사고의 형태와 조사 방법을 지도하여 알게 한다.
⑤ 다른 사람과 상호 협력하여 학습하는 방법을 안내한다.
⑥ 종합하여 보고서를 작성하는 방법 알고 작성할 수 있게 지도한다.
⑦ 학습 결과를 다른 사람에게 발표하는 방법과 요령을 지도한다.
⑧ 활동 결과를 스스로 평가하는 방법을 안내한다.

(3) 정의적 측면
① 호기심을 자극하는 학습 활동을 선택하도록 한다.
② 성취 의욕을 갖도록 한다.
③ 성취동기를 강화시킨다.
④ 실패감이나 무력감에서 벗어나도록 한다.

3) 유형별 학습자 관리

(1) 학습능력이 없는 학습자
여기에 속하는 학생은 무엇을, 어떻게 배울지에 대해서 전혀 관심이 없다. 따라서 이 단계에서 중요한 것은 학습자에게 가르치고자 하는 목표와 그것을 달성하기 위한 방법을 명확하게 제시하는 것이다. 수업은 주로 교과내용을 중심으로 하는 형태가 바람직하며, 구체화된 숙제의 제시나 학생들의 반응에 대한 즉각적인 피드백을 제공하는 수업전략이 이용되어야 한다.

- 진단 : 이 단계의 학생들은 무슨 책을 가지고 얼마나 어떻게 공부해야 할지를 판단하지 못한 채 과외나 학원선생님이 알려주기만을 기다린다.

- 처방 : 상담과 직접지도가 병행되어야 한다. 가르쳐주지 않고 무작정 혼자 해보라고 하는 것은 마치 자전거만 던져주고 타보라고 하는 것과 같다. 처음에는 뒤에서 잡아주거나 보조바퀴가 달려있는 자전거로 연습하면서 혼자서 할 수 있도록 훈련해야 한다.

(2) 흥미를 보이는 학습자

여기에 속하는 학생은 학습에 어느 정도 흥미를 가지고 있거나 가질 수 있다. 따라서 이 단계의 학습자에게 중요한 것은 학습에 대한 '동기화'라고 할 수 있다. 특정한 과제가 왜 중요한지 설명함으로써 학습자들의 동기를 유발해야 한다. 이 단계에 적절한 수업은 주로 강의와 교사주도의 토론이라 할 수 있으며, 이것은 교과의 내용을 학습자의 흥미와 관련시키는 방식으로 진행되어야 할 것이다.

- 진단 : 마음만 잡아주면 재미있게 공부할 수 있다. 그러므로 형성과정에 있는 자기주도성을 극대화할 만한 조력자가 필요하다.

- 처방 : 학생의 마음을 잡아주고 동기를 부여하고 목표를 함께 세워줄 수 있는 상담이 필요하다. 이러한 상담을 통해 학생들은 미약했던 자기주도 학습능력을 활짝 꽃피울 수 있다. 이제 자전거를 잡아주었던 손을 놓아도 흔들흔들하거나 가끔은 넘어지기도 하면서 자전거를 타기 시작하는 단계이다.

(3) 참여적인 학습자

여기에 속하는 학생은 자신의 학습에 스스로 가담할 태세가 되어 있다. 따라서 이 단계에서 필요한 것은 그러한 학습자의 태도를 촉진시키는 것이다. 학습자의 의사결정을 존중하며, 학습자에게 많은 역할을 부여하여 학습자가 점차 독립적으로 학습해 나갈 수 있도록 해야 한다. 이 단계에서 적절한 수업은 교사와 토론하거나 그룹프로젝트를 수행하는 것이라고 할 수 있다.

- 진단 : 학생은 스스로를 강제하고 자발적으로 공부하려고 노력하게 된다. 그렇지만 아직은 자신감이 부족하고 어떤 구체적인 목표를 가지고 전진해야 하는지 감을 덜 잡은 경우이다. 열심히 자기 공부시간을 갖기는 하는데 마음만큼 결과가 따라주지 않은 2% 부족한 단계이다. 즉, 자전거를 타기는 하는데 핸들을 두 손으로 잡고 혼자서 타는 것만 가능했지 어디를 향해 언제 달려야 할지 모르

는 단계인 것이다.

- 처방 : 자신감을 갖도록 도전정신을 키워주고 목표를 달성하려는 오기와 집념을 불어넣어 주어야 한다.

(4) 자기주도적인 학습자

여기에 속하는 학생은 자신의 학습에 책임질 수 있으며 기꺼이 책임지려고도 한다. 즉, 이들은 자신의 학습에 있어서 스스로 목표를 설정, 시간운영, 정보수집 및 이용, 평가 등을 할 수 있다. 학습자들에게 도전적인 과제를 정해 주고, 그들이 그것을 스스로 수행하도록 모든 권한을 학습자들에게 위임하는 것이다. 이 단계에서 적절한 수업은 학습자들에게 장기 프로젝트, 개인연구, 논문, 학생주도의 토론 등의 관제를 수행하게 하는 것이다.

- 진단 : 이 단계의 학생은 오히려 선생님의 직접적인 학습내용의 전달이 부수적일 정도로 스스로 공부한다. 그렇기 때문에 학생은 어떻게 해서든 자기의지와 통제로 공부시간을 확보하고 싶어서 안달이 나 있다.

- 처방 : 이런 경우 선생님은 정신적으로 든든한 조언자 역할을 해줄 수 있어야 한다. 아무리 전교 1등을 하는 학생이라도 시험에 대한 불안이 있다. 1등을 놓치면 안 된다는 강박관념에도 사로잡히기 쉬우므로 더욱 더 정신적 조언자가 필요하다.

9. 자기주도 학습의 설계

1) 자기주도 학습설계의 내용

자기주도 학습은 학습 과정에 작용하는 동기, 인지, 행동의 세 가지 차원이 상호작용하여 통합적으로 이루어져야 한다. 즉, 학습자는 학습과정에서 자신의 인지, 동기, 행동을 조절하고 통제하여 학습자가 스스로 목표를 세울 수 있도록 동기를 부여하고, 주의를 집중하여 효율적인 학습 활동을 진행하며, 학습목표 달성 정도를 평가하고 조절할 수 있어야 한다. 이를 토대로 자기에게 적합한 학습습관을 형성하는 것이 자기주도 학습이다.
① 학습동기 조절능력 기르기
② 학습인지 조절능력 기르기
③ 학습행동 조절능력 기르기
④ 자기주도 학습습관 기르기

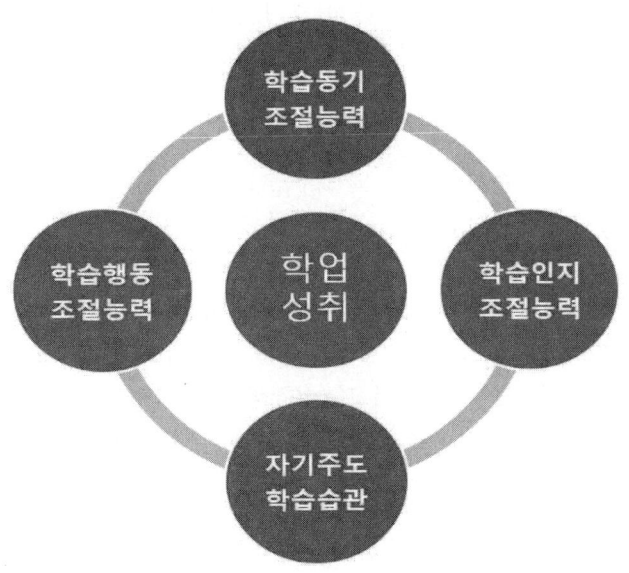

(1) 학습의 원동력 ; 동기조절

학습을 이끌어 나가는 힘은 동기에서부터 시작된다. 스스로의 재미나 만족감에 의해 학습행동이 유발되고 지속될 때 학습의 효과는 높을 것이고, 학습을 방해하는 상황들이 발생해도 이를 극복하고 학습을 유지할 수 있다. 특히, 학습자 자신이 과제를 해결할 수 있는 능력이 있고, 학습 통제권을 자신이 가지고 있다고 생각할 때 학습에 대한 능동적인 참여와 노력은 더 강해질 것이다. 그러므로 공부를 왜 하는지, 공부가 재미있는 지를 확인하는 것이 중요하다.

(2) 학습의 윤활유 ; 인지조절

인지를 조절하고 통제한다는 것은 학습한 내용을 기억하고 이해하는 효과적인 방법들을 이용해서 학습이 효율적으로 이루어지게 하는 것을 말한다. 학습한 내용을 기억하고 이해하는 효과적인 방법이란 바로 '학습전략'을 말한다. 학습전략이 없으면 공부를 해도 효율이 오르지 않고, 공부에 대한 흥미가 떨어지고, 이는 성적부진으로 이어져 공부에 대한 자신감 상실과 공부 기피증을 부르게 된다. 반면, 학습전략이 있으면 학습 효율이 오르고, 공부에 대한 흥미가 생겨서 더 많은 것을 알고자 하는 욕구가 생기게 된다. 따라서 자신에 맞는 학습전략을 찾고 발전시키는 것은 매우 중요하다.

(3) 능동적 학업성취 ; 행동조절

자기조절을 잘하는 학생들은 주어진 시간을 잘 관리하고, 학습에 방해가 되는 요소들은 제거하며, 학습에 필요한 자원들은 적절하게 활용할 수 있다. 낭비되는 시간을 줄이고 시간을 잘 활용하는 것이 학습을 효율적으로 관리하는 방법이다.

또한 학습 중에 학습에 방해가 되는 요소가 있으면 이를 제거하고 학습에 필요한 자원들을 주도적으로 조절, 통제함으로 학생 자신이 학습과정을 관리할 수 있어야 한다.

(4) 성공의 원동력 ; 습관형성

올바른 학습습관을 기르는 것은 공부를 효율적으로 한다는 말과 일치한다. 무조건 오랜 시간 앉아 있는 것이 공부습관이 아니다. 짧은 시간이라도 효율적으로 학습한 내용을 완벽히 이해하고, 다양한 시험 유형에 대비할 수 있는 준비까지 하기 위해서는 제대로 된 공부습관, 공부하는 방법이 기본적으로 필요하다.

초등학생 때는 학습 습관을 들이고, 중학생이 되어서는 공부할 동기를 마련하는 차원에서 꿈과 진로의 방향을 잡는 것도 늦지 않다. 또 성공은 실행력으로 이루는데, 학습 습관은 그 일환이기 때문에 성공의 원동력이 된다.

2) 자기주도 학습설계의 과정

자기주도 학습설계는 학습을 위한 계획을 수립하고, 자기점검을 하고, 수정하는 일련의 활동이다.

(1) 학습계획(planning)

주어진 문제를 해결하거나 학습목표에 성공적으로 도달하기 위한 절차와 단계들을 효과적으로 선정하고 배열하는 등의 전반적인 접근방식을 결정한다.

(2) 자기점검(self-monitoring)

인지과정에 대한 계속적인 통제과정으로, 학습과정 및 자신이 선택한 문제해결 절차에 대한 재확인 및 검토과정을 포함한다. 학습자가 자신이 설정한 학습목표에 비춰 학습과정을 지속적으로 관찰하고 해석하는 것이다.

(3) 전략수정(revision)

학습 진행 도중 문제가 발생할 때 현재 사용하고 있는 전략들 또는 인지과정을 수정하는 것으로, 이런 수정은 학습 성취 결과와 학습과정에 대한 자기주도적인 평가를 전제로 한다. 수정은 어떤 문제나 장애가 발생했을 때 학습자가 취하는 의사결정을 의미하는 것으로, 이 경우 학습자는 어떤 원인 때문에 제대로 이해되지 않았는지 생각함으로써 다른 전략을 시도할 수 있고, 다른 학습목표로 바꿀 수도 있다. 그런 반성적인 사고방식은 자기주도적 학습의 중요한 측면을 형성하게 된다.

3) 자기주도 학습설계의 효과

① 자신의 현재 위치를 정확히 알 수 있다.
② 학업성적이 부진하고 성적이 오르지 않는 근본적인 이유를 알 수 있다.
③ 자신의 문제점을 파악하여 그에 맞은 올바른 학습설계가 가능하다.
④ 학습능력을 향상하는 구체적 가이드를 얻을 수 있다.
⑤ 자신의 학습 방법의 효율성을 점검할 수 있다.

10. 자기주도 학습의 효과

21세기 지식·정보화 사회는 평생학습사회로서 누구에게나 자기주도 학습을 요구하고 있다. 따라서 자기주도 학습 프로그램의 개발·활용은 학생 스스로 공부의 주체가 되어 열심히 공부하는 학습습관이 형성될 것이며, 나아가 학습의 동기조절, 학습의 인지조절, 학습의 행동조절을 통하여 '자기주도 학습' 능력이 신장되고 학력도 향상될 것으로 본다.

1) 학습의 동기조절 능력의 향상

① 공부(학습)에 대한 자기 자신의 변화를 인식하게 됨으로써 공부에 대한 흥미가 생겨 수업이 즐거워지고, '나는 할 수 있다.'는 자신감을 갖게 되어 학력이 향상된다.
② '나는 왜 공부해야 하는가?' 그 이유를 알게 됨으로서 나의 인생목표가 설정되어 학습에 대한 의욕과 실천력이 향상된다.
③ 열심히 공부하는 친구를 모델링하게 됨으로써 학습의 협력성이 높아질 것이며, 따라서 개성과 창의성을 발휘하게 된다.

2) 학습의 인지조절 능력의 향상

① 학습자 스스로 학습 정보를 처리하고 통제하고 조절하고 정리하게 됨으로써 인지적 학습 능력이 향상된다.
② 학습자 스스로 복습·예습·과제를 해결할 수 있는 능력이 신장됨으로써 학업성적도 점차적으로 높아진다.
③ 학습내용을 조직화하는 데 가장 효율적인 '학습장 정리'를 잘 하게 됨으로써 학습의 효과를 극대화 한다.

3) 학습의 행동조절 능력의 향상

① 많은 일들(예습, 복습, 과제, 기타 등) 중에서 우선순위를 정해놓고 시간을 효율적으로 사용하게 됨으로써 자신이 목표한 수준의 학업성취를 얻게 된다.
② '시간관리' 프로그램은 자신의 생활을 능동적으로 분석하고 의미 있는 목표를 세우며 진정한 의미에서의 시간 관리를 실천할 수 있게 해 준다.
③ '나의 공부환경 관리하기' 프로그램은 자신의 학습을 성공적으로 이끄는데 방해가 되는 원인이 무엇인지를 파악해보고 이에 대해 분석해 봄으로써 가장 적합한 학습 환경이 무엇인지를 선택하고 구조화하며 창조할 수 있는 능력이 신장된다.
④ '집중력 연습하기' 프로그램은 마음이나 주위를 집중할 수 있는 힘을 기르게 되어 학습 내용도 생생하게 기억할 수 있을 것이며, 학업성적도 점진적으로 향상된다.
⑤ '컴퓨터 중독에서 탈피하기(TV시청 포함)' 프로그램은 컴퓨터 중독에서 탈피할 수 있는 자기 조절력을 길러주게 된다.

4) 자기주도 학습 습관의 형성

① 학습자가 스스로 자신의 선생님이 되어 공부에 필요한 환경을 만들고, 자기주도 학습을 방해하는 장애를 제거하여 학업성취를 극대화하는 공부전략을 세울 수 있게 된다.
② 학습자 자신의 학습능력에 알맞은 학습목표를 설정하고, 학습목표에 따른 학습계획을 세워 공부하고, 자신의 학습태도를 평가해 보는 과정에서 자기주도 학습습관이 형성 된다.
③ 학생들은 자기주도 학습의 핵심인 '자기주도성'과 '자기관리 능력'을 점점 되찾게 될 것이며, '머리를 쓰는 공부' '스스로 생각하는 공부, '고민하는 공부'를 할 수 있게 된다.

5) 기타 교육비의 절감

'자기주도 학습'은 학생들로 하여금 수동적 학습 자세에서 벗어나 능동적 학습 자세로 전환되게 하고, '자기주도성'과 '자기관리 능력'을 되찾게 해 줌으로써 부모가 부담하는 사교육비 절감에도 크게 기여하게 된다.

11. 학년별 자기주도 학습 방법

1) 초등학교 고학년

아이들이 목표를 가지고 공부를 즐겁게 하려면, 꿈을 찾아주어야 한다. 꿈을 가지고 있으면, 조금 힘든 공부도 즐길 수 있고, 참고 인내할 수 있기 때문이다. 집중력이나 자제력도 꿈을 통해 더 크게 길러진다. 성공한 사람들은 대개 어려서부터 비전을 크게 그린 사람들이다. 꿈을 찾아주는데 가장 좋은 방법은 다양한 경험이다. 대부분의 부모들이 어려서부터 자녀의 재능을 알아보기 위해 피아노, 무용, 운동, 미술 등 여러 가지를 경험하게 한다. 그리고 체험학습. 각종 박물관이나 전시관, 과학관 등을 방문하면 과학, 수학, 역사, 민속 등의 분야를 접할 수 있고, 그곳에서 하는 특강을 통해 무엇에 흥미가 있는지 알 수 있다.

2) 중학교 1학년

초등학교에서 갓 올라와 중학생이 되면 과목마다 가르치는 선생님이 다르고, 선생님이 교실을 옮겨 다니면서 가르치는 것이 새롭게 느껴진다. 초등학교보다 공부할 내용이 훨씬 어렵고 그 분량도 많아진다. 이것에 잘 적응하지 못하여 초등학교 때는 공부를 잘했는데 중학교에 와서 성적이 현저하게 떨어지는 현상을 보이기도 한다. 따라서 중학교 1학년 때는 우선적으로 달라진 중학교 생활에 잘 적응하는 것이 중요하다. 공부할 분량이 많으므로 "나중에 해야지"하는 생각을 버리고, 수업 시간에 되도록 다 이해하도록 해야 한다. 특히 국어, 영어, 수학, 과학 같은 과목은 기초가 중요하므로 더욱 신경 쓰도록 한다. 그리고 자신에게 맞는 공부 방법을 발견하도록 노력해야 한다. 중학교 1학년 때부터는 스스로 공부하는 것에 익숙해져야 한다.

3) 중학교 2학년

중학교 1학년은 어느덧 지나가 버리고 2학년이 되면 신나는 세상을 맞게 된다. 학교생활도 어느 정도 익숙해지고 고등학교 진학에 대한 부담도 크지 않을 때이므로 가장 놀기 좋아하는 때이다. 따라서 이 시기를 잘 보내는 방법은 놀 때는 놀고, 공부할 때는 공부하는 것이다. 자기조절학습을 통한 공부하는 방법을 익혀서 효율적으로 공부해야 한다. 수업시간에는 철저히 집중하는 자세로 임해야 시험공부 시간을 단축할 수 있으며, 시험 때를 대비해서 집중적으로 공부하는 요령을 가져야 한다.

4) 중학교 3학년

고등학교에 올라가도 중학교 3학년 때 배운 내용이 계속 연결되어 나오기 때문에 소홀히 할 수 없는 시기이다. 수업 시간에 배우는 내용을 그때그때 소화하도록 애쓰되 중학교 1, 2학년 과정도 틈틈이 복습해 두어야 한다. 모의고사 진도나 학교 시험 진도에 맞추어 계획을 세우면 효과적이다. 입시에 대한 부담은 적어졌지만 고등학교 생활을 안정감 있게 시작하려면 중학교 3학년 겨울방학은 중학 시절 영어, 수학의 복습의 기회와 고등학교 예습의 기회로 삼아야 한다.

5) 고등학교 1학년

고등학교는 중학교에 비해 배우는 수준이 높아서 자칫 잘못하면 뒤처지기 쉽다. 특히 영어와 수학의 경우 수업 시간에 배우는 것만 의존해서는 좋은 성적을 거둘 수 없다. 공부를 하는 장소를 일정하게 하고, 규칙적으로 공부할 시간을 확보하도록 한다. 적어도 하루 3시간은 혼자만의 공부 시간이 주어져야 한다. 평소에는 영어, 수학 공부에 전념하고, 암기 과목은 되도록 수업 시간에 다 이해하도록 노력하는 것이 좋다. 고등학교 시절의 내신 성적이 대입에 많은 영향을 미치므로, 중간고사와 기말고사에 철저히 대비하는 것이 좋다.

6) 고등학교 2학년

고등학교 1학년 때 보던 교재를 이어서 보아도 좋고, 한 단계 높은 수준의 교재로 바꾸어도 좋다. 이 시기에 생기는 가장 큰 변화는 문과, 이과 계열이 분리되는 것인데, 이과를 선택한 학생은 수학의 비중도 커지고 내용도 어려워지므로 많은 신경을 써야 한다. 과학 과목도 평소에 소홀히 하면 따라가기 힘들어진다. 문과 학생은 비중이 커지는 문과 교과목에 신경을 쓰도록 한다.

7) 고등학교 3학년

고등학교 3학년 시절은 고등학교 1, 2학년 때부터 다져 온 실력을 심화시키면서 총정리를 하는 기간이라고 할 수 있다. 1학기와 여름방학 동안은 수업에 충실하면서 계속해서 기초를 다지는 데 노력을 쏟는다. 모의고사 진도에 맞추어 공부를 해 나간다면 9월쯤에는 전 범위를 한 번 공부한 셈이 되므로 효과적이다. 모의고사를 본 후에는 틀린 문제를 분석하여 자신의 약점을 파악한다. 2학기에는 입시에 대한 구체적이고도 세밀한 준비를 하는 시기라고 생각한다. 이때 자신이 지원하고자 하는 학교와 학과를 결정해 놓는 것도 구체적으로 입시 준비를 하는 데 도움이 된다. 대학수학능력시험 준비에 있어 과거에 출제되었던 문제를 풀어 보는 것도 출제 경향을 예측하는 데 도움이 된다.

2. 자기 주도력의 이해

1. 자기주도력이란?

1) 자기주도력의 개념

자기 주도력이란 스스로 자신의 힘으로 모든 것을 주체가 되어 이끌어 나갈 수 있는 힘을 말한다. 주체가 된다는 것은 명확하게 자기 개념을 가지고 자신이 원하는 것, 자신이 하고 싶은 것을 스스로 선택하고 결정하며, 통제 관리할 수 있는 능력까지 포함한다.

일반적으로 자기주도적으로 일한다는 의미는 그 일에 대한 책임성과 자기 일을 더욱 더 확대하고 성장시킬 수 있는 의지와 동기를 가지고 가장 효과적으로 그 일을 자신에 맞게 해내는 상태를 의미한다.

2) 자기주도력의 핵심 요소

(1) 개방성

개방성은 세상에 대한 신뢰를 기본으로 한다. 사람과 세상에 대한 높은 관심, 세상과 교류하려는 태도, 세상에 대한 호기심과 탐색 동기, 상호작용의 즐거움 등과 관련된다. 또한 이 개방성은 진취적인 태도와 도전의식 등을 함께 동반한다. 개방적인 태도를 가지고 있는 아동은 자신이 접하는 모든 경험을 자기 것으로 내재화할 뿐 아니라 가장 긍정적인 측면으로 조직화하여 성공적인 경험으로 만든다.

(2) 자아개념과 자존감

자아개념은 한마디로 자기에 대한 인식이다. 자기 개념이 있다는 의미는 자신의 특성을 파악하는 능력, 자신에 대한 확신, 자신이 가지고 있는 능력과 자신의 욕구를 인식하는 능력 등을 포함한다.

자존감은 자신을 믿고, 자신의 가치를 인정하는 신념이다. 이는 성공에 대한 자신의 기대를 설정할 수 있고 그를 위해 할 수 있는 자신을 믿고 해야 할 것에 대해 온전히 책임을 다 할 수 있는 자신을 격려할 수 있는 인지적, 정서적, 사회적 준비를 갖추고 있음을 의미한다.

(3) 성취동기

성취동기란 어려운 일을 극복하고 더 높은 기준을 달성하려고 노력하면서 성공적 잠재력을 최대한 발휘하는 과정에서 유능감을 갖는 것을 말한다. 이 성취동기를 통해 자존감은 더욱 강화될 수 있다.

(4) 정서 능력
정서를 다루는 능력은 자기감정을 자각하고 인정하면서 상황에 맞게 잘 통제하거나 적절하게 표현해내는 능력이다. 동시에 정서가 필요한 상황에서 적절한 정서를 찾아내어 효과적으로 문제해결을 할 수 있는 능력까지를 포함한다. 정서를 다루는 능력은 타인과의 관계에서 충분한 신뢰와 수용, 공감과 반영의 과정에서 성장하며, 끈기와 인내력, 자원을 형성하는 능력 등과 깊이 연관된다.

(5) 창의적 문제해결력
문제해결력은 어떤 어려움이 있을 때 이를 객관적으로 처리하기 위해 문제를 명료화하고 다양한 가능성이 있는 해결방법을 선택하는 능력이다. 기존의 경험에서 배태된 여러 지식과 기술, 그리고 새롭게 생각해낼 수 있는 여러 가능성을 총합하고 조직화할 수 있는 창의력이 필요하다. 창의적 문제해결력은 문제해결력의 최대의 가능성을 창출할 수 있는 자기 주도력의 핵심 기술이다.

(6) 자율성과 책임감
자율성은 주체로서의 자신을 경험하고 시도하며 책임지는데 기초적인 개념이다. 아동이 성장하는 과정에서 누군가에게 의존하거나 책임 전가하지 않고 스스로 자기 영역과 권한, 경계를 인식하는 것은 주체로서의 자신을 명확하게 하는 일이며, 적극적인 자세의 원동력이 된다.

(7) 목표수립 및 실행능력
목표 수립 및 실행능력은 아동이 자신의 에너지를 어디에 집중시켜야 할지 깨닫고, 자신이 해야 할 일에 대한 우선순위가 어디에 있는지 확실하게 인식하는 능력이다. 또한 이를 추진하기 위해 시간관리를 비롯한 구체적인 계획 기술과 그 일을 집행할 수 있는 능력을 조직화하는 기술 역시 필요하다.

4) 자기 주도성이 강한 아이와 약한 아이

(1) 자기 주도성이 강한 아이의 특성
① 자신의 일에 대해서는 스스로 할 수 있다고 생각한다.
② 무슨 일이든 시도해 볼 수 있다고 생각한다.
③ 어떤 일이든 긍정적인 관점에서 생각한다.
④ 스스로 참여할 동기를 가진다.
⑤ 자신이 집중해야 하는 일을 명확히 안다.

⑥ 과제를 피하기보다는 어떻게 해결할 수 있을지 구체적인 해결책을 찾는다.
⑦ 자기의 지식이나 기술, 해결책 등을 적재적소에 잘 활용한다.
⑧ 정서적으로 안정되고 자기를 수용할 수 있다.
⑨ 목표를 가지고 계획적으로 추진한다.
⑩ 외부의 평가보다 자기 의지와 욕구를 중요시 여긴다.

(2) 자기주도성이 약한 아이의 특성
① 타인에게 의존적이다.
② 자신이 해보지 않은 일에 대해서는 두려워하며 쉽게 포기한다.
③ 해보기도 전에 부정적으로 생각하며, 비판적이다.
④ 수동적인 자세를 갖는다.
⑤ 과제가 있을 때는 회피하거나 그 과제에 대해 압도당한다.
⑥ 적절한 해결책을 생각하기 보다는 남 탓으로 돌리거나 책임을 전가한다.
⑦ 정서조절이 어렵다.
⑧ 자기 자신에 대한 자신감이 없다.
⑨ 구체적인 목표를 명료화하기 어려우며, 힘든 일이 있을 때는 계속 지연하다.
⑩ 외부적인 피드백에 휘둘린다.

5) 자기주도력을 향상하는 기술

① 아이가 항상 자신을 인정하도록 도와야 한다.
② 선택권과 결정권을 주어야 한다.
③ 스스로 고민하고 질문하는 아이로 만들어야 한다.
④ 기능성을 탐색하며 시도하는 동기 형성을 돕는다.
⑤ 배운 것은 스스로 정리하고 적용할 수 있게 한다.
⑥ 자신이 하는 일에 몰입하고 즐길 수 있도록 한다.
⑦ 자기 조절할 수 있도록 감정표현을 도와야 한다.

6) 주도력 향상을 위한 심리적 환경

(1) 신뢰
 신뢰는 관계를 형성하는데 핵심적인 요소이다. 신뢰는 자신을 돕고 자신의 성공을 기대하며, 자신을 존중할 수 있는 조력자임을 분명하게 인식할 때 형성되며, 특히 아동의 경우 자신이 표현하지 못한 부분을 공감하거나 자신의 생각과 느낌 등을 자신의 눈높이에 맞추어 함께 잘 호흡하며 느껴주는 경우, 자신은 미처 인식하지 못하지만 자신 안에 막연히 느끼던 가능성 등을 알아주는 사람에게 이러한 신뢰감을 느낄 수 있다.

(2) 관계

여기에서 관계는 파트너십을 말한다. 교수와 학습 과정은 모두 함께 탐구하고 발견하며 배우는 즐거움을 함께 느끼는 과정이다. 일방적으로 한 쪽이 가르치고, 한 쪽은 배우는 관계에서는 새로운 지식을 창출하기도 어렵고 학습자의 가능성이나 관심 등을 다루기도 어렵다. 자기 주도력을 키우는 환경을 조성하기 위해서는 서로의 시너지와 자원을 나누고, 가능성을 공유하는 환경이 되어야 한다. 진정한 파트너십은 상대의 힘과 능력, 기술뿐만 아니라 잠재된 힘과 가능성까지 믿고 존중하며 그의 안에서 그 힘이 자발적으로 나올 수 있도록 돕는 지지적인 자세가 필요하다.

(3) 시점

시점이란 아동이 자신을 최대로 성장시킬 수 있는 시점을 의미한다. 이 시점은 아동이 어떤 부분에 관심이나 호기심이 있을 때, 문제나 갈등이 있는 순간, 새로운 상황을 경험하는 과정에서 아이들은 생각이나 감정, 지식이나 기술을 성장시킬 수 있다. 부모와 교사는 이 시점을 제대로 파악하거나, 아동들이 이러한 시점을 만들 수 있도록 제반 환경을 제공하는 것이 중요하다.

(4) 의도

의도란 온전히 도우려는 의도를 말한다. 아이들은 성인에 비해 상당히 본능적이므로 유도되는 것, 목적의식적인 것, 가르치려고 하는 것, 성인이 원하는 방식을 강요하는 방식으로 상호작용이 이루어질 때 보다는, 자신의 의도나 욕구를 알아주며, 자신이 가고자 하는 방향을 가장 효과적으로 갈 수 있는 새로운 가능성을 믿어주는 사람과의 상호작용에서만 온전히 상호작용하고 그 영향력을 기꺼이 받아들인다.

(5) 언어

아동을 제대로 변화시키며 그들의 주도력을 크게 신장시키기 위해서는 아동의 잠재력을 최대로 만들 수 있는 긍정적인 언어와 아동의 의도를 왜곡하거나 가르치려 하지 않고 온전히 그들이 스스로의 선택과 성취를 느낄 수 있도록 있는 사실 그대로 관찰하여 기술하고 그 관찰한 사항에서 스스로 더욱 앞으로 나갈 수 있도록 돕는 중립적인 언어를 사용해야 한다.

- 긍정언어 ; 긍정이란 현상이나 사물을 있는 그대로 수용하는 것이다.
- 중립언어 ; 판단이나 충고 없이 관찰한 사실을 그대로 반영해주고, 숨어있는 자기 욕구나 새로운 가능성을 스스로 발견할 수 있도록 돕는 언어이다.

해야 할 것	하지 말아야 할 것
- 앞으로 나아가도록 할 것 - 자기 자신을 비울 것 - 사실은 있는 그대로를 말할 것 - 온전히 신뢰하고 지지할 것	- 판단, 평가하지 말 것 - 비난이나 비판하지 말 것 - 강요나 지시하지 말 것 - 의혹을 가지지 말 것

2. 자기 주도력의 기술

1) 경청의 기술

경청은 말 그대로 잘 듣는 것이다. 아동과의 의사소통 과정에서 잘 듣는다는 것은 무엇을 의미할까? 실제로 의사소통의 과정에서 메시지를 전달하는 것은 단지 7%정도 밖에 되지 않는다고 한다. 경청이란 들리는 것도 듣고, 들리지 않는 것도 들으며, 눈에 보이는 모든 것과 그 안에 숨어있는 빛과 에너지까지 듣는 것이다. 대화의 흐름을 지지하고, 상대가 전하는 메시지의 핵심을 확인하며, 질문을 통해 말하는 사람이 스스로의 상태를 잘 확인할 수 있도록 한다.

① 반영하기(Reflecting) - 아동이 관찰한 것에 대해 그대로 거울이 되어주는 기술로서, 아동들의 기쁨이나 두려운 감정, 흥분이나 화난 상태 등과 같은 감정의 반영에서 행동, 표정, 이야기하고자 하는 내용 등으로 그대로 비추어주는 것이다. 구체적으로 이러한 반영을 잘하기 위해서는 호흡맞추기(pacing), 거울되기(mirroring), 따라 말해주기(backtracking) 등과 같은 세부기술이 필요하다.

② 바꾸어 말해주기(Paraphrasing) - 아동의 메시지에 대한 의도나 목적은 그대로 담고 있지만, 아동이 스스로가 한 말을 명료하게 볼 수 있도록 표현된 방법을 바꾸는 것이다.

③ 요약하기(Summarizing) - 아동들의 말을 압축하여 핵심적으로 말해 주는 것인데, 이는 많은 정보들을 몇 가지로 압축하여 공통의 주제나 패턴을 발견할 수 있도록 돕는 것이다.

④ 명료화하기(Clarification) - 아동들이 한 말 중에 핵심적인 내용에 대해 다시 한 번 확인하는 것이다. 이 과정은 모호하고 혼돈되는 내용을 명료하게 할 수 있다.

⑤ 진실에 관해 이야기하기(Truth telling) - 경청 할 때에 들어야 할 중요한 요소 중에는 아동들의 숨은 의도나 그가 가지고 있는 자원을 발견하는 것이다.

* 경청의 태도와 자세

① 귀나 입으로 듣지 말고 마음으로 들어라.
② 눈을 마주치고 얼굴로 표현하라.
③ 목소리의 톤과 크기를 일치시켜라.
④ 아동들의 개별 영역을 침범하지 말라.
⑤ 집중하는 태도와 자세를 유지하라.

* 경청시 고려사항

① 내부 소음을 없애라. - 경청을 방해하는 요소는 내부소음과 외부소음에 의해 방해를 받는다. 그러나 외부소음보다는 자신의 감정이나 가치, 판단 등의 내부소음이 더욱 큰 경청의 장애물이다.
② 누구든 자신들에게 중요한 것은 반복하게 된다. - 자신에게 중요한 것은 어떤 방식으로든 반복하게 되어있다. 아이들이 계속 반복하는 이야기나 자주 보이는 행동 등에 대해 주목하는 것이 아동의 핵심적 의도를 파악하는데 중요하다.
③ 아동들에게 무엇이 동기화되는지 파악해라 - 코칭에서 가장 중요한 것은 아동들이 무엇을 원하는지, 하고 싶어 하는지를 파악하는 것이다. 아동들이 어디에서부터 에너지를 얻고 의미를 갖는지를 경청하여야 한다.
④ 경청할 때는 90:10의 비율 규칙을 적용하라. - 아동들과의 대화과정에서 일방적으로 교사가 주도하는 경우가 많다. 그러나 이렇게 하면 아동의 욕구를 제대로 표현할 수 있는 기회를 잃어버리게 된다. 아동의 말을 들어줄 때는 철저히 이 비율규칙을 통해 아동을 존중하는 태도를 보여주어야 한다.
⑤ 아동들의 반응으로 자신의 반응을 경청할 수 있어야 한다. - 좋은 경청자는 아동들의 말이나 반응만이 아니라 그에 의해 표현되는 자신의 반응까지 경청하여 보다 더 아동들에게 조율할 수 있어야 한다.
⑥ 침묵도 경청할 수 있어야 한다. - 침묵도 하나의 언어이다. 침묵 시 아동의 침묵을 경청하면서 아동의 현재 상태를 읽어내는 것이 중요하다.

2) 질문의 기술

질문은 생각의 초점을 바꾸게 하며, 질문은 가정(假定)의 효과를 증폭시킨다. 그리고 질문은 집중할 것과 삭제하는 것을 바꾸는 힘이 있다. 질문 기술이란 아동이 자신의 문제에 대해 파악하고 해결방법을 스스로 찾을 수 있도록 도와주어 문제해결력을 높이는데 도움이 되는 기술로, 아동의 생각을 자극하고 확대하는 기술이다.

(1) 질문의 형태

① 개방형질문 ; '예'나 '아니오'와 같은 폐쇄형 질문이 아니라 누가, 언제, 어디서, 무엇을, 어떻게, 왜라는 6하 원칙에 의거하는 의문사로 시작하는 질문을 통해 자유로운 울타리에서 사고를 자극할 수 있다. 예) 지금 이 일을 위해 네가 할 수 있는 일은 무엇일까? 이 책에 대해 네가 느낀 점은 어떤 거야?

② 가설형질문 ; 주관적인 확신과 상반되는 대안을 끝까지 생각하면서 새로운 시각을 얻을 수 있도록 돕는 방법으로 가상의 사고를 실행함으로써 새로운 가능성을 찾을 수 있다. 예) 만약 네가 그 상황이었다면 어떻게 했을까? 만약 전혀 잘못될 가능성이 없다면 넌 어떻게 하고 싶어?

③ 미래지향형 질문 ; 코칭질문은 과거보다는 미래에 초점을 두고 있다. 그러므로 "네가 이 일에 대해 잘못한 것이 무엇이라고 생각해?"라고 하는 과거보다는 "만약 다시 이런 상황이 된다면 다르게 해보고 싶은 것은 어떤 거야?"와 같은 질문으로 미래의 모습에 대해 집중할 수 있도록 한다. 예) 한 달 뒤에 다시 우리가 이 이야기를 한다면, 이 일에 대해 넌 어떻게 말할 것 같아? 무엇을 달리하면 네가 원하는 결과가 이루어질까?

(2) 질문의 관점
① 멀리서 보라. ; 새로운 가능성은 문제에만 초점을 두면서 현실 가능한 선상에서 생각하는 것이 아니다. 지금까지 보지 못했던 측면에서 좀 더 통합적인 관점으로 성찰해보는 것이 중요하다.

② 틀렸다고 하지 마라. ; 자신의 의견이나 주장이 틀렸다고 한다면 아동은 더 이상 가능적인 사고를 제안하기 어려울 수 있다. 어떤 의견이든 틀렸다고 하지 말고 있는 그대로 수용해주어라.

③ 재구조화하라. ; 코칭 질문의 위력은 기존에 가지고 있던 패러다임을 전환하여 새로운 관점으로 사물이나 사건을 볼 수 있도록 하는 것이다. 부정적인 면만 보고 있는 아동에게 긍정적인 다른 면을 보여주어야 한다.

* 코칭 질문에서 피해야 하는 질문

① 폐쇄형질문 ; 한정된 정보만을 묻거나 o,x 식의 답이 요구되는 질문은 아동의 자발적인 사고나 창의적인 사고 등을 제한한다. 예) 숙제는 해왔지? 어제 말한 그 일은 잘 되었겠지?

② 결정적질문 ; 서너 개의 가능성가운데 하나를 선택하도록 강요하는 질문으로 폐쇄적 질문과 비슷한 효과가 있다. 이 경우 질문을 받는 사람은 창의력을 발휘하여 전혀 다른 해결책을 만들 수 있는 가능성이 줄어든다. 예) 어떤 책을 읽을 거야? 위인전 아니면 전래동화? 친구하고 계속 이런 식으로 지낼 거야? 그게 너한테 좋다고 생각하니?

③ 유도형질문 ; 유도형 질문은 단어의 선택이나 의도적 한계설정을 통해 특정한 대답을 유도하는 질문이다. 유도성 질문은 이미 생각하고 있는 해결책을 질문의 형태로 바꿔 놓은 것으로 상대방에게 자신의 의견을 강요하기 위해 사용된다. 예) 그렇게 하는 게 너한테 도움이 된다고 생각하니? 공부를 잘하기 위해서는 지금 이대로는 좀 곤란하다고 생각하지 않니?

* 질문기술 사용시 고려사항

① 긍정적이고 비판적이지 않은 질문을 한다.
② 같은 질문은 두 번 이상 하지 않는다.
③ 질문 시기는 코치가 물을 준비가 되었을 때가 아니라, 아동이 들을 준비가 되었을 때 질문한다.
④ 아동의 수준에 맞는 질문을 하여야 한다.

3) 피드백 기술

피드백 기술이란 아동이 자신의 행동에 대해 최대한 성찰할 수 있도록 도와 새로운 일에 도전하거나 시도할 수 있도록 돕고, 아동의 행동에 대해 구체적으로 표현해줌으로써 아동으로 하여금 앞으로 어떻게 행동할 것인가를 스스로 선택할 수 있는 가이드라인을 제공해주는 기술이다.

(1) 피드백 기술의 요소

피드백 기술에서 무엇보다 필요한 것은 아동이 자신에게 이러한 모든 요청과 제안의 선택권과 책임성이 있음을 자각하는 것이다. 피드백을 통해 현재 자신의 행동을 통찰하고 자신을 돌아보거나 자신 스스로에게 도전의 기회를 부여한다.
피드백 기술은 가장 객관적인 상태에서 아동의 구체적 행동을 지적하고 코치의 바라는 바를 전달하여 아동이 현재 상황보다 확장된 자신의 행동을 선택하도록 돕는 것이다.
1단계 ; A(Action, 행동) 사람 자체가 아닌 구체적인 행동을 지적한다.
2단계 ; I(Impact, 영향) 행동이 미치는 영향을 표현한다.
3단계 ; D(Desired outcome, 바람직한 결과) 앞으로 바라는 행동에 대해 구체적으로 말한다.

* 고려사항

① 일반화를 삼가 한다.
② 비판적이지 않은 중립성을 견지해야 한다.
③ 과장된 내용은 삼가 한다.
④ 항상 아동에게 자신의 선택권이 있음을 알게 해주어야 한다.
⑤ 관찰은 사실적으로, 감정은 감정 그대로 분리해서 전달한다.

4) 요청 기술

아동이 기존의 행동패턴이나 사고방식 등을 스스로 바꾸어 생각할 수 있도록 도전하거나 충고, 제안하는 기술이다.
① 도전 ; 아동이 갈등이나 혼란 속에 있거나, 계속 자기 부정적인 장애물에 걸려 앞으로 나아가지 못할 때 사용되는 기술이다. 이 때 코치는 아동에게 직접적인 가능성을 질문하고 실제 자신이 할 수 있는 영역에 대한 자각을 가질 수 있도록 돕는다.
② 충고 ; 아동이 스스로의 방법을 알지 못할 때 새로운 아이디어를 가질 수 있도록 돕는다.
③ 제안 ; 아동이 하고자 하는 것은 분명하지만 그것을 실행할 방법을 구체화하지 못하거나 방법을 알지 못할 때 분명한 행동변화를 위해 제안한다.

* 고려사항

① 자주 사용하지 말아야 한다.
② 아동과 충분한 신뢰감을 형성하고, 자신의 선택권이 분명히 있다는 것을 인식할 때 사용한다.
③ 감정적으로 하지 말아야 한다.

3. 자기주도력의 요소

1) 자아존중감

자아존중감(self-esteem)은 개인이 자신을 유능하고 중요하며 성공적이고 가치 있다고 생각하는 정도, 또는 개인이 자기 자신에 대해 형성하고 유지하는 평가로서, 긍정적이거나 부정적인 태도를 말한다. Rosenberg(1965)는 "높은 자아존중감은 높은 유능감이라기 보다는 자신의 약점을 인식하면서도 자신을 좋아하는 것이고, 낮은 자아존중감은 자아거부와 자아불만족 및 자아비난을 의미한다"라고 할만큼, 감정적 요소가 상당히 자존감에 큰 부분을 차지하며, 사회적 평가

요소 등을 거쳐 개인의 가치를 주관적으로 느끼는 정도를 의미한다.

일반적으로 자아존중감이 향상되면 기본적으로 학습동기, 대인관계, 생활의 만족도 등이 좋아진다는 많은 연구결과가 있는 것처럼 자아존중감은 자신을 계발, 성취해나가는데 가장 중요하고 기본적인 지표가 된다.

(1) 자아존중감의 요소

① 자신에 대한 평가 ; 자신이 얼마나 가치 있는 존재이며 얼마나 좋은 사람이라고 느끼는가 하는 것이다. 이것은 자부심의 성격적 측면으로, 자신의 실제 삶이 어떠하든지에 관계없이 이루어진다.

② 자아효능감(self-efficacy) ; 자아 효능감이란 구체적인 상황에서의 자신감 즉, 자신의 가치와 능력에 대한 개인의 확신 또는 신념의 정도라고 정의할 수 있다. 자아효능감은 다음과 같은 것으로 이루어진다.
- 자신의 가치와 능력에 대한 개인의 확신 또는 신념
- 개인이 자기 조절을 잘 수행할 수 있는가에 대한 기대
- 행동상황에 대한 선택과 같은 인지적 능력

(2) 자아존중감의 영역

자아존중감은 다영역적인 관점인데, 자신의 생활영역에서 스스로 자기 상을 만들어 가는데 있어서 영향을 받고 있는 측면이 모두 이 자아존중감과 관련이 있다는 것이다. 일반적으로 아동의 자아존중감과 관련된 영역은 다음과 같다.

① 전반적 자아 ; 지각된 자아 부적합성 vs 자아적합성, 자아 거부, 부정적 자아 등, 전반적인 자기상에 대한 지각
② 학업적 자아 ; 인지적 능력 자아, 학교 자아
③ 대인관계 자아 ; 친구관계, 교사관계, 부모, 형제 관계등과 관련된 자아
④ 신체 자아 ; 신체 능력, 신체 이미지 등과 관련된 자아

(3) 자존감이 높은 아동

① 자기 자신에 대해 스스로 높은 기대를 가진다.
② 자신감과 확신에 차 있다.
③ 긍정적으로 사물이나 사건을 인식한다.
④ 자신이 성취하고자 하는 일에 대해 끝까지 성취하려고 최선을 다해 노력한다.
⑤ 다른 사람에게 지나치게 의존하지 않는다.
⑥ 새로운 상황이 발생하면 시도나 도전을 마다하지 않는다.

(4) 자존감이 낮은 아동

① '난 못해' '몰라'라는 말을 자주 사용한다.

② 잘하는 일이나 익숙한 일에는 너무 과도하게 자신을 과시하려고 하고, 역으로 낯선 상황이나 자신 없는 영역에서는 시도조차 하지 않으려 한다.
③ 다른 사람에게 뭐든지 맞추려 들며 자기주장을 하지 못한다.
④ 타인에게 들러붙거나 의존적이다.
⑤ 다른 사람의 평가에 상당히 민감하며 자신이 원하는 것보다는 외부의 피드백에 휘말리는 편이다.

(5) 자존감을 높이는 단계
① 1단계 ; 자신의 가치를 찾고, 자신을 수용하고 인정하도록 돕는다.
자존감의 가장 기초적인 단계는 자기를 인정하는 것이다. 아동들이 자신의 가치를 알고 인정하도록 도와주어야 한다. 비교하거나 판단, 평가하는 것은 이 가치의 인정에 가장 큰 장애물이다. 설혹 아동이 잘못했다 하더라도 그것은 그 아이의 행동일 뿐이지, 그 아이의 가치는 아니라는 것을 아동이 잘 알 수 있도록 도와야 한다.
② 2단계; 성공을 위한 기대를 설정하도록 돕는다.
기대란 아동을 성장시키는 힘이다. 그러나 이러한 기대가 적절하지 못하면 아동은 이 기대에 압도하거나 좌절한다. 아동들에게 적절한 기대는 가장 먼저 아동이 무엇을 원하는가를 알아야 하며, 이것이 합당한 것인지, 아동의 현재 발달수준이나 능력에 적절한 것인지 등을 충분히 검토해야 한다.
③ 3단계; 긍정적인 자기대화를 할 수 있도록 돕는다.
자기 자신을 부정적으로 생각하는 아동은 자신에 대해 그 어떤 비난 보다 가혹한 비판을 자기 자신에 퍼붓는다. 이런 아동들은 자존감을 갖기 어려울뿐더러 앞으로의 가능성, 잠재력에 제한적이다. 부정적이고 비판적인 언어를 긍정적인 언어로 바꾸는 것을 연습할 수 있도록 도와주어야 한다.
④ 4단계; '할 수 있다'는 신념을 가질 수 있도록 한다.
자신이 '할 수 있다'는 신념을 가지기 위해서는 자신이 서서히 나아지고 성장하고 있다는 것을 아는 것이다. 자신의 성공한 경험, 자신이 좋아하는 것, 성장한 것 등을 자각하도록 도와주어야 한다. 결과보다는 시도와 노력이 모두 의미 있고 가치 있음을 깨닫게 하며, 그 안에서 진전하고 향상되고 있음을 인정해주어야 한다.

2) 성취동기

성취동기란 어떤 어려운 일을 장애물을 극복하고 높은 기준의 성취수준에 도달하려고 하는 동기와 행동이다. Murray에 의하면, 성취욕구는 어려운 것을 이루려는 욕망, 장애물을 극복하고 높은 수준의 성취를 하려는 욕망, 자기 자신을 능가하려는 욕망, 타인과 경쟁하고 그를 능가하려는 욕망, 재능훈련에 의하여 자신을 능가하려는 욕망이다. 성취동기는 학습, 생활, 관계 등 자신이 선택하는 전반적인 영역에서 다양한 활동으로 나타난다.
　성취동기를 가진 개인은 자신의 능력에 비추어 도전할만한 가치를 가진 일을 탐색하고, 그러한 일을 보다 능률적으로 수행하게 하며, 그 일을 성취할 수 있다는 자신감을 갖게 된다.

　(1) 성취동기의 개인변인
　① 자아존중감 : 자기에 대한 긍정적인 평가는 그 자체가 보상(self-reward)이 되므로 높은 성취동기의 중요한 요인이 된다.
　② 자아효능감 : 자아효능감은 자아개념의 한 하위개념으로서, 이는 주로 자기 자신의 능력에 대한 그 개인 자신의 지각, 감정과 관련된 것으로 본다. 즉, 개인이 자기가 처해 있는 생활공간에서 자기 자신이 어느 정도 능력을 발휘할 수 있다고 생각하느냐 하는 것이다. 아동이 스스로 자신의 능력을 어떻게 지각하고 평가하는가 하는 유능감은 성취동기에 중요한 영향을 미친다.
　③ 내재적 통제소재 : 개인이 행동결과에 따르는 강화의 원인을 스스로의 노력, 동기, 태도 등 내재적인 것으로 귀인하여 자신의 행동과 그 결과를 스스로 통제할 수 있다고 기대하는 믿음이다. 내적 통제신념이 높고 외적 통제신념(행동결과에 따르는 강화의 원인을 운, 과제 난이도, 환경 등 외재적으로 귀인하여 자신의 행동과 그 결과를 자신이 통제할 수 없다고 기대하는 믿음)이 낮은 학생이 성취동기가 높다.

　(2) 성취동기의 환경변인
　① 애정, 관심, 격려 등의 정서적지지 : 과제 수행에 대해 긍정적으로 고무하고 지지를 받은 아동은 어려운 과제에 부딪쳤을 때도 안정감을 가지고 과제해결을 즐기며 이를 성취하려는 자신감이 높은 경향이 있다.
　② 자신에 대한 타인의 기대 : 한국 아동들의 성취관련 의식과 행동에는 부모들의 자녀교육과 성취에 대한 강한 기대 및 애착과 이에 따른 성취 지향적 압력이 큰 요인으로 작용함이 지적되고 있다.
　③ 또래의 영향 : 부모의 기대와 지지가 유사한 아동과 청소년들이 또래집단을 형성하는 경우가 많으며, 또래집단의 성격에 따라 아동과 청소년들의 성취동기도 달라질 수 있다.

　(3) 성취동기의 방해요소
　① 성취귀인의 왜곡 ; 성취동기가 높은 아동은 안정적 원인을 중심으로 강한 성취기대를 갖는 반면, 성취동기가 낮은 아동은 노력과 운과 같은 안정적이지 못

한 원인을 더 주요시 여기면서 낮은 성취기대를 가진다. 또한 과제의 수행 이후 평가의 측면에서는 성취동기가 높은 아동은 내적 원인을 중심으로 미래 성공에 대한 확신을 가지는 반면, 성취동기가 낮은 아동은 외적 원인을 중심으로 자신을 평가하기 때문에 미래 성공에 대한 확신을 갖기 어렵다.
　② 학습된 무기력 ; 성공은 노력이나 운과 같은 불안전한 요소로 귀인하고, 역으로 실패는 능력부족이라는 안정적인 내적 요소로 귀인 시킨다. 그러므로 어떤 일에든 시도하지 않고 무기력하게 행동하게 되는 것을 학습된 무기력이라고 한다.
　성공할 경우에는 열심히 노력한 것에 대해 칭찬해주지만, 실패할 때는 능력의 부족을 비난한다면 무기력 성취 지향의 발달을 조장할 수 있다. 역으로 성공할 경우에는 능력을 칭찬하고, 실패에 대해 노력이 부족하다고 피이드백 할 경우, 아동은 자신은 능력은 있으니 더 열심히 노력하면 높은 성취를 이룰 수 있다고 생각하게 된다.

(4) 성취동기가 높은 아동의 특성
① 과업지향성이다.
② 적절한 모험심을 갖고 있다.
③ 자신감이 높다
④ 정력적이고 혁신적인 활동성이 있다.
⑤ 책임감이 강하다.
⑥ 결과에 대한 관심도가 높다.
⑦ 미래지향성을 가지고 있다.

(5) 성취동기가 낮은 아동
① 매사에 수동적이다.
② 실패나 실수에 두려움이 많다.
③ 자신감이 낮다.
④ 무기력하다.
⑤ 남 탓이나 환경 탓을 자주 한다.
⑥ 결과중심 목표를 가지고 있다.

(6) 성취동기를 높이는 기술
① 성취 경험에서 자신의 능력을 인식하도록 도와라.
② 실수나 실패에서 어떻게 배울 수 있는지를 알게 하고 격려하라.
③ 여러 가지 전략을 내올 수 있도록 가능성을 열어두어라
④ '잘하라'는 말보다는 '최선을 다하라'는 말을 자주 사용하라.

⑤ '포기하지 않아'와 같은 말을 자기대화를 하도록 도와라.

3) 창의력

창의력이란 여러 가지로 정의할 수 있으나 한마디로 독창적인 아이디어나 결과를 만들어내는 능력이며, 문제해결력이란 매일의 생활에서 일어나는 구체적인 사건에 대해 생각하고 추론하는 능력을 말한다. 따라서 창의적 문제해결력이란, 자신의 다양한 경험과 지식을 바탕으로 기존의 방법이나 지식의 한계를 극복하고, 자신만의 방법으로 더 넓고 깊은 가능성을 탐색하여 당면한 문제를 해결할 수 있는 능력이다.

일반적으로 문제해결을 하는 과정에서는 문제를 정확하게 정의하고, 그 문제에 관계된 관련지식과 정보를 이끌어낸 다음, 해결책을 찾고, 찾은 해결책의 타당성을 평가한다. 그러나 창의적 문제해결은 단순하게 관련지식과 정보를 조합하는 차원으로 끝나는 것이 아니라, 복합적인 여러 가능성을 모두 이끌어내어 새로운 차원과 관점과 방식으로 문제를 해결하려는 의지를 말한다.

(1) 창의력의 요소
① 독창성 ; 새로운 것, 참신한 것을 생각해내는 능력
② 유연성 ; 변화에 적응하는 능력, 하나의 아이디어나 형태, 방법 등을 여러 가지로 변형시키는 지적인 능력
③ 유창성 ; 정해진 시간에 빠르게, 많은 아이디어를 산출해내는 능력
④ 정교성 ; 아이디어를 구체화, 상세화 시켜서 미흡하고 모순된 부분을 개선해내는 능력
⑤ 자율성 ; 스스로 해보고자 하는 의지 및 동기와 판단의 과정에서 자기 판단을 믿고 선택할 수 있는 능력
⑥ 개방성 ; 사물에 대한 호기심과 탐색동기, 그리고 비합리적인 것에 대해서도 수용할 수 있는 능력 등
⑦ 몰입능력 ; 한 곳에 집중하여 모든 에너지를 투여할 수 있는 능력
⑧ 자기 효능감 ; 어떤 행동을 할 수 있다는 자기 능력에 대한 자신감
⑨ 인내력과 용기 ; 모호함을 기꺼이 견디는 인내력과 위험을 무릅쓸 수 있는 도전의식과 신념 등.

(2) 창의력을 향상하는 방법
① 시네틱스 ; 시네틱스(sysnetics) 라는 말은 "관계가 없는 것들을 결부시킨다."라는 의미의 그리스어에서 유래한다. W.고든이 개발한 기법으로, 상상력을 동원해서 특이하고 실질적인 문제전략을 이끌어내는데 유용한 방법이다.

- 직접유추 ; 실제로 닮지 않은 두 개의 개념을 객관적으로 비교하는 방법.
- 의인유추 ; 자신을 문제의 일부라고 생각하고 문제 자체가 가지는 통찰을 하는 방법.
- 상징적 유추 ; 두 대상물간의 관계를 상징을 활용하여 기술하는 과정.
- 환상적 유추 ; 현실적인 방법을 통해서 해결할 수 없는 문제에 활용하는 환상적이고 신화적인 방법.

② 브레인 스토밍 ; 이 방법은 어떤 특정문제나 주제에 관한 아이디어를 얻기 위한 방법으로 연구된 것이다. 이 방법에서 전제하고 있는 기본 가정은 사고에서의 양이 질을 결정한다는 것이며, 양적으로 축적된 아이디어를 목록 별로 정리하고 발전시켜 바라는 바의 최종적인 산출을 얻는 것이다.

③ 형태분석법 ; 형태학적 분석에서는 자료나 문제의 부분을 새로운 방법으로 조합하고, 독창적인 아이디어나 해결책을 발견하기 위해 노력하는 방법이다. 조직적인 방법으로 가능한 한 많은 조합을 전개시키기 위해서 도표나 매트릭스 등을 사용해서 새로운 아이디어를 내놓은 방법이다.

④ 강제결합법 ; 강제로 관계를 맺어보도록 하는 방법은 어떤 사물이나 아이디어들을 색다르게 생각해보는 능력을 개발하도록 돕는 연합사고 활동이라 할 수 있다. 여기에서 쓰는 방법으로는 도표 작성하기, 카탈로그 기법, 집중적으로 관계를 맺어보기, 강제로 관계를 맺어보기 등의 방법이 있다.

⑤ 속성열거법 ; 문제의 성질, 특성 한계나 속성들을 명확하게 하여서 변화를 손쉽게 하고 그 변화를 통해서 새로운 아이디어를 발전시킬 수 있게 촉진하는 기술이다. 이 방법은 분석, 유창성, 융통성, 평가나 정교성과 같은 인지적 기술을 가르치는데 매우 좋은 방법이 될 수 있다.

⑥ 체크리스트 법 ; 새로운 아이디어를 얻기 위한 방법으로 사용되는 것으로 아이디어를 자극하는 질문목록으로 아이디어를 이끌어낸다. 그 질문의 목록은 다음과 같다.
- 가능한 다른 용도는?
- 적용시키면?
- 수정하면?
- 확장시키면?
- 축소시키면?
- 대체하면?
- 재배열하면?
- 거꾸로 하면?
- 결합하면?

⑦ 수평적 사고 ; De Bono(1976)가 개발한 창의적 사고기능 훈련법으로, 6개의 영역으로 구분하여 사고할 수 있도록 함으로써 사고의 독특한 기능개발에

목적을 두었다. 수평적 사고라는 것은 '이다-아니다'와 같은 논리적인 사고에 반해 수직적 사고는 다르게 만들어보는데 그 목적이 있는 문제를 다르게 이해해보기 위한 사고이다. 이 6개 영역은 다음과 같다.
 - 폭 ; 문제를 여러 가지 각도에서 생각해보는 전략
 - 조직화 ; 주의집중을 효과적으로 통제하는 전략
 - 상호작용 ; 증거의 문제와 논의에 초점을 두는 전략
 - 창의성 ; 비범한 아이디어들을 생성해내는 전략
 - 정보와 감정 ; 사고에 관련되어 있는 정의적 요인들을 고려하는 전략
 - 행위 ; 문제를 처리해 가는 일반적인 과정을 파악하는 전략

(3) 창의력의 저해요소
① 부정확한 지식과 정보 ; 창의적 문제해결력을 발휘하기 위해서는 많은 정보와 지식이 필요하다. 만약 아동이 갖고 있는 지식과 경험, 정보가 부족하다면 창의적 문제해결력을 가지기 어렵다.
② 고정관념 및 선입견 ; 정답만을 강조하는 교육에서는 아동이 창의적이기 어렵다. 이는 기존의 지식의 틀 안에서만 사물이나 사건 등을 보기 때문에 창의적 문제해결의 고리를 발견하기 어렵다. 고정관념에 사로잡히게 되면 사고의 경직성, 기계화된 사고가 발달하며 이는 새로운 형태의 사고를 방해한다.
③ 문제해결력의 경험 부재에 따른 미숙함 ; 체계적인 사고로 자신만의 해답을 내놓아 본 성공적인 경험이 없기 때문에, 실제로 창의적 문제해결력이 필요할 때 적절하지 못한 행동들을 많이 할 수 있다. 대표적인 것으로는 자신이 처음 내놓은 아이디어에 집착하여 그 아이디어를 설명할 수 있는 것에 대해서만 지식을 축소 적용하려는 모습, 성급한 판단으로 충분히 생각하지 못하여 새로운 것을 접할 기회를 잃게 되는 경우, 구체적이거나 실제적인 것만 강조하는 모습, 새로운 생각 이전에 비판의식만으로 자신을 묶어두는 형태 등이 이에 해당된다.
④ 소극적이며 비판을 두려워하는 자세 ; 문제해결에 있어서 소극적이며 비판을 두려워하고, 충분히 노력하지 않으며, 기존에 자신이 배웠던 지식에 맹종하여 새로운 것을 제시하려는 엄두를 내지 않는 자세 등은 창의적 문제해결을 해치는 자세이다.

(4) 창의력이 뛰어난 아동
① 같은 문제에 대해 똑 같은 실수를 반복하지 않는다.
② 어떤 결정을 내리기 전에 충분히 고려하고 생각하는 습관을 가지고 있다.
③ 자신의 문제를 말로 잘 정의할 수 있다.
④ 어려운 문제도 자신이 직접 자신의 힘으로 해보겠다는 의지가 있다.
⑤ 결정하기 전에 자신이 책임을 질 문제에 대해서도 깊게 생각한다.

⑥ 문제가 생겨도 혼란에 빠지거나 긴장하지 않는다.
⑦ 여러 가지 대안을 충분히 생각해보고 아이디어를 낸다.

(5) 경직된 사고를 하는 아동
① 지식이나 경험이 없는 문제에 대해서는 모른다고 하고 뒤로 물러선다.
② 문제가 생기면 혼란에 빠지고, 자신의 감정을 조절하기 어렵다.
③ 자신의 의견이 정답인지 아닌지 유난히 확인하고 싶어 한다.
④ 자신이 선택한 사항에 대해서도 확신을 가지지 못한다.
⑤ 어떤 결정을 내릴 때 타인에게 미루거나 의존한다.
⑥ 한두 가지 이외에는 자신의 의견을 생성해내는 것에 대해 어려워한다.

4) 자율성

(1) 자율성의 개념
'자율'은 '외부의 간섭 없이 자기 혼자 한다'는 의미와 '자기 자신을 통제한다'는 의미를 동시에 담고 있다. 그러므로 자기 스스로 자신에게 규율을 주어 자신을 그 규율에 의거해 행동할 수 있도록 통제한다는 의미이다. 즉, 자율성을 발휘한다는 것은 행동의 주체가 되는 것으로, 자유와 독립, 책임을 가지며, 개인이 자유롭게 결정하는 상태이다. 또한 스스로 판단하고 사고하면서 행동하고, 과거의 경험이나 동기에 예속되지 않고 자유로운 행동으로 이끈다는 특성을 갖고 있다. 즉, 타인에 의해서가 아니라 자기 자신에 의해 지배됨을 의미한다. 단, 이 같은 자율성의 발휘는 다른 사람에게 피해를 주지 않은 상태에서 자기 욕구를 충족할 수 있는 방법과 성찰을 할 수 있는 상태에서만 가능하다.

(2) 자율성의 구성요소
① 자주적인 의사결정 ; 타인의 간섭에 의존하지 않고 외부의 압력으로부터 비교적 자유로운 상태에서 자기 스스로 어떤 일을 계획하거나 어떤 결정의 일에 관련된 성향이나 행동특징을 말한다. 아이들이 자기 일에 대해 자신이 원하는 것을 중심으로 스스로 선택하고 결정을 내릴 수 있다.
② 주장적인 자기표현 ; 자신의 생각이나 의견 또는 감정을 개인이나 집단 상황에서 자유롭게 표출하고 낯선 상황에서 다른 사람들과 쉽게 친숙한 관계를 형성, 발전시킬 수 있는 개인의 역량에 관한 행동특징을 말한다. 이 특성을 가진 아동은 언제 어느 순간에도 자신의 생각이나 의견을 분명히 표현할 수 있고, 낯선 사람과도 친숙한 관계를 맺는 기술을 가질 수 있다.
③ 자조적인 행동 ; 자기가 원하거나 목표로 세워놓은 것을 성취하기 위해서 스스로 행동을 선택하여 이행하거나 미리 계획된 절차에 따라서 행동을 조정할

수 있는 개인의 역량에 관계된 행동특징을 말한다. 이 행동특성을 가지고 있는 아동은 자신의 목표나 원하는 것, 약속된 것을 달성하기 위해서 필요한 자원을 찾아 직접 실천하고 이행한다.
 ④ 성찰적인 자기평가 ; 자신의 욕구와 바람을 비교적 명확하게 인식하고 조정할 수 있거나 자신의 계획이나 행동이 자신의 욕구나 목표를 효과적으로 성취하는데 도움이 되고 있는지를 주기적으로 점검하게 된 성향이나 행동특징을 말한다. 이 능력을 갖고 있는 아동은 자신이 하고 있는 행동이 자신의 욕구나 목표와 연관되는지를 정확하게 안다. 자신이 설정한 목표가 계획대로 되고 있는지 점검하며 보다 효과적인 방법을 선택하려 노력할 수 있다.

5) 책임성

(1) 책임감의 개념
 책임감이란 다른 사람의 욕구 충족 능력을 박탈하지 않는 한도 내에서 자신의 욕구를 충족할 수 있는 능력이라고 할 수 있다. 이 능력을 갖고 있는 아동은 자존감을 기반으로 자신에게 요구된 일을 충분히 수행하는 것에 그치지 않고 보다 훌륭한 결과를 내기 위해 노력하는 사람이다. 또한 주어진 환경에서 상호 연관된 구성요소를 인식하고 적절하게 행동하는 능력도 포함한다.
 이러한 책임감은 개인이 자신의 삶에 대한 책임을 받아들이고 그러한 책임에 따른 행동을 시작하기 전까지는 책임에 대한 인식이 불가능하다. 스스로 자기의 욕구를 채우기 위해서는 자신이 해야 할 일이 있음을 인식해야 하고 그 과정에서 아동은 어느 누구도 그 일을 대신해줄 수 없다는 것을 알고 스스로 그 일을 위해 노력할 때 성공적인 정체감을 얻을 수 있다.

(2) 책임감의 형성에 영향을 주는 요인
 ① 또래집단의 영향 ; 초등학교 입학과 더불어 부모와의 의존적 대인관계에서 교사와 또래 친구라는 두 가지 사회화의 기능에 의하여 사회생활 영역이 확대된다. 또래집단에서 아동들은 집단에 대한 책임감과 집단 내에서의 개인의 책임감을 배워 나간다.
 ② 부모의 영향 ; 부모의 양육방식에 의거해서 이 책임감의 습득 정도가 차이가 날 수 있는데, 권위주의적인 부모들의 아이들은 위축되고 신뢰감을 주지 못하고, 허용적인 부모들의 자녀들은 자제력과 탐구심이 다른 아동들에 비해 적으며, 권위적인 부모는 아이들의 행동을 확고한 규칙과 기준에 따라 지시하지만, 하지 말아야 되는 행동의 이유에 대해 기꺼이 토론을 나누므로 이 과정에서 아동들의 책임감은 높아진다.
 ③ 교사의 영향 ; 교사의 인정과 거부가 책임감 발달에 상당한 영향을 주는데,

엄격한 통제를 하는 교사의 학급 아동들이 남을 속이는 일을 더 많이 하는 경향이 있다. 이 밖에도 교사의 정서 상태, 태도, 판단에 관계된 가치와 신념 등이 모두 아동의 책임감 및 기타 사회성 발달에 영향을 준다.

6) 정서지능

정서지능이란 자신과 타인의 정서를 평가하고, 표현할 줄 아는 능력, 자신과 타인을 효과적으로 조절할 줄 아는 능력, 그리고 자신의 삶을 계획하고 성취하기 위해 그런 정서를 이용할 줄 아는 능력이라고 정의할 수 있다. 따라서 정서지능이란 자기 자신 뿐만 아니라 다른 사람의 정서를 파악하고 이해하며, 이를 적절히 다스려 원만한 인간관계를 영위할 수 있는 능력이라고 말할 수 있다.

(1) 정서지능의 구성요소
① 자기감정 인식능력
- 스스로를 탐색하고 이해하고 변화하기 위한 첫 단계
- 자기 행동에 대한 다른 사람의 반응을 알아채기
- 자신이 원하는 것, 내면의 욕구를 잘 아는 능력
- 감정을 철저히 분석하거나 과도하게 억누르는 것이 아니라 자신의 어려운 부분이나 공통점 등을 인식할 수 있는 능력
② 자기 주장능력
- 명확하고 구체적으로 커뮤니케이션하는 동시에 특정한 상황에서 다른 사람의 요구와 반응을 민감하게 받아주는 능력
- 감정을 표현하는 능력
- 믿음과 생각을 솔직하게 표현하는 능력
- 다른 사람이 자신을 괴롭히거나 함부로 이용하지 못하게 하는 능력
③ 독립성
- 스스로 삶을 책임지고 본연의 자기 모습을 찾아서 스스로 방향을 정하고 나아가는 능력
- 자기 긍정과도 연결된 자질로서 결정을 내리고, 그 결정에 따라 행동하고 나서 결과에 대처하는 능력
- 개인의 전반적인 자율성을 반영함
④ 자기 긍정
- 스스로 지각한 긍정적인 면과 가능성을 인정하고 부정적인 면과 한계를 받아들이면서도 스스로를 좋게 생각하는 능력
- 내면의 힘, 자기 확신과 자신감, 자기 적절성과 같은 느낌과 관련됨
- 자기 결점이나 실수를 기꺼이 인정하고 책임지는 능력

⑤ 자기실현
- 의미 있고, 풍요롭고, 온전한 삶을 추구하기 위해 노력하는 태도
- 능력과 재능을 최대로 발휘하려는 노력이자, 최선을 다해서 총체적으로 자신을 발전시키려는 꾸준한 노력
- 자기 일을 사랑하고 무슨 일을 하든지 최선을 다하는 능력

(2) 대인관계 능력
① 공감
- 다른 사람의 감정이나 생각을 알아채서 이해하고 존중해주는 능력
- 다른 사람이 무엇을, 어떻게, 왜 느끼고 생각하는지 올바르게 파악하는 능력
- 다른 사람을 동정하거나 친절하게 하는 것과 같은 행동과 같은 요식적인 행위가 아니라 다른 사람에게 관심을 갖고 걱정을 표현할 줄 아는 능력
② 사회적 책임
- 사회 집단에 협조하고 기여하는 역할을 하는 구성원이라는 것을 증명하는 능력
- 책임감 있게 행동하고, 다른 사람을 위해 일하며, 다른 사람과 함께 일하고, 다른 사람을 인정하고, 양심에 따라 행동하면서 사회적 규칙을 지키는 능력
- 외부로 향하는 능력이기 때문에 정서지능 중에서 가장 변화하기 쉬운 영역
③ 대인관계
- 친밀하게 사랑을 주고받으면서 서로 만족스러운 관계를 형성하고 유지하는 능력
- 긍정적인 대인관계능력은 다른 사람의 요구를 정확하게 알아채는데 있다.
- 사회적 환경에 주의를 기울이는 능력, 의사소통을 원활하게 하는 능력, 다른 사람에게 주의를 두는 능력 등이 모두 포함된다.

(3) 적응능력
① 문제해결
- 문제를 찾아서 정의하고 효과적인 해결책을 찾아서 실천에 옮기는 능력
- 성실하고, 규율을 지키며 꼼꼼하고 체계적으로 문제에 직면해서 해결해나가는 태도가 필요하다.
- 직관과 혁신적인 방법을 사용할 수 있다.
② 현실검증
- 개인이 이해하는 현실과 객관적으로 존재하는 현실이 일치하는지 평가하는 능력
- 주어진 상황을 이해하는 능력
- 사물을 객관적으로 보되 우리가 원하거나 두려워하는 방식이 아니라 있는

그대로 바라보는 능력
 - 실용적인 방법과 객관적인 태도, 적절한 지각과 합당한 생각이 중요한 요소이다.
 - 집중력을 발휘해서 현재 일어나는 상황을 평가하고 대처하려고 시도하는 능력이 중요하다.
 ③ 융통성
 - 상황이나 조건의 변화에 따라 감정과 생각, 행동을 조절하는 능력
 - 낯설고 예측하기 힘들며, 변화무쌍한 상황에 적응하는 전반적인 능력
 - 예상치 못한 상황에서 처음에는 의기소침하거나 놀라더라도, 즉시 그 상황을 새롭게 해석하려고 노력하는 능력
 - 새로운 정보를 잘 활용하고 변화에 잘 적응하며, 일의 중요성이 바뀌어도 적절하게 대응할 수 있는 능력

(4) 스트레스 관리능력
 ① 스트레스 인내력
 - 어려운 일을 겪거나 스트레스가 심한 상황에 부딪쳐도 신체 증상이나 정서의 변화를 보이지 않고 적극적이고 긍정적으로 스트레스에 대처하는 능력
 - 기지가 뛰어나고 효율적이며, 적절한 대처방법을 찾아낼 수 있으며, 무엇을 하고 어떻게 해야 하는지를 아는 능력
 - 스스로 새로운 경험과 변화, 당면문제를 해결할 수 있다고 믿는 자세
 - 평온한 마음으로 통제력을 잃지 않으면서 스트레스가 심한 상황을 통제하거나 그런 상황에 영향력을 행사할 수 있다고 믿는 자세
 ② 충동조절
 - 행동하고픈 충동, 욕구, 유혹을 물리치거나 지연시키는 능력
 - 마음의 평정을 찾고, 분노와 공격성, 적대감, 무책임한 행동을 억제하는 능력이 필요하다.
 - 반응을 보이기 전에 여러 측면을 살펴서 시작하기 전에 계획을 세우며, 장단점을 평가하고, 어려운 상황에서도 냉정을 잃지 않고 침착함을 유지할 수 있는 능력

(5) 정서능력
 ① 행복
 - 삶에 만족하고 자기 자신과 다른 사람을 즐겁게 해주고 재미를 찾는 능력
 - 자기만족과 전반적인 만족감, 삶을 즐기는 능력
 - 기분 좋고 여유가 있는 모습을 가진다.
 ② 낙관주의

- 역경에 부딪혀서도 삶의 밝은 면을 보고 긍정적인 태도를 잃지 않는 능력
- 자기 자신의 능력을 인정하고 받아들이며, 문제를 적극적으로 해결하고 어려운 상황에서도 성공했던 경험을 떠올릴 수 있는 능력
- 절망하거나 포기, 회피하지 않고, 참고 견디며 끝까지 노력한다.

하위기준	각 지능의 세부내용
개인내적 능력	
감정인식	자신의 감정과 행동을 인식하고 감정과 행동이 다른 사람에게 미치는 영향을 이해하는 능력
자기주장	자신의 감정과 생각, 믿음을 건설적으로 표현하고 옹호하는 능력
독립성	스스로 방향을 정하고 정서적으로 남에게 의지하지 않는 능력
자기긍정	자신의 강점과 약점을 인정하고 존중하는 능력
자기실현	목표를 설정하고 잠재력을 깨닫는 능력
대인관계능력	
공감	다른 사람의 입장에서 세상을 바라보는 능력
사회적 책임	사회집단의 구성원으로서 협조하고 기여하는 능력
대인관계	다른 사람과 조화로운 관계를 형성하고 유지하는 능력
적응능력	
문제해결	개인적인 문제와 대인관계에서 발생한 문제를 해결하는 능력
현실검증	세상을 자기가 원하거나 두려워하는 방식으로 이해하는 것이 아니라 현실을 있는 그대로 바라보는 능력
융통성	생각과 행동, 감정을 새로 받아들인 정보에 맞게 조절하는 능력
스트레스관리능력	
인내력	어려운 상황을 잘 이겨내고 긍정적으로 대처하는 능력
충동조절	충동이나 욕구 혹은 행동으로 표출하고 싶은 유혹에 저항하거나 지연시키는 능력
일반적인 정서능력	
행복	자기 자신과 다른 사람, 자신의 삶에 전반적으로 만족하는 능력
낙관주의	긍정적인 태도로 삶의 긍정적인 면을 바라보는 능력

(Baron, R(1997). Multi-Health Systems: 토론토.

(6) 정서지능이 높은 아동
① 자기감정을 잘 인식한다.
② 타인에게 최대한 감정을 자제한 상태에서 자신의 생각이나 상황을 말로 표

현할 줄 안다.
    ③ 당황스러운 상태에서 침착하려고 노력할 수 있다.
    ④ 감정의 전환이 쉽다.
    ⑤ 타인의 감정을 잘 이해하며, 공감을 잘한다.
    ⑥ 자신에 대해 자신감을 가지고 낙관적으로 문제를 해결한다.
    ⑦ 좋은 경청자이다.

(7) 정서지능이 낮은 아동
    ① 충동적이며 기분변동이 심하다.
    ② 기분이나 감정을 말로 표현하기 보다는 자기 식의 행동으로 표출한다.
    ③ 사회적 맥락을 파악하지 못하고 타인에 대한 관심이 적다.
    ④ 자신이 원하는 바를 적절하게 해결할 수 있는 자세와 태도, 방법을 알지 못해 이루기가 어렵다.
    ⑤ 남에게 의존적이며, 자기감정을 적절하게 통제하는 방법을 알지 못한다.
    ⑥ 자신과 상황에 대한 현실 검증력이 약해 지나치게 자신을 이상화하거나, 역으로 지나치게 위축되는 자세를 보여준다.
    ⑦ 다른 사람을 비난하는 말을 자주한다.
    ⑧ 다른 사람의 말을 끝까지 잘 듣지 못한다.

제4장 학습지도

1. 학습지도

1. 학습지도란?

　학습지도란 학생들이 공부하는데 있어서 일어날 수 있는 학업상의 문제를 효율적으로 해결하고, 학업 발달을 촉진하기 위해 수행하는 생활지도의 한 영역이다.
　학습지도의 영역은 학교생활에 적응하는 문제, 교과목 선택에 관한 문제, 학업성적 부진의 문제, 특수 학생의 교육문제, 진급이나 진학문제 그리고 학습방법 및 학습습관에 관한 문제이다. 학습지도는 실제로 성격문제나 진로문제와 밀접하게 관련되어 있기 때문에 생활지도 전체와 잘 조화되도록 해야 한다.
　학습지도의 과제는 인간이 가지고 있는 잠재능력을 가능한 최대한도로 달성할 수 있도록 지도하는 것이다. 이러한 학습은 좋은 수업을 통해서 이루어지며, 좋은 수업이란 다음과 같은 수업을 말한다.
　① 학습자가 배우고 싶어서 기다려지는 수업
　② 교사가 즐거운 마음으로 가르치는 수업
　③ 학습 목표 달성을 계속적으로 확인하는 수업
　④ 전인 교육의 차원에서 진행하는 수업
　⑤ 사고력, 문제해결력, 창의력을 길러주는 수업
　⑥ 역동적인 교수·학습 활동이 전개되는 수업
　⑦ 교수 매체를 효과적으로 활용하는 수업
　⑧ 자율적인 학습능력을 확립하여 주는 수업
　좋은 수업을 위해서는 가능한 통합수업을 시도하되 적응 단계를 확실히 거친다. 여기서 말하는 통합은 교과의 통합을 의미하는 것이 아니라 학습 내용의 통합, 학습하는 방법의 통합을 의미한다. 통합수업이란 내용과 방법의 통합, 목표와 평가의 일치성, 다양한 문제 접근 방법의 수용, 가치와 지식의 통합, 인간과 자연과의 통합을 어떻게 할 것인가에 관심을 두어야 한다.
　방과후 돌봄교실에서의 학습지도는 가정에서 부모가 아동의 교육을 관리하고 감독하는 역할을 대신하는 일이다. 나아가서 더욱 적극적으로 아동의 학업성취에 관심을 가지고 격려하며, 학업의 분위기와 학업성취도의 향상을 위하여 노력하는 일이다. 그러므로 아동들에게 특정한 교과목에 대하여 교습을 한다거나 또는 과

외지도를 하는 것은 아니다. 아동들의 올바른 학습태도와 효율적인 시간 관리를 도와주며, 학습 분위기와 학습의 방법 등에 대하여 자율적으로 학습할 수 있도록 도움을 주는 일이다.

2. 학습지도의 원칙

1) 학습능력과 수준 파악

학습은 이전 경험을 기초로 지식, 기술 그리고 태도를 익혀 새로운 상황에 적응해 나가는 과정이기 때문에, 교사는 어린이들의 학습능력과 수준을 잘 알아야 한다. 물론 연령과 학습능력이 다른 아이들을 하나하나 아는 것이 쉽지는 않을 것이다. 그러나 아이가 할 수 있는 것과 할 수 없는 것을 분명히 알고 있어야, 부족한 부분을 보완하고, 한 단계 더 발전할 수 있도록 지도할 수 있으며, 개별지도가 효과적이다.

2) 필요한 자료 찾는 훈련

아이들이 모르겠다고 질문하거나 궁금해 하는 것은 답을 먼저 알려주기보다는 함께 찾아보는 것이 좋다. 백과사전 또는 인터넷을 통해 필요한 자료를 찾아보는 것도 중요한 훈련이다. 이외에도 신문, 잡지 등 다양한 자료를 활용하는 방법을 가르쳐 준다.

3) 예습과 복습하는 방법

아이들이 공부하는 교과서를 한차례 훑어보는 것이 좋다. 그러면 방과후 수업과 학교수업을 자연스럽게 연결하는 활동이 가능하다. 또한 아이들과 교과서를 함께 읽어보고, 학교 공부를 잘하기 위해서는 어떤 참고서보다 교과서를 꼼꼼하게 살펴보는 태도가 중요하다.

또 학교에서는 매주 주간학습계획표를 나누어 주는데, 일주일 단위로 공부할 계획과 생활지도 내용, 준비물을 요일과 시간에 맞게 알려주므로, 주간 학습계획표를 참조하여, 학교에서의 진도와 예습이나 복습이 필요한 내용을 확인할 수 있다.

4) 주변 환경 점검

학습에 어려움이 있거나 숙제를 제대로 하지 못하는 경우 그 원인을 파악하는 것이 중요하다. 아동의 신체적, 심리적 특성, 아이를 둘러싼 사회적 요소들과 물리적인 환경 역시 점검해서 학습에 영향을 미치는 원인을 찾은 후 문제를 해결할 수 있는 방법을 찾아야 할 것이다.

  5) 학습도구 사용법

  ① 가위 : 저학년들은 아직 도구를 능숙하게 다루지 못하기 때문에 자주 쓰게 될 가위질을 많이 해 보는 게 좋다. 가위로 신문지를 자유자재로 오리는 활동은 재미있으면서 가위질 연습도 된다.
  ② 풀 : 풀도 많이 쓰는 학습용구 중 하나이지만 아이들이 풀 쓰는 방법을 잘 모른다. 공책에 선생님이 나누어준 자료 붙일 때와 같이 가장자리와 가운데에 살짝 붙여야 할 때, 미술활동으로 만들기를 할 때와 같이 꼼꼼하게 붙여야 할 때를 구분하여 알맞게 풀칠을 할 수 있도록 해야 한다.
  ③ 연필 : 연필을 바르게 쥐는 어린이를 좀처럼 보기 어렵다. 손에 힘이 충분하지 않은 상태에서 빨리 연필을 쥐고 글씨를 써서 생기는 문제이다. 손에 힘이 없으니까 연필을 꽉 쥐게 되고 자연히 앞쪽으로 몸이 기울어지게 된다. 그러다보면 자신이 쓰는 글자가 보이지 않아 엎드려서 글씨를 쓰는 버릇이 생긴다. 연필은 바르게 쥐고 천천히 쓰게 지도한다.

2. 학습지도의 방법

1. 학습지도의 방법

  학습의 결과는 성적으로 나타내어진다. 부모들이 관심을 갖는 부분은 바로 학업성취이다. 학업성취의 요인은 가정환경과 학교환경, 학급환경과 사회 문화적 환경 요인을 들 수 있다. 방과후 아동교실은 아동들에게 가정환경을 보완해 주고, 사회 문화적 환경으로서의 요인으로 작용한다. 따라서 아동들의 학업성취를 향상시키기 위해서는 우선 아동들로 하여금 충분한 학습 동기를 부여해 주고, 학습 환경을 조성하며, 아동들의 학습 태도를 바로잡아 주고, 학습방법을 교정해 주는 역할을 방과후 교실이 담당해야 할 일이다.
  ① 학교 수업이 가장 중요하다.
  모든 공부는 학교수업을 중심으로 해야 한다. 평상시 학교수업이 있을 때는 공부를 학교수업 내용 중심으로 자습서나 참고서를 활용하자. 토요일, 휴일, 방학에는 별도의 자기 계획을 세울 수는 있다.
  ② 가장 효과적인 시기를 찾아라.

사람마다 자신이 가장 잘 집중할 수 있는 시간이 따로 있기 때문에 이점을 고려하여 가장 효율적으로 공부할 수 있는 시간대를 검토하는 것도 중요하다. 밤에 집중적인 스타일, 새벽에 집중적인 스타일, 그리고 일반적인 스타일로 구분할 수 있다. 대체로 새벽이나 아침 식사 전에는 어문·사회계열 학습이 효과적이고, 밤 늦은 시간 학습에는 수리탐구계열이 효과적이다.

③ 뚜렷한 학습목표를 가지도록 한다.

우선 중요한 것은 뚜렷한 학습목표를 갖는 것이다. 공부하는 자녀에게 '왜 공부를 하지 않으면 안 되는가' 하는 이유를 분명히 이야기해 주어야 한다. 대개의 부모들은 자녀들을 억지로 책상 앞에 끌어다 앉히고 꼼짝도 못하게 하면서 "너 같이 공부하면 나중에 거지밖에 될 것이 없다"는 등 협박하듯이 공부를 시킨다. 그러나 중요한 것은 스스로 깨닫고 공부하려는 의욕과 흥미를 갖도록 하는 것이다.

④ 공부 계획(시간관리)을 철저히 짠다.

가정학습 계획은 학교 공부와 연계되어야 한다. 아무리 좋은 계획을 세워도 학교 공부보다 어렵거나 쉬운 것 또는 진도가 너무 빠르거나 너무 늦다면 큰 효과를 얻을 수 없다. 학습 시간표를 짤 때는 숙제, 복습, 예습시간 배당, 학과별 배당, 노는 시간과 텔레비전 시청시간, 학습량 등 잠자리에 들 때까지의 계획표를 작성하고, 꼭 지키도록 해야 한다.

그리고 학과목에서는 좋아하고 싫어하는 과목, 어려운 과목과 쉬운 과목을 잘 나누어서 짜야 한다. 그리고 밤 시간에 공부하는 것이 잘 되는 학생이나, 가정환경과 가족 구성원의 생활양식 등이 고려하고, 주중, 주말 또는 오전·오후 등 시간대도 고려하여야 한다.

⑤ 예습과 복습을 철저히 하도록 한다.

비록 학기 초에는 이러한 것이 쉬워 보여도 시간이 지날수록 쉽지 않은 일일 수 있다. 특히 예습과정에서 이해되지 않은 것을 학교수업을 통해서 이해되었을 때 반듯이 복습하여 그 문제에 대하여 개념적인 이해를 얻도록 하자. 모든 일에 처음과 끝이 중요하듯 공부도 처음과 끝이 중요하다.

⑥ 반복학습을 하도록 한다.

사람이 기억하는 것은 한계가 있다. 학습한 내용을 너무 오래보지 않으면 잊어버리기 쉽다. 따라서 공부한 내용을 하루-이틀 사이에 자꾸 반복하는 것이 효과적이다. 반복할 때는 정신을 집중하여야 학습의 상승효과가 생긴다. 최소한 300% 이상 반복적으로 학습하는 것이 완전학습의 효과를 가져 올 것이다.

⑦ 학습의 방법을 바로 알아야 한다.

학교의 수업시간에 올바른 자세로 정신을 집중하여 듣고, 수업 내용의 골자를 기록하며, 낱말과 수학공식을 기억하기 위하여 카드 작성 등이 필요하다. 시간만 투자한다고 공부가 되는 것이 아니기 때문이다. 아이들에 따라서 학습의 방법이 다르고, 학습효과가 다르게 나타나기 때문에, 아이에게 적합한 학습방법으로 공부하도록 지도하여야 한다.

⑧ 휴식하는 시간을 효과적으로 사용한다.

공부하는 것은 분명 신체적·신적으로 어려운 일이다. 피곤하면 학습능력이 저하된다. 적절한 휴식은 많은 공부효과를 가져온다. 휴식시간에 음식을 먹을 때는 과식이나 특히 기름기 많은 음식은 피로 회복에 도움이 안 되므로 피한다. 될 수 있으면 뇌에 산소를 공급하는 운동과 함께 신선한 과일 등이 좋다. 그리고 휴식은 신체적 활동을 통하여 하도록 한다. 무리한 운동보다는 적당한 운동, 산책, 목욕, 심호흡 등이 좋다. 심한 운동은 운동 직후 정신 집중력을 떨어뜨리므로 피하는 것이 좋다. 그리고 공부하는 시간과 휴식하는 시간을 철저히 구분하고 시간을 지키도록 지도해야 한다.

⑨ 수면 관리를 잘해야 한다.

수면 관리는 입시에 필수적인 성공요인이다. 잘 때는 이 세상에서 가장 편한 자세로 숙면을 취하는 것이 매우 유익하다. 다리는 따뜻하게 머리는 시원하게 잠자리를 마련하자.

⑩ 두뇌회전을 도와준다.

환기를 자주 하는 것이 주의집중 및 효율적인 학습에 도움이 된다. 집에서 공부할 때 가끔 차가운 물로 세수해서 머리를 식혀주자. 식사는 약간 모자랄 정도로 먹는 것이 중요하다. 그리고 식사시간이 아니더라도 위에서 소리가 나거나 출출할 때 약간의 간식도 도움이 된다. 왜냐면 배가 너무 부르거나 너무 고프면 신경이 그쪽에 쓰여 제대로 집중적이고 효율적인 공부를 할 수 없다.

⑪ 나쁜 습관을 버린다.

주의를 분산시키는 습관 예를 들어, 볼펜 돌리기, 음악듣기, 다리 흔들기, 다른 일 참견하기, 왔다 갔다 하거나 책을 들고 다른 생각하는 등의 습관은 줄여나가는 것이 중요하다.

⑫ 자투리 시간을 활용한다.

수업시작 2-3분전에 교과서와 공책을 꺼내 지난 시간에 학습한 내용을 훑어보고, 지금 시간에 학습할 내용에 대한 대략적인 내용을 살펴본다. 수업 시간에는 모든 정신을 집중해서 설명을 듣는다. 모르는 사항은 선생님이나 친구에게 질문한다. 수업이 끝나면 약 2-3분 동안 그 시간에 학습한 내용을 머리속으로 대략 정리해본다. 성적향상과 효율적인 공부는 학교수업 시간 속에서의 태도가 상당히 좌우한다. 자투리 시간의 효율적인 사용은 연말에 매우 큰 힘이 된다.

⑬ 한꺼번에 너무 많이 하지 않는다.

학교에 갔다 오면 숙제하고 복습하는 것은 습관적으로 하도록 하는 것이 무엇보다도 중요하며, 한 시간에 공부하는 양이 너무 많아서는 안 된다. 오늘은 "100쪽에서 120쪽까지 읽고, 쓰고, 외워야 된다." 라든가, "산수 문제 두 자리 수의 더하기 셈 100문제를 풀어야 된다."는 식으로 하지 말아야 한다.

공부하는 시간도 나이에 따라서 조절하는 것이 좋다. 초등학교 1~2학년은 저녁 먹기 전에 숙제와 복습을 끝내고, 저녁을 먹고 나서 1시간 정도가 좋을 것이다. 공부에 지나친 기대를 걸거나 한꺼번에 학습량을 너무 많이 주면 소화불량에 걸리게 되니까 공부하나마나가 되기 쉽다. 차근차근 확실히 하는 공부가 효과가 크다.

⑭ 쉬운 것부터 배우도록 한다.

아이들이 공부에서 흥미를 갖고 배운 것에 대해서 쉽게 이해할 수 있게 하려면 쉬운 것부터 시작해서 차례로 공부하게 하는 것이 좋다. 아무리 급하게 앞으로 나아가고 싶고, 급하게 따라가려고 해도 모르고는 앞으로 갈 수가 없다. 쉬운 것부터 완전 학습을 시켜서 충분히 알고 난 후 다음에 진행하도록 하고, 연습 문제도 처음에는 쉬운 것부터 풀도록 하는 것이 좋다.

⑮ 이해하며 하는지 확인하라.

부모들은 가끔 자녀가 이미 배운 곳에서 문제를 내서 아이에게 얼마나 아는지 물어볼 수도 있고, 또 직접 문제를 내서 확인해 보는 것도 좋다. 문제 내기가 어려우면 참고서나 수련장 등을 보고 내도 좋다. 이렇게 하면 아이들이 부모의 권위를 인정하고 두려워하게 되고, 또 아이들이 정말로 이해를 했는지 어떤지를 알 수가 있다.

⑯ 모르는 것은 질문을 하게 하라.

아이들이 공부하다가 모르는 것이 나오면 물어보아야 하는데 대개는 그냥 지나간다. 모르는 것이 있으면 오답노트나 질문노트를 만들고, 부모나 형, 언니, 누나, 오빠에게 물어보라고 가르쳐야 한다. 학교에서는 선생님에게 여쭈어 보도록 해서 모르는 것은 확실히 알고 지나가게 하는 것이 좋다.

2. 학습지도의 기술

1) 질문과 응답

① 질문의 유형

㉠ 재생적 질문 : 단순 재생, 암기, 계산, 열거 등 단편적인 지식으로 답변하게 하는 질문으로 주로 도입단계나 확인을 할 때 활용하며 주로 폐쇄적인 질문을 말한다.

    예) 경상북도의 도청은 어디에 있나요?

㉡ 추론적 질문 : 인과 관계, 종합, 분석, 구분, 비교, 대조 등에 관련된 질문으로, 전개과정에서 주로 사용하며 개방적인 질문을 말한다.

    예) 국회와 정부의 기능은 어떻게 다릅니까?

㉢ 적용적 질문 : 새로운 사태에 원칙을 적용, 이론화, 예언하는 반응을 나타

내게 하는 질문으로, 수업의 적용 및 발전 단계에 주로 사용한다.
　　예) 인사를 잘하면 어떤 점이 좋을까요?
② 질문 요령
　㉠ 한 번에 한 가지만 질문한다.
　㉡ 쉬운 것에서부터 어려운 것으로 질문한다.
　㉢ 논리적 계열을 만들어 질문한다.
　㉣ 질문한 후 학생들이 적절한 답변을 준비할 수 있는 시간을 준다.
　㉤ 질문 전에 학생을 지명하지 말고, 질문한 후에 좀 있다가 특정 학생을 지적하여 답하게 한다.
　㉥ 모든 학생에게 골고루 질문한다.
　㉦ 왜?, 어떻게? 등 학생들이 가능한 모든 경우를 다 따져서 답을 발견하게 만든다.
　㉧ 기타 흥미 유발 효과가 있는 질문, 생활과 관련된 질문, 놀이 형식의 질문을 한다.
③ 좋은 질문

생각하게 만드는 질문	1. 근거나 이유를 묻는 "왜"와 "어떻게"의 적절한 조화 2. 학생들끼리 비교 할 수 있도록 유도하는 질문 3. 모든 경우를 찾다가 답을 발견하는 질문 4. 일부러 정답을 구할 수 없게 하고 질문의 성립여부를 생각하게 하는 질문 5. 학생들 스스로 종합하거나 결론을 내리도록 요구하는 질문 6. 한꺼번에 2~3명의 학생에게 답변 혹은 문제풀이를 시키고, 다른 학생들로 하여금 누구의 답이 왜 맞는지 찾도록 하는 방법 7. 학생들 각자에게 문제해결 또는 표현 방법을 여러 가지 찾도록 하는 질문 8. 그냥 넘어가기 쉬운 문제에 대해서 의문을 갖도록 해 주는 질문
흥미유발 효과가 높은 질문	1. 유모어를 섞어서 하는 질문 방법 2. 학생들의 생활 및 경험과 관련된 질문부터 시작하는 방법 3. 학습문제에 교과서의 사진이나 삽화를 연결시켜 질문하는 방법 4. 놀이형식의 질문(문답)방법 5. 행동으로 흥미 유발을 시킨 후에 질문하는 방법 또는 행동으로 답변하게 되는 질문 방법 6. 학생들이 조금만 생각하면 쉽게 선택할 수 있는 선택형의 질문
답변이 쉽게 나오도록 하는 질문방법	1. 단계적으로 풀어서 하는 방법 2. 처음에 답변하는 학생에게서 완전한 답변을 들으려하기보다 학생들이 보충해 나가도록 하는 방법 3. 교사가 질문을 한 의도를 설명해 주는 방법 4. 어떻게 답변할 지를 쉽게 이야기 할 수 있게 해주는 방법

	5. 추상적인 설명대신 예를 들도록 하는 방법 6. 답을 상기시키는 단서를 제공하는 방법 7. 질문에 답변하는 요령부터 설명한 후 질문을 하는 방법 8. 새로운 학습내용을 공부하는 경우 답변에 앞서서 학습자료를 가지고 조사할 수 있는 기회를 주는 방법

④ 학생의 답변에 대한 효율적 반응

답변이 잘 나오지 않을 때	1. 학생의 수준에 비해 질문이 어렵지 않다고 판단되는 경우 유모어로 분위기를 풀거나, 학생들의 자존심을 부추겨 주거나, 학생들에게 답변할 용기를 북돋아주는 방법 2. 미쳐 기억해 내지 못할 경우 기억을 상기시킬 수 있는 단서를 제공해 준다. 3. 깊은 생각을 해야만 답이 나올 수 있는 질문을 던진 경우 충분한 생각의 기회를 주거나 답변이 쉽게 나오도록 하는 질문을 사용하는 방법
틀린 답변이 나왔을 때	1. 가능한 한 학생들의 자존심이 상하지 않도록 하면서 틀릴 수도 있음을 이해해 주는 방법 2. 틀린 답변 중에도 좋은 점이 있음을 인정해 주는 방법 3. 발언과 틀린 이유를 스스로 깨닫게 해 주는 방법
답변이 불충분하거나 적절하지 않을 때	1. 교사가 질문의 요지를 분명히 해 주는 방법 2. 보충적인 질문이나 반어법의 질문을 해줌으로써 교사의 의도에 맞는 답변을 이끌어 내는 방법
학생의 맞는 답을 수업에 이용하는 방법	1. 그것이 타당하면 교사가 반복, 부연해 주는 방법 2. 학생의 답이 왜 맞는지 좋은 답인지 설명하여 칭찬의 효과 갖는 방법 3. 의견이 다양할 수 있는 경우 다양한 의견을 발표시킨 후 토론, 추리 등의 방법으로 연결시키는 방법 4. 답변을 이용하여 다음 단계의 질문을 해나가는 방법 5. 가능하면 교사의 질문이나 설명에 학생의 답변을 이용하는 방법

2) 수업 분위기의 조성

① 학습 동기 부여
  ㉠ 호기심을 계기로 지도한다.

ⓒ 예상을 세우게 한다.
　　ⓒ 수집한 것을 이용한다.
　　ⓔ 자료를 활용한다.
　　ⓜ 기쁨을 가지게 한다.(시청각 교재, 극화, 인형, 여러 가지 목소리 등)
　　ⓗ 이미지를 사용한다.(녹음테이프, 여러 가지 도구, 교사의 실연 등)
　② 학습동기 유발(Keller의 ARCS 모형)
　　㉠ 주의(Attention) - 지각적 주의환기, 탐구적 주의 환기, 다양성
　　㉡ 관련성(Relevance) - 친밀성, 목표지향성, 필요나 동기와의 부합성
　　㉢ 자신감(Confidence) - 학습의 필요조건 제시, 성공의 기회 제시, 개인적 통제감
　　㉣ 만족감(Satisfaction) - 자연적 결과, 외적 보상, 공정성
　③ 다양한 학습 기자재 활용 : 멀티비젼, 컴퓨터, 실물화상기, VCR 등 ICT(정보통신기술; Information Communication Technology)를 수업 시간의 10%정도 활용하면 좋다.

3. 기본 학습 방법의 훈련

1) 기본 학습 훈련

　① 생활 질서와 습관 훈련 : 실내 생활 질서 지키기, 책상 안과 책상 위 정리하기, 바른 자세로 앉기.
　② 발표하기 훈련 : 손들 드는 자세, 발표하는 방법, 처음의 의견을 자연스럽게 발표하기, 다른 사람의 의견에 대한 신호를 손으로 나타내기, 반대하는 이유를 분명히 발표하기 등.
　③ 자기 학습 훈련 : 바른 자세로 책읽기, 바른 자세로 글쓰기, 스스로 힘으로 학습하기 등.

2) 교육에 임하는 자세 기르기

① 학교 오기 전에 할 일
- 주 학습계획안에 맞게 학습용구 및 준비물 준비
- 매일 가지고 다녀야 할 용구 챙기기
② 학교에 도착하면 할 일
- 학용품을 제 위치에 정리정돈, 사물함이 있으면 사물함 활용
- 책상 안-교과서는 왼쪽, 필통은 가운데, 공책은 오른쪽에 시간표대로 정리
- 책상 위-교과서는 왼쪽, 공책은 오른쪽, 필통은 앞쪽에 바르게 놓는다.

- 책상 옆-체육복이나 기타 소지품 넣어서 걸어두도록 한다.
③ 수업시간에 지킬 일
- 공부시작 시간을 잘 지킨다.
- 운동장 수업일 때는 겉옷을 잘 접어 걸상 위에 정돈하고 나간다.
- 책상 위를 항상 깨끗이 정리한다.
- 교과에 따른 기본적인 학습방법을 잘 익힌다.
- 친구들과 필요 없는 말을 하거나 장난치지 않고 열심히 수업에 임한다.
- 특별한 준비물이 필요 할 때에는 역할을 맡은 담당이 미리 준비해 둔다.
④ 쉬는 시간에 지킬 일
- 수업시간 중 부족했던 학습내용을 보충하고 정리한다.
- 각자의 할 일(화장실 가기, 음료수 마시기, 당번활동 등)한다.
- 친구들과 대화는 작은 소리로 소곤소곤 이야기 한다.
- 다음 시간에 공부할 학습준비를 갖추고 예습한다.

3) 문제해결을 잘하려면

① 선생님 말씀을 주의 집중하여 귀담아 듣는다.
② '왜' '어째서' '어떻게'를 생각하면서 공부한다.
③ 문제를 해결해 나가는 과정을 중요시 한다.
④ 이해가 안 되는 내용은 반드시 질문을 한다.
⑤ 다른 사람의 의견과 내 의견을 비교한다.
⑥ 중요한 내용은 메모하여 듣는다.
⑦ 학습한 내용의 요점을 머리속에 정리한다.
⑧ 중요한 내용은 다양한 방법으로 학습장에 기록한다.

4) 발표를 잘하려면

① 발표 할 내용의 핵심을 메모하여 말하기
② 선생님과 친구들의 의견을 주의집중해서 듣기
③ 알맞은 목소리로 똑똑하고 자연스런 자세로 쉽게 말하기
④ 요점을 빠뜨리지 말고 자신 있게 말하기
⑤ 결론을 먼저 말하고 이유와 조건, 원인을 말하기
⑥ 바른말, 고운 말, 표준말을 써서 발표하기
⑦ 구체적인 예를 들어 말하기
⑨ 그림, 사진, 그래프, 지도 등 자료 활용하기

< 기본 발표요령 >

학년 구분	저학년	고학년
의견 제시	*-라고 생각합니다. *-입니다. 그리고 -입니다. *-인 것 같습니다. *-생각은 ( )와 다른데 ( )이기 때문입니다.	■( )에 대해서는 ( )라고 생각합니다. ■-에 대해서는 -이므로 -라고 생각합니다. ■-와 다른데 그것은 -입니다. ■그 이유는 -이기 때문입니다.
보충 설명	*또 ( )라고도 합니다.	■보기를 들면 ( )입니다. ■그것을 달리하면 ( )라고도 말 할 수 있습니다.
질문 제기	*( )는 잘 모르겠는데 다시 말씀해 주십시오.	■( )에 대해서는 알겠는데 ( )에 대해서는 다시 한 번 말씀해 주십시오. ■그렇다면 ( )경우는 어떻습니까?
수정 의견	*( )의 생각도 좋지만 ( )의 생각이 더 좋다고 생각합니다. *그것은 ( )이 더 좋을 것 같습니다.	■( )의 생각은 ( )하지만 ( )으로 생각하는 것이 어떨까요? ■방금 설명한 대목을 ( )으로 고치는 것이 어떨까요? 그 이유는 ( )하기 때문입니다. ■그 내용을 종합하면 ( )인 것 같습니다.

5) 자료를 잘 활용하려면

과정	활동내용	비고
자료 모으기	·과제중심 문제점 찾기 ·복사, 편집, 스크랩, 사진 찍기 등 자료구입 방법기록, 필요한 자료 고르기)	문제탐색
자료 검토하기	·과제를 해결하기 위한 자료 선택하기 ·자료로부터(언제, 어디서, 누가, 왜, 무슨 일을 하였나) 중요한 내용 찾기 ·자료를 보고 알 수 있는 것은 무엇인가? ·공부할 문제에 어떤 도움을 주는가?	내용파악
자료 분류하기	·분류기준을 세운다. ·주제와 특징 등을 이용하여 순서대로 늘어놓거나 정리한다.	내용선택
자료 비교하기	·어떤 점을 기준으로 어떻게 비교 할까?	내용비교
자료 정리하기	·자료를 정리하여 기록한다.	내용정리

4. 과목별 학습 지도 방법

1) 국어는 사고력

국어는 단순한 과목이 아니라 듣기, 말하기, 읽기, 쓰기, 국어 지식, 문학 등 그리 쉽지 않은 여섯 분야가 있는 것이나 마찬가지이기 때문이다. 책을 많이 읽었다고 꼭 국어를 잘하는 것은 아니다. 단지 국어의 한 영역을 공부한 것뿐이다. 국어의 여섯 가지 영역을 모두 잘해야 국어를 잘하는 것이며, 국어도 나름대로 공부가 필요하다.

2) 수학은 기초

수학 공부에 신경 써야 하는 중요한 이유는 수학 문제를 하나씩 해결해 가면서 키워가는 논리적 사고력이다. 도형을 배우면서 공간 지각 능력이 생기고, 도형의 넓이나 부피를 구하면서 사물을 측정할 수 있는 능력을 갖게 된다. 그리고 방정식을 풀려고 끙끙대는 동안 어떤 현상을 수식화 하여 풀 수 있는 능력이 생긴다. 수학을 잘하는 아이들은 다른 공부도 잘할 수 있는 기본 능력을 갖추게 되기 때문에 수학 점수는 다른 과목에도 큰 영향을 끼친다.
- 문제 풀이 이전에 개념과 원리를 이해한다.
- 다양한 문제 풀이로 실력 다지기
- 자기 수준에 맞는 문제집을 선택한다.
- 문장제 문제는 끊어서 읽고, 내용을 정확히 이해하도록 한다.
- 여러 문제집을 묶어서 나만의 문제집을 만든다.

3) 사회는 탐구
수학이 학습 중간 과정을 빼놓고 심화 학습을 할 수 없는 고리식 학습이라면 사회는 '나'부터 시작하여 전 세계까지 인식의 범위를 넓혀가는 나선형 학습이다. 그렇기 때문에 수학은 반드시 기초부터 쌓아 올려야 하지만 사회는 어느 단원에서 시작해도 웬만큼은 무리 없이 공부할 수 있는 과목이다.
- 테마 학습 여행 / 부교재 읽기
- 교과서 따라 잡기
- 참고서 설명 보기
- 다양한 방법으로 암기하기
- 핵심 내용을 노트에 정리하기
- 학습목표를 읽고 말로 답하기
- 문제 풀이로 내 실력 확인하기

4) 과학은 상상력

수학이 고리 학습, 사회가 나선형 학습이라면 과학은 분야별 심화 학습이다. 따라서 어떤 단원을 지금 심도 있게 배워둔다면 다시 그 분야를 배우게 될 때 더욱 쉬워진다. 초등학교 1, 2학년의 과학 관련 교과 내용은 쉽고 재미있게 구성되어 있고 주변에서 흔히 볼 수 있는 동식물의 사진이 많이 실려 있지만 그것은 우선 흔히 볼 수 있는 동물과 식물을 보여줌으로써 향후 생명이라는 커다란 분야를 공부할 때 더욱 쉽게 접근하기 위해서 이다. 그러므로 시간적으로 여유 있는 초등학교 1, 2학년 때가 과학 공부를 하기에는 최고의 시기라고 할 수 있다.

- 많이 보고 느끼는 것이 과학 공부의 지름길
- 테마 학습 여행 / 부교재 읽기
- 교과서 집중 탐구
- 참고서 집중 탐구
- 과학 용어 정리
- 핵심을 노트에 정리하기
- 학습목표 읽고 말로 답하기
- 문제 풀이로 내 실력 확인하기
- 오답 노트에 틀린 것 정리하기

5) 영어는 연습

- 영어에 흥미를 가지며, 의사소통을 할 수 있는 기본 능력을 기른다.
- 일상생활과 일반적인 화제에 관해서 자연스럽게 의사소통을 할 수 있어야 한다.
- 외국의 다양한 정보를 이해하고, 이를 활용할 수 있는 능력을 기른다.
- 외국의 문화를 이해함으로써 우리 문화를 새롭게 인식하고, 올바른 가치관을 기른다.

이 목표를 달성하자면 다양한 교육 방법이 제시되고 적절한 평가를 통해서 학생들의 실력을 향상시켜야 하는데, 실력 향상보다는 평가에 더 큰 비중을 두고 있다는 것에 우리나라 영어 교육의 문제가 있다. 영어 사용 능력보다 이해 능력을 중시하는 우리 교육의 문제점은 대학을 졸업하고 나서도 엄청난 경제적 부담으로 다가와 서민들의 시름을 더한다.

- 오랜 시간 꾸준한 반복 연습이 필요하다.
- 우선 재미있게 시작해야 한다.
- 영어 실력도 독서에서 나온다.
- 스토리 북을 활용한 듣기와 말하기 연습
- 리딩 교재를 이용한 듣기와 말하기 연습

3. 학습의 과정과 평가

  효과적인 공부를 하기 위해서는 공부를 방해하는 방해 요소를 이겨내는 것이 중요하다. 공부를 방해하는 요소를 피하는 것이 가장 지혜로운 방법이다. 가장 방해요소가 많은 집을 떠나 도서관 등에서 하루 공부를 마치고 집으로 돌아오는 습관을 가지면 효율적이고도 집중적으로 공부를 할 수 있으며, 자신감이 생기면서 자신에 대한 여유시간이 점차 증가를 할 것이다.
  효과적인 공부는 학교 수업이 가장 중요하다. 모든 공부는 학교수업을 중심으로 해야 한다. 평상시 학교수업이 있을 때는 학교 수업 내용 중심으로 자습서나 참고서를 활용하고, 토요일, 휴일, 방학에는 확인학습(문제지)과 별도의 자기 계획을 세울 수 있다.

1. 학습의 과정

  1) 학습의 단계

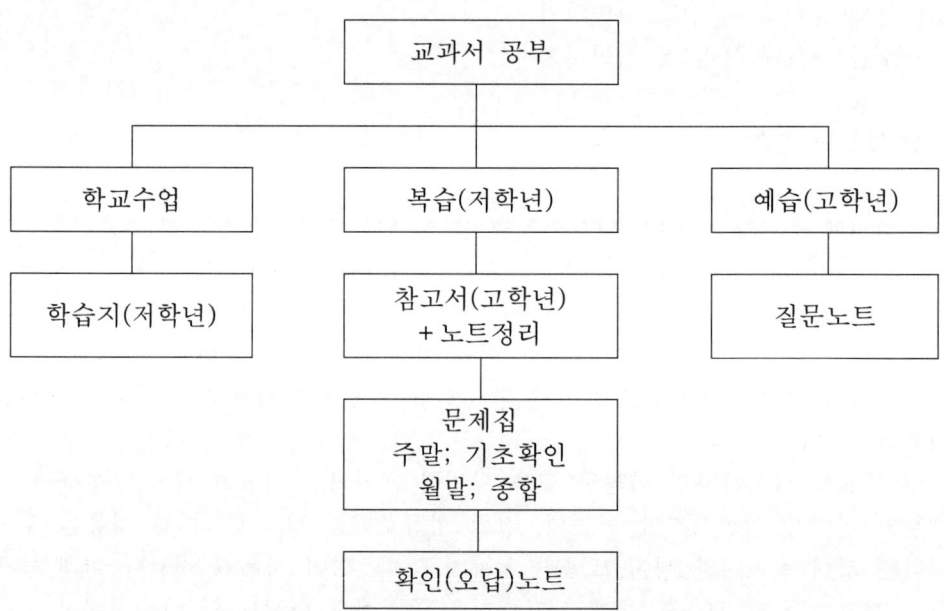

학습의 4단계 = 예습 → 수업 → 복습 → 평가
교과서 → 참고서(자습서) → 문제집(학습지) → 확인노트

(1) 교과서와 참고서
학교에서 공부할 때 선생님의 설명을 똑바로 듣는 것이 제일 중요하다. 그리고

집에 와서는 교과서를 다시 한 번 공부하도록 한다.
① 배울 내용을 예습한 다음, 잘 이해되지 않았던 부분에 초점을 맞추어 수업을 듣는다.
② 칠판에 적힌 내용, 선생님의 설명, 그리고 생각나는 의문점들은 꼼꼼하게 메모한다.
③ 쉬는 시간에는 다시 한 번 천천히 정독하면서 중요한 것은 자기만의 표시를 한다.
④ 집에 와서는 참고서와 필기장을 종합하여 노트 정리를 한다.

(2) 문제집과 확인 학습

문제지는 교과서를 정리하는 기본문제와, 사고의 확장을 도와주는 심화과정, 그리고 종합적인 정리를 돕는 종합문제지로 구분할 수 있다. 기본은 주말에, 심화는 월말이나 단원 말에, 종합은 기말고사 전에 하도록 한다.
① 시간을 정해 놓고 그 시간에 풀 수 있는 문제의 양을 정한다.
② 시계를 보면서 정해진 시간 내에 목표량을 풀 수 있는 지를 점검하며 문제를 푼다.
③ 문제는 확실히 아는 문제는 O표, 헷갈리는 문제는 △표, 전혀 모르는 문제는 X표를 한다.
④ 틀린 문제나 헷갈린 문제는 다시 한 번 확인 학습을 한다.
⑤ 전혀 모르는 문제는 처음부터 다시 학습하고, 모르면 선생님께 여쭈어서 확인 학습한다.
⑥ 문제집은 2~3권 정도를 풀어보는 것이 좋다.

2) 수업의 과정

(1) 학교수업

평상시 학습의 주기는 예습, 본수업(학교수업), 복습으로 볼 수 있다. 세 가지 모두 다 중요하지만 이 중 가장 중요하게 생각해야 할 것은 본수업(학교수업)이다. 학생들은 하루 중 가장 많은 시간을 학교생활로 보내게 된다. 특히 두뇌가 가장 활성화되는 시간대에 학교에서 수업을 받기 때문에 학교수업을 효과적으로 활용하는 것은 매우 중요한 일이다. 공부를 잘하는 학생들은 이 중요한 수업시간을 완전히 자기 것으로 만들기 위해 노력하지만, 많은 학생들은 수업을 수동적으로 듣는 데만 급급하다 보니 수업내용을 제대로 소화해내지 못하고 있다.
- 내가 아는 것과 모르는 것이 무엇인가?
- 내가 알고 있는 내용과 지금 듣고 있는 내용은 어떤 관계가 있는가?
- 선생님이 수업시간에 강조하는 내용은 무엇인가?

- 수업시간 이후 복습을 하며 내가 보충해야 할 내용은 무엇인가?
- 이해해야 할 내용과 암기해야 할 내용은 무엇인가?
- 시험에 나올 내용은 무엇인가?

학교수업은 위와 같은 질문을 하며 수업내용을 내 것으로 만들기 위해 집중하는 것이 중요하다. 따라서 공부할 때 제일 중요한 것은 학원도 과외도 아닌 바로 학교수업이라는 점을 깊이 인식해야 한다.

(2) 예습

예습은 주요과목의 경우에는 필수적으로 해야 하고, 문제집으로 진도를 나가는 경우에도 필수적으로 예습을 해야 효과가 있다. 예습은 보통 학습 진도를 앞서서 나가되 80%-90%를 이해하고, 나머지 10%-20%는 수업을 통해 보완하는 것이 좋다.

① 1차 예습 ; 교과서를 새로 받는 즉시, 궁금한 마음을 가지고, 새로운 지식을 얻는 기쁨을 느끼면서 소설책 읽듯이 상상력을 동원하여 숨 쉬듯이 편안한 마음으로 읽어본다.

② 2차 예습 ; 하루를 마무리 하면서 다음날의 책가방을 싸면서 하는 예습이다. 시간표대로 책가방을 싸면서, 내일 배울 범위를 한번 읽어 보고 가방에 교과서를 챙긴다.

③ 학원에 다닐 경우 ; 학원생활에 충실하면 학원에서 배우는 과목은 철저하게 예습을 하게 된다. 예습으로 진행되지 않는 학원은 다녀서는 안 된다. 왜냐면 예습으로 진행되지 않는다면 학교수업을 완전하게 소화 할 수 없게 되어 학교에서 공부하는 시간만큼을 낭비하게 되기 때문이다.

④ 학원에 다니지 않는 경우 ; 학교 진도를 최소한 1주일 정도 앞서서 먼저 문제를 풀어보고, 이해가 안 되는 문제나 어렵다고 생각하는 문제는 선생님께 질문하여 꼭 이해하고 넘어간다.

(3) 복습

① 1차 복습 ; 학교에서 수업이 끝나고 쉬는 시간에 책을 덮으면서, 또는 공책을 덮으면서 선생님이 중요하다고 한 것을 한번 읽어보고 책을 덮는다.

② 2차 복습 ; 집에 돌아오는 즉시 책가방을 풀면서 오늘 배운 것을 한번 읽어본다.(책과 공책)

③ 3차 복습 ; 3차 복습은 중간, 또는 기말고사 준비를 위한 공부이다. 시험 준비는 최소한 3주 전부터 준비한다.

(4) 예습과 복습의 배분기준

① 예습은 자주적인 학습태도와 습관을 들이는 데에 유익하다.

② 학년이 올라갈수록 예습에 중점을 둔다.
③ 잘하는 교과는 예습에, 잘 못하는 교과는 복습에 힘쓴다.
④ 예습, 복습은 시간을 먼저 결정한 뒤에 방법을 생각하는 것보다, 방법을 연구한 뒤에 시간을 정한다.
⑤ 성적이 올라 갈수록 예습에 힘쓴다.
⑥ 교과의 성질과 내용에 따라서 시간과 방법을 바꾼다.

3) 학습과정의 확인

(1) 공부습관 확인
① 학교수업에 승부를 걸기 위해서는 배울 내용을 훑어보는 예습을 하도록 한다.
② 매 수업시간 끝나자마자 배운 내용을 다시 한 번 훑어보도록 한다.
③ 하루 수업이 끝나고 방과 후에 가장 먼저 배운 내용을 총 복습하는 시간을 가지도록 한다.
④ 수업시간에 배운 내용을 중심으로 요점 정리하도록 한다.

(2) 교과서 공부 확인
① 학습목표를 의문문으로 바꾼 후에 교과서를 읽도록 한다.
② 교과서를 읽으면서 질문에 대한 답을 찾아 밑줄을 긋도록 한다.
③ 교과서 중심으로 예습과 복습을 하도록 한다.

(3) 문제집 공부 확인
① 자신에게 맞는 문제집을 선정하여 문제풀이 할 수 있도록 한다.
② 80%정도의 문제를 해결할 수 있는 수준의 문제집을 선정한다.
③ 문제풀이를 통하여 자신감을 높이도록 한다.

(4) 학원수업 확인
① 학원에 다니는 것이 얼마나 효율적인지 확인한다.
② 학원에서 공부태도는 어떠한지 확인한다.
③ 학습내용의 이해와 성적향상에 얼마나 도움이 되는지 확인한다.

제5장 생활지도

1. 생활지도의 이해

1. 생활지도란?

 교육학용어사전에 의하면, "생활지도란 학생의 건전한 성장과 발달을 촉진하기 위하여 생활 과정에서 나타나는 현실적 문제를 개인의 특성에 알맞게 '지도'하는 일"이라고 정의되어 있다. 생활지도는 모든 학생들이 지니고 있는 잠재능력을 최대한으로 발휘하여 전인적인 인간으로 살아가도록 도와주는 봉사 활동이라고 먼저 정의할 수 있으며, 누구나 당면하는 여러 가지 일상생활의 문제를 스스로 발견하고 해결해 나갈 수 있는 환경 조건을 제공하여, 그들이 전보다 나은 삶을 영위하게 하는 모든 활동을 생활지도라고 할 수 있다.
 생활지도에 대한 정의는 여러 가지지만, "개인을 객관적이고 합리적으로 돕는다"는 의미는 같다고 할 수 있으므로, 학생 중심에 근거하여 계획하고 진행되어야 하며, 그들을 보다 잘 이해하고 바람직하게 성장할 수 있도록 도와주는 방향으로 나아가야 하는데, 단기적으로는 일상생활에서 당면하는 문제들을 적절히 해결함으로써 현실에 잘 적응하도록 도와야 하며, 장기적으로는 자기 이해, 자기 결정, 자기실현을 이루어 성숙된 인간으로 성장·발전하도록 돕는 활동을 해야 하는 것이다.
 그러나 생활지도가 학생들의 잘못된 행동이나 부적응 행동을 지도하고, 어떤 사건을 처리하는 방법이라는 그릇된 개념 때문에 부정적 의미로 받아들여지는 경우도 있지만, 문제아의 지도 방법만이 아니라 아동 발달상의 문제를 이해하고 그 문제를 해결하도록 도와주는 모든 과정이 생활지도이기 때문에, 단순히 도덕교육 영역으로 이해되거나, 훈육지도, 단체생활의 규율지도, 그리고 교육 외적인 일로 규정되는 것도 바르지 않다고 본다.

2. 생활지도의 필요성

 사방이 터진 사회에서 우리 학생들이 건전한 삶을 유지하게 하기 위해서는 든든한 가치관과 세계관의 정립이 중요하다. 교육에 있어서 지식의 전달은 분명히 필요하지만 오늘날 교육 실종의 원인을 살펴볼 때 삶에서의 실력과 학교에서의 실력이 일치하도록 인간의 바른 삶을 가르치는 교육 방법이 절실히 필요함을 느끼게 되지만. 사이버 사회에는 고전적인 예의는 필요 없게 되었다. 하루 종일 웹 사이트를 뒤져서 자기에게 필요한 지식을 모두 얻는 아이들이라면 교사의 위치가 과연 어떤 의미를 주겠는가? 생활지도가 아동 개개인이 일상생활에서 당면하는 여러 가지 문제를 스스로의 힘으로 해결할 수 있도록 도와주는 일련의 과정이라고 볼 때, 자기 문제를 스스로 해결한다고 하는 것은 사회의 일원으로서 정의적이어야 하며, 남에게 피해를 줄지라도 나만을 위해서는 어떠한 방법이라도 허용해도 된다는 뜻은 결코 아니다.

인간은 사회와의 상호작용을 끊임없이 계속하면서 적응하고 변화하므로, 성장해 가는 과정에 따라 수행해야 될 과업의 성질이 달라지고 그 종류도 다양해진다. 뿐만 아니라 사회의 변화에 따라 사회가 개인에게 요구하는 내용과 종류도 점점 다양해지고 있으므로, 이렇게 달라져 가는 사회의 가치관과 직업세계에 적응하기 위해서도 생활지도는 꼭 필요하고, 민주 시민으로서의 인격을 기르거나 당면한 문제 해결과 적응상의 필요를 충족시키기 위한 개인적 차원에서 필요하다. 입시·출세 위주, 교사 중심의 교육 풍조가 아동의 정의적 발달이나 신체적 발달보다는 지적 발달에만 국한되어 있는 사회·국가적 차원에서의 교육적인 측면에서도 필요하고, 인구의 도시 집중화, 핵가족화 현상의 가속화, 여성의 사회 진출, 직업의 세분화, 각양각색의 비행 증가, 환경오염, 가치관의 혼란, 진로 문제 등의 사회적인 측면에서의 필요와, 부정과 비리, 건전한 가치관의 확립, 도덕성 실추의 회복, 문제 해결 능력 배양, 자아실현의 인간 육성 등 국가적인 측면에서도 필요하다. 그리고 아동 인구의 폭발적인 증가와 감소, 직업 종류의 다양화와 전문화, 사회 양상의 변화, 개인차의 강조, 가정과 학교의 유대 강화 등이 생활지도가 필요한 종합적인 이유가 된다.

3. 생활지도의 목표

생활지도는 자기 생활에서 닥치게 되는 여러 가지 문제를 확실하게 파악하여 자기 힘으로 해결하는 능력을 키우도록 하고, 급속한 생활환경의 변화에 따라 자기 자신의 처지에 맞는 현명하게 선택하고 건전하게 적응하여 신체적, 지적, 정서적, 사회적으로 잘 조화된 삶을 즐기게 도와주어, 그들이 소속된 사회에 공헌하는 바른 민주시민이 되게 하는 것을 직접적인 목표라고 할 수 있다.

종합적인 목표는 다음과 같다.

① 전인으로서의 인간 발달 형성 - 전인교육이란 인간성의 어느 한 부분이 아니라 학생의 지적발달, 사회적 발달, 정서적 발달, 신체 및 도덕적 발달을 고루 꾀하고자 하는 것이므로 문제해결에 대한 직접적인 지도보다는 전체적인 인간의 문제를 다루어 학생들의 감성과 의지, 개성이나 사회성을 조화롭게 발달시키는

것을 의미한다.
　② 민주시민 육성 - 민주사회에서는 개인의 인권을 존중하는 것이 가장 중요한 일이므로 개인의 성장 가능성을 최대한으로 실현시켜 자기 일생을 행복하고 사회에 봉사하며 살아가는 시민으로서 기르기 위함이다.
　③ 학생 개인의 능력 이해 및 발견 - 인간은 무한한 가능성을 지니고 태어났으나 그가 처야 환경에서 자기의 능력을 정확하게 찾아내어 키워나갈 수 있게 하는 것이다.
　④ 현명한 선택과 적응 - 급속하게 변하는 현대사회는 너무나 복잡 다난하고 쏟아지는 정보 물결에 혼란되어 있기 때문에, 이러한 환경 속에서 학생들은 자기가 학교나 가정 사회에서 해야 할 일을 현명하게 선택하고 적응하며 보람 있게 살아가게 하는 것이다.
　⑤ 문제 해결 능력의 신장 - 수없이 부딪치게 되는 많은 문제들을 현명하게 처리하고 대처할 수 있는 능력을 키우는 것이다.

4. 생활지도의 기본 방향

　① 생활지도는 모든 학생을 대상으로 한다 - 정상적인 학생에게는 예방과 발달 촉진적 활동을 목적으로 하고 비정상적인 학생에게는 문제 행동의 교정 활동이 필요하기 때문이다.
　② 생활지도는 전인적 발달에 초점을 둔다 - 지식 편중의 교육을 반성하고 인성·창의성·체험 중심 교육으로 전환하며, 지적인 발달, 자신의 흥미·태도·가치관·건전한 자아상 확립 등으로 전인 발달을 가져와야 한다는 것이다.
　③ 치료보다는 예방에 역점을 둔다 - 질병과 같이 문제가 생긴 다음에 하는 사후 치료보다는 모든 학생 대상으로 문제 행동 예방 프로그램 개발에 노력하는 것이 시간과 효과면에 있어 치료보다 훨씬 경제적이라고 할 수 있다.
　④ 처벌이나 규제보다는 성장을 촉진한다 - 벌과 제재는 일시적이고 소극적이어서 불만과 반항심 유발할 수 있지만, 수용하고 이해하며 성장과 발달을 돕는 것은 적극적인 기능으로서 근본적인 문제의 해결이 가능하게 된다.
　⑤ 과학적인 근거에 기초를 둔다 - 교사의 주관적인 판단이나 짐작보다는 객관적이고 표준화된 검사에 근거하여 올바른 학생의 이해와 학생을 위해 제공되는 여러 가지 봉사활동으로 구성하는 근거로 생활지도를 한다
　⑥ 생활지도는 개인의 존엄성과 개성발달에 초점을 둔다 - 인간은 자기만의 독특한 특성 즉 개성을 보유하고 있으므로 그것을 개발하고 인정하며 존중해 주어 학생이 자생적인 인간으로 커가는 데 조력하는 것을 생활지도의 원칙으로 삼아야 한다.
　⑦ 협동하여 수행해야 한다 - 교과지도와 함께 학교교육의 필수적이고 통합된

교육이 생활지도이므로 학급담임, 동학년, 생활지도 담당교사, 학교장 등과의 유기적, 협동적으로 수행하고, 학교는 물론 가정 사회와도 긴밀한 협조체제가 필요하며 협동적인 노력이 요구된다.
　⑧ 모든 생활지도 활동은 진정한 사랑을 전제로 한다 - 교사와 학생간의 사랑이 교감되지 못하는 생활지도는 그 성과를 기대하기가 어렵기 때문에 참되고 진실한 사랑이 생활지도의 기본방향이다.

5. 생활지도의 원리

　① 계속성의 원리 : 일상생활에서 당면하는 문제의 일부분은 일시적으로 끝나는 것도 있지만 대부분 장기적인 시간을 필요로 하므로 새로운 상황이나 환경에 효과적으로 적응할 때까지 지속적으로 이루어져야 한다.
　② 통합성의 원리 : 아동에게 문제 행동이 있을 때 한 가지 영역에 국한되지 않고 다른 발달에도 영향을 주므로 장애를 일으키는 특정한 부분만 다룰 것이 아니라 개인의 전체적인 면을 통합하여 다루어야 한다.
　③ 보편성의 원리 : 생활지도의 대상은 일반적으로 부적응아, 문제아, 발달상의 결함이나 장애가 있는 아동을 대상으로 한다고 생각하기 쉬우나 모든 아동을 대상으로 하며 개인이 지닌 성장·발달의 가능성을 최대한 발휘하여 성숙한 인격체로 자랄 수 있도록 도와주는 역할이 되어야 한다.
　④ 과학성의 원리 : 과학적 근거에 판단에 근거하여 구체적이고 객관적인 자료로 문제를 찾아내고 원인을 규명하여 문제 해결 방안을 찾아야 한다.
　⑤ 자율성의 원리 : 아동을 하나의 인격체로 존중하는 마음에서 출발하여 그들에게 인간의 존엄성과 가치, 자유와 평등을 보장해 주어야 아동들이 자율적이고 자발적으로 자기 문제를 해결해 나가며 건전한 인간관계를 맺을 수 있는 잠재능력이 있음을 인정하게 된다.
　⑥ 협동성의 원리 : 생활지도의 문제는 아동 당사자뿐만 아니라 그를 둘러싼 주위 사람과 연관될 수 있으므로 교사, 가족, 또래까지도 협력하여 연계될 수 있도록 범위를 확산시켜야 한다.
　⑦ 지도 예방의 원리 : 문제의 교정이나 치료보다는 예견되는 문제행동의 예방과 지도가 우선되어야 한다. 치료와 교정에 걸리는 시간과 노력보다 예방과 지도에 쏟는 정성이 더 경제적이라고 볼 수 있다.

6. 생활지도의 영역

　생활지도는 그 대상이 아동이고, 지도의 주체는 '교사'이며, '생활 과정에서 나타나는 현실적 문제'가 생활지도의 내용이 된다. 그런데 우리가 당면하는 문제나 영역별로 생활지도를 구분해서 교육지도, 직업지도, 성격지도, 건강지도, 사회성지도, 여가 선용 지도, 도덕 지도, 종교 지도에 대하여 생각해 보려고 한다.
  ① 교육지도 : 입학전 활동과 신입생 적응 안내 활동, 재학중의 受學상의 제 문제에 대한 지도
  ② 직업지도 : 초등학교에서는 진로인식단계이며, 중고등학교에서는 탐색과 준비단계로서 직업의 세계를 위한 적성교육과 정보 제공을 실시
  ③ 성격지도 : 정기적인 성격검사 실시와 그에 따른 적절한 지도
  ④ 건강지도 : 신체적 결함 극복, 위생관념, 바른 영양교육 등 건강에 대한 제 문제를 지도
  ⑤ 사회지도 : 대인관계를 통하여 자기 성장을 꾀할 수 있는 것이므로 여러 가지 훈련을 통하여 남들과 어울려 모나지 않게 살아가는 지혜를 갖도록 지도
  ⑥ 여가선용지도 : 인생을 풍요롭고 즐겁게 살아가기 위하여 자기에게 주어지는 자유로운 시간을 올바르게 활용할 수 있는 방법의 지도
  ⑦ 도덕지도 : 사회규범을 지키는 건전한 인격을 갖추도록 지도
  ⑧ 종교지도 : 신앙 문제로 겪는 갈등에 대하여 적절히 대응하고 스스로 해결하는 능력 신장.

7. 생활지도의 전제조건

1) 부모의 애정

아동의 생활지도는 부모의 따뜻한 사랑에서 시작되어야 한다. 부모의 사랑이 결핍되면 거기에서 여러 가지 문제와 부작용이 발생하게 된다. 아동의 방과후 생활에서의 부모역할이 매우 중요하지만, 부모가 부재한 경우에는 방과후 교실에서 지도교사가 부모의 역할을 충실히 해 주어야 한다.

2) 사회적 인정

욕구이론에서 말하는 바와 같이, 생리적인 본능에 따라오는 욕구는 애정과 인정의 욕구이다. 사람들은 누구나 다른 사람들로부터 자신의 능력과 존재 가치를 인정받기를 원한다. 아동들도 자신이 타인으로부터 소외당하거나 인정을 받지 못한다는 사실을 깨닫게 되면 대인거부 도는 불신감을 형성하고, 나아가서 자신에 대해서도 불신하는 경향이 생기게 된다. 방과후 지도교사는 아동들의 능력과 존재 가치를 개인차를 이해하여 각각 인정해 주어야만 한다.

3) 안정된 환경

무엇보다도 아동들에게 중요한 것은 안정된 환경이다. 환경에는 인적 환경과 물적 환경, 그리고 심리적 환경 등으로 구분하여 생각할 수 있다. 어떤 종류의 환경이든 아동에게는 안정된 환경이 조성되어야 한다. 만일 안정된 환경이 주어지지 않으면 아동은 심리적으로 불안해하며, 나아가서 정서적 불안과 행동 불안으로 이어지는 결과를 가져오게 된다.

4) 긍정적인 훈육

잘못된 행동이나 언행으로 아동을 훈계할 때 흔히 체벌을 가하게 되는데, 체벌할 때 주의할 점은 체벌의 효과를 긍정적으로 이끌어 갈 수 있는 교사의 능력이다. 아동에게 주어지는 체벌로 말미암아 아동에게 교사에 대한 불신과 불만, 자신에 대한 수치심과 죄책감 등의 부정적인 감정을 가지게 한다면 체벌의 효과는 없는 것이다.

5) 자율적인 통제

아동들은 자신의 행동에 대해서 스스로 책임질 수 있는 존재이다. 따라서 자신의 행동도 스스로 통제할 수 있는 능력을 가지고 있다. 다만 잘 훈련되지 않아서 그 기능을 제대로 수행하지 못할 따름이다. 지도교사의 강제적 또는 독재적인 지도와 통제보다는 자율적으로 통제할 수 있는 기회를 주는 것이 바람직할 것이다. 나아가서 아동 스스로 규율과 원칙들을 발견해 내고, 그러한 규칙과 원칙들에 순응하는 도리를 깨닫게 하여야 한다. 자율적인 통제는 자신에 대하여 잘 이해하고, 타인과의 관계를 이해하는 것으로부터 이루어지는 것이다.

6) 지지적 의사소통

대부분의 인간관계는 의사소통의 형태에 따라 달라질 수 있다. 지지적 의사소통이란 아동의 입장에서, 아동을 이해하며, 아동의 의사를 존중하는 의사소통을 의미한다. 즉 아동이 대화를 할 때 편안하고 안정된 분위기에서 자신의 의사를 충분히 전달할 수 있도록 돕는 것이다. 지지적 의사소통의 방법으로 교사는 아동의 의견을 청취할 수 있고, 그로부터 생활지도에 도움이 되는 정보를 얻을 수 있다.

8. 생활지도의 방법

요즘의 아동들은 하이테크 문화, 컴퓨터와 비디오, 만화, 연예인 중독증에 몰드는가 하면 교실 속에서 미운 오리새끼를 만들어 집단따돌림으로 친구를 괴롭히고, 자기는 긍정하지만 타인은 부정하여(I am OK-You are not OK) 남을 경멸하는 태도를 보이거나, 자기도 부정하고 남도 부정(I am not OK-You are not OK)하며, 모든 것을 불신하기 때문에 매사에 부정적이고 불만스런 성격이 되어 옆 사람을 돌아볼 줄 모르는 사람으로 자라고 있다.

교사에게는 학생과 같은 눈높이에서 그들의 사랑에 대한 욕구를 채워줄 수 있는 권리와 능력이 주어 있는데 학생들을 진정으로 이해하고 그들을 이끌고 보살피는 생활지도 현장에서 적용해 볼만한 일들을 이야기하고자 한다.

1) 도덕적인 사람으로 키우기

도덕·예절을 자율적으로 생각할 수 있는 나이에 이르기 전에 기본적인 생활예절의 내면화를 위한 교육을 받아야 한다. 기본예절을 가르치는 주체는 부모이며, 학교에서 교사가 보조할 때 최대 최상의 효과가 있다. 보편적이고 진정한 예절은 실행하는 자나 상대에게 이로움과 행복을 주는 것이다. 정직, 사랑, 친절 등 모범(본보기), 이야기, 놀이, 역할 수행, 상상, 토론, 칭찬, 보상, 시상 등을 성장 단계에 따라서 달리 가르친다(초등 아동기-언어 게임, 청소년기-대화와 토론). 대체로 도덕적인 사람이란 다음과 같다.
① 남에게 도움을 주는 행동을 하는 사람
② 사회적 규범에 일치하는 행동을 하는 사람
③ 사회규범을 내면화한 사람
④ 정의에 대한 올바른 사고를 할 줄 아는 사람
⑤ 자신의 이득에 앞서 남의 이득을 먼저 생각하는 사람

2) 칭찬과 꾸중하기

(1) 효과적인 칭찬
① 구체적인 사실을 모두의 앞에서 칭찬한다.
② 친구에게도 칭찬한다.
③ 부모님에게도 칭찬 받게 한다.
④ 조와 팀을 통해서 칭찬 받게 한다.
⑤ 계속적, 의도적으로 칭찬한다.
⑥ 애정을 가지고 칭찬한다.
⑦ 성장에 맞게 칭찬한다.
⑧ 적절한 내용을 가지고 칭찬한다.
⑨ 장점을 찾아서 칭찬한다.

⑩ 칭찬 받는 일이 없던 아이를 칭찬할 땐 자신감을 가지게 한다
⑪ 감탄의 소리를 내면서 칭찬한다.

(2) 효과적인 꾸중
① 나쁜 짓을 하면 즉시 꾸짖어야 한다.
② 꾸중 듣는 이유를 분명하게 해야 한다.
③ 꾸중 후에는 감정을 풀어주어야 한다.
④ 남과 비교해서 꾸짖지 않도록 한다.
⑤ 짧고 간결하게 한다.
⑥ 아름다운 심정에 호소하여야 한다.

3) 효과적인 대화하기

(1) 효과적으로 대화하기 위한 자세
① 학생들 세계 속에 들어가 그들의 눈높이로 출발한다.
② 학생이 공유하고 있는 주위 환경이나 문제에서 대화의 소재를 찾는다.
③ 대화를 기피할 때는, 그들에 대한 기본적인 신뢰감과 유대감을 표현하여 대화의 가능성을 열어 놓는다.
④ 아이의 신체 리듬이나 정서를 고려하여 대화를 연다.
⑤ 대화 속에 아이의 성숙과 성장을 함께 기뻐하는 모습을 표현한다.
⑥ 운동이나 행사의 진행에서 아동의 의견을 묻는다.

(2) 학생들에게 격려가 되는 말
① 이 세상에서 네가 가장 소중하다.
② 늘 너를 위해서 기도한다.
③ 우리 모두 너를 사랑한다.
④ 난 너를 믿는다.
⑤ 나는 네가 자랑스럽다.
☞ 자기 충족적 예언의 효과(피그말리온효과)나 하버드대학 심리학교수 로버트 로젠탈 교수가 입증한 로젠탈 효과를 보면, 기대와 칭찬, 격려는 사람으로 하여금 기대하는 대로 변화시킬 수있는 믿음을 갖게 하는 것이다.

(3) 대화에서 반드시 지켜야 할 일
① 비밀을 보장한다.
② 선생님이 자기편이라는 것을 확인시킨다.
③ 개인적으로 상담한다.

④ 소집단 활동을 중심으로 친구 관계를 개선한다.
⑤ 인격적으로 대하고, 입장 바꿔 생각하고, 소속감을 갖게 한다.

4) 따돌림 당하는 학생을 돕는 일

① 학교 내의 상황을 잘 파악하고, 또래끼리 해결할 수 있도록 유도하기,
② 따돌림을 주도하는 아이를 찾아 상담하기
③ 역할극을 통해 상대방의 입장을 이해하는 방법을 시도하기
④ 자기 짝의 장점 찾아 칭찬하기를 통하여 친구 이해에 도움을 주기

5) 이야기를 들어주는 일

(1) 소극적 경청
비언어적 반응으로 경청함 - 마음을 열어주는 말을 하면서 경청(격려를 하면서)함.

(2) 적극적인 경청
상대방 입장에서 역지사지(易地思之)의 자세가 필요하다..
 - 아이의 마음을 헤아리는 경청의 태도 익혀야 함.
 - 순간적인 감정을 다스려야 하므로 쉽지만 어려운 기술임.
 - 연습을 해야 효과적인 경청이 되며 지속적인 사랑이 받쳐주어야 함.

(3) 적극적 경청의 좋은 점
① 학생의 감정을 해소시킬 수 있음
② 교사에게 따뜻한 감정을 갖게 함
③ 학생이 교사의 말도 경청하게 됨
④ 학생 스스로가 문제를 해결하는 방법도 터득함
⑤ 항상 학생의 문제를 해결해 주는 부담에서 벗어날 수 있음

6) 자기의 의사전달의 기술

(1) 너 전달 법(You Message)
'네가 나쁘다'는 의미가 포함되어 행동을 변화시키는 데 저항감을 갖게 하며, 거절당했다는 느낌과 자신에 대해 호감을 갖지 않는다고 생각하게 된다. 교사가 습관적으로 너 전달법을 사용하면 아동은 교사를 배려하는 행동을 할 수 있는 기회를 잡을 수 없게 되고 자신의 행동을 고치고도 성장감 보다는 위축감을 느

끼게 되어 진정한 행동 변화를 이루기 어렵다.

(2) 나 전달 법(I Message)

교사의 마음이 불편할 때, '너'라는 말보다는 '나'라는 주어를 사용하는 전달법을 쓰는 것이 효과적이다. 상대방의 행동에 대하여 부정적인 평가를 하지 않음으로써 방어 심리나 거부감이 생기지 않고 서로의 관계를 저해하지 않는다. 문제가 있는 사람에게 스스로 변화하려는 의지를 높일 가능성이 크며, 문제 행동이 고쳐졌을 때 위축감보다는 성장감과 자존감을 느낀다.

7) 교사의 긍정적인 행동

① 인사를 잘 받고 칭찬을 많이 한다.
② 실수를 시인하며 이해를 부탁한다.
③ 대화를 통하여 문제를 풀어간다.
④ 인신공격보다는 1대1 상담을 통해 잘못을 바로 잡는다.
⑤ 결과만 추궁하지 말고 과정을 밝혀 조치한다.
⑥ 잘못에 대한 적절한 꾸중을 한다.
⑦ 친구와 싸울 때도 이해하도록 설득한다.
⑧ 미래에 대한 정보를 알려준다.
⑨ 유익한 경험담을 들려준다.
⑩ 사소한 일에도 관심을 보이며 친근미가 넘친다.
⑪ 권위 의식보다는 함께 하려는 의지를 보여준다.
⑫ 적당히 유머가 있고 흥미 있는 수업을 한다.
⑬ 감명 깊은 책을 권하거나 유익한 영화 이야기를 적당한 때 해 준다.
⑭ 학급행사에 관심을 보여 준다.
⑮ 성적부진을 몰아세우기보다는 격려를 아끼지 않는다.
⑯ 늘 미소 띤 모습으로 대해 준다.

8) 사랑하는 마음으로

생활지도에서 무엇보다 중요한 것은 학생들을 사랑하는 것이다. 불경에는 남에게 베푸는 방법 여섯 가지를 들어 놓았는데, 그것을 생활지도를 해야 하는 우리의 자세에 비추어 보면. 그 첫 번째가 눈으로 하는 사랑이다. 학생들을 바라 볼 때 아주 인자하고 부드러운 눈빛으로 바라보아 주는 것이다. 어렵지 않고 힘들여 배우지 않아도 누구나 할 수 있다. 그 다음은 마음으로 하는 사랑이다. 학생들을 대할 때엔 언제나 마음 속 깊이 참으로 사랑하는 마음으로 지도하는 것이며, 그들에게 말로써 사랑을 표시하여 학생들로 하여금 선생님이 자신을 아끼고 사랑함을 알게 해 주어야 한다.

다음으로는 몸과 재물로 하는 사랑이다. 학생들의 어려움을 함께 체험으로 나누어야 한다. 힘이나 노동으로 또는 여건이 허락한다면 작은 선물로 그들에게 사랑을 베풀어주는 것이다. 그러나 교사만이 할 수 있는 가장 큰 사랑은 역시 가르침이다. 열성을 다하는 교육애로써 학생들을 사랑할 때 그들에게는 스승을 본받으려는 의지가 생길 것은 물론이고, 스승을 존경하는 학생들은 문제 행동을 일으킬 수 없지 않을까?

생활지도는 어려운 것 같지만 어떻게 보면 아주 쉬운 것 같고, 쉬운듯하지만 아주 어려운 교사들의 당면문제이다. 학생들이 만나고 싶어 하는 교사, 학생들 곁에 꼭 있어야할 교사가 되려면 그들을 진실로 사랑하는 마음으로 생활지도를 해야 할 것이다.

2. 생활지도의 실제

1. 생활습관 형성

1) 생활습관의 개념

생활습관에 대한 학문적 개념은 학자나 학설에 따라 조금씩 달리하고 있다. 그러나 생활습관이란 한 개인의 생활에 있어서 기본이 되는 생활양식으로서, 첫째는 자기 자신을 스스로 관리하는 것이며, 또 하나는 자기와 관계되는 사람과 주변의 환경을 잘 관리하는 일을 의미한다.

2) 생활습관의 중요성

'습관은 제2의 천성'이라는 말처럼, 생활습관은 곧바로 성격을 형성하고 품성을 바꾸는 바탕이 된다고 볼 수 있으므로, 어릴 때의 습관은 개인적으로는 그 사람의 일생을 좌우하고 크게는 국가사회의 장래를 결정짓는다고 할 수 있다.

또한 사람의 일생은 습관에 의하여 이루어진다는 말처럼, 어떤 사태에 대한 각자의 반응 행동과 사고의 진행 방향은 각자에게 내재한 행동과 사고의 습관에 의하여 이루어진다고 판단할 때 '습관은 습관을 만든다'는 말처럼 좋은 습관을 지닐 수 있게 되므로, 아동기의 습관형성은 매우 중요하다.

아동기의 적절한 버릇들이기는 아동들이 자기 연령에 맞게 건강하고 안전하게 행동하도록 돕는 것이다. 아동기는 생활습관과 건전한 생활 정신을 형성할 수 있는 중요한 시기로, 생활 습관들의 체계가 앞으로 아동 자신의 성장을 주도하는 기본적인 인격의 바탕이 된다.

생활습관은 일정한 행동이 반복되었을 때 주위 환경에 적응해 가면서 형성되며, 한 번 형성되면 쉽게 변하지 않으며, 무의식적으로 기계적으로 행동하게 된다. 특히 아동기에 형성된 습관은 평생 동안 고치지 못하는 경우도 있다. 그러므로 아동들의 기본 생활 습관 형성은 인간의 전인적 발달 맥락에서 통합적, 총체적으로 이루어져야 하며, 또한 중요하게 취급되어야 한다.

3) 생활습관 지도 방법

아동들은 몸과 마음이 가소성(Plasticity)을 지니고 있기 때문에 마치 찰흙처럼 여러 가지 모양으로 빚어낼 수 있다. 초등학교 1학년 시기는 기본 생활 습관 지도의 최적의 시기로서 "왜 하느냐?"에 대한 본질적인 질문보다 "어떻게 지도해야 하느냐?"에 대한 방법론적인 측면이 더 중요하다.

생활습관 지도의 영역은 자신을 스스로 관리하기 위한 지도와, 자기와 관계되는 주변 사람들과의 환경을 관리하는 것으로 구분한다. 자기 자신을 관리하는 능력은 스스로 좋은 자조성의 기초가 되며, 남과 더불어 살 수 있는 힘의 뿌리가 되는 것이다. 중요한 것은 무조건적으로 따라 하는 것이 아니라, 왜 그렇게 해야 되는지 이유를 설명해 주어야 하는 것이다.

새로운 것을 배우는 데는 흥미가 매우 중요한 역할을 한다. 좋은 습관을 들이려 할 때는 왜 그렇게 해야 하는지 충분한 이유를 설명해 주어야 한다. 특히 방법론적인 측면에서 아동교육을 살펴보면 다음과 같다.

(1) 이야기 나누기

아동과 교사, 아동과 아동이 함께 일과를 계획하거나 경험을 나눔으로써 자기가 해야 할 일을 약속하고 지켜야 할 규칙을 만들게 된다. 각자의 생활에서 불편하고 불쾌한 것이 무엇인가를 이야기함으로써 확인하게 된다. 그러므로 함께 만든 규칙을 지키며, 남을 불쾌하게 하는 것을 서로 통제하고자 하는 동기가 유발되어 자기 조절이 가능해 진다.

(2) 토의하기

아동을 소집단으로 모아 문제 상황이나 갈등 상황을 차례로 이야기하도록 하여 각각 다른 생각과 느낌을 가질 수 있다는 것을 발견하게 하고, 문제 해결을 위해 생각을 좁혀 나가는 과정에서 남의 말을 듣고 양보하며, 해결 방안을 제안하는데 뜻을 모으는 경험으로 유도한다.

(3) 극 활동

기본적 생활 습관 덕목에 관련하여 바람직한 행동과 바람직하지 못한 행동이 나타나는 구체적인 상황을 이야기로 꾸며 그 장면을 극화함으로써 관람한 아동들이 느낌을 표현할 기회를 갖게 되며, 바람직하지 못한 행동에 대한 비판적 사고를 갖게 된다. 한편 바람직한 장면은 좋은 시범이 될 수 있다.

(4) 게임활동

규칙이나 약속이 즐거운 놀이를 진행시키는 것을 알게 되고, 문제나 갈등을 해결하기 위해서는 합의된 규칙으로 바꿀 수 있다는 규범의 가치를 알게 된다.

4) 교사의 역할

(1) 시범자의 역할

아동기에 기대되는 기본 생활 습관의 구체적인 행동은 상황에 따라 그 모형이 제시되어야 한다. 그 상황에 따라 교사는 어떻게 말하며 행동하는가를 보여 주는 세련된 수준의 모델이 된다.

(2) 보조자의 역할

기본 생활 덕목 개념에 대해 적절히 설명해 주어야 하며, 갈등과 문제 상황을 위한 토의에 적극 참여하여 아동들의 의견을 바람직한 방향으로 이끌어 가는 역할을 한다.

(3) 격려자의 역할

많은 아동들은 자조 능력이 미숙함으로, 성인이 기대하거나 약속한 수준에 도달하지 못한다. 그러므로 실패시 죄책감이나 두려움을 갖지 않도록 이들을 격려해 주어야 한다.

(4) 조력자의 역할

교사는 학습 내용을 결정하고 환경을 구성해, 주며 자료를 제공하고 학습을 도와 주고, 학습 과정을 평가하여 저해되는 요인을 발견하고 수정하면서 지도하는 역할을 한다.

(5) 부모 교육자의 역할

아동들의 생활은 가정생활의 영향을 더 크게 받을 수 있기 때문에 부모들의 참여 없이는 성공적이 될 수 없다. 교육 내용을 부모에게 소개하며, 자율적인 학습이 가능하도록 가정의 총체적인 환경 구성의 배려와 구체적 경험 활동을 제시해 주는 일이다.

2. 예절교육

1) 예절교육의 개념

예절교육이란 좁은 뜻으로는 '예의범절을 가르쳐서 익히게 하는 것'이지만 넓은 뜻으로는 '한 사람의 어엿한 사회인으로서 완성시키는 일'이다. 단순히 예의범절을 가르치는 것이 아니라, 어린이가 한 사람이 어엿한 사회인이 되기 위해 필요한 생활 습관이나, 행동, 태도, 가치관(현대 사회를 올바르게 살아가는데 필요한 생활 습관이나 행동, 태도, 가치 형성) 등의 광범위한 내용을 익히게 하는 것이다.

2) 예절교육의 성격

예절은 시대에 따라 변한다. 또 민족에 따라, 나라에 따라 다르다. 그러나 사회생활을 원만히 하고, 사회질서를 유지하기 위해 사람으로의 도리를 다 한다는 점에서 다름이 없다. 우리의 예절교육에서는 우선 전통 예절에 바탕을 두고, 민주사회, 국제화 시대에 걸 맞는 새로운 예절을 정립하는 일이다. 우리의 전통 예절을 고집할 것이 아니라, 새로운 시대 상황과 사회현상에 적응할 수 있게 변용한다는 말이다. 또한 행동적이고 실천적인 예절지도에 앞서, 그 내면에 있는 도덕 규범, 가치의식, 세계관, 철학이념 등을 알게 하는 단계까지 이르러야 한다.

3) 예절교육의 목표

손님을 맞이하고, 부모에게 효도하고 형제간에 우애가 있으며, 밖에 나가서는 어른을 공경하고 신의 있게 행하는 것 등은 유교적 전통사회에서 가장 기본적인 예절로 존중되었으나, 오늘날의 안목으로 보면 종적인 개인윤리에 그치는 면이 크다.
오늘의 사회는 자유 민주주의를 신봉하는 횡적이고 개방적인 사회이다. 그러므로 사회를 구상하는 개개인이 그 사회의 성패에 책임을 분담하는 민주 시민으로서의 공동체 의식과 개방화, 국제화 시대에 걸맞는 예절을 지니게 하는데 예절교육의 목표를 두어야 할 것이다.

4) 예절교육의 중요성
'세살 버릇 여든까지 간다'는 속담이 있듯이, 어린 시절의 예절 습득은 일생을 통하여 인격 형성의 기초가 되며, 개성 신장은 물론 사회 발전에 큰 영향을 미치게 된다. 백화점에 새로 입사한 젊은 종업원에게 '어서 오십시오'라는 간단한 인사말을 6개월간이나 교육시킨다고 한다. 그리고 또 6개월 정도를 실습시켜야 다소 인사말 사용이 어색하지 않게 된다고 한다. 이것은 예절 습득이 얼마나 어려운가를 일깨워 주는 일화이며, 어려서부터의 예절 지도가 얼마나 중요한가를 일깨워 준다.

또한 가정마다 예절에 대한 생각이나 입장이 다를 수 있다. 어떤 부모들은 낯모르는 사람이 손을 흔들거나 아는 체를 하면 같이 인사를 하고 답례를 해야 한다고 가르치고, 어떤 부모는 모르는 체 해야 한다고 가르친다. 부도덕한 사회 현실을 탓해야 되겠지만, 사유가 어떻든 어린이의 입장에서 보면 가치관의 혼란이 일 수 밖에 없다. 가장 가까운 부모들 밑에서 배워온 예절 교육과 다른 모든 사람들로 배우는 예절 교육 내용이 다를 수가 있어서 어린이들로서는 일관성을 잃게 된다는 뜻이다. 이에 따라 학교나 가정, 사회가 서로 연계성을 갖고 일관성 있는 예절지도를 해야 할 환경조성의 필요성이 요구되고 있다.

5) 예절 교육의 문제점

아동들은 선천적으로 가지고 있는 자신의 소질을 스스로 발휘하여 실현시켜 나아갈 수 있는 능력을 가지고 있다. 따라서 아동들의 주변 환경이 그 소질을 충분히 발달시킬 수 있는 능력을 가지고 있다. 따라서 아동들의 주변 환경이 그 소질을 충분히 발달시키는데 적합 하느냐 못하느냐에 따라 아동들의 선천적인 자질 실현방향이 결정된다. 그것이 바로 사회적으로 보아 바른 행동의 모범아동이나 문제아동이 되는 것이다.

가정교육이 소홀해지고, 부모들의 사고방식 또한 안이하게 바뀌어 예절교육을 예사롭게 여기는 경우가 많아지게 되었다. 밝게 뛰어놀며 밝게 자라야 할 아동들에게 지적인 발달에는 깊은 관심을 가지고 많은 투자를 하지만, 정녕 인간으로서 중요한 기본 생활예절의 무지에 대해서는 일깨워 주고자 하는 마음이 없고, 그저 나이가 들면 알게 되겠지 하는 안이한 생각을 가지고 있는 경우가 많다. 이렇게 생각하면 현대 어린이들의 예절교육의 최대 걸림돌은 부모의 자녀교육에 대한 그릇된 인식과, 가정교육의 부재라는 것이다.

6) 예절 교육의 방법

(1) 감화법
감화법은 말이 없는 지도법을 말한다. 어린이들은 말보다는 눈으로 배운다고 한다. 솔선수범을 통하여 감화시킨다는 것은 예절지도에 있어서 가장 중요한 것이라 할 수 있다. 예절은 눈으로 보고 몸으로 배워 가는 것이기 때문에, 무엇보다 중요한 것은 한두 마디의 말로 되는 것이 아니고 부모나 교사 자신이 모범을 보여야만 된다는 것이다. 결국 어린이들을 예의 바르게 키워내기 위해서는 교사나 부모들 자신이 더 많이 생각하고 스스로 몸에 익혀 자녀들에게 보여주는 수밖에는 없다.

(2) 훈련법

되풀이 하지 않으면 어린이들은 금방 잊기 쉽다. 두 번, 세 번 반복하여 훈련을 시키고 습관화시켜야 한다. 현대사회에서 잘 지켜지지 않는 공중도덕도 어려서부터 반복적인 지도가 미흡했기 때문이다. 특히 중요한 것은 존댓말을 하는 것, 죄송합니다, 감사합니다. 등의 인사말은 어려서 말을 배울 대부터 반복하여 가르쳐야 한다. 한 번 무너진 예절을 다시 일으켜 세운다는 것은 쉬운 일이 아니다.

(3) 체험 활동

예절교육은 행위학습과 인지학습으로 구분할 수 있는데. 대체적으로 인지학습을 많이 하고 있는 실정이다. 초등학교 학업 성적을 보면 도덕과의 성적이 제일 높은 편에 속하는데 행동은 그렇지 못하다고 한다. 이것은 예절을 포함한 도덕을 잘 인지하고는 있는데 반하여 행동으로 실천되고 있지 않다는 것을 뜻한다.

예절도 집단 활동에서 일어나는 여러 가지 예절이 지켜지는 활동에 개인이 참여함으로써 교육을 받을 수 있다. 아동들이 예절이 지켜지고 중시되는 활동에 참여하는 동안에 예절에 맞는 지적, 정서적 성향을 획득하게 된다. 그러므로 예절지도는 체험활동을 통한 행위 학습이 뒤따라야 예절 생활습관이 잘 형성될 것이다.

3. 학교생활 적응 지도

1. 입학 전

1) 바른 생활 습관 기르기

- 학교 가기 한 시간 앞서 일어나는가?(보통 아침 7시 30분)
- 특별한 때가 아니면 밤 10시전에 잠을 자는가?
- 대변과 소변은 시간 맞추어 잘 가리는가?(아이들은 환경이 바뀌면 당황해서 엉뚱한 일을 저지를 때가 있다. 학교에 가기 전에 화장실 쓰는 법을 설명해 주

고, 용변이 마려우면 선생님께 꼭 말씀드리라고 일러준다).
- 밥 먹기는 제 때에 알맞게 하는가?
- 스스로 책가방을 잘 챙기는가?
- 옷이나 신발을 자기 힘으로 잘 차려 입는가?
- 낯선 사람을 대하는 요령은 알고 있는가?
- 10분 이상 주의집중을 하는가?
- 아침에 일어나 세수하기, 이 닦기를 혼자서 잘 할 수 있는가?
- 간단한 지시 사항은 잘 옮겨 하는가?

2) 필요한 물품 갖추기

- 가방 : 가볍고 질기며 등에 맬 수 있는 것
- 필통 : 골고루 넣을 수 있고 소리가 나지 않는 것
- 크레파스 : 학교의 특별한 요구가 없으면 12색 정도가 무난
- 색연필 : 심이 무르고 색깔이 선명하며 실로 풀어 쓰는 것
- 연필 : 심이 무른 2B 정도를 3~4개 준비
- 지우개 : 공책이 찢어지지 않을 정도의 부드러운 재질의 것
- 공책 : 미리 많이 준비하지 말고 반드시 담임선생님의 요구 참조
- 옷 : 활동하기 편하고 땀 흡수가 잘 되며 질기고 세탁에 쉬운 것(여자아이들도 특별한 경우가 아니면 바지를 입는 것이 편함).
- 신발 : 비싼 것보다는 가볍고 질기며 벗기에 편한 것
- 실내화 및 신발주머니 : 가까운 문구점에서 구입
- 이름표 : 학교에서 요구하는 색 구입
- 손수건 : 휴지와 손수건은 반드시 준비
- 기타 : 그 외 학용품은 사정에 따라 구입.

3) 학교 방문하기

- 학교까지 걸어서 어느 정도 걸리는지 알고 있는가?
- 건널목을 건널 때의 규칙을 알고 있는가?
   ▶ 저학년 아동의 교통사고율이 가장 높음. 특히 산만한 아동이 사고를 많이 당함.
- 골목길에서 나올 때나 교차로를 지날 때의 요령을 알고 있는가?
- 등하교 길에 유해 업소는 없는가?
- 등하교 길에 으슥한 곳이나 위험요소는 없는가?
   ▶ 성교육 - 자신의 중요한 부분은 누구도 만지지 않도록 지도(고함, 상담).

- 학교를 찾아가 1학년 교실의 위치를 확인하였는가?
- 학교의 여러 시설들의 위치, 특히 화장실의 위치를 확인하였는가?
  ▶ 자신의 생리 작용은 선생님께 꼭 말씀드려 참지 말고 해결하도록 지도함
- 때로는 집 화장실보다 지저분해서 못 가는 경우가 있음.
- 기타 : 같이 다닐 수 있는 동무들은 사귀었는가?
- 자신의 모든 물건에 이름을 썼는가?
  ▶ 자기 물건의 소중함과 책임감 갖도록 늘 지도해야 함.

4) 공부방 꾸미기

  학교에서 교실이 중요한 삶의 공간이라면 가정에서는 공부방이 중요한 활동공간이다. 학습 환경은 학습능력을 높여 주는 중요한 조건이다.
- 학년이 달라질 때마다 새롭게 꾸며 준다.(새로운 마음)
- 공부방을 아이의 독립 공간으로 인정해 주고 정리와 청소 따위 모든 책임을 어린이에게 맡긴다.(아이 스스로 할 때까지 인내하며 지도. 강요는 절대 안 됨)
- 변화를 주어야 한다.(사진, 그림, 시간표 따위 : 주인의식 갖도록)
- 아이의 의견을 물어 함께 설계하고 꾸민다.
- 공부방이 따로 없더라도 개인 정리함은 꼭 마련해 준다.(독립심, 자발성, 책임감을 기르는데 좋음)
- 안전한 공간이 되게 해야 함.

2. 입학 후

1) 가방 챙기기

  가방은 전날 미리 챙기도록 습관을 들여 주는 것이 좋다. 학교에서 안내해 주는 유인물을 보고 준비한다. 처음에는 부모님이 같이 하면서 책과 준비물을 챙기는 법을 가르쳐 준다. 아이가 조금 익숙해지면 옆에서 보아주기만 한다. 책과 준비물은 스스로 찾아서 가방에 넣도록 한다. 답답하다고 부모님이 다 해 주면 아이는 언제까지나 가방 챙기는 법을 배울 수 없다.
  과목마다 필요한 준비물은 미리 나가기 때문에 부모님이 직장 다녀서 준비를 못했다는 핑계는 통하지 않는다. 준비물이 없으면 학교에서 열심히 할 수가 없고 그런 일이 자꾸 쌓이면 아이는 점점 책임감이 없어지고 게을러진다. 학교생활에 재미를 느끼지 못하게 되며, 심한 경우는 의기소침해지고 자신감이 없어진다. 다른 아이들은 열심히 하는데 혼자 장난만 치게 된다. 책과 준비물 챙기는 일은 아이의 성격 형성과 교우관계에까지 영향을 미치므로 결코 소홀히 생각하지 않았

으면 한다. 구하기 어려운 것이나 사정상 미처 준비하지 못했으면 알림장에 그 사정을 적어서 선생님께 양해를 구한다.

  2) 물건에 이름 쓰기

  아이의 모든 소지품에는 이름을 써야 한다. 자기 물건을 잃어버리고도 찾지 않는 어린이가 많기 때문에 교실에는 주인 못 찾은 물건들이 많다. 물건을 잃어버렸을 때는 반드시 야단을 치는 것이 좋다.

  3) 등교시간
  학교에 도착하는 적당한 시간은 8시 40분에서 50분이다. 너무 이르거나 빠르면 횡단보도 건널 때 위험하고, 학교에서 소란을 피우거나 안전상 문제가 생길 수도 있다. 등교시간을 알맞게 지켜 준다.

  4) 학습지도에 대해

- 준비물 스스로 챙기기 - 챙길 때까지 참고 기다리기.
- 스스로 책 읽기 - 부모의 책 읽는 모습, 서점 함께 가보기, 학년 수준에 맞는 건전한 책 사주기.
- 숙제 - 질문의 전환(오늘 숙제 뭐냐? 숙제 했어? 보다는 오늘 학교에서 뭘 물어봤어? 제일 재미있게 배운 게 뭐니?)
- 숙제를 확인하고 스스로 할 수 있도록 도와줌.
- 교과 공부 - 학교에서 선생님 말씀 잘 듣고 따라 하고, 숙제를 알아서 하기.
- 학원 - 교과는 학교에서 하는 대로 잘 따라 하기. 학원은 가능하면 어린이가 좋아하는 취미활동을 중심으로 선택.
- 현장학습 - 박물관 견학, 음악회, 미술 전시회, 자연관찰장, 학습전시관 등을 기회 닿을 때마다 견학함.

4. 생활지도 실천 덕목

1. 가정에서

  1) 일어나서

- 정해진 시각에 일어나서 잠자리를 스스로 정리하게 한다.
- 이부자리 개기, 잠옷 개기, 창문 열고 방 정리하기
- 집안 어른께 문안 인사를 드리도록 한다("○○○, 안녕히 주무셨습니까?").

2) 아침 활동

- 간단한 운동을 하고 세수를 하도록 한다.
- 도울 수 있는 집안일을 돕도록 한다.
- 오늘 해야 할 일을 조용히 생각해 보도록 한다.
- 학습 시간표를 보고 학습 준비물을 확인해 보도록 한다.
- 즐거운 마음으로 아침 식사를 꼭 하도록 한다.
- 어른이 먼저 수저를 든 후 식사를 하도록 한다.
- 식사하기 전에 부모님의 은혜에 감사하는 마음을 갖도록 한다.
- 음식은 바른 자세로 골고루 먹도록 한다.
- 식사시 맛있는 반찬에 대한 칭찬이나 즐거움을 줄 수 있는 내용으로 대화하도록 한다.
- 바쁠 때에는 "먼저 일어나겠습니다." 하고 인사를 한 후에 일어나도록 한다.
- 식사를 하고 난 후 "맛있게 먹었습니다." 하고 인사를 하도록 한다.
- 식사 후에는 꼭 이를 닦도록 한다.

3) 등교 준비

- 학교에 갈 옷으로 갈아입고 몸차림을 단정히 하도록 한다.
- 거울 앞에서 몸차림이 단정한지 확인하도록 한다.
- 집안 어른께 "○○○, 학교에 다녀오겠습니다." 하고 웃는 얼굴로 인사를 한 후 집을 나서도록 한다.

4) 등교할 때

- 학교에 등교할 때는 앞을 보면서 바른 걸음으로 걷는다.
- 가장 안전한 길을 선택하여 길 왼쪽으로 걷도록 한다.
- 동생이나 친구를 만나면 함께 등교하도록 한다.
- 선생님, 웃어른을 만나면 반갑게 인사를 하도록 한다.
- 교통 규칙을 잘 지키도록 한다(신호등, 횡단보도).
- 횡단보도를 건널 때는 오른쪽으로 건너도록 한다.
- 횡단보도에 도착하여 차도에 내려 서 있지 않도록 한다.

- 군것질이나 오락을 하지 않고 곧바로 등교하도록 한다.
- 길거리에서는 놀이나 장난을 하지 않도록 한다.
- 정해진 시각까지 등교하도록 한다.
- 휴지를 발견하면 주워서 쓰레기통에 넣도록 한다.

5) 집으로 돌아와서

- "○○○, 학교에 다녀왔습니다."하고 웃는 얼굴로 인사하도록 한다.
- 집에서 입는 옷으로 갈아입고 손발을 깨끗이 씻도록 한다.
- 책가방을 풀고 오늘 공부한 내용을 복습하거나 숙제를 하도록 한다.
- 내일 학습 준비물을 챙기고 예습하도록 한다.
- 부모님의 심부름이나 집안일을 돕도록 한다.

2. 학교에서

1) 복도 통행

- 발꿈치를 들고 조용히 왼쪽으로 다니도록 한다.
- 복도에서 다른 사람에게 방해가 되는 행동을 하지 않도록 한다.
- 복도에서 서성대거나 모여서 잡담을 하지 않는다.
- 복도에서 어깨동무를 하거나 나란히 옆으로 함께 걷지 않는다.
- 뛰거나 괴성을 지르는 일, 장난을 치는 일을 하지 않는다.
- 복도에서 선생님이나 어른을 만나면 고개를 가볍게 숙여 인사를 드린 후 먼저 가시도록 한다.
- 이웃 교실을 넘보거나 기웃거리며 돌아다니지 않도록 한다.
- 복도 모퉁이를 돌아갈 때는 다른 사람과 부딪치지 않게 조심하도록 한다.
- 골마루의 벽이나 전시판, 물건에 함부로 손대지 않으며 낙서를 하거나 먹물, 물감이 묻지 않도록 조심한다.
- 앞사람과 한걸음 이상 떨어져 한 줄로 서서 바른 자세로 걷도록 한다.
- 바쁠 때에는 뛰지 말고, 좌우를 살피면서 잔걸음으로 소리가 나지 않게 빨리 걷도록 한다.

2) 계단을 오르내릴 때

- 계단을 오르내릴 때에는 왼쪽으로 한 계단씩 안전하게 오르내리도록 한다.
- 계단을 오르내릴 때는 상체를 앞이나 뒤로 굽히지 않고 바른 자세로 오르내

리도록 한다.
  - 앞사람과 한 걸음 이상 간격을 유지하고, 뒷짐을 지거나 주머니에 손을 넣고 걷지 않도록 한다.
  - 계단에서 뛰거나 장난을 치지 않도록 한다.
  - 계단의 난간을 넘거나 미끄럼을 타지 않도록 한다.
  - 계단을 오를 때에는 남성이 먼저 오르고, 내려갈 때는 여성이 먼저 내려가도록 한다.
  - 계단을 오르내릴 때 밑에 있는 사람이 위를 쳐다보는 것은 실례가 되므로 위를 쳐다보지 않도록 한다.

  3) 교무실 또는 교실의 출입

  - 용의가 단정한지 살펴보고 용의를 단정히 하도록 한다.
  - 출입문 앞에서 '똑똑똑' 노크를 하고 응답이 있으면 문을 열고 들어가도록 한다.
  - 출입문이 열려 있어도 노크를 한 후 들어가도록 한다.
  - 출입문을 조심스럽게 열고 들어간 후 닫고 선생님께 가도록 한다.
  - 발걸음 소리가 나지 않도록 사뿐사뿐 걷도록 한다.
  - 선생님 앞에 가서 공손히 인사를 드린 후 용건을 말씀드리도록 한다.
  - 선생님의 이야기를 들을 때에는 바른 자세로 듣고, 선생님이 물을 때는 부드럽고 똑똑한 목소리로 대답하도록 한다.
  - 용무를 마치고 나올 때는 인사를 하도록 한다.
  - 문은 조심스럽게 열고 나와서 가볍게 닫도록 한다.

  4) 수업 시간

  - 허리와 가슴을 펴고 바른 자세로 의자에 깊숙이 앉으며 다리를 가지런히 모으도록 한다.
  - 책은 왼쪽, 공책은 오른쪽에 두며 선생님 말씀을 잘 듣도록 한다.
  - 글씨를 쓸 때는 연필을 바르게 잡고 공책의 오른쪽이 약간 위로 올라가도록 한 후 자세를 바르게 하여 쓰도록 한다.
  - 발표를 할 때는 바른 자세로 서서 똑똑하고 분명한 목소리로 자기의 생각을 전하도록 한다.
  - 선생님이 말씀하실 때는 바른 자세로 앉아 중요한 것은 메모하며 듣도록 한다.
  - 공부 시간에 옆 사람과 이야기를 하거나 공부와는 관계없는 행동을 하지 않

도록 한다.
- 공부 시간에 발표를 할 때나 친구끼리 토의할 때 경어를 사용하도록 한다.
- 발표를 하거나 질문을 할 때는 일어서서 하도록 한다.
- 선생님이 질문을 할 때는 선생님을 바라보며 왼팔을 'ㄴ'자 모양으로 굽히고 손바닥을 펴서 손 끝이 귀의 높이가 되게 올려 발표 의사를 표시하도록 한다.
- 발표가 끝난 후에는 약속된 손가락 신호에 따라 자기의 의사를 표현하도록 한다.
- 일어설 때는 걸상을 뒤로 밀어낸 후 옆쪽에 서서 친구가 많은 쪽을 향하여 발표하고, 앉을 때는 걸상을 소리가 나지 않게 하여 앉도록 한다.
- 선생님이나 친구가 말할 때는 끼어들지 않도록 한다.

5) 쉬는 시간

- 수업을 마친 후에 학용품을 정리하고 다음 수업 시간에 사용할 교과서와 공책, 준비물 등을 책상의 왼쪽에 정리해 두도록 한다.
- 쉬는 시간에 용변을 보도록 하며, 용변을 본 후에는 손을 씻는 습관을 기르도록 한다.
- 수업 시작의 음악이 울리면 놀던 장소를 정리하고 옷의 먼지를 턴 후 교실로 빨리 들어가도록 한다.
- 교실에서 이야기를 할 때 다른 사람에게 방해가 되지 않도록 하며, 장난을 치지 않도록 한다.
- 자리를 이동할 때는 걸상을 책상 밑으로 밀어 넣도록 한다.
- 책걸상 정리정돈을 잘하며 다른 사람의 물건이 떨어져 있을 때는 주워서 돌려주도록 한다.
- 심한 운동이나 놀이는 피하도록 한다.
- 시작종이 울리면 이번 시간에 공부할 내용을 살펴보도록 한다.

6) 점심 시간

- 식사 전에는 반드시 손을 씻도록 한다.
- 식사를 하기 전에 부모님이나 음식을 먹도록 도와주신 분께 감사하는 마음을 갖도록 한다.
- 식사는 정해진 자리에서 하도록 한다.
- 음식을 입에 넣은 채 이야기를 하지 않도록 한다.
- 식사 중에 교실을 돌아다니거나 장난을 치지 않도록 한다.
- 식사 중의 대화는 즐거움을 줄 수 있는 내용으로 하되 다른 사람의 기분을

상하게 하는 말은 하지 않도록 한다.
  - 음식물을 흘리는 일이 없도록 하며 흘렸을 때는 즉시 치우도록 한다.
  - 음식은 천천히 골고루 먹고 남기지 않도록 한다.
  - 점심을 먹고 난 후 도시락을 정리하여 가방 속에 넣어 두도록 한다.
  - 식사 후에는 주변을 정리하고 더러워진 부분은 깨끗이 닦도록 한다.
  - 책상과 걸상을 바르게 정리하도록 한다.
  - 우천시는 교실에서 자기가 하고 싶은 일을 하거나 친구와 모둠 활동을 하되 다른 사람에게 방해가 되지 않도록 한다.

7) 책걸상 사용

  - 책걸상을 두드리거나 책상에 낙서를 하지 않도록 한다.
  - 항상 책걸상 정리 정돈을 잘하며 이동할 때는 들어서 옮기도록 한다.
  - 걸상에서 일어나 다른 곳으로 갈 때에는 걸상을 책상 밑으로 꼭 밀어 넣도록 한다.
  - 책상 속은 항상 깨끗이 하고 책상 위도 깨끗이 닦도록 한다.
  - 책상 위로 다니거나 책상 위에 앉지 않도록 한다.
  - 책상이 파손된 것은 선생님께 말씀드려 고치도록 한다.
  - 책상 관리가 미흡한 아동은 책상 실명제를 실시하도록 한다.

8) 화장실 사용

  - 화장실은 교실에서 가장 가까운 곳을 이용하도록 한다.
  - 사람이 많을 때는 조용히 줄을 서서 기다리도록 한다.
  - 화장실에 들어가기 전에 가볍게 노크를 하도록 한다.
  - 화장실 밖에서 노크를 하면 안에서도 노크를 하여 사람이 있다는 신호를 보내도록 한다.
  - 화장실에 들어가면 문을 잠그고 바른 자세로 용변을 보며, 사용한 휴지는 쓰레기통에 정확히 버리도록 한다.
  - 화장실의 벽에 낙서를 하거나 변기에 쓰레기를 버리지 않도록 한다.
  - 화장실에 들어갈 때는 실내화를 신고 출입하며, 신발을 신는 일이 없도록 지도한다.
  - 용변을 본 후 물을 내려 다음 사람이 이용할 때 불쾌하지 않도록 한다.
  - 사용시 실수로 변기에 오물이 묻었을 때는 화장지로 닦아서 다음 사람에게 불편을 주지 않도록 한다.
  - 옷매무새를 단정히 하고 나오도록 한다.

- 세면대에서 손을 깨끗이 씻도록 하고, 손에 묻은 물을 거울이나 다른 사람에게 뿌리지 않도록 한다.
- 수돗물을 사용할 때는 차례를 지키며 한 방울의 물도 아껴 쓰도록 한다.
- 물을 다 사용한 후에는 수도꼭지를 잘 잠그도록 한다.
- 수도꼭지를 틀어놓고 장난을 치지 않도록 한다.
- 세면대에 휴지, 걸레조각, 쓰레기 등을 버리지 않도록 한다.
- 미술 시간 후에 화장실을 사용할 때 사전 지도를 충실히 하도록 한다.
- 화장실 청소 당번은 가능한 물의 사용을 억제하도록 한다.

9) 하교할 때

- 하교시에는 정해진 우천도로로 다니도록 지도한다.
- 하교시에는 친구들과 놀지 말고 집으로 곧바로 가도록 한다.
- 하교시 부모님의 허락 없이 친구 집에 바로 놀러가는 일이 없도록 한다.
- 하교시 군것질을 하거나 오락실이나 PC방에 가지 않도록 한다.
- 하교시 장난을 치거나 주위의 물건에 손대지 않도록 한다.
- 하교시 교통 규칙을 잘 지키고 차도에 내려가지 않도록 한다.
- 출입이 금지된 곳에는 절대로 들어가지 않도록 한다.
- 길을 걸으면서 공 등의 물건을 던지거나 차는 일이 없도록 한다.

◉ 바른 생활 실천카드

이름 (   )

월 주		2000년 월 일 - 2000년 월 일
실천덕목	실천 과제	실천한 내용
		월 :
		화 :
중점 실천 계획		수 :
1.		목 :
2.		금 :

♣ 나는 바른 생활을 하는 어린이입니다 ♣

덕목	실천 내용	요 일							실천결과	
		월	화	수	목	금	토	일	○	△
효행	등·하교시 부모님께 인사를 했는가?									
	집안 일이나 심부름을 했는가?									
예절	웃어른께 인사를 공손히 했는가?									
	바른 자세로 식사를 했는가?									
질서	교통질서를 잘 지켰는가?									
	실내에서 조용히 했는가?									
인간 존중	남에게 친절을 베풀었는가?									
	고운 말 바른 말을 썼는가?									
협동	역할 분담 활동을 잘 했는가?									
	남에게 폐를 끼치지 않았는가?									
자주	예습, 복습과 과제는 잘 했는가?									
	자기 주변을 깨끗이 정리했는가?									
절약	학용품을 아껴 썼는가?									
	군것질은 하지 않았는가?									
청결	옷차림과 손, 발이 깨끗했는가?									
	휴지는 버리지 않았는가?									
금주의 반성	잘 한 점									
	잘못한 점									

제6장 인성교육

1. 인성교육의 개념

 인성(人性, personality)이란 포괄적인 개념으로, 이에 포함되는 심리적 특성은 성격, 기질, 인격 등으로 주로 정서, 가치지향과 같은 정의적 측면과 연관되어있다. 인성의 사전적 의미는 인간의 성품(性品)으로 정의되고 있다. 성품은 사람의 성질과 품격(品格)을 의미한다. 사람의 성질은 마음의 바탕을 이루며, 인간 의 마음은 흔히 지적인 요소, 정의적 요소, 행위적 요소로 구성되어 있다고 보고 있다. 품격은 사람 된 모습을 뜻한다. 사람이 사람다운 것은 일정한 가치 기준에 도달할 것을 상정하고 있는 것이다.
 인성교육이란 인간의 성격, 사고, 신념, 가치, 태도, 감정, 자세를 포함한 전 인격적 품성을 함양하는 교육으로, 인간의 행동 규범과 가치관 정립에 주요인이 되는 감성과 이성을 동시에 계발하여 긍정적인 의식을 고양시키고, 변화된 행동 양식과 새로운 가치관, 긍정적 태도를 갖게 함으로써 바람직한 사회인으로 성장시키는 전인교육이다.
 인성교육은 인간교육이나 인격교육, 덕성교육과 거의 차이가 없으나, 단지 인간교육은 덕성과 능력을 신장시키는 교육임에 비해 인성교육은 주로 덕성 함양에 중점을 두는 교육으로 정의되어 있어, 인성교육이 덕성 위주의 교육임을 암시하고 있다. 그러나 인간교육 역시 지·덕·체가 겸비된 조화로운 인간 양성이라는 점에서 인성교육과 큰 차이가 없다.

1. 인성교육의 관점

1) 인간교육의 관점

 인간교육은 사람다운 사람으로 만드는 교육이며, 이는 이미 우리의 전통교육에서 인간의 도리를 가르치는 것으로 의미가 규정되어 왔다. 이의 의미는 공자(孔子)가 논어 전편을 통해 일관되게 주장해 온 도, 덕, 인(道, 德, 仁)의 가르침과 상통하는 것으로, 사람의 올바른 삶과 행실 그리고 남을 돕는 것의 중요성과 다른 사람에 대한 이해와 사랑의 가치를 의미한 것이다. 이는 곧 인, 의, 예, 지(仁, 義, 禮, 智)로서 인자함과 의로움과 예의를 지킴과 참다운 지식의 배움을 교육의 근본 가치로 두었던 것이다.
 오늘날 우리 사회에서 추구하는 인간상도 이러한 범주를 벗어날 수 없다면, 인성교육은 이러한 인간상을 만드는 교육이라 하겠다.

2) 인격교육의 관점

 인격이란 사람으로서의 됨됨이, 인품, 사람으로서의 가치 있는 존재를 뜻하는 것인데, 물건에 품격이 있는 것처럼 사람에게도 격이 있어 저차원적인 인격으로부터 고차원적인 인격의 정도가 있으며, 결국 인성교육이란 고차원적 인격의 소유자를 만드는 교육이라 하겠다. 그리고 인격은 주된 배움이 도덕성을 통해 이루어지기 때문에 실제 인격교육은 도덕교육을 통해 이루어진다고 볼 수 있다.
 보다 구체적으로는 인격의 구성 요소를 도덕적 앎과 도덕적 감정과 도덕적 행동의 세 가지 요소와 이의 하위 요소로 보면, 인격교육은 옳고 그름을 알고 올바른 판단을 내려 행동으로 실천시키는 교육이라 하겠다.

3) 심리교육의 관점

 초등학교 현장에서 가장 보편적으로 쓰이는 용어가 심성교육이다. 바른 심성이란 인지적 측면보다 정의적 측면을 강조하는 것으로 성격과 정서교육을 핵심 개념으로 삼고 있다. 특히 성격은 심리학적 의미로 사람이 지닌 특정한 반응 양식 내지는 행동 양식의 반응으로, 한 개인이 다른 사람과의 관계 속에서 자기의 삶을 어떻게 엮어 나가느냐 하는 것과 맥을 같이한다.
 따라서 심리교육이란 올바른 심성을 가진 사람이 되도록 교육시키는 것이며, 구체적으로는 다음과 같다.
 첫째, 자기 자신을 올바르게 이해하는 사람,
 둘째, 현실에 대한 올바른 이해 속에서 밝은 마음으로 과제와 역할을 수행할 수 있는 사람,
 셋째, 타인에 대한 공감적 이해와 존중의 자세를 가진 사람이 되도록 하는 것으로, 자신의 능력을 최대한으로 살리면서 공동체와 더불어 인간답게 살 수 있도록 하는 교육을 뜻한다.

 이상의 세 가지 관점에서 인성교육의 의미를 살펴보면 의미상의 차이보다 접근 방법상의 강조점에 차이가 있을 뿐이다. 이의 공통점을 추출하여 인성교육의 개념을 정리하면 다음과 같다.
 첫째, 인성교육은 긍정적인 세계관과 자아관을 가지고 밝은 성격으로 자기에게 주어진 과제와 역할을 잘 수행하도록 도와주는 교육이며,

둘째, 인성교육은 다른 사람과 더불어 사는 삶을 소중하게 여기면서 이를 실천하도록 도와주는 교육이며,
셋째, 인성교육은 도덕성이나 예술을 통해 삶의 질을 높이도록 도와주는 교육이라고 할 수 있다.

2. 인성교육의 필요성과 목적

1) 인성교육의 필요성

교육의 본질이란 사람을 사람답게 만드는 교육이다. 다시 말하면 남의 아픔을 이해하고 그 아픔을 같이할 수 있는 온정성과 공동의 가치증진에 공헌할 줄 아는 공익성과 더불어 살 줄 아는 협동성 등 새로운 인간적 가치관을 가진 사람을 기르는 교육이다. 이 같은 사람은 심성을 바르게 갖게 함으로서 길러질 수 있는데 이것이 바로 인성교육이다.

(1) 발달적 측면
인성은 사람이 어떤 경험을 하느냐에 따라 크게 변화하고, 그 사람의 삶의 방향과 도덕적 행위의 질적 수준이 이에 따라 결정된다. 성장과정에서 경험한 것들이 인간 삶의 방향타 구실을 하며, 삶의 수준을 결정해 준다. 따라서 발달단계에 맞는 인성교육은 개인적으로나 사회적으로 필수적으로 요구된다.

(2) 환경적 측면
인성이나 인격은 환경과의 유기적 관계 하에서 생성하고 발전하여 내면화된다. 따라서 인성은 환경에 대해 역동적인 특성을 띠며, 환경과의 유기직 관계에서 이해할 수 있다.
최근 청소년들의 사회적 일탈행위, 청소년 범죄의 폭력성과 연소화는 우리 사회가 해결해야 할 고민거리 중의 하나로 등장하고 있다. 이러한 고민은 건전한 민주시민 의식과 합리적인 가치관의 확립에 대한 필요성을 제기하고 있다. 그러나 민주시민 의식이나 합리적 가치관은 주어지는 것이 아니라 교육을 통한 습득과 내면화 과정이 전제되어야 한다.

2) 인성교육의 목적

인성교육은 사람의 성품을 교육하는 것이라고 볼 때, 성품은 마음의 바탕과 사람됨으로 구성된다. 그러므로 인성교육은 마음의 바탕과 사람됨을 교육하는 것이라 할 수 있다.

인성교육은 Rousseau가 말한 '자연으로 돌아간 인간 본래의 심성'을 찾게 하여 지·덕·체가 조화된 전인(全人)을 길러 따뜻한 마음을 가지고 함께 생활할 수 있는 사람을 기르는데 있다. 또한 인성교육은 인간의 지·정·의를 긍정적으로 변화시켜, 인간의 가치를 극대화하는 활동으로 이해되기도 하는데, 이는 인성교육의 목표가 개개인의 인격완성과 자아실현을 통해서 보다 나은 미래사회, 인격과 인격이 더불어 살아가는 사회를 건설하는데 있음을 의미한다.

더불어 살아가는 것을 흔히 공동체라고 한다. 공동체란 같은 목적과 의식을 공유하고 생활을 나누며 공동의 목표를 추구하는 무리나 모임을 일컫는 말이다. 공동체의 범위는 넓게는 지구, 국가, 민족을 포함하며, 좁게는 가정, 학교, 사회를 의미한다. 공동체의 진정한 의미는 자발적으로 공동의 의식과 목표를 공유하고, 생활을 나누는 것이다. 공동체 의식이라는 말은 공동체의 구성원으로서 같이 지니고 있고, 또한 지녀야 할 가치관이나 윤리의식에서부터 감정이나 정서까지를 포함하는 포괄적인 의미를 갖는다.

따라서 인성교육은 아동들로 하여금 상호간에 더욱 친밀하고, 서로 이해하며, 더욱 자유롭고 평등하며, 서로 협력하고, 전인적인 관계를 맺으며, 감정적 응집을 강화하며, 심적 충만감을 갖고 사는 공동체를 이루는 데 있다고 할 수 있다.

3. 인성교육의 원리

1) 통합적 접근의 원리

인성교육은 학교교육의 어느 한 부분에만 해당되는 것이 아니라 학교의 전체 활동과 관련되기 때문에 통합적 접근이 요구된다. 교과교육, 생활지도, 특별활동, 학교 및 학급운영 등 학교의 전 영역을 통해 인성덕목의 학습기회를 갖도록 배려해야 한다.

2) 관계성의 원리

인성교육은 인간관계의 교육이다. 교사와 학생간, 교사와 학부모간, 학생과 학생간의 인간적 만남의 관계가 유지되는 것이 곧 인성교육이다. 그러므로 교사와 부모는 학생의 모범이 되고 자상한 생활의 안내자가 되어야 하며, 도덕적인 문제를 학생과 함께 고민하고 논의할 수 있는 자질이 있어야 한다.

3) 지속성의 원리

인성덕목의 학습은 일시적이거나 단속적이어서는 안 된다. 학생들이 어떤 계기로 바람직한 행동특성을 학습했다 할지라도 그것이 계속적으로 실현되지 않으면 내면화와 습관화되지 못한다. 따라서 인성덕목의 학습은 학교에 꾸준히 학습할 수 있도록 계획하고 실천해 나가야 한다.

4) 자율성의 원리

교육의 장에서는 학습자가 주체가 되어야 한다. 인성교육은 궁극적으로 학생 각자가 스스로 올바른 도덕의식을 갖고 이를 실천해 나가도록 도와주는 과정이라고 할 수 있으므로, 인성교육은 학생들의 적극성과 능동성에 기초해야 한다. 그러나 자율성을 발휘할 수 있는 능력은 발달단계에 따라 차이가 있으므로, 학년이 올라갈수록 자율적인 경험의 기회를 늘리도록 해야 한다.

5) 체험의 원리

인성교육의 결과가 도덕적 지식을 획득하는 수준에 그치는 것이 아니라 학생의 가치관 형성에 직접적으로 기여하고 내면화되어야 한다. 교육내용이 학생의 정신세계 속에 완전히 내면화되기 위해서는 생활에서의 체험이 중요하다. 이러한 원리에서 볼 때 학교에서 비언어적인 인성교육의 접근방법을 보다 더 강화할 필요가 있다고 본다. 궁극적인 환경조성과 생활지도를 통해서 체험하거나 활동하는 기회를 많이 제공하는 것이 필요하다.

4. 인성교육의 방법

1) 실천위주의 인성교육

현대사회에서 기본적으로 필요로 하고 있는 규칙적인 생활, 정리정돈, 위생청결, 물자절약 등의 기본생활 습관지도의 경우는 초등학교 시기부터 철저하게 실천위주의 인성교육으로 이루어져야 한다. 기본생활 습관에 관한 "나의 다짐" 혹은 "우리들의 약속" 등과 같은 실천점검표를 제작하고, 가정과 학교생활의 종합적인 생활지침서를 만들어 교육한다.
○ 이치를 깨우쳐서 알게 하는 것(합리적 설복).
○ 좋은 본보기가 되는 것(솔선수범).
○ 경험을 통하여 습관화되고 몸에 배도록 하는 것(체험).

2) 체험중심의 인성교육

바른 인성함양은 체험활동과 상호 보완적인 관계이므로, 다양한 체험활동으로 인성교육을 하면 자연스럽게 인성이 형성될 수 있으므로, 체험 활동의 실천이 인성 교육의 좋은 방법이라고 볼 수 있다.

인성함양 교육의 지양할 점과 지향할 점을 보면, 획일성, 기계적 학습, 교사 주도식 교육, 타율적 통제식 훈련, 학습 기회의 불평등성이며, 지향점은 학습자의 인격적 존엄성, 총체적 성장 겨냥, 개별성 개념의 충족, 공동체적 삶의 경험, 자율성과 창조성의 성장 등이다.

- ○ 각종 수련회 참가
- ○ 예절교실을 통한 기본예절 지도
- ○ 사회의 유관시설 견학
- ○ 가족신문, 예절신문 만들기
- ○ 효 실천 과제학습
- ○ 효행의 날 행사
- ○ 효행 일기 쓰기
- ○ 봉사활동 등.

3) 내면화를 통한 인성교육

인성교육의 근본적인 기저에는 의식의 내면화가 우선한다고 볼 수 있다. 내면화에 의한 인성교육은 흔히 낡은 것으로 간과되기 쉽지만 매우 중요한 프로그램이다.

- ○ 명상의 시간 운영(영상매체로 입체화)
- ○ 3분 묵상 자료
- ○ 봉사활동 등.

4) 자율성을 제고하는 인성교육

인성교육이 지향하는 인간상은 궁극적으로 볼 때 자율인이라고 할 수 있을 것이다. 스스로 판단하고 스스로 행동하는 인간이다. 따라서 인성교육의 모든 프로그램들이 자율성을 바탕으로 이루어져야 하며, 학생들의 자율성을 제고하는 방향으로 이루어져야 한다.

- ○ 친교활동이나 학급행사
- ○ 소풍
- ○ 교내 체육대회
- ○ 학예발표회
- ○ 불우이웃 돕기 등.

5) 집단 활동을 통한 인성교육

집단 활동은 학생들의 자율성을 제고하는 한편, 개인의 성취감을 심어주는 측면에서 볼 때 그 교육적 효과가 매우 높다고 본다. 불우이웃 돕기, 소집단 발표학습 등 학급활동에서 교과 수업활동에 이르기까지 다양한 소집단 활동과 '소집단 활동록 쓰기' '모둠일기 쓰기' 등을 통한 친교활동과 상담활동은 학생들의 공동체의식이 함양에도 크게 기여할 수 있다.

보다 체계적인 인성교육을 위한 소집단 체제의 인성교육 학습프로그램을 다음과 같다.
- ○ 긍정적 자아 개념 형성 프로그램
- ○ 대인관계 프로그램
- ○ 자기주장 훈련 프로그램
- ○ 봉사활동 프로그램
- ○ 위인전 읽기 프로그램
- ○ 성격교정 프로그램

< 인성교육의 영역 >

중점지도 영역	내 용	구 현 활 동
자아확립	·정직 ·근면 ·성실 ·자주 ·절제	○시상제 활용을 통한 학생의 자긍심 함양 ○학예 발표회를 통한 학생의 소질 계발 ○선현의 교훈 실천 지도를 통한 바른 인성지도 ○바람직한 행동 발달 평가를 통한 자아의식 고취 ○학생의 욕구 불안 해소를 통한 바람직한 인성 형성 ○학교 가정간의 대화 연계 지도를 통한 긍정적인 자아의식 함양
기본생활습관	·규칙적 생활 ·정리정돈 ·청결 ·위생 ·물자절약	○책가방 없는 날 운영을 통한 바른생활 습관 기르기 ○기본 생활 습관 지도를 통한 건전의식 함양 ○예절교실 활용은 통한 바른 생활 예절 기르기 ○명상의 시간 운영을 통한 건전 의식 함양 ○바른 위생생활 실천을 통한 자기 건강관리 능력 향상 ○기본 생활 예절지도 자료를 활용한 기본 생활 습관화 ○교통안전 교육 체제를 위한 교통안전 생활의 습관화 ○남에게 폐 끼치지 않는 공중도덕 실천 지도
효도·경애	·기본예절 ·효도	○밥상머리 교육을 통한 효심 고취 ○가족 신문 발간을 통한 서로 돕는 마음 기르기 ○가족 간의 역할 활동을 통한 협동심 기르기

	·경애	○부모와 자녀간의 대화 나누기를 통한 가족 간의 바람직한 관계 개선 방안 ○효행지도를 통한 바람직한 인성지도 ○가훈 실천 활동을 통한 가계 정신 이어 받기 ○가족 취미 활동을 통한 가족 간의 공동체 의식 함양 ○가정 사랑의 날 운영 ○선현들의 효경 사상 동일시 지도 ○고전 읽기를 통한 효심 함양
공동체 의식	·질서 ·협동 ·준법 ·타인 존중과 봉사 ·환경보호	○애향단 활동을 통한 공동체의식 함양 ○청소년 수련 활동을 통한 협동심과 극기력 배양 ○내 고장 자랑 발표회를 통한 애향심 기르기 ○역할 부여 활동은 통한 학급의 수용적 분위기 조성 ○급우간의 단짝 관계 형성에 의한 고립아의 행동 교정 ○학급 행사에 학생의 자율적 참여를 통한 협동심 고취 ○집단 표창제 운영을 통한 공동체 의식 함양 ○내고장 문화재 답사를 통한 고장의 자랑 알고 본받기

2. 활동중심 인성지도 프로그램

<1> 당신은 사랑받기 위해 태어난 사람

▶ 목적 : 생일을 함께 축하하고 기뻐해 주는 기회를 제공하여 구성원간의 우애를 다지고 화목한 분위기를 조성하며, 다른 사람의 기쁨의 에너지를 함께 나누는 공동체의식과 긍정적 사고를 배양한다.

▶ 방법 :
① 학년 초에 아동들과의 상담을 통해서 생일 조사하기
② 학급안내판을 통해서 그 달에 생일을 맞은 아동들의 명단 게시하기
③ 한 달에 한 번 공동의 생일잔치를 식순에 따라 개최하고 각자 정성껏 마련한 선물 전달하기.
④ 생일날은 간단한 축하의 말 전달과 사랑의 대화 시간 갖기
⑤ 생일축하 잔치 후에는 부모님께 감사하는 시간을 갖기

<2> 나를 알려 드립니다

▶ 목적 : 다음의 질문에 답함으로서 자신에 대하여 생각하고, 자기를 다른 사람에게 구체적으로 소개할 수 있는 자세를 길러준다.
▶ 방법 :
① 다음에 제시하는 질문에 스스로 답 하도록 한다.
② 그리고 다른 사람에게 자신의 글을 일거 주면서 자신을 소개 하도록 한다.

① 제 이름은 _____ 이고, 본명은 _____ 입니다.
② 제 별명은 _____ 이지만, 나는 _____ 라고 불러 주길 바랍니다.
② 나는 _____ 학교 _____ 학년 _____ 반이며
   담임선생님을 (좋아 / 싫어) 합니다.
   그 이유는 _____ 때문입니다.
③ 나의 가족은 모두 _____ 식구입니다.
   나는 그 중에서 _____ 째입니다.
④ 나는 _____ 에서 태어났으며,
   지금은 _____ 에서 살고 있습니다.
⑤ 나의 장점은 _____ 이며,
   단점은 _____ 입니다.
⑥ 내가 가장 좋아하는 가수는 _____ 이며,
   노래는 _____ 입니다.
⑦ 최근에 부모님께 야단을 맞았다면 그 이유는?
   _____
⑧ 가장 최근에 본 영화 또는 만화책은 _____ 이며,
   그 이유는 _____ 입니다.
⑨ 내가 가장 좋아하는 음식은 _____ 이고,
   가장 싫어하는 것은 _____ 입니다.
⑩ 나는 성격 중 _____ 를 아주 자랑스럽게 여깁니다.
⑪ 올 여름방학 때 꼭 하고 싶은 것은 _____ 입니다.
⑫ 내가 현재 가지고 있는 것 중에 가장 소중한 것은 _____ 입니다.
⑭ 나는 _____ 에 꼭 가보고 싶습니다.
   그 이유는 _____ 입니다.
⑮ 하나님이 내게 소망을 물으시면 난 _____ 라고 대답하겠습니다.
⑯ 어른이 되면 나는 _____ 일을 하고 싶습니다.

제6장 인성교육

<3> 내 모습 살펴보기

1. 나의 신체적 조건 중에 자랑할 만한 것들은 무엇일까?
   ①
   ②
   ③
   ④
   ⑤

2. 내 성격의 좋은 점 찾기.
   ①
   ②
   ③
   ④
   ⑤

3. 나의 대인관계에서 좋은 점은 무엇인가?
   ① 부모님에게 :
   ② 친구들 사이에 :
   ③ 선생님에게 :
   ④ 여자친구(또는, 남자친구)에게 :
   ⑤ 기타(써클, 종교단체 등....)

4. 다른 사람과의 관계에서 내가 잘 할 수 있고 또 앞으로 잘하고 싶은 것은?
   ①
   ②
   ③

<4> 엄마, 아빠 사랑해요

▶ 목적 : 가정은 사랑으로 맺어지는 곳이다. 학생들은 이곳에서 사회적 집단의 성원이 되는 자질을 체험한다. 이렇게 가정만이 갖는 고유한 기능을 제대로 발휘하려면 가족끼리 서로 돕는 마음가짐이 필요하다. 서로의 입장에서 한번쯤 생각해보고 가족 속에서 자신의 위치를 확인해보는 뜻 깊은 가족 사랑을 유도한다.

▶ 방법 :
   ① 젊어지는 샘물-어느 날 부모님과 함께 등산을 가서 샘물을 마셨는데

다음날 아침 부모님이 자신보다 어린학생으로 변했다면 하루가 어떻게 달라질지 이야기해보기
② 자신이 어버이가 되어 9살 아들딸에게 편지쓰기
③ 만일 이 세상에 ○○○가 없다면 가상여행 떠나기

<5> 우리는 한 가족

▶ 목적 : 새학기가 시작되면 매우 분주함 속에 아동들은 아동들대로, 새로운 분위기를 파악하느라 탐색전을 벌인다. 그러면서 매우 오랜 시간을 가져가면서 서로를 익혀간다. 그래서인지 선생님도 왠지 오랜 시간동안은 서먹서먹함을 갖게 된다. 이러한 감정을 털어 버리고 재미있는 놀이와 행사로 분위기를 한껏 고조시켜 상쾌하고도 즐겁게 시작하게 한다.

▶ 방법 :
① 전체 학생을 둘씩 짝지어서 둥글게 원을 그리고 앉게 한 후, 정해진 짝끼리 상대방에 대하여 소개하는 시간 갖기
② 소개하는 시간이 지나면 교사는 순서를 정하여 짝끼리 일어나 서로의 파트너를 소개해 주는 시간 갖기
③ 나는 누구일까요?
- 자기 이름이나 직접적인 표현을 삼가게 하고 취미, 특기, 가족사항, 사는 곳, 좋아하는 위인, 꽃, 동물, 연예인, 책, 신체적 특징, 생일 등 자기를 특징지을 수 있는 사항 등을 써서 추첨함에 넣기
- 추첨해서 이름을 맞추기

<6> 소중한 나

▶ 목적 : 자아를 존중하며 자신의 잠정적인 장래 계획을 세우게 함으로써 뚜렷한 목표의식을 가지게 하고 그 계획을 위해 노력하는 태도를 기르고자 한다.

▶ 방법 :
① 거울아, 거울아
- 거울아, 거울아 누가 제일 예쁘니? 거울 앞에서 묻고 답해보기
- 자신이 좋아하는 옷차림 소개하기
- 단정한 옷차림으로 친구들 앞에 서보기
② 오늘은 나도 ○○○가 되어
- 자신이 좋아하는 사람을 소개하며 다른 사람과 자신을 동일시해보기
③ 내 이름에 색깔을 입혀요

- 자신의 이름으로 삼행시를 지어 발표하며 이름의 다른 모습 찾아보기
④ 우리반 기네스북
- 너의 특기 자랑 발표하기
⑤ 함께 살아갈 아름다운 세상 세상 그리기
- 미래의 자기 모습과 미래에 만들어갈 아름다운 세상을 그림으로 표현해보고 친구들에게 말해 주기

<7> 나에게 가장 소중한 것은?

▶ 목적 : 아이들에게 소중한 것은 무엇인지 느낄 수 있도록 하고, 그 동안 소중히 여기지 못하고 있던 것들에 관심을 가질 수 있도록 한다.
▶ 방법 :
① 조그마한 종이를 10장 준비하도록 한다.
② 자기에게 소중한 것들을 한 장의 종이에 하나씩 쓴다(물건이나 사람 모두 가능).
③ 적는 것이 모두 끝나면 그 중에서 덜 소중한 것을 하나씩 버리도록 한다.
④ 버리면서 아이들은 많은 갈등을 하게 되고 자기에게 이것이 소중하다는 생각을 갖게 된다.
⑤ 모두 끝나면 왜 그것만 남았는지 이유를 발표하게 한다.

<8> 가장 기뻤던 일

▶ 목적 : 자신의 과거를 돌아보고 자신의 감정을 표현할 기회를 갖고, 구성원 간의 이해를 심화하는 기회를 갖는다.
▶ 준비물 : 켄트지(50cm×50cm) 1인당 1장씩, 크레파스나 색사인펜 또는 파스텔 1인당 1통
▶ 방법 :
"우리는 생활하면서 즐거운 일도 있고 괴로운 일도 있다. 이제 우리 친구들이 지난 1년간 학교나 집에서 지내면서 가장 기뻤던 일과 가장 슬펐던 일을 생각해 보고 그것을 그림으로 나타내 보도록 하겠습니다."
① 준비물을 배부한다. 1인당 켄트지 1장씩과 크레파스(파스텔) 1통씩을 배부한다.
② 켄트지를 반으로 나누어 중간되는 자리에 가로로 선을 긋게 한다.
③ 최근에 가장 기뻤던 일을 생각하여 켄트지 윗부분에 그리도록 한다.
④ 최근에 가장 슬펐던 일을 생각하여 아랫부분에 그리도록 한다.

⑤ 아동들이 다 그렸으면 자유롭게 발표하도록 한다.
- 유의사항 : 그림은 상징적인 것이므로 잘 그릴 필요는 없고, 도형, 숫자 등 무엇이든지 상관이 없다.

<9> 나에게 영향을 준 사람들

- 목적 : 지금까지 쉽게 말하지 않았던 지난날의 갈등과 불안, 그리고 기쁨을 '사람'을 중심으로 이야기 나눔으로써 정서적으로 정화를 이루고 상호 이해를 깊이 한다.
- 방법 :
  ① 종이와 연필을 준비하여 그 종이 위에 현재의 자기가 존재하도록 영향을 준 사건이나 사람을 생각나는 대로 표현하게 한다.
  ② 자기 자신을 종이의 중앙에 표시한다.
  ③ 생각나는 사람이나 사건을 동그라미로 나타낸다. 영향을 크게 끼쳤으면 크게, 작게 끼쳤으면 동그라미를 작게, 자신과 가깝다고 생각하면 가깝게, 멀다고 생각하면 멀게 그린다.
  ④ 모두 그리고 나면 자신에게 도움을 주었던 분들의 이야기를 함으로써 감사하는 마음을 갖는다.

<10> 자랑스런 내 친구

- 목적 ; 급우의 장점을 보고 또 급우가 기록해 준 나의 장점을 보면서 다른 사람을 이해하며 자기이해의 기회를 갖고자 급우의 장점 찾아 발표하므로서 구성원간의 상호 존중과 인간관계의 융화를 꾀하고 학생의 자주성, 사회성, 개성을 신장시킨다.
- 방법 :
  ① 친구의 장점을 학습, 성격, 기능 등 모든 면에서 찾기
  ② 친구의 장점을 발견하여 친구 생일날에 칭찬카드에 적어 주기
  ③ 월별로 자랑스런 내 친구를 칭찬하는 시간 갖기

<11> 칭찬하기

- 목적 : 학력만이 사람을 평가하는 잣대가 될 수 없다. 칭찬해줘야 마땅한 품성을 지닌 아동들과 그 행동을 학급 친구들 전체가 뽑아서 칭찬해줌으로써 공부보다 더 소중한 인성을 갖도록 한다.
- 방법 :

① 설문지에 각각 1위부터 5위까지 쓰기
- 가장 표정이 밝은 친구는?
- 가장 성실한 친구는?
- 가장 많은 친구가 있는 친구는?
- 가장 인기 있는 친구는?
- 가장 재미있는 친구는?
- 가장 운동을 잘하는 친구는?
- 가장 친구들을 잘 도와주는 친구는?
- 가장 착한 친구는?
- 가장 정의감이 넘치는 친구는?
- 가장 씩씩한 친구는?
② 각 항목별로 점수를 합산해서 각 분야별 최고 인기 친구를 뽑아 칭찬해준다.

☞ 내가 칭찬해주고 싶은 친구 다섯 명

이 름	선택한 이유(구체적으로)

☞ 내가 충고해주고 싶은 친구 다섯 명

이 름	선택한 이유(구체적으로)

<12> 미완성 문장 완성하기

▶ 목적 : 미완성 문장을 채움으로서, 그 과정에서 자신을 생각하게 되고, 자신과의 관계에 있는 사람에 대하여 생각하는 시간을 갖는다.
▶ 방법 :

① 다음에 제시하는 문장을 잘 생각해보고 완성하도록 한다.
② 학년에 따라서 적당한 문장을 골라서 몇 가지만 제시할 수도 있다.

① 내가 가장 좋아하는 친구는
_____

② 내가 백만장자라면
_____

③ 내가 대통령이라면
_____

④ 내가 신이라면
_____

⑤ 만일 내가 나이를 마음대로 정할 수 있다면
_____

<13> 나에게 요술방망이가 있다면

▶ 목적 : 아동 자신의 소망을 표현해 보며, 긍정적인 자아개념을 확립시킨다.
▶ 준비물 : 백지 1인당 1장, 필기구 1인당 1자루
▶ 방법 :
  "여러분에게 만약 요술방망이가 있다면 무엇을 하시겠습니까? 어떤 사람은 가지고 싶은 물건을 나오라고 할 수 있겠고, 어떤 사람은 바라던 일을 이루기 위해 자기를 어떤 사람으로 바꾸게 할 수도 있을 것입니다. 이 요술방망이가 있으면 세상에 안 되는 일이 전혀 없습니다. 이 요술방망이로 여러분은 무엇을 하시겠습니까? 어떤 물건이나 일이라도 좋습니다. 이 요술방망이로 하고 싶은 일, 혹은 갖고 싶은 물건을 적어보시기 바랍니다."
  ① 준비물 배부
  ② '나에게 요술방망이가 있다면'이란 제목으로 글을 적게 한다.
  ③ 다 적었다고 생각되면 발표시킨다. 이때는 글의 내용뿐만 아니라 왜 그것을 원하였는지도 이야기하게 한다.
▶ 유의사항 :
  ① 실현가능성과는 별도로 자유롭게 적게 한다.
  ② 생각을 정리하게 하기 위해 2-3분간 명상을 시키는 방법도 좋다.

<14> 가치 명료화하기

▶ 목적 : 자신의 행동이나 생활 전체에 영향을 미치는 중요한 가치관이 무엇인지 확인해 본다.
▶ 방법 : 다음 질문에 대하여 기록하고 발표하도록 한다.
　　　　① 지난 두 주 동안에 자신이 결정한 일 두 가지를 써 보세요.
　　　　② 자신이 지난 두 주 동안에 참여했던 활동이나 회의, 모임 두 가지를 써보세요.
　　　　③ 지금까지 자신의 생활 가운데 가장 의미 있었다고 생각되는 경험 두 가지를 써 보세요.
　　　　④ 최근에 만족스러웠던 일 두 가지를 써 보세요.
　　　　⑤ 자신을 항상 화나게 하는 경험이나 상황을 두세 가지 써 보세요.
　　　　⑥ 꼭 이루고 싶은 소원 세 가지를 써 보세요.
　　　　⑦ 행복이란 무엇일까요? 나의 생각을 써 보세요.
　　　　⑧ 만일 1주일 밖에 살 수 없다면 그 일주일을 어떻게 보낼 것인가?
　　　　⑨ 만일 앞으로 10년만 더 산다면, 10년 동안 어떤 일을 할 것인지, 다섯 가지만 적으세요.

<15> 나의 미래 설계

▶ 목적 : 나의 미래를 학교별, 나이별로 구분하여 설계해 본다. 자신의 인생을 설계하면서 장래의 꿈을 명료하게 설정하고, 준비 과정에 필요한 것과 채워 나가야할 것들을 스스로 깨닫게 한다.
▶ 방법 :
　　　　① 내가 어른이 되어 하고 싶은 일과 집안 어른들이 내가 커서 어떤 사람이 되길 원하는지 알아보고 적어 보시오.

구분	일의 종류(직업명)	그렇게 바라는 까닭
내가 어른이 되어 하고 싶은 일		
집안 어른들이 나에게 원하는 일		

　　　　② 내가 어른이 되어 하고 싶은 일을 선택했을 경우와 집안 어른들이 원하는 일을 선택했을 경우를 예측해서 그 결과(좋은 것, 나쁜 것)를 세 가지 이상 적어 보시오.

구분	내가 하고 싶은 일을 선택했을 때	집안 어른이 원하는 일을 선택했을 때
결과 1		
결과 2		
결과 3		

<16> 그리고 그 다음은?

내가 태어난 날 /
지금의 나는? /

5년 후의 나 /

10년 후의 나 /
15년 후의 나 /

20년 후의 나 /

<17> 사물과의 대화

▶ 목적 : 자연 속에서의 인간, 그리고 나 자신을 돌아봄으로써 자신에 대해 모다 더 통찰하는 시간을 갖는다.
▶ 방법 : 내가 쓰는 책상과 나의 대화를 역할극 대본 형식으로 써보기, 아침에 일어나면 매일 보이는 해님에게 편지 쓰기 등.

<18> 비상탈출

▶ 여기는 태평양의 푸른 바다 위, 가족여행을 떠나던 비행기가 추락 위기에 직면했어요. 낙하산으로 비상 탈출을 시도할 거예요. 아! 다행히 작은 섬이 보여요. 다음의 물건들을 참고해 우리 가족은 어느 것을 선택할지 5가지만 고르고 이유도 써 보세요.

비누, 수건, 안경, 시계, 손전등, 라이터, 바늘, 실, 칫솔, 치약, 가위, 칼, 담요, 코트, 주전자, 컵, 카메라, 녹음기, 동화책, 책, 축구공, 풍선, 목걸이 반지, 핸드폰, 지도, 비상식품, 약품, 성냥, 라이터, 물감, 도화지 등.

선택한 것	선택한 이유
①	①
②	②
③	③
④	④
⑤	⑤

제7장 성교육

1. 성과 성교육

1. 성이란 무엇인가?

1) 일반적인 성 개념

① SEX : 선천적으로 타고난 성의 차이를 기준으로 한 생물학적인, 생식적인, 일차적인 성 개념이다. 일반적으로는 생식기, 성행위 위주의 성 개념으로 통용되고 있다.
② GENDER : 여성성, 남성성이라는 성 역할을 중심으로 사회화 과정에서 만들어진다는 이차적인 성이다. 여성과 남성이 사회 문화적인 조건에 따라 키워지고 만들어진다는 후천적인 성 개념이다.
③ SEXUALITY : 근대에 와서 프로이드는 성을 한마디로 '생물학적, 사회 문화적인 것 등을 포함한 총체적이고 전면적인 것'이라 정의했다. 남녀관계에서 벌어지는 모든 것을 다 포괄하는 폭넓은 성 개념이다.

따라서 우리는 성을 다음과 같이 이해할 수 있을 것이다.

① 성은 본능이다. 성은 배고픔과 같은 하나의 강렬한 욕구와 같이 자연스럽고 생리적인 것이다. 배가 고프면 먹어야 하고, 목이 마르면 물을 마셔야 하며, 잠이 오면 잠을 자야만 한다. 그러나 인간은 배가 고프다고 아무데서 아무것이나 먹지 않는다. 이에서 지나면 동물이다. 아무리 먹고 싶어도 참을 줄 알고, 먹는 장소도 가려서 먹을 줄 아는 것이 인간이다.
② 성은 종족보존의 수단이다. 성은 본능적으로 종족을 보전하도록 만들어 졌다. 인간은 자유의지에 의하여 성을 조절할 수 있으며, 또한 언제 몇 명을 낳을 것인가 결정할 수 있다. 그러나 동물은 본능에 의하여 발정기에 성욕이 발동하도록 되어 있다. 자기의 성욕을 조절하지 못한다면 동물과 다를 바가 없는 것이다.
③ 성은 인간관계의 표현이다. 성은 남녀를 맺어주는 역할(애정강화)을 하며, 욕구충족의 행위를 통하여 원만한 관계유지와 생활을 하도록 한다. 그리고 성생활은 상호존중과 배려의 정신의 발로가 된다. 따라서 상대방의 건강과 심리적인 상태를 고려하지 않고, 진정한 인격적인 사랑이 없는 단순한 쾌락으로서의 성행

위는 음행이나 강간에 지나지 않는다.

④ 성은 자연스럽고 아름다운 것이다. 성은 은밀한 것이 아니라, 그리고 또한 단순히 육체적인 것이 아니라 한 인간의 정신을 구성하는 것이기 때문에, 성을 도구화하거나 수단화 하는 것은 인간 자체를 도구화하거나 수단화하는 것이 된다. 성행위는 남자와 여자 사이의 전 인간적인 사랑의 표현이기 때문에 자연스럽고 아름다운 것이다. 그러므로 성은 행위 자체가 중요한 것이 아니라 인간의 이성과 감성, 정신과 육체의 통합을 기초로 하는 하나의 인간관계이며, 인간을 더욱 인간답게 하는 본성으로서 생명의 힘과 열정의 자원이다.

2) 성의 3요소

성이라고 하면 남성과 여성을 구분하는 성별개념과 성적 결합이라는 성행위를 의미하는 두 가지 개념이 있다. 성적결합의 성행위는 생식기가 다른 남녀가 관계를 맺으면서 만들어 내는 모든 것을 총체적으로 일컫는다. 이러한 성행위는 생명, 사랑, 그리고 쾌락을 만들어 낸다. 올바른 성이란 생명과 사랑, 쾌락의 세 가지 요소가 조화를 이루어 함께 있어야 건강해질 수 있는 것이다.

① 생명 : 생명은 원초적인 본능으로 생명이 원만해야 사랑과 쾌락도 풍부해진다. 이 세 요소는 인간의 역사와 함께 존재해온 것으로 어느 것 하나 부족하거나 빠지게 되면 문제가 발생하는 것으로 생명과 사랑과 쾌락이 조화롭게 있을 때 아름다운 인간의 성이 될 것이다.

② 사랑 : 남녀의 사랑은 성실하고 진실한 만남 속에서의 책임이 따르는 관계로서, 인간의 격을 높이고 서로의 품격을 올려주는 사랑이 될 때 이러한 사랑의 힘을 자신과 상대방만이 아니라 사회까지 변화시키는 에너지를 가지고 있다.

③ 쾌락 : 가짜 쾌락은 감각 하나만으로 쾌락을 완성하려는 것으로 그 끝은 변태와 마약으로 흐른다. 포르노와 음란물에서 보여지는 쾌락은 바로 가짜 쾌락이다. 진짜 쾌락은 생각과 마음이 함께 하는 것으로 생활을 기초로 결합한 성이다. 이러한 쾌락은 서로의 유대감을 높여주는 요소로 작용하여 힘이 되는 진짜 쾌락인 것이다.

2. 성교육의 필요성

"아이들에게 꼭 성교육을 시켜야 할까?"
"성교육을 잘못시켰다가 오히려 역효과만 나는 것은 아닐까?"
"나도 성교육 같은 거 안 받고도 잘 컸는데…."
"크면 저절로 알게 되는 데 뭣 하러 잘 있는 아이를 건드려서 쓸데없는 데 신경을 쓰게 해."

성교육이란 성에 대한 지식과 행동을 다루는 것이다. 과거 전통사회에서는 성에 대한 문제를 수치스럽게 생각하고 감추어 왔다. 그래서 성교육도 등한시하거나 무시해 왔다. 그러나 현대사회에서는 문화의 발달과 함께 아동들도 성에 대한 다양한 접근이 가능해지므로 인하여 여러 가지 문제점들이 나타나고 있다. 따라서 아동들에게도 성에 대한 정확한 이해와 함께 올바른 성장을 돕는 것이 요구된다. 무엇보다도 남녀에 대한 성적 역할과 윤리를 알고, 서로가 인격적으로 존중하며, 앞으로의 인생을 보다 행복하게 살 수 있도록 돕는 것이 성교육의 역할이라고 할 수 있을 것이다.

성교육은 성에 대한 인식의 변화와 개인적·사회적 요구에서 필요하게 된다. 인간의 성에 대한 인식의 변화는 성을 숨기고, 부끄럽고, 죄악시하려는 데서부터 성을 인정하는 그리고 인간관계의 출발이라고 보는 관점으로의 변화를 의미한다. 이는 인간발달의 전 과정을 통하여 성은 신체적, 정신적 뿐만 아니라 사회적 영향력을 가진다는 것이다. 그러므로 각 개인은 인간관계 속에서 전인적으로 건전하게 발달하기 위해서 성을 바로 이해하고, 그에 따르는 책임 있는 행동을 할 수 있도록 돕는 것이 성교육이다. 나아가서 성교육은 사회 문화적인 환경들을 고려하여 성에 대한 가치관 확립과 이해를 올바로 하기 위하여 체계적이고 공식적이고 개방적인 통로를 통하여 지식을 습득할 수 있도록 하기 위하여 필요하다.

3. 성교육의 특징

성교육은 생물학적인 지식과 관련 정보 전달과 함께 사람들과 어울려 행복한 삶을 살기 위한 삶의 태도를 가르쳐주는 인간 교육이다. 사람은 누구나 남성과 여성으로 태어나고 서로 관계를 맺고 조화를 이루며 행복하게 살아가길 원하기 때문이다.

성교육의 특징을 요약하면 다음과 같다.

① 남녀관계를 목표로 하여, 남녀가 제각기 지니고 있는 특성과 역할을 이해하고 평등, 존경, 협력, 신뢰를 바탕으로 인간으로서 행복한 생활을 할 수 있도록 도와주는 것이다.

② 성적으로 성숙된 사람, 자신을 인정하고 존중하는 사람, 자신의 행동과 가치체계를 이해하고 분별하는 인간을 교육시키는 것이다.

③ 남녀평등을 지향한 청소년을 기르기 위해 성장기에 있는 그들에게 자신의 문제와 갈등의 원인을 알게 하여 바른 성장을 도모할 수 있도록 도와주는 인간 교육이다.

④ 성에 대한 과학적 지식 및 심리적, 사회적, 윤리적 측면에 대한 이해를 도모함으로서 건강한 성적 존재로서 발달을 꾀하는 전인교육이다.

⑤ 성의식을 바르게 갖게 하고 성행동을 합리적, 인격적이며 사회적으로 원만

하게 돕는 교육이다.
⑥ 성정체성에 대한 자신감을 갖도록 하는 것이다.

4. 성교육의 목표

성교육의 목표는 남녀의 신체적, 심리적 특성을 이해함으로써 긍정적인 자아개념을 형성하고, 남녀의 사회적 역할을 이해함으로써 원만한 사회생활을 영위하며, 양성평등한 성역할을 이해함으로써 책임 있는 성행동을 할 수 있도록 한다.
① 신체적, 심리적 발달의 이해를 통해 자신의 신체적 변화와 그에 따른 심리적 변화를 올바르게 수용하고 관리하는 능력을 기른다(신체 및 심리발달 영역).
② 인간관계에 대한 전반적인 이해를 통해 생명에 대한 존엄성과 책임의식을 가지고 가족관계와 친구관계(동성, 이성)를 이루어 나가며, 올바른 의사표현과 의사결정을 할 수 있는 능력을 기른다(인간관계 이해영역).
③ 양성평등한 성역할의 이해를 통해 바람직한 성정체성과 성윤리 의식을 형성하여 발생가능한 성문제를 예방하고 대처할 수 있는 능력을 기른다(성문화 및 성윤리 영역).

5. 성교육의 방법

1) 성교육에 대한 일반원칙

① 성을 있는 그대로 자연스럽게 이야기해 준다.
② 성 기관에 대한 지식 등 생물학적인 면을 설명할 뿐만 아니라 정서적인 측면도 다루어 주어야 한다.
③ 가능하다면 정확한 용어를 사용하는 것이 좋다.
④ 성 피해가 무엇인가를 설명해줄 필요가 있다.
⑤ 아이들이 모르는 것에 대하여 물어 볼 수 있는 분위기를 조성하여 준다.
⑥ 사춘기 이전에 사춘기에서의 변화를 미리 알려준다.
⑦ 이성의 변화에 대한 것도 설명해 준다.
⑧ 자신이 없을 경우에는 전문가나 전문서적의 도움을 구한다.

2) 성교육의 준비

(1) 성교육을 위해 부모들이 먼저 변해야 한다.
① 우선 자신의 성장과정을 돌이켜 보는 일이 필요하다.
- 자신이 성장해오는 동안 월경이나 몽정, 자위행위, 가슴이나 성기의 크기 등

으로 인해 고민해 본 적이 없었는지,
- 잡지나 영화 등을 보면서 마음이 설레거나 성충동을 느낀 적은 없었는지,
- 좋아하던 이성 친구는 없었는지 등등.

② 다음으로는 부모 자신이 갖고 있는 성에 대한 생각들을 검토하는 작업이 필요하다.
- 성을 혹시 성행위나 본능으로만 생각하지는 않았는지,
- 요즈음의 우리 주변을 돌아 볼 때 과연 성을 숨기고 감출 수 있는지,
- 사랑이나 성을 표현하는 방법이 그 사람의 인격과는 무관한 것인지,
- 인격적인 사람이란 어떤 사람을 말하는지에 대해 진지하게 생각해 보아야 한다.

③ 이러한 과정을 통해 성교육의 필요성을 나름대로 정리하고, 자신이 혹시 잘못 알고 있을지도 모른다고 생각되거나 어떻게 해야 좋을지 모르겠다고 생각되는 점이 있다면 끊임없이 공부하는 자세를 가져야 한다.

(2) 자녀들의 성적 성숙을 인정해야 한다.
① 어리다고 무시하면 사춘기 자녀들에게는 반항심만 불러일으키기 쉽다.
② 부모와 자식 간에 서로를 바라보는 생각의 차이는 종종 대화의 단절을 가져오기도 한다. "도대체 우리 엄마, 아빠하고는 얘기가 안 통한다"는 것이다. "공부만 잘하면 그만이냐"는 이유 있는 반항이다.
③ 심리적 특성을 파악하고 그들의 입장에 설 줄 알아야 한다. 애착과 의존하려는 마음 이상으로 부모로부터 독립하여 독자적인 자기세계를 갖고자 하는 의식이 강하다. 지나친 간섭, 자기만의 세계를 침범하는 것 거부한다.
④ 신체적, 생리적 성숙과 이로 인한 고민과 갈등을 인정해야 한다. 제2차 성징으로 나타나는 변성, 발모, 성기의 발육, 몽정, 월경 등의 신체적 변화에 따른 고민과 불안을 알아주어야 한다.

(3) 부모가 일상생활 속에서 모범을 보여야 한다.
품행이 단정해야 한다고 가르치는 아버지가 수시로 외박을 한다면 그 말에 설득력이 있을 리 없다. 또한 아버지가 어머니를 때리는 것을 보고 큰 아이는 커서 자기 아내를 때린다는 사실을 우리는 경험을 통해 알고 있다. 그만큼 보고 자라는 것이 무서운 것이다. 따라서 화목한 가정 분위기와 서로 존경하며 아껴주는 부부관계야말로 가장 중요한 성교육임을 잊지 말아야 한다.

아동들은 다양한 매체에 개방되어 있다. 우리 아이들은 이러한 매체를 통해 올바른 성 개념이 형성되기 이전에 왜곡된 성지식을 갖게 될 우려가 있다. 그렇기 때문에 아동들에게 성이란 서로 좋아하는 사람끼리의 책임, 존중, 배려에서 나오는 것이며, 성이란 사랑임을 아동들에게 가르쳐야 한다.

(4) 성 발달에 대한 이해를 가지도록 지도해야 한다.

자녀들에게 성교육을 시켜야 한다고 하면 우리는 얼핏 아들에게는 남성의 성 생리와 심리를, 딸에게는 여성에 관한 것만 가르쳐주면 된다고 생각하기 쉽다. 그러나 인간의 성에 대한 올바른 이해는 한쪽 성에 대한 이해만으로는 불가능하다. 성이 인간관계의 표현이라는 점을 생각하면 왜 이성에 대한 이해가 중요한지 쉽게 이해될 것이다. 남녀 간에는 생물학적인 차이가 있고, 사랑을 느끼고 표현하는 방법, 정서 등에 있어서도 남녀 간에 차이가 있다. 아동들에게 '남자와 여자는 어떻게 다른가?'라는 질문을 통해 남자와 여자의 신체적 차이에 대한 인식을 공유하게 한다. 여성과 남성의 차이는 "생명"과 관련이 있음을 분명하게 말해 주어야 할 것이다. 이러한 차이를 알고 받아들여야 상대방인 이성을 올바로 이해할 수 있고, 서로를 인격적으로 대할 수 있게 된다.

(5) 과학적인 면과 윤리적인 면을 병행하여 가르쳐야 한다.

스스로 자신의 성행동을 조절하고, 주변의 성적인 자극들을 소화하고 판단할 수 있는 힘을 길러주어야 한다. 이를 위해서는 성에 관한 과학적인 지식, 예를 들면 왜 월경을 하는지, 몽정은 왜 하게 되는지 등에 관한 과학적인 지식과 함께, 인간에게 있어 성이란 어떠한 것인지, 올바른 이성교제란 어떤 것인지 등에 대한 생각을 정립할 수 있도록 해 주어야 한다.

그리고 도덕적, 윤리적인 측면을 강조해야 한다. 성의 윤리적, 도덕적인 면에 대해서는 제대로 가르쳐 주지 않고, '순결을 지켜야 한다, 외박하면 안 된다, 이성 친구 사귀지 말라'는 등의 금기와 덕목만을 주입시켜 왔다고 볼 수 있다. 왜 순결을 지켜야 하는지, 왜 외박하면 안 되는지, 왜 이성 친구를 사귀면 안 되는지에 대한 설명이 요구된다.

(6) 성에 관한 질문에 적극적으로 대화를 해야 한다.

자녀들과 성에 관한 이야기를 자연스럽게 할 수 있는 기회가 마련되는 것은 자녀가 성에 대해 무엇인가를 물어올 경우이다. 이때 부모가 자신의 수치감과 불안감을 극복하고 이를 계기로 자녀의 성장 수준에 맞춰 이야기 할 수 있게 되는 것이 가장 바람직하다. 왜 그런 질문을 하게 되었는지, 어떤 점이 궁금한지 등을 이야기함으로 해서 자녀가 성에 대해 무엇을 얼마나 알고 있는지를 파악하고 그에 맞는 이야기를 해줄 수 있게 된다. 그러나 만약 부모가 자녀의 질문에 "이 다음에 크면 저절로 알게 돼." 하는 식으로 대답을 회피하거나, 거짓말을 하게 되면, 성에 대해 잘못된 인식을 심어주게 될 뿐만 아니라 아이로 하여금 부모에게 불신감을 갖게 한다.

① 성교육 교재나 자료를 함께 보면서 "너는 어떻게 생각하니?", "이런 문제에 대하여서 너는 이해할 수 있니?", "너는 이것에 대하여 알고 있니?"하고 부모가

아이에게 물어서, 자녀가 자신의 성에 대한 생각을 자연스럽게 이야기할 수 있는 계기를 마련해준다. 그렇게 하면 자녀의 성에 대한 생각을 파악하고, 올바른 인식을 할 수 있도록 도울 수 있다.

② TV를 보다가 키스장면이나 침실 장면이 나오면, 부모는 어색한 얼굴로 채널을 다른 곳으로 돌리던가, "애들은 저런 거 보는 게 아니야" 할 것이 아니라, "사랑하는 사람끼리 키스하면 기분이 어떨까?", "엄마와 아빠처럼 결혼해서 사랑하는 사람끼리는 함께 자도 괜찮아", "저 사람들은 사랑하지도 않은 것 같은데 저렇게 같이 자도 될까?", "사랑하지 않으면서 함께 자면 어떤 결과가 될까?", "네가 만일 저런 사이라면 어떻게 할거니?"라는 등의 느낌이나 감정을 이야기해 보도록 한다.

③ 자녀들의 성적 행동을 부모가 알게 되었을 때나 음란 잡지를 보거나 자위행위 하는 것을 알게 되었을 때. 소극적인 방법은 모르는 척 놔두고 그저 무사히 넘어가기를 비는 마음으로 조심스레 자녀를 지켜보는 것이다. 이러한 방법은 당장 큰 일이 난 것처럼 야단치는 것보다는 나은 방법이지만, 더 좋은 방법은 부모가 조금 더 용기를 내어 그 행동에 적극적으로 대처하는 것이다. 자녀가 그러한 성행동을 하고 있는 것을 부모가 알고 있음을 알리고, 그러한 행동의 여러 가지 측면에 관해 자녀와 함께 이야기를 나누는 것이 필요하다.

* 초등학생이 성에 대해 알고 싶은 것들

- 아기는 어떻게 만들어ㄴ지나요?
- 남자와 여자가 이불 속에 들어가면 어떻게 되요?
- 유방은 언제부터 커지나?
- 왜 여자만 생리를 하고 남자는 안 하나?
- 친구들에게 인기가 많으려면 어떻게 해야 하나요?
- 여자와 남자가 같이 누워 있기만 해도 아기가 생기나?
- 난자와 정자는 어떻게 생기나?
- 쌍둥이는 어떻게 태어나는가?
- 남자와 여자가 사랑을 하지 않아도 여자한테 아기가 생기나?
- 남자들은 왜 야한 것을 보는가?
- 결혼을 안 하고 아기를 낳는 방법은 없을까?
- 남자와 여자의 생식기는 왜 다른가?
- 여자는 치마를 입는데, 남자는 왜 치마를 안 입고 바지만 입나?
- 여자는 왜 가슴이 나오나?
- 성교육이 무엇인가, 왜 성교육을 해야 하는가?
- 기형아는 어떻게 나오나?

- 정자는 여자의 어느 부분에 들어가나?
- 변태나 치한을 만나면 어떻게 해야 하나요?
- 임신부가 술을 마시면 왜 기형아가 나오나?
- 정자와 난자의 크기는 어느 정도인가?
- 여자 알몸을 보면 왜 커져요?
- 어떻게 정자와 난자가 만날까?
- 여자는 오줌이 똥구멍에서 나오는데, 남자는 왜 생식기에서 나오나요?
- 폰팅이 뭐예요?
- 아기를 낳고 나면 자궁은 없어지나요?
- 내가 좋아하는 사람이 있는데 어떻게 하면 더 친해질 수 있나요?
- 포경은 왜 해요?

2. 성 발달의 이해

1. 프로이드의 성적 발달

성적인 발달을 근거로 인간의 발달을 설명한 사람은 프로이드이다. 프로이드는 인간의 행동에 있어서 인간의 본능의 역할을 강조했다. 특히 성적 본능의 에너지를 리비도(Libido)라고 했으며, 이는 일생을 통하여 정해진 순서에 따라 상이한 신체부위에 집중되며, 리비도가 집중되는 곳을 성감대라고 하였다. 또한 원본능(id)는 Libido를 방출하며, 쾌락적인 욕망을 충족시키려고 하며, 고통스러운 것은 회피하려고 한다. 인간의 성적 욕구는 태어나면서부터 평생 지속되는 것이며, 성격 발달에도 커다란 영향을 준다. 프로이드의 발달단계에 따르면, 각 단계에서 충분한 만족을 이루지 못하면 욕구불만이 되며, 성적 욕구를 채우려고 집착을 하게 되므로 다음 단계로의 이동이 이루어지지 않아 고착상태를 이루게 된다고 본다.

발달이론에 따르면 성의 발달도 일련의 단계를 이루고 있는데, 프로이드는 성격의 발달을 다섯 단계로 구분하였다.

① 구강기 ; 0~12개월 / 구강을 통하여 성적 욕구를 충족하며, 자신에게 만족과 쾌감을 주는 대상에 애착을 가지게 된다. 빠는 것에서 깨무는 것으로 쾌감을 느끼게 되고, 손가락 빨기와 과식, 과음 등의 고착상태에 빠지기도 한다.

② 항문기 ; 1~3세 / 배설의 쾌감으로 성적인 만족을 느낀다.

③ 남근기 ; 4~6세 / 성기에 대한 인식이 생기고, 성기를 만지고 마찰하는 행동으로 성적인 쾌감을 느낀다. Oedipus complex나 Electra complex 현상이 나타난다.

④ 잠복기 ; 6~12세 / 성적인 충동이 잠자는 시기로, 왕성한 사회적 활동을 이룬다.
⑤ 생식기 ; 12세 이후 / 사춘기에 접어들면서 무의식에 억압되었던 성적 에너지가 현실의 의식세계로 표출하는 시기이다.

2. 2차 성징

인간은 태어날 때 남녀 각기 다른 형태의 내·외성기를 갖고 태어난다. 이를 1차 성징이라고 하는데, 이는 단지 형태상의 차이일 뿐 기능상에는 차이가 없다. 그러나 사춘기에 이르면 급격한 성장과 성 기관의 발달을 거쳐 성 기능상 남녀 간에 매우 다른 차이를 보이는데, 이를 2차 성징이라고 한다. 인간은 태어날 때부터 여성 호르몬과 남성 호르몬을 함께 가지고 있어, 사춘기 이전까지는 피 속에 같은 농도를 유지함으로써 남녀 아동 사이에는 생리 기능상의 차이를 보이지 않는다. 그러나 사춘기에 이르면 여자에게는 여성호르몬이 남자에게는 남성호르몬이 급격히 증가하여, 남녀 간에 각각 다른 육체적 특성을 보이게 된다.

신체가 급성장하는 연령은 개인에 따라 큰 차이를 보이지만 우리나라의 경우 보통 소녀는 11세경에 소년은 13세경에 경험하며, 여자가 남자보다 2년 정도 빨리 급성장기를 맞게 된다. 사춘기의 급성장 현상은 신장뿐만 아니라 체중, 근육, 골격, 머리, 얼굴, 생식기관에도 나타나 체형부터 다른 모습으로 변화한다.

1) 남자의 경우

남자는 여자보다 골격과 근육이 더 발달하며, 어깨와 가슴은 넓고 엉덩이는 좁으며, 다리는 수직으로 곧게 뻗고, 체모가 많이 나며 턱수염이 나고 변성을 보이는 등 변화를 보인다. 여자 또한 골격이 성장하고 지방층이 발달하며, 좁은 어깨와 넓은 엉덩이, 약간 굽은 다리 등의 특징을 보인다.

사춘기 소년의 성적 성숙을 나타내주는 최초의 신체적 특징은 고환과 음낭의 성장이다. 이러한 변화는 12~15세경에 맞게 되는데, 키가 급성장하면서 뒤이어 음모가 나기 시작하고 이어서 몽정을 경험하게 된다. 또한 음모가 나기 시작하여 1년쯤 후에 음경이 커지고, 이어 1년 전후하여 겨드랑이 털과 턱수염이 나타나기 시작한다. 이때 인두가 확대되고 변성이 진행되며, 근육이 급속도로 발달하여 몸매에 변화가 나타나고 가슴과 다리에 체모가 나타나기도 한다. 체모는 남자가 여자에 비해 양도 많고 빨리 성장하지만 유전요인에 관계되므로 개인차가 크다. 사춘기에는 남자들도 유방에 변화를 일으켜 유두가 커지며 그 주위의 검은 부분이 상당히 넓어진다. 이 시기에 사람에 따라서는 얼굴과 몸에 여드름이 생기기도 한다. 이러한 신체적 변화를 맞는 연령과 모습은 개인차가 크며, 신체의 변화 순서도 다르게 나타날 수 있다.

남자의 경우 성선 자극 호르몬을 고환으로 분비하는데, 이 영향으로 고환에서는 남성 호르몬인 테스토스테론을 만들어 분비하게 된다. 사춘기의 남성호르몬 분비는 사춘기 이전에 비해 20배가량 더 많아진다.

테스토스테론은 사춘기 소년에게 변성, 발모, 골격과 근육의 발달을 가져와 신체적으로 남성다운 모습을 갖추도록 한다. 또한 이 호르몬은 음경, 부고환, 전립선, 정낭을 자극하여 빨리 성장시킴으로써 생식능력을 갖추게 한다. 소년은 만 15세가 되면 음경의 크기와 모양이 성인과 같아진다. 개인차가 있기는 하지만 11세 이후 정자가 만들어지기 시작하여 정자의 생산이 활발해지면 발기와 사정을 경험하게 되고 임신도 가능하게 된다.

처음 경험하는 사정을 정통(精通)이라 하는데, 이는 남자의 사춘기 시작을 알리는 생리적 지표로 대부분의 경우 12세에서 16세 사이에 경험하게 되며, 평균 연령은 14세이다. 특히 정통현상은 음모의 발생 후에 일어나는데, 음모의 발생은 소년의 키가 145~155cm일 때 높게 나타난다. 그러므로 이때를 기준하여 정통이 수면 도중에 나타나는 몽정에 대한 사전교육을 실시하는 것이 바람직하다.

2) 여자의 경우

사춘기 소녀의 성선자극 호르몬의 분비가 남자보다 일찍 시작되는 편이어서 10세경에 이르면 여자의 성적 성숙의 징후로서 무색의 솜털 같은 음모가 나타나기 시작한다. 그러나 이에 앞서 가슴이 먼저 크기 시작하는 경우도 17%나 된다. 유방의 발달은 초경보다 1년 정도 앞서는데, 이는 사춘기로 이행하는 과정에서 가장 먼저 외부적으로 나타나는 특징이기도 하다. 12세경이면 유두를 중심으로 부드럽고 낮은 능선이 형성되고, 젖꽃판이 단단해지면서 부풀어 오른다. 곧 이어 성기의 발육과 함께 유방에 지방이 축적되어 둥글게 융기되며 급속히 발달한다. 유방은 중학교 3학년이 되면 거의 성숙하여 그 모양이 성인에 가깝게 된다. 유방의 융기와 때를 같이 하여 여성 호르몬인 에스트로겐(estrogen)이 증가하고, 겨드랑이에 무색의 털이 생긴다. 유방 발달에 뒤이어 보통 1년 이내에 자궁과 질이 가속적으로 발달하고 질의 분비물이 많아진다. 또한 소음순과 대음순, 음핵이 커지고, 음부에 음모가 나타나고, 이어 초경이 시작된다.

황체형성 호르몬은 여성의 난소에서 황체를 형성하도록 자극하고, 여성 호르몬인 프로게스테론(progesterone)을 분비하도록 만든다. 프로게스테론은 자궁이 임신을 준비하도록 한다. 난소는 성숙해지면서 난자를 배출하게 되는데, 이 난자가 정자를 만나 임신이 되지 않으면 프로게스테론의 생산이 중단되고, 프로게스테론이 만든 자궁의 내면 조직이 퇴화하여 파열하게 된다. 이 파열물이 혈액과 함께 몸 밖으로 나오게 되는 현상을 월경이라 한다. 월경은 대개 한 달의 주기를 갖는다.

처음 경험하는 월경을 초경이라 하는데, 평균 초경 연령은 12.5세이다. 대도시의 경우는 보다 빨라 11세로 보고되고 있다. 초경 연령은 개인차가 크며, 빠른 경우는 만 8세에 경험하기도 하고 늦은 경우는 16세 이후에 경험하기도 한다. 초경이 시작된 후 규칙적인 월경에 이르기까지 일 년 내지 일 년 반이 걸리는데, 이 시기에는 대개 임신이 되지 않는다.

초경 연령은 개인을 둘러싼 사회문화적 환경요인, 영양상태, 기후, 지역, 유전적 요소 등에 따라 차이를 보이는데, 과거에 비해 점차 빨라지고 있으며, 20세기 들어와서는 1세대에 1년씩 앞당겨지는 것으로 나타나고 있다. 이처럼 초경 연령이 빨라지고 있음은 신체적으로는 보다 어린 나이에 성인이 되고 있음을 의미한다.

사춘기의 청소년들은 급속히 발달하는 신체적 성숙에 대비하여 미처 마음의 준비를 하지 못함으로써 크게 당황하거나 고민에 빠질 수 있으므로, 성숙단계에 맞게 자녀들이 마음의 준비를 할 수 있도록 부모들은 사전에 성교육을 하는 것이 바람직하다.

3. 성폭력

1. 성폭력이란?

1) 성폭력

성폭력이란 '성을 매개로 상대의 합의 없이 물리적, 언어석, 비언어적으로 행사되는 일련의 강제행위'라고 정의 내릴 수 있다. 흔히 성폭력이라고 하면 강간(強姦)과 동일시하기 쉬우나 다양한 양상을 띠며 일어나고 있다. 법적으로는 강간, 특수 강도강간, 강간미수, 성추행 등으로 분류되기도 한다. 그러나 우리의 일상에서 발생하는 사건을 중심으로 보면, 단순한 언어폭력에서부터 성기노출, 성기밀착, 훔쳐보기, 어린이 성추행, 강간, 근친강간, 직장 내 성폭행, 데이트 강간, 강도강간, 윤간, 아내강간, 위계에 의한 강간 등 그 형태가 다양하다. 즉 피해자가 원치 않는 물리적, 언어적, 시각적 행위와 불쾌한 접촉 뿐 아니라 외설 포스터, 만화, 스트립쇼, 비디오, 음란전화 및 컴퓨터 통신 등에 의한 강요까지 포함하는 광범위한 개념을 취하고 있다. 성폭력의 형태 중 성희롱은 성 관련 언어나 행동을 포괄하는 개념으로 육체적 행위, 언어적 행위, 시각적 행위 등으로 분류할 수 있다.

(1) 육체적 행위
- 강제 입맞춤이나 포옹, 뒤에서 껴안기
- 가슴, 엉덩이 등 특정 신체 부위를 만지는 행위
- 안마나 애무를 강요하는 행위

(2) 언어적 행위
- 음란한 농담이나 진한 음담패설
- 외모에 대한 성적인 비유나 평가
- 성적 사실관계를 묻거나 성적인 내용의 정보를 의도적으로 유포하는 행위
- 성적 관계를 강요하거나 회유하는 행위
- 음란한 내용의 전화 통화

(3) 시각적 행위
- 외설적인 사진, 그림, 낙서, 음란 출판물 등을 게시하거나 보여주는 행위
- 직접 또는 팩스나 컴퓨터 등을 통해 음란한 편지, 사진, 그림을 보내는 행위
- 성과 관련된 자신의 특정 신체 부위를 고의적으로 노출하거나 만지는 행위

이외에 기타 사회 통념상 성적 굴욕감을 유발하는 것으로 인정되는 언어나 행동들이 포함된다.

2) 성추행

성추행은 성욕의 자극, 흥분 또는 만족을 목적으로 하는 행위로서 건전하고 상식 있는 일반인이 성적 수치, 혐오의 감정을 느끼게 하는 일체의 행위(키스를 하거나 상대의 성기를 만지는 행위 등)로, 강제추행은 이러한 추행행위 시 폭행 또는 협박과 같은 강제력이 사용되는 경우를 말한다.

3) 간음과 강간

간음은 법적으로 남성의 성기를 여성의 성기에 삽입하는 행위로, 간음은 강간과는 달리 행위 시에 폭행 또는 협박이 사용되지 않는 것으로서 원칙적으로는 형사처벌의 대상이 아니지만, 특수한 경우 즉 미성년자에 대한 간음 및 업무상 위계, 위력을 사용하는 간음 및 법률에 의해 구금된 부녀를 간음하는 경우는 처벌된다.

강간은 폭행 또는 협박으로 상대방의 반항을 제압하고 간음하는 것을 말하는 것으로 현행법으로는 부녀만이 강간의 피해자로 인정된다.

4) 어린이 성폭력

13세 미만의 어린이에 대한 성폭력으로 다음과 같은 유형이 있다.
- 신체접촉이 일어나지 않은 성폭력 : 말로 희롱하는 것, 피해자의 옷을 벗기는 일, 피해자 앞에서 옷을 벗거나 자위행위를 하는 일
- 성기 이외에 성적 접촉을 한 성폭력 : 피해자의 몸을 만지는 일, 가해자의 몸을 만지게 하는 일
- 성기뿐 아니라 몸에 성적 접촉을 한 성폭력 : 피해자의 성기를 만지거나 혹은 가해자의 성기를 만지게 하는 일
- 가해자의 성기를 피해자 허벅지 사이에 끼우게 하는 것
- 피해자의 입에 가해자의 성기를 삽입하는 것
- 피해자의 질, 항문에 가해자의 손가락이나 이물질을 삽입하는 것
- 어린이에게 약물이나 술을 먹이고, 때리면서 동시에 위의 여러 가지 성폭력도 함께 하는 것

2. 성폭력 유형

1) 모르는 사람에 의해 이루어지는 경우

○ 밤늦게 학원이나 학교에서 돌아오는 길에.
○ 선한 일을 가장하여 외진 곳으로 유인하여 이루어짐.
○ 흉기 등으로 위협, 협박하여 이루어짐.

2) 아는 사람에 의해 이루어지는 경우

○ 여자 어린이 대상 성폭력 : 동네 오빠나 친척에 의해
○ 기관 및 직장에서의 신분, 지위를 이용한 하급자 대상 성폭력
○ 수용시설의 원장과 관리자가 보호하고 있는 아동과 청소년을, 교사가 학생을 성폭행
○ 친족에 의해 이루어지는 성폭력 : 계부, 친부, 오빠, 삼촌, 이모부 등에 의해
○ 기질적으로 자기 자신을 방어할 수 없는 점을 이용한 성폭력 : 정신지체자 대상 성폭력.

3. 성폭력 발생의 원인

1) 성차별적 사회구조

우리사회는 여성과 어린이를 남성이나 어른에 비해 낮은 존재, 함부로 대해도 되는 존재로 여기고 있다. 가정뿐만 아니라 학교, 사회에서도 지배와 복종이 위계관계에 놓이게 됨으로써 여성은 남성들의 성적 폭력에 쉽게 노출되고 있다.

2) 왜곡된 성문화

향락, 퇴폐문화 등 건강하고 정상적인 성 관계보다는 비정상적이고 변태적인 성행위를 보여주는 음란물이나 여성의 가치를 오직 '성'으로 다루는 광고와 영화 등 왜곡된 성문화는 여성을 성적 대상, 성폭력의 대상으로 만들고 있다.

3) 의사소통의 불일치

우리사회에서 남성은 성에 관해서 적극적이고 과장된 표현을 하더라도 용납되지만 여성의 경우는 성에 대해서 무지하고 소극적일 것이 기대된다. 이러한 성문화에서는 남성과 여성이 솔직한 의사소통이 이루어질 수 없다. 예컨대 성폭력과 같은 위기상황에서 여성이 거부하는 의사표현을 해도 남성은 이것을 여성들이 흔히 사용하는 내숭정도로 인식해서 긍정적인 대답으로 인식해 버리는 경향이 있기 때문이다.

4) 성교육의 부재

가정에서는 온 가족이 TV를 보다가 조금만 야한 장면이 나와도 얼굴을 붉히며 쑥스러워 하고 학교에서의 성교육도 남녀의 신체구조나 생리현상 등 생물학적인 성 지식 전달 차원에 머물러 있는 것이 우리의 현실이다. 이와같이 성에 대한 가치나 연령에 따른 성교육이 부족한 것에 비해 청소년의 경우에는 음란 잡지나 포르노 비디오 등에서 보여주는 과장되고 가학적인 성과 또래집단에 떠도는 잘못된 성 지식을 여과하지 않고 그대로 받아들임으로써 이들은 죄의식조차 느끼지 못한 채 성폭력을 행하게 된다. 이는 사회 문화적인 관점에서 그 원인을 찾고 있다고 볼 수 있다. 따라서 성폭력을 예방하기 위해서는 학교 뿐 아니라 사회전반의 노력이 필요하다고 볼 수 있다.

4. 성폭력 후유증

성폭력의 후유증은 피해자에게 광범위한 영역에서 심각한 영향을 미치고 있다. 성폭력이 발생한 나이, 성폭력의 기간과 빈도, 성적 행동의 유형, 가해자와의 관계, 피해의 노출 정도 등에 따라 성폭력이 피해 어린이에게 미치는 영향에는 차이가 있으나 대체적으로 성폭력 희생자들은 단기적으로는 며칠에서 장기적으로 수년에서 평생에 이르기까지 어려움을 겪는 것으로 나타나고 있다.

1) 심리적 후유증

성폭력에 의한 가장 지배적인 정서적 영향으로 공포를 들 수 있다. 어린이들은 피해를 당하고도 가해자들로부터 그것에 대한 비밀을 지키도록 압박을 받는데 이를 지키지 못할 경우 생기게 될 처벌이나 보복에 대한 공포가 있다. 그리고 언제 또 그러한 일이 생길지 모른다는 것으로 인해 공포를 느낄 수 있다. 따라서 혼자 있는 것이나 어둠 등 성폭력 피해 상황과 유사한 장면에 노출되면 갑작스런 공포감을 느끼게 된다.

두 번째로, 피해자는 분노와 적개심을 느낄 수 있다. 분노는 일차적으로 가해자를 향하나 점차 자신을 지켜주지 못한 어머니나 다른 사람들에게 향하기도 한다. 안절부절못하는 행동을 보이거나 필요 이상의 분노를 폭발하기도 한다. 피해자들의 분노는 자신을 포함한 다른 여자, 즉 동성 간의 관계에 장애를 가져오기도 한다. 성폭력을 당한 어린이나 청소년이 자라서 자신의 자녀를 성학대를 하거나 자녀들을 성폭력으로부터 예방하지 못한다는 보고도 많다. 피해자들의 분노는 대부분 가해자에게 향하지 않고 특정한 대상 없이 일반화되는 특징을 보인다. 이러한 분노가 내면화되어 자기 파괴적 행동으로 나타나기도 한다.

세 번째로, 성폭력 피해자들에게 가장 흔히 경험되는 정서적 영향은 우울, 죄책감, 낮은 자존감, 불안, 분노, 충동성, 자신을 더 이상 인간으로서의 가치가 없다고 여기는 자기 불신감, 자신의 순결에 대한 상실감등으로 나타난다. 우울 증상은 흔히 보고되는 증상으로서 근친상간의 경우 더 심하게 나타난다.

어린이의 경우 심리적 후유증으로 인하여 배변훈련의 상실, 잦은 목욕, 원인 없는 울음, 집안에만 머물기, 오줌싸기, 손 빨기, 매달리기와 같은 퇴행 행동이 나타날 수 있고, 일상생활에 부적응하고 평소보다 까다로워진다. 학교생활에서도 어려움이 나타나 학습부진이나 무단결석이 증가할 수 있다. 학교를 옮기거나 중단하게 되기도 한다. 청소년으로 갈수록 공격적, 충동적, 반사회적 증상을 보이기도 한다. 특히, 근친상간의 경우 가출시도의 비율이 더욱 현저하게 나타나며, 자살 충동을 느끼거나 자살시도를 하기도 한다.

2) 신체적 후유증

어린이가 아직 성장 단계에 있으므로 성희롱·성폭력으로 인하여 처녀막이 파열되는 경우가 있으며, 일차적으로 요도관 감염, 회음부의 출혈 및 상처, 인두감염, 성병 등을 일으킬 수 있다. 뿐만 아니라 폭력으로 인한 상해도 입는다. 정서적,

심리적 영향으로 인하여 두통, 수면장애 등을 일으킬 수 있고, 심리적 어려움을 해결하려는 과정에서 폭식, 식사거부 등의 증세를 일으킬 수 있다. 경우에 따라서는 임신이 될 수도 있다.

3) 성적 후유증

나이에 맞지 않는 성적 행동을 보이기도 한다. 다른 사람과 성 관계를 갖거나 공공연한 자위행위, 과도한 성적 호기심, 빈번한 성기노출, 혹은 또래들과 성폭행에 가담하기도 한다.

4) 사회적 후유증

성폭력을 경험한 어린이들은 여러 대인관계의 영역에 부정적 영향을 받는 것으로 나타난다. 고립, 소외감, 낙인, 남과 다르다는 감정, 친밀에의 두려움, 관계 회피, 타인에 대한 신뢰의 어려움, 이성관계, 부모관계, 자녀관계에의 어려움 등이 나타난다. 무엇보다도 피해자들은 자신이 낙인찍혔다는 생각으로 인해 일반적으로 인간관계의 단절을 초래하고 스스로 고립하게 된다. 성폭력 피해 어린이는 다른 사람의 동기나 진실을 신뢰하는 능력에 손상을 입게 되면, 이는 근친상간인 경우에 더욱 심각하게 나타난다.

5. 성폭력 예방과 대처 방법

1) 성폭력 예방

(1) 잠재적 가해자 교육
 - 자신의 성에 대해 자신감을 가진다.
 - 잘못된 성적 고정 관념에서 벗어나 각자 자신의 개성을 긍정적으로 수용한다.
 - 자신의 몸과 마음을 정결히 하고 자신의 소중한 것 같이 상대도 소중한 존재임을 알게 한다.
 - 항상 상대의 인격을 존중하여 강압과 폭력과 거친 말을 피하고 예의를 갖추어 대한다.
 - 음란 비디오와 음란 서적을 보지 않으며, 음주 흡연과 약물 복용을 하지 않는다.
 - 남녀 간에는 반드시 에티켓을 지키고 진실한 마음으로 대하며, 음담패설을 삼간다.

(2) 잠재적 피해자 교육
- 평소 자기주장을 분명히 하는 태도를 갖도록 한다. 누군가 불쾌하게 접촉을 할 때는 단호하게 "만지면 안돼요! 싫어요!"라고 말할 수 있어야 한다.
- 규칙적인 운동과 체력단련을 통해 힘과 자신감을 기른다.
- 낯선 사람이나 잘 모르는 사람의 차를 얻어 타지 않도록 하고 만약 차를 세우고 무엇을 물어보면 잡아 끌 수 있을 만큼 가까이 가지 않는다.
- 나가 놀 때나 어디 갈 때는 사전에 부모님이나 보호자에게 누구와 함께 가는지를 꼭 알린다.
- 주변에 아무도 없는 곳에서 놀지 말고, 혼자서 뒷골목이나 어두운 거리 등을 지나다니지 않도록 한다.
- 집에 혼자 있을 때 누군가 오면 문을 열어 주지 않는다. (항상 전화기 옆에 빨리 연락이 가능한 곳의 연락처를 적어 놓는다.)
- 다른 집을 방문할 때 혼자서 집안으로 들어가지 않는다.
- 낯선 사람이 몸 어디라도 결코 만지게 해서는 안 된다. (아는 사람이라도 어린이가 원치 않는 신체적 접촉을 시도하거나, 간지럼을 태우고 쓰다듬는 등의 행동을 되풀이하는 사람은 거절해야 한다.)
- 잘 모르는 사람이 과자, 장난감 등으로 유인하더라도 따라가지 않는다.
- 공공 화장실에 가거나 엘리베이터를 탈 때에는 친구나 어른들이 같이 가도록 하고, 엘리베이터를 탈 때 낯선 사람과 단둘이 타지 않는다.

2) 성폭력 상황에서의 대처방안

① 아는 사람이나 모르는 사람이 원치 않는데도 불쾌하게 접촉을 하여 싫은 느낌이 들면 단호하게 "만지면 안돼요! 싫어요!"라고 분명히 한다.
② 누군가가 쫓아온다면 가능한 한 빨리 도망가고 크게 소리를 지른다.
③ 도와줄 수 있는 사람이 있는 곳으로 빨리 간다.
④ 범인의 특징을 기억해 둔다. (키, 몸무게, 체형, 얼굴형, 신체상의 특이한 상처자국이나 문신, 행동상의 특징 등)

3) 사후조치

성폭력 피해에 대해서는 비밀이 없어야 한다. 흔히 성폭력을 하는 사람들은 "우리끼리 비밀이다", "다른 사람에게 말하면 죽여 버리겠다"라고 하며 겁을 준다. 이것은 성폭력을 한 사람들이 나쁜 행동을 했기 때문에 알려질까봐 두려워서 그러는 것이므로, 겁먹지 말고 부모님이나 선생님께 꼭 알려야 한다. 그래야만 다친 곳이 없는지 확인할 수 있다. 만약 말하지 않고 혼자서 고민을 한다면 성폭력을 한 사람은 알려지지 않았다는 안도감으로 다른 사람에게도 다시 성폭력을 할 것이다. 그러므로 자신이나 주위에 성폭력을 당한 어린이가 있다면 반드시 부모님이나 선생님께 알려 성폭력 피해를 줄이도록 해야 한다.

(1) 의학적 조치

피해 직 후 반드시 의료진찰을 받아야 하는데, 그 이유는 신체상의 상해를 치료해야하며, 성병이나 임신여부를 파악하거나 임신을 방지할 수 있기 때문이다. 또한 의학적인 증거를 채취하기 위해서나 임신을 막기 위해서는 48시간 안에 진찰을 받아야 한다. 따라서 피해자는 반드시 피해를 당했을 때 입은 옷을 그대로 입고 몸을 씻지 않은 상태로 병원에 가야 한다.

(2) 심리적 조치

어린이가 이야기하면 앞으로는 그런 일이 없도록 보호해 줄 것이라고 안심시키고, 부모나 교사는 지나치게 걱정하는 태도를 보이지 않는다. 사건 발생 후의 심리적 충격에 의해 평소에 하지 않던 행동을 하거나 불안과 두려움을 나타내면 소아정신과 치료를 받는 것이 후유증을 최소화하는데 도움이 된다. 성폭력 피해에 의한 가족의 스트레스와 가족관계의 변화가 있을 경우에는 전문상담기관의 상담을 받는 것이 도움이 된다.

(3) 법률적 조치

가해자를 신고 및 고소를 하는데 범인이 도주 중이거나 위급한 경우에는 가까운 일반전화나 공중전화를 이용하여 국번 없이 112로 신고한다. 신고할 때는 당황하지 말고 빠른 시간 내에 정확한 위치와 내용, 중요 인상착의 등을 6하 원칙에 의해 전달한다. 가해자가 차량을 이용할 때는 차량번호를 알려준다.

성폭력을 근절하기 위해서는 적극적인 신고와 고소가 필요하다. 고소하기로 결정하면 먼저 증거와 증인을 확보하고 가해자의 신원을 확인해야 한다. 경찰에 신고하기 전에 미리 사건 내용과 피해내용을 정확하게 파악한 후 기록해 둔다. 가해자나 피해자 관할 거주지 경찰서에 신고하고, 진술이나 수사시 부모가 동행하고 전문기관의 도움을 받도록 한다.

4. 성교육 지도의 실제

1. 나이에 따른 지도

1) 초등학교 저학년

초등학교에 입학하면서 교사, 친구들과 더불어 이전과는 다른 관계를 만들고 유지해나가는 방법을 배우는 시기이다. 성적호기심이 거의 자취를 감추어 잠복기라고도 부른다. 학교생활에 정신이 없어서 잠시 잊고 지낸다는 표현이 더 정확하다. 이 시기에 성적인 발달이나 행동이 전혀 없다는 것이 아니라 오히려 다음에 다가올 사춘기의 준비단계로서 미묘한 몸의 변화와 성 생리에 대하여 알게 해줌으로써 성적충동을 자제할 수 있는 내적인 힘을 기르게 해주어 한다.

몽정과 생리에 대한 교육은 몽정과 생리를 시작하기 전에 미리 알려주어야 한다. 몸에 대한 정확한 이해를 통해서 자기 몸의 역할과 생명탄생에 대한 신비를 알려준다. 남녀의 역할을 구분하고 중요한 타인과의 동일시를 통해서 자신의 꿈을 펼치라고 가르친다. 중요한 것은 아이들의 성역할 관념이 고정화 되지 않도록 유연화 시키는 작업을 해야 한다. 성폭력에 대한 여러 가지 위험 상황에서 자신을 어떻게 지킬 것인가에 대해 고민하는 시간도 갖게 한다.

성교육을 할 때 중요한 것은 단어와 개념이다. 길게 설명할 할 필요는 없다. 음경, 음순, 질, 자궁은 생식기에 대한 정확한 명칭을 쓰도록 하고, 생식기 기능에 대해 설명하면서 몸의 귀중함을 느끼도록 해 준다.

남성 여성의 차이는 생식기 차이일 뿐 인격적으로 같다는 것을 강조한다. 그리고 여성의 생명성과 어머니의 위대함을 깨닫도록 하고, 장난치거나 폭행하는 문제와 연관시켜 여성을 보호해야 한다는 것을 주지시킨다.

2) 초등학교 고학년

신체적 심리적 변화가 가장 급격한 시기로서 사춘기라 부르며, 어린아이의 몸이 어른으로 변하는 시기이다. 아이들에게 가장 필요한 정보를 제공하면서 성에 대해 자기 나름대로 생각을 세울 수 있도록 하고, 성에 대해 긍정적이고 밝은 태도를 가질 있도록 다양한 계기를 마련해준다. 변화하고 성장하는 자신의 몸에 대해 올바르게 인식할 수 있도록 방향을 제시하고, 성에 대한 가치관 인간관계를 긍정적으로 바로 볼 수 있게 한다.

특히 이 시기는 실제 초경과 몽정을 하고 임신 능력도 있는 시기이다. 이 시기의 어린이 성교육을 해보면 다양한 질문들이 나오는데 피임, 불임에 대해서도 묻는다. 주변에서 들은 얘기가 많기 때문이다. '조그맣게 별걸 다 묻는다'며 핀잔

줄 것이 아니라 기다렸다는 듯이 성의껏 설명해 주어야 한다. 이때부터 부모와 대화가 이루어지지 않으면 나중에는 성에 대해 얘기할 수가 없게 된다.

이 시기에는 성행위에 대한 구체적인 대답을 듣기 원하는데, 어른들이 당황하여 야단부터 치기 쉽다. 성관계를 생리적 현상으로 설명해 준다. 화가 나면 얼굴이 붉어지는 것은 피가 얼굴로 모여서 그런 것과 같이, 음경과 음핵이 감정적으로 자극을 받으면 피가 흘러 들어와 고이는 현상으로 발기가 되는 것으로 설명하고, 그 이후 과정도 생리적인 현상으로 설명하면 크게 무리가 없다.

임신 출산에 대해서도 구체적으로 설명한다. 임신 중에 태아와 성장과정이나 출산할 때의 과정도 소상히 얘기해 주면 좋겠다. 진통에 대해서도 아프긴 하지만 보람 있는 일로서 여성으로서 자부심을 느끼도록 하며, 남성들은 그런 여성을 보호해야 한다는 것을 일깨워 주어야 하다.

남성과 여성의 몸에 대한 호기심을 풀어주고, 이성교제에 대해 설명한다. 그림이나 성교육 비디오를 활용해 남녀 실제 차이를 속 시원하게 알려 주며, 이성교제, 사랑, 결혼에 대해 차이를 설명한다. 초등학교 시절의 남녀 만남은 친구로서 교제하는 단계이고, 성인이 되어 결혼했을 때와 어떻게 다른지 알려준다. 그에 따라 성관계는 결혼 후에 하는 것이라는 점도 강조한다.

실제 일어나는 성폭행이나 장난에 대해 제때에 교육을 한다. 왜 여성에 성폭행이나 장난을 치면 안 되는지 설명하고, 남성에게 재미있는 일이 여성에게는 고통이 된다는 점을 인식시켜 상대방을 존중하는 교육이 되도록 한다. 아이들이 접하고 있는 문화매체를 같이 보고, 어떤 면이 실제와 다르고 무엇이 잘못된 것인지 알려주는 것도 효과적인 방법이다. 여자아이들에게는 성폭행을 어떻게 막아내는지와 몸가짐에 대해서도 교육을 해야 한다.

2. 성별에 따른 지도

남학교, 여학교, 남녀공학(남녀 합반인 경우, 남녀분반인 경우)에 따라 아이들이 성 정보와 인식을 받아들이는 정도가 천차만별이다. 그리고 이미 부모, 교사, 또래들에 의해 혹은 대중문화에 의해 고착화되어 있는 성의 가치관도 너무나 다르다. 성교육의 부분별 종류에 따라 가르치는 교사의 태도 여하에 따라서도 아이들이 받아들이는 태도 역시 많이 달라진다.

1) 여학생의 경우

여학생들에게 가장 필요한 것은 "자기 몸을 소중하게 여기기"이다. 여자아이들은 어려서부터 "어른들 말은 무조건 잘 들어야 한다." "착한 여자가 복 받는다" "예쁜 여자가 최고다."라고 길들여져 이유 없는 죄의식으로 두려워한다. 자신의 몸을 밉게 생각하며, 모든 일에 두려움을 가지며 나쁜 결과가 나왔을 때는 조신의 탓으로 돌려버린다.

성교육의 궁극적인 목표가 행복한 인간관계에 있으며, 자신을 소중히 여김이 행복한 인간관계의 시작이다. 그런데 여자에게만 희생과 두려움을 미덕으로 삼게 하다면 폭력적이고 건강하지 못한 인간관계에 질병만 남게 되는 결과가 된다. 생리와 임신을 복으로 가르치며, 자궁의 힘에 대하여 긍정적으로 가르친다. 배려받지 못하는 출산과정, 제왕절개, 자궁적출술 등 여자에게 폭력적인 환경에서 어떻게 당당하게 내 몸을 지켜 나가야할지 가르쳐야 한다. 당당하게 나의 감정과 의사를 밝히고 창조적 표현을 즐기며, 부끄러움보다는 솔직하게 남에게 도움을 청하라고 가르쳐야 한다.

대중문화로 인한 살인적인 다이어트와 두꺼운 화장이 만든 인공적이고 건강하지 못한 아름다움보다는 나를 소중히 여기고 사람들과 좋은 관계를 맺는 곳에서 진정한 아름다움이 나옴을 가르쳐야 한다.

2) 남학생의 경우

남학생들에게 가장 필요한 것은 "자기감정을 솔직히 드러내기"이다. 대부분의 남자아이들은 남자다운 모습으로 남자답게 길들여져 왔다. 특히 자신의 솔직한 감정을 드러내지 않도록 훈련되어졌기 때문에 성교육에서 가장 중요한 인간관계 교육이 불가능할 정도이다. 나를 존중하고 상대방을 존중하는 태도가 몸에 배여야 행복한 인간관계, 성적관계가 가능하다. 대화하는 방법부터 가르쳐야 한다. 건강한 성을 가르치기 위해 기술적인 피임방법이나 성병예방 교육에 앞서 나의 감정을 솔직히 표현하고 상대방의 감정을 존중하는 배려하는 마음부터 가르쳐야 한다.

남학생들에게는 '옳다' 또는 '그르다'는 식의 교사의 감정적 표현보다는 구체적인 실례와 수치 등을 제시하는 것이 훨씬 효과적이다. 예를 들면 성폭력 예방수업의 경우 '무조건 나쁘니까 하지 말아라.' '여자에게 큰 상처를 주게 된다'는 식의 교육보다는 구체적으로 일 년에 몇 건이 발생하는지, 신문기사를 보여주어도 좋고, 성폭력 당한 여자들이 받게 되는 피해도 구체적인 자료를 제시한다. 성폭력특별법이나 남녀차별금지법 등의 법조항을 설명하면서 구체적인 형량과 배상비용의 예를 들어준다.

단계별 성교육 영역(예)

범주	영역	소영역	주제	유아	초저	초고	중	고
① 신체 및 심리발달	신체발달	임신과 출산	생명의 창조		△	▲	○	●
			태아와 모체			△	▲	○
			생명의 탄생과 혈연			△	▲	
		신체의 구조와 변화	남성의 신체구조와 변화			△	▲	○	●
			여성의 신체구조와 변화			△	▲	○	●
			호르몬계의 작용				▲	○	
			유전의 원리				▲		
			신체발달의 개인차			△	▲	○	●
	성심리발달	발달단계적 특성	유아기 심리의 특성					
			아동기 심리의 특성			△	▲		
			사춘기 심리의 특성				▲	○	
			청소년기 심리의 특성					○	●
		청소년기의 고민과 갈등	남녀의 성 심리					○	
			성적 관심과 충동					○	
			성 욕구와 자위행위					○	●
	성 건강	생식기 위생	옷의 필요성과 청결		△	▲		
			생식기 청결		△	▲	○	●
		성 관련 질병	성병의 종류와 증상				○	●
			성병의 예방				○	●
			에이즈의 원인과 증상				▲	○	●
			에이즈의 예방				▲	○	●
		피임	피임				○	●
			인공임신중절(낙태)의 위험성				○	●
		이상 성 행동	이상 성 행동의 유형				○	●
			이상 성 행동의 원인				○	●
			이상 성 행동의 예방				○	
② 인간관계 이해	결혼과 가정	결혼	결혼의 의미		△	▲	○	●
			결혼의 준비				▲	●
			부부의 역할				▲	
		가정	부모와 나의 출생 근원		△	▲		
			가정에서의 성 역할		△	▲	○	●
			부모의 책임과 역할		△	▲	○	●
	이성과 사랑	우정과 사랑	교우관계		△	▲	○	
			남녀의 우정과 사랑		△	▲	○	●

			사랑의 본질			▲	○	
			사랑의 유형			▲	○	
			사랑의 구성요소				○	●
			사랑의 표현과 책임			▲	○	●
			사랑과 성의 관계				○	●
		이성교제	이성 교제의 의미			▲	○	●
			이성 교제의 예절		△	▲	○	●
	자기결정과 선택	성적 자기 결정권	성적 자기 결정권과 책임				○	●
			효과적인 의사소통		△	▲	○	
			도움 청하기		△	▲	○	
		자기주장	자기주장 기술		△	▲	○	●
			거부 기술		△	▲	○	
			동료 압력에 저항하기				○	
③ 성문화 및 성윤리	사회에서의 성 역할	성정체감	성 고정 관념		△	▲	○	●
			성정체감의 발달과 이해			▲	○	●
		성 역할	사회에서의 성 역할		△	▲	○	●
	사회적 환경	성폭력	성폭력의 유형		△	▲	○	
			성폭력의 발생원인		△	▲	○	
			성폭력의 대처방법		△	▲	○	●
			도움을 받을 수 있는 곳		△	▲	○	
		성과 대중매체	포르노(잡지, 만화, 인터넷) 등, 대중매체에 의한 성 정보의 대처 방법			▲	○	●
		성 상품화	십대 매매춘			▲	○	●
	양성평등	양성평등의 의미	성차의 본질			▲	○	●
			남녀 관계의 변천			▲	○	
			남녀의 이해와 역할		△	▲	○	●
			남녀의 협력과 조화		△	▲	○	

제8장 미디어 교육

1. 미디어에 대한 이해

1. 미디어(Media)란?

 미디어는 매체(媒體)라고 하며, 이는 여러 사람들에게 메시지를 동시에 전달하기 위한 그릇을 말한다. 매체에는 메시지를 보내는 방식에 따라 크게 시각매체, 청각매체, 시청각매체로 나눌 수 있고, 매체를 이용하는 사람에 따라 개인매체(편지, 전화)와 대중매체(텔레비전, 신문, 잡지, 영화)로 구분된다. 이러한 매체를 모두 가리켜 미디어라고 한다.

2. 미디어와 우리의 삶

 1) 미디어의 기능

 ① 정보제공 기능 : 환경감시, 위험대비, 갈등관리 기능.
 ② 여론조성 기능 : 민주주의 발판, 정치 활성화 기능.
 ③ 교육적(사회화) 기능 : 문화전승, 학습기능.
 ④ 사회통합 기능 : 의견조정 기능.
 ⑤ 오락기능 : 건강한 휴식제공 기능.
 ⑥ 문화 활성화 기능 : 대중문화의 육성, 고급문화의 대중화 기능.
 ⑦ 경제 활성화 기능 : 광고, 관련업체, 경제기사 등을 통한 활성화 기능.

 2) 미디어 유해론

 ① 과다한 매체접촉으로 인한 일상생활의 리듬을 파괴하고, 학습, 독서, 생각하는 시간 등 인간에게 필수적인 시간들을 빼앗는다.
 ② 물질주의, 찰라주의, 편이주의, 황금만능주의, 스타제일주의, 일등주의(금메달) 등 자본주의의 문제점을 만들어 낸다.
 ③ 지배세력, 지배계층, 지배계급, 지배권력, 지배이데올로기 중심의 가치 및

사상 강조하여 여성종속화, 지역차별, 소수계층에 대한 폄하하는 수단으로 사용된다.

④ 퇴폐, 타락문화 조장, 성의 음란화, 성의 도구화, 부정적 성 의식을 조장한다.

⑤ 매체의 신체적, 심리적, 언어적, 정치적 폭력성 노출, 폭력적 해결방식의 합법화(정당화), 폭력에 대한 미화한다.

⑥ 무국적어, 언어질서의 파괴, 과다한 외래어 남용 등으로 국어의 오염과 왜곡의 문제가 있다.

⑦ 인격권이나 명예훼손, 초상권 침해, 프라이버시 침해가 발생한다.

⑧ 유행과 소비, 과소비, 충동구매, 과대 과장광고, 허위광고 등으로 과다한 소비를 조장한다.

⑨ 비윤리, 몰가치, 비교육적 메시지를 전달함으로써 불건전한 가정윤리, 성윤리를 유포하거나 강조하거나 또는 미화한다.

⑩ 정치적 악용과 오·남용 등으로 집권층의 수단화나 정체세력 미화의 도구가 된다.

⑪ 근거 없는 미신과 귀신이야기를 남용하여 사회적 불안감을 조성한다.

⑫ 내용면에서의 타락화, 복제문화의 만연(동질성, 모방성 유도 요인), 문화의 상업화, 수용과정에서 연령의 동질화를 초래하여 대중문화의 저질화를 초래한다.

⑬ 전통문화, 민족문화, 민족의식에 대한 폄하나, 지나친 미화를 통한 국수주의나 민족우월주의를 부추킬 수 있다.

2. 미디어 교육

1. 미디어 교육의 개념

미디어교육이란 우리들이 매일 즐겨 보고 이용하는 신문, 텔레비전, 영화, 비디오, 라디오, 사진, 인터넷, 잡지 등이 제공하는 다양한 형태의 메시지를 올바로 이해, 분석, 평가할 수 있으며, 학생 스스로 미디어와 능동적이고 적극적으로 커뮤니케이션 할 수 있는 능력을 개발하는 것이다.

학교에 갔다 오면 컴퓨터 앞에 앉아 오락하기 바쁘고, 밥 먹는 것보다 텔레비전 보는 것을 더 좋아하는 아이들에게 미디어를 올바로 이해시키고 이용할 수 있는 방법을 가르치는 교육이다.

나아가서 미디어의 언어와 문법, 미디어의 본질과 기술 등을 이해하고, 그것을 가르치며, 미디어를 사용하여 스스로를 표현하는 일련의 교수·학습과정을 통하여, 우리 사회의 문화·사회·정치·경제적 환경을 이해하고 평가할 수 있는 능력을 갖도록 하는 교육을 의미한다.
　미디어 교육은 다음과 같이 말할 수 있다.
　① 미디어로 미디어를 배우는 교육.
　② 미디어 수용자로서의 자질 함양교육.
　③ 미디어 바로보기 교육.
　④ 소비자교육으로서의 미디어교육.
　⑤ 인성교육으로서의 미디어교육.
　⑥ 문화운동으로서의 미디어교육.

2. 미디어 교육의 필요성

　영상 문화의 영역이 극대화되고 뉴 미디어의 발전이 가속화되는 우리 사회 현실 속에 무방비 상태로 노출되어 있는 아이들을 위해 미디어 교육의 필요성은 실로 절박하다. 영상 읽기(Media literacy) 훈련을 통한 비판 능력을 키우고, 유용한 정보들을 적극적으로 수용하여 활용할 수 있도록 체계적이고 단계적인 매체 교육(Media Education)을 실시해야 한다.
　① 미디어 소비의 증가에 따라서 바른 미디어 사용을 위한 교육이 필요하다.
　② 미디어의 이데올로기적 중요성 및 의식산업으로서의 막강한 영향력에 대한 올바른 인식을 필요로 한다.
　③ 정보산업의 발전에 따라 정보를 분별 있게 받아들일 수 있는 능력이 필요하다.
　④ 선거와 같이 정치에 미디어가 관여하는 정도가 점차 커지기 때문에, 유권자들이 올바른 권리를 행사할 수 있도록 도와줄 필요가 있다.
　⑤ 우리 사회 모든 영역에서 영상커뮤니케이션과 영상정보의 중요성이 커지고 있기 때문이다.
　⑥ 학생들에게 미래를 준비하는 과정으로서 필요하다
　⑦ 정보의 사유화 현상이 가속화되고 있으므로 또 다른 사회적 불평등을 낳을 수 있기 때문에 미디어교육을 통해 해소할 필요가 있다.

3. 미디어 교육의 방향

　우리나라의 미디어 교육은 전반적으로 볼 때 이론 연구보다는 사회 운동 차원의 실제적 측면에 집중되었고, 내용 면에서도 교육이론에 입각한 구성이 아닌 미디어 수용자들이 언론 현상에 대하여 비판적 인식을 갖도록 하고, 언론의 폐해로부터 스스로를 보호하며 적극적으로는 그 폐해를 개선하기 위한 캠페인의 성격이 강한 의식화 교육을 중심으로 발전해 왔다고 볼 수 있다. 미디어 교육의 내용

또한 교육학적 관점에서 구성된 하나의 교육과정(curriculum)이라기보다는 한시적 프로그램으로의 성격이 강한 것으로, 미디어의 역기능적 폐해를 강조하고, 이를 일회적인 강의나 강좌의 과목으로 다루는 경향이 지배적이었다. 따라서 교육 내용 면에서도 교육이론에 입각한 미디어 교육이기보다는 언론 현상에 대한 비판적 인식을 기르거나 언론으로 인해 입을 수 있는 피해를 최소화하는 의식화 관련 내용이 주류를 이루어 왔다.

그러므로 미디어교육은 우리들이 매일 즐겨 보고 이용하는 텔레비전, 컴퓨터, 비디오, 신문, 영화, 잡지 등이 제공하는 다양한 형태의 메시지를 올바로 이해, 분석, 평가할 수 있으며, 미디어를 올바로 이해하고 이용할 수 있는 방법을 가르치며, 학생 스스로 미디어와 능동적이고 적극적으로 커뮤니케이션 할 수 있는 능력을 개발하는 방향으로 이루어져야 한다.

4. 미디어 교육의 목표

미디어 교육의 목적은 정보제공을 통해 사람들이 자신에게 영향을 주는 미디어를 이해하도록 하며, 메시지를 분별하는 법을 가르치고, 자신과 관련 있는 내용의 판단 능력을 키워 주는 것이다. 따라서 미디어 교육의 목표는 다음과 같다.

① 미디어의 이용을 효과적으로 조정할 수 있는 능력을 키워준다.
② 미디어를 이해할 수 있는 능력을 키워준다.
③ 미디어가 주는 메시지를 정확히 이해할 수 있는 능력을 키워준다.
④ 미디어가 제공하는 내용을 탐구하는 자세를 키워준다.
⑤ 미디어를 보다 재미있게 보고, 이용할 수 있는 안목을 키워준다.
⑥ 미디어 수용자로서 적극적이고 비판적인 태도를 키워준다.
⑦ 미디어의 창의적이고, 예술적인 안목을 키워준다.
⑧ 미디어가 주는 정보를 이해하고 분별할 수 있는 능력을 키워준다.
⑨ 미디어에 대해 자신의 권리를 올바로 인식할 수 있도록 한다.

5. 미디어 교육의 유형과 범주

① 미디어에 대한 이해 - 커뮤니케이션, 미디어(미디어 발달사, 매체론), 미디어와 수용자, 미디어와 정치, 경제, 문화, 법, 인권, 테크놀로지 등
② 미디어 읽기(리터러시) -드라마, 뉴스, 광고, 게임 읽기 등/ 디지털 리터러시
② 미디어 제작 - 영상촬영 및 편집, 인터넷 HTML, 신문제작 등 문자텍스트 제작, 멀티미디어 제작

접근 유형	범주	내용
매체별	TV, 영상미디어	TV 바로보기, TV 모니터 교육
	신문읽기 교육	NIE(Newspaper in Education)
	인터넷	인터넷 이용자 교육
	영화	영화읽기
	기타 매체	만화읽기, 대중음악감상, 광고읽기, 게임 읽기
교육 내용별	미디어 읽기	미디어 내용 비판적 읽기
	미디어 지식 습득	미디어와 관련된 정치, 경제, 문화, 법 등의 지식 습득
	미디어 콘텐츠 제작	영상물 제작, 디지털 스토리 텔링
	수용자 의식 함양	비판적 수용자 교육
	미디어 활용 교육	NIE
교육 방법별	메시지 분석 중심	메시지에 숨어 있는 의미 찾기
	감시활동 중심	매체 모니터 운동
	미디어 제작활동 중심	미디어에 대한 이해와 안목 확장
	매체의 교육 활용 중심	NIE

3. 미디어교육 프로그램의 실제

<1> 미디어가 뭐예요?

◆ 미디어란 무엇일까요?

◆ 미디어의 종류에는 어떤 것이 있나요?
○ 매체의 분류
  - 시각매체 : 신문, 잡지, 편지, 광고전단지, 책, 만화, 사진, 그림
  - 청각매체 : 라디오, 음반
  - 시청각매체 : 텔레비전, 인터넷, 비디오, 게임, 영화

○ 매체의 전달 내용
　·텔레비전 : 뉴스, 드라마, 쇼, 다큐멘터리, 시트콤, 애니메이션, 광고(텔레비전용)
　·신문 : 기사(일반 정보기사, 어린이 신문의 기사, 스포츠 신문의 기사), 만화(시사만화, 어린이 신문의 만화), 광고(신문용)
　·컴퓨터 : 인터넷, 이 메일, 대화방, 다양한 웹사이트, 일반 응용프로그램, 오락, 광고(인터넷용)
　·라디오 : 드라마, 뉴스, 음악, 광고(라디오용)

<2> 나의 미디어 이용 습관은?

1. 내가 가장 많이 이용하는 미디어는 무엇인가요?
　① 텔레비전　　② 컴퓨터(인터넷)　　③ 라디오/카세트/CD
　④ 신문이나 잡지　⑤ 책/만화책

2. 나는 하루에 텔레비전을 얼마나 보나요?
　① 30분 이하　　② 30분~1시간 정도　　③ 1~2시간 정도
　④ 2~3시간 정도　⑤ 3시간 이상

3. 나는 텔레비전을 대개 누구와 함께 보나요?
　① 혼자서　　② 동생이나 언니(오빠), 형(누나)와
　③ 부모님과 함께　④ 온 가족이

4. 텔레비전 프로그램 중에서 내가 제일 좋아하는 프로그램은?
　① 시트콤　　② 만화영화　　③ 시사, 보도 프로그램
　④ 드라마　　⑤ 쇼·오락프로그램

5. 요즈음 내가 가장 즐겨보는 프로그램은 무엇인가요? 그 이유는 무엇인가요?
　*즐겨보는 프로그램명 :
　*이유 :

6. 나는 하루에 인터넷을 얼마나 하나요?
　① 30분 이하　　② 30분~1시간 정도　　③ 1~2시간 정도
　④ 2~3시간 정도　⑤ 3시간 이상

7. 인터넷은 어디에서 주로 사용하나요?

① 집   ② 학교   ③ PC방   ④ 동사무소   ⑤기타(   )

8. 인터넷을 주로 어떻게 이용하나요?(두 가지 이상 대답해도 괜찮음)
   ① 이메일   ② 게임   ③ 채팅   ④ 정보 검색   ⑤카페나 홈페이지운영

9. 인터넷을 할 때 시간을 정해 놓고 하나요? 그 이유는?
   ① 예   ② 아니오   이유:(   )

10. 인터넷을 하면서 드는 돈(캐쉬 충전 등)은 한 달에 얼마 정도인가요?
    ① 천원 이하   ② 천원-2천원 정도   ③ 2천원-3천원 정도
    ④ 3천원-4천원 정도   ⑤ 4천원 이상

11. 내가 제일 많이 가는 사이트는 어디인가요?

12. 내가 제일 많이 하는 게임은 무엇인가요?

<3> 인터넷을 하고 나서

이용시간 :	월 일 요일 시 분 ~ 시 분
사이트 이름은?	
어디에서 했나요?	집, 학교, PC방, 기타
무엇을 했나요?	메일, 검색, 채팅, 기타
새롭게 알게 된 것은 무엇인가요?	
하고 난 뒤의 느낀 점은 무엇인가요? -재미있었던 점 -기분 나빴던 점 -유익했던 점	
친구에게 추천해주고 싶나요? 이유는?	

<4> 나는 네티켓 지킴이

1. 우리학급 카페나 학교 홈페이지의 게시판 이용실태를 분석해보고, 바른 네티켓을 실천하지 않는 경우를 신고해봅시다.

	게시일	게시자ID	신고한 까닭
1			
2			
3			

2. 우리가 많이 쓰는 채팅어를 알아보고, 바르고 고운 우리말로 고쳐 봅시다.

채팅어	바른 말

3. 우리가 실천할 수 있는 네티켓을 만들어 보자.

	네티켓
1	
2	
3	

<5> 나의 미디어 사용 실태는?

☞ 1주일간 나의 미디어 사용 실태를 써 보자.(단위 ; 분)

	T.V	인터넷	라디오	영화	기타	총 시간
월요일						
화요일						
수요일						
목요일						
금요일						
토요일						
일요일						

* 학생들 스스로 하루 자신의 미디어 이용시간을 조사하여 기록하고, 교사는 하루 적정한 미디어 이용시간을 설명한다.

※ 하루 적정한 미디어 이용시간.
· 텔레비전 : 하루 1시간에서 2시간을 넘지 않는다.
· 비디오 : 1주일에 1편이 적당하다.
· 컴퓨터게임 : 하루 1시간을 넘지 않는다.

<6> 나의 T.V 시청 알아보기

◆ 내가 즐겨보는 TV 프로그램 종류는 무엇인가요? 아래의 표에 적어 봅시다.

번호	방송사	즐겨보는 프로그램 종류	프로그램 이름
1			
2			
3			
4			
5			
6			

◆ 나는 하루에 몇 시간 정도 TV를 보나요? 한 주간의 시청을 막대그래프로 만들어 봅시다.

시간\요일	월	화	수	목	금	토	일
6							
5							
4							
3							
2							
1							

◆ 나는 하루에 몇 시간 정도 TV를 보는 시간을 줄일 수 있나요? 줄일 수 있는 시간을 기록해 봅시다.(단위 ; 분)

요일	월	화	수	목	금	토	일
시간							

◆ T.V를 시청하는 대신 했더라면 더욱 좋다고 생각하는 일은 무엇일까 생각해 보자. (예, 숙제하기, 동생 돌보기, 음악감상, 독서, 전시회 관람 등)

* **인터넷 사용**에 대해서도 같은 양식으로 할 수 있다.

<7> T.V 시청 습관 알아보기

1. 나의 TV시청 습관은 어떠한가요? 아래의 건강검진표에 ☆해봅시다.

> ▶ 증세 : 해당하는 곳에 ☆표를 하세요
> 1. 비스듬히 누워서 텔레비전을 보다가 엄마한테 혼났다. (   )
> 2. 텔레비전을 가까이에서 본다. (   )
> 3. 밤 늦게까지 텔레비전을 보다 숙제를 못했다. (   )
> 4. 내가 좋아하는 연예인과 똑같은 옷을 사달라고 어머니에게 졸랐다. (   )
> 5. 텔레비전 광고에 나오는 물건을 보고 사달라고 어머니에게 졸랐다. (   )
> 6. 텔레비전을 본 후 리모콘을 아무데나 둔다고 엄마한테 혼났다. (   )
> 7. 내가 보고 싶은 프로그램을 보겠다고 동생(형, 누나, 오빠)과 싸웠다. (   )
> 8. 학교에서 오자마자 텔레비전을 켰다. (   )
> 9. 숙제하거나 수업시간에 텔레비전 내용이 생각난다. (   )
> 10. 아침에 텔레비전을 보다가 지각을 한 적이 있다. (   )

▶ 진단 결과
1. ☆이 없어요 : 아주 건강하군요. 앞으로도 계속 건강관리를 잘 해나가세요.
2. ☆이 3개 이하예요 : 건강한 편이예요. TV 시청일기를 쓰면서 본다면 아주 건강해 질 거예요.
3. ☆이 5개 이상이예요 : 조금 건강이 안 좋군요. 하지만 TV시청 일기를 쓰면 건강 해질 거예요.
4. ☆이 7개 이상이예요 : 건강상태가 많이 나빠졌군요. 하지만 누구보다 열심히 TV 시청일기를 쓴다면 얼마든지 건강해질 수 있어요.

☞ 중독에 가까운 텔레비전 시청의 유형

유 형	특 성
습관적 동거형	텔레비전을 가족처럼 여기고 함께 사는 형으로 습관적으로 텔레비전을 켜놓고 의식주 생활을 하는 형.
갈등형	텔레비전을 스스로 많이 본다고 생각하거나 텔레비전 때문에 가족들간의 대화가 단절되거나 해야 할 일을 못하고 있다는 것을 알면서도 시청을 절제하지 못하는 형.
막무가내형	무슨 일이 있어도 특정 유형의 프로그램을 봐야만하고 그렇지 않고서는 다른 일을 못하는 유형.
배경음형	텔레비전을 보지도 않으면서, 보더라도 무관심하면서 다른 일을 위한 배경음으로 이용하는 형.
과다관여형	일단 봤다 하면 다른 일에는 관심이 없고 극도의 감정적인 관여를 보이며 행동의 모방도 서슴지 않는 형.
주말중독형	평소에는 시간이 없어 보지 못하다가 주말만 되면 거의 하루 종일 텔레비전과 함께 사는 형.
우연시청형	특정 프로그램을 선택해서 보는 것이 아니라 여러 채널을 동시에 옮겨가면서 보는 경우나 남이 보니까 그냥 따라서 보는 형.

<8> T.V 시청 계획표 만들기

① 가족들이 보고 싶은 프로그램을 시간대별로 정해 본다.
② 가족 각자가 보고 싶은 프로그램에 색연필로 표시를 하도록 하다.
③ 작성한 후에 자기가 선택한 프로그램의 총 시간을 계산해 보고, 왜 그 프로그램을 선택했는지 발표하도록 한다.

<일요일 오전 프로그램>

시간	KBS1	KBS2	MBC	SBS	EBS
6시	00 KBS 뉴스 10 언제나 청춘	00 걸어서 세계 속으로 <중국 쓰촨성>	00 MBC 뉴스 10 늘 푸른 인생	00 SBS 뉴스 10 특선 건강스페셜 50 특집다큐 거리예술, 도시를 채색하다	00 이 땅의 꾼 20 바둑교실
7시	00 영상포엠 내 마음의 여행 <산을 품은 천년 고도 전남 구례> 30 남북의 창	00 KBS 일요 뉴스 타임	00 MBC 뉴스 10 고향은 지금	40 한수진의 선데이 클릭	20 죽마고우 50 꼬마돼지 피글리의 모험
8시	00 KBS 뉴스 10 일요진단	00 싱싱 일요일 55 성장드라마 반올림 3	05 공감 특별한 세상 55 해피타임	30 도전! 1000곡	15 마법의 책과 역사 탐험대 40 뽀롱뽀롱 뽀로로 55 몰리와 나
9시	00 체험, 삶의 현장 55 퀴즈 대한민국	45 가치대발견 보물찾기	55 으랏차차 세상본색	40 TV 동물농장	00 빈이랑 와리 15 빼꼼 20 호야네 집 45 아빠, 맞혀보세요! 50 꼬마기관차 토마스와 친구들
10시	55 TV동화 행복한 세상	45 박수홍 박경림의 좋은 사람 소개시켜줘	50 신비한TV 서프라이즈	50 결정! 맛대맛	00 반짝 모자 노띠 10 꼬마 로봇 20 모여라 딩동댕
11시	00 TV쇼 진품명품	50 주주클럽			00 뿡뿡이랑 남남 20 청소년 드라마 <비밀의 교정>

<오후 프로그램>

시간	KBS1	KBS2	MBC	SBS	EBS
7시	00 KBS 뉴스 10 도전 골든벨	55 소문난 칠공주	50 누나		00 다큐 극장- 맞수
8시	00 KBS 스페셜 <현지보고 미 쇠고기 어떻게 만들어지나>	55 개그콘서트	55 MBC 뉴스데스크	00 SBS 8 뉴스 35 오늘의 스포츠 45 연개소문	00 미디어 바로보기 40 지식의 최전선
9시	00 KBS 뉴스 9 30 대조영		30 스포츠 뉴스 40 환상의 커플	55 사랑과 야망	30 지식 채널 e weekly
10시	20 취재파일 4321	05 비타민	40 시사매거진 2580		00 EBS 스페이스 -공감
11시	00 도시 그 희망의 조건 <회색도시>	25 그레이 아나토미 시즌2 <은밀하고 아름다운 비밀>	30 MBC 스페셜 <목소리가 인생을 바꾼다>	05 SBS 스페셜 <모든 범죄는 흔적을 남긴다>	00 한국영화특선 <진짜진짜좋아해>
0시	00 일요다큐 산 <카라코람 스택틱 원정기-극한의 기록> 30 명화극장 <파프롬 헤븐>	10 그레이 아나토미 시즌2 <손바닥으로 가져진 하늘> 55 일요 스포츠 중계석	30 CSI 과학수사대 시즌6	05 세상에서 가장 아름다운 여행	
1시			20 스포츠 매거진	05 시네클럽 <스토리 오브 어스>	

<9> TV시청 일기 쓰기

☞ 어제 또는 지난 1주일간 시청한 TV프로그램을 중심으로 TV시청 일기를 써 보자.

　　　　　20 년　월　일　　:　～　:　　시까지(　　분간)

■시청한 프로그램 명 :　　　　　　　　　■방송사 :

■누구랑 같이 보았나?(엄마, 아빠, 동생, 형,　　　　　)

■ 이 프로그램을 어떻게 알게 되었나? 아래의 해당사항에 체크한다.
 - 친구들이 재미있다고 해서(　)
 - 엄마, 아빠가 보라고 해서(　)
 - 신문을 보고(　)
 - 그냥 텔레비전을 켜고 보았다(　)
 - 엄마 아빠가 보는 것을 같이 보았다(　)

■ 이 프로그램은 얼마나 재미있었나? 아래의 사항에 동그라미를 한다.
　★★★★★ 아주 재미있다(　)
　★★★★ 재미있다(　)
　★★★ 보통이다(　)
　★★ 재미없다(　)
　★ 아무 재미없다(　)

■ 인상 깊었던 내용, 기억에 남는 장면, 보다가 처음 듣는 말이나, 신기한 장면, 궁금한 장면은?

<10> T.V 시청 교육

1. TV시청 규칙 만들기

① 자신이 알고 있는 모든 프로그램을 기록하도록 한다.
② 일주일 동안 TV시청 시간을 계산하게 한다.
③ TV시청 자세와 부모님의 반응에 대해 얘기한다.
④ TV 프로그램을 통해 배운 유행어를 모두 적어 본다.
⑤ 배운 습관, 유행 옷차림, 광고음악(CM) 등을 모두 적어본다.
⑥ 이들을 종합적으로 적어 놓고 조별 토의를 통해 문제점을 정리해 본다.
⑦ 조원 전체가 함께 "TV시청 규칙"을 만들어 본다.

◑ 어린이 TV시청 약속 ◐

① 밥을 먹을 때는 보지 않는다.
② 학교 숙제, 예습 복습이 끝난 다음 시청한다.
③ 시청시간과 취미 활동의 균형을 유지한다.
④ 주말에는 TV 시청보다 온 가족이 함께 할 수 있는 취미활동을 만들자.
⑤ 친구들이 놀러 왔을 때 무조건 TV 시청을 허락하지 않는다.
⑥ 하나의 프로그램이 끝나면 꼭 끈다.

<11> 컴퓨터 중독 점검표

1=전혀 그렇지 않다. 2=조금 그렇다. 3=보통 그렇다.
4=자주 그렇다. 5=항상 그렇다. 0=해당사항 없다.

순	문 항	점수
1	애초 마음먹은 생각보다 더 오랫동안 인터넷을 사용한다.	
2	인터넷 때문에 집안 일(방 정리, 청소 등)을 소홀히 한 적이 있다.	
3	가족, 친구들과 어울리는 것보다 인터넷이 더 즐겁다.	
4	최근 새로 맺은 인간관계의 대부분은 인터넷을 통해 만난 사람들이다.	
5	주위 사람들에게 인터넷을 너무 오래한다고 자주 불평을 듣는다.	
6	인터넷 때문에 성적이나 학교생활에 문제가 있다.	
7	다른 할 일을 두고 먼저 전자우편을 확인한다.	
8	인터넷 때문에 일의 생산성이나 창의성이 떨어진 적이 있다.	
9	누가 인터넷에서 무얼 했냐는 질문에 사실을 숨기거나 얼버무린 적이 있다.	
10	괴로운 일이 있을 때 인터넷으로 스스로 달래본 적이 있다.	

11	다음 번 인터넷 접속 시기를 미리 정해 놓는다.	
12	인터넷이 없는 생활은 따분하고 공허하며 재미없을 것이라고 생각한다.	
13	인터넷 사용 중 누군가 방해를 한다면 소리를 지르거나 화를 낸 적이 있다.	
14	인터넷 사용하느라 잠을 못 잔 적이 있다.	
15	오프라인 상태에서 인터넷을 사용하는 상상을 해본 적이 있다.	
16	인터넷 사용도중 "몇 분만 더"라고 말하며 시간을 더 허비한 적이 있다.	
17	인터넷 사용시간을 줄이려고 노력했지만 실패한 적이 있다.	
18	다른 사람에게 인터넷 사용시간을 숨기려 한 적이 있다.	
19	가족, 친구들과 외출하려고 하기보다 인터넷 접속을 위해 집에 남은 적이 있다.	
20	우울하고 긴장되었다가 인터넷 접속 후 이런 감정들이 모두 사라진 적이 있다.	
나의 총점	・각 항목별 점수를 모두 합해 보세요.	총 ( ) 점

** 컴퓨터 중독 자가 평가 **

총 점	중독 수준	내 용
20~49	정 상	인터넷을 오래 쓸 때도 있지만 자기 통제 가능.
50~79	중독 초기	인터넷 사용과 관련하여 발생한 문제가 일상생활에 영향을 끼치기 시작.
70~100	중독 중증	인터넷 사용이 일상생활에 중대한 문제를 야기하여, 문제 해결을 위한 노력 및 전문가의 도움이 필요.

자녀 인터넷 사용 가이드

1) 인터넷 사용 시간을 강압적으로 통제하기보다는 자녀와 협의합니다.
2) 부모도 컴퓨터에 대해 알고 인터넷을 활용할 수 있도록 합니다.
3) 컴퓨터는 가족이 공유하는 장소에 둡니다.
4) 자녀의 학습을 돕는 긍정적인 인터넷 사용을 격려합니다.
5) 자녀가 여가시간에 인터넷 사용 이외의 다른 취미활동을 할 수 있도록 유도합니다.
6) 인터넷을 사용하면서 식사나 군것질을 하지 않게 합니다.
7) 부모가 자녀의 인터넷 사용에 대한 일관된 태도를 보여줍니다.
8) 자녀 스스로 인터넷 사용시간 조절이 어려울 경우, 시간관리 장치를 설치해 줍니다.
9) 부모가 자녀의 평소 생각이나 고민에 대해 관심을 보여 줍니다.
10) 자녀의 인터넷 사용으로 생활부적응이나 갈등이 지속되면 전문상담 기관의 도움을 받습니다.

<출처 : 인터넷 시대! 자녀지도 가이드북, 우리아이 어떻게 이해하나요?>

<12> 좋은 프로그램의 조건들

1. 우리가 특히 좋아하는 프로그램은?

◆ 각자 제일 좋아하는 프로그램을 순서대로 3가지씩 적는다.
①
②
③
◆ 모든 친구들이 제일 좋아하는 프로그램을 순서대로 5가지만 고른다.
①
②
③
④
⑤
◆ 좋아하는 이유를 이야기 해 보자.

2. 우리가 보지 말아야 프로그램은?

◆ 각자 본 프로그램들 가운데 '우리가 보면 곤란한 프로그램'을 한 가지를 말해 보자.

◆ 왜 보지 말아야 할 프로그램인가 이야기 해 보자.

◆ 각 조별로 드라마, 코미디, 다큐멘터리, 만화, 음악, 오락 프로그램 중에서 하나씩 선택하고, 먼저 각자가 좋은 프로그램의 조건을 말해 보자.

①
②
③
④
⑤

★ 조별로 좋은 프로그램의 조건을 5가지씩 선정해 보자.

①
②
③
④
⑤

※ 연령별 T.V 시청 지도요령 ※

◇ 0~3세

 부모들이 일을 하기 위해, 또는 아기들이 울거나 보챌 때 아기를 TV 앞에 앉혀 놓는 등 TV를 보모로 이용하는 경우가 많다. 이러한 아기 '홀로 TV시청'은 TV 중독증의 시초가 되므로 조심해야 한다. 하루 종일 TV가 켜 있으면 아기도 덩달아 함께 TV를 보게 되므로 가족들의 절제된 TV 시청이 무엇보다 필요한 시기다 아이의 눈높이에 알맞은 프로그램을 골라 보여주되 같이 보면서 노래와 춤, 놀이를 따라 하게 하는 등 적극적인 시청태도를 길러준다.

◇ 4~7세

 고집이 세고 주도력이 강해 어떤 일이든지 자기가 하려고 할 때인데,TV 시청을 습관이 아닌 선택사항으로 만들어 줘야 할 시기다. 리모콘에서 'ON' 보다 'OFF' 버튼을 먼저 알려주고 ,보고 싶은 프로그램을 본 다음에는 끄는 습관을 들여 준다. 이 시기에 알맞은 시청은 하루 1시간으로, 수준에 맞는 프로그램을 골라 부모가 함께 보면서 궁금한 사항을 설명해 주도록 한다. 최소한 3m 이상 떨어져 허리를 꼿꼿하게 세운 바른 자세로 보게 하는 등, 보는 자세를 바로 잡아주고, TV보기와 동화책 보기의 균형을 맞추는 데 신경 써야 한다. 매일 20~30분이라도 동화책을 읽어 주어야 나중에 책을 멀리하지 않게 된다.

◇ 초등학교 1~2년

 등교 때문에 TV 시청형태가 변하는 시기다. 만화 등 어린이 프로그램 뿐 아니라 시트콤 쇼 드라마에도 관심을 갖고 보지만 여전히 TV의 현실과 실제 현실을 잘 구별하지 못한다. 이때는 본격적으로 글을 읽고, 쓰는 연습을 하는 시기인데 TV 때문에 연습을 게을리 하는 것이 가장 큰 문제다. 일기 쓰기 등 글쓰기와 책 읽기를 1시간 해야 1시간 TV를 보게 허락해주는 등 두 가지의 균형을 맞춰줘야 한다.

◇ 초등학교 3~4년

 좋은 시청습관을 들일 수 있는 마지막 기회다. 5, 6학년이 되면 부모의 통제로

부터 벗어나려는 사춘기가 시작돼 습관을 고치기 매우 어렵다. TV의 현실과 비현실을 구분할 줄 알게 되는 때로, 지나치게 TV를 좋아하게 되어 중독으로까지 발전될 수 있는 시기여서 더욱 중요하다. 방송사에 대한 호기심이 큰 시기이므로 방송국 견학을 통해 성숙된 시청시각을 길러줄 필요가 있다. 사고가 급속히 발달하고 관심의 폭이 넓어지는 시기이므로 우주 환경 역사 등 다양한 주제를 다룬 프로그램을 골고루 보여준다.

◇ 초등학교 5~6년

개인차가 있기는 하지만 여자아이는 초경을, 남자아이는 몽정을 경험하는 때로 사춘기와 맞물리면서 성에 대한 호기심이 서서히 증폭될 때다. 드라마에선 남녀가 키스하는 장면이라든가 성적인 장면이 등장하는 경우가 있는데 이럴 때 부모는 당황하지 말고 차근차근 성에 대한 기본적인 지식을 자녀에게 말해주는 것이 좋다. 음란물 접촉시기가 낮아지고 있어 초등학생 자녀에 대한 성교육은 빠를수록 좋고, TV를 활용하면 자연스럽게 할 수 있다.

<13> 영화 속으로

제목 : 집으로…

이정향 감독 / 김을분. 유승호 출연 / 한국 / 2002년 / 80분

집으로라는 영화는 상우 엄마가 돈을 벌기 위해 상우를 외할머니 집에 맡기고 가게 된 것으로 시작된다. 일곱 살 상우는 기차를 타고 또 버스를 타고서도 한참을 더 올라가야 하는 산골 마을 외할머니 집에 맡겨진다. 말도 못하고 글도 못 읽는 외할머니가 혼자 살고 계신 산골 집에 남겨진 상우, 전자오락기와 롤러브레이드가 있는 세상에서 살아온 아이답게 밧데리도 팔지 않는 시골가게, 모든 시설이 제대로 갖추어지지 않고 화장실 또한 재래식인 산골 마을과 외할머니 집을 싫어한다.

상우의 투정과 심술은 날이 갈수록 심해졌지만 외할머니는 상우를 한 번도 꾸중하시지 않는다. 상우는 외할머니를 괴롭히기 시작하는데도 외할머니는 그런 상우를 더욱더 귀여워 해주셨다. 상우는 밧데리를 사기 위해 잠든 외할머니의 머리에서 은비녀를 훔치고 양말을 꿰매는 외할머니 옆에서 롤러브레이드를 타기도 하고, 벽에 낙서도 많이 했다.

그러던 어느 날 후라이드 치킨이 먹고 싶었던 상우는 온갖 손짓, 발짓으로 외할머니에게 닭을 설명하는데 성공하였다. 그러나 할머니께서 장에서 사온 닭으로 요리한 것은 닭백숙이었다. 상우는 그 닭을 한입도 먹지 않다가 할머니께서 주무시는 사이 몰래 먹는

다. 외할머니에 대한 상우의 사랑은 그때부터 시작이었을까?
   어느덧 상우는 외할머니를 조금씩 따르고 아픈 할머니를 간호해주기도 하였다. 할머니에게 정을 느낀 상우는 엄마가 데리러 온다는 편지를 받고 시무룩해진다. 할머니와 헤어져야 한다는 사실을 알기 때문이다. 상우는 할머니께 글을 가르쳐준다. '보고 싶다.', '아프다.'..... 할머니께 행여나 무슨 일이 생길까봐 말이다.
   엄마가 다시 상우를 데리고 집으로 향할 때 상우는 할머니께 인사도 하지 않는다. 또 다시 산골 마을에 홀로 계실 할머니를 두고 가는 마음이 편치 않아서.......

1. 영화를 보고, 가장 마음이 뭉클했던 부분은 어느 장면입니까?
2. 상우는 할머니에게 못된 행동을 많이 했다. 상우의 잘못된 행동은 어떤 것들이며, 내가 상우의 경우라면 어떻게 했을까?

3. 상우가 미친 소가 나타났다고 여러 번 거짓말을 하였는데, 그 이유가 무엇입니까?

4. 할머니가 시장에 치킨을 사러 가셨을 때, 할머니를 기다리는 상우와 닭을 사오시는 할머니의 마음을 구체적으로 적어보자.

할머니의 마음	상우의 마음

5. 상우가 할머니에게 글을 가르쳐 준 까닭은 무엇입니까?
6. 시골에 계시는 할머니나, 이웃 할머니들을 대할 때 어떻게 하면 좋을 까 생각해 보자.

제9장 글쓰기 지도

1. 아이들의 글쓰기 지도

1. 아이들은 왜 글쓰기를 싫어할까?

① 학교에서 쓰라고 해서 억지로 쓰니까
② 어른 중심의 제목을 주니까 쓰기 어려워서
③ 어른들의 기대 때문에 자신의 이야기를 쓰지 못하니까
④ 미리 못쓴다고 야단맞을 것을 생각하니까
⑤ 학교에서 배운 것이 틀 속에 짜여 있으니까
⑥ 생각하기 싫으니까
⑦ 글을 쓸 기회가 주어지지 않으니까.

2. 글쓰기 교육의 성격과 의의

1) 성격

 글쓰기는 문자언어를 통하여 자신의 의사를 표현하고, 다른 사람들과 의사소통하며, 새로운 의미를 발견하고 창조하는 기능으로서, 복잡한 사고과정과 문제해결과정을 필요로 하는 고등정신기능이다.
 자신의 생각이나 느낌을 마음대로 나타내지 못한다면 그것처럼 답답한 일은 없을 것이다. 내 생각을 말하지 못하고 남의 생각을 말하고, 내 느낌을 나타내지 못하고 남의 느낌을 나타내야 한다면 어떻게 될까요? 글쓰기는 자기 자신을 표현하는 하나의 도구이다.

2) 의의

① 글쓰기를 통해 자기 자신과 사회를 더욱 깊이 있게 인식한다.
② 글쓰기를 통해 풍부한 감수성과 상상력, 창의력, 사고력을 기른다.
③ 언어 감각을 연마하고 개성적이고 창의적인 표현능력을 개발한다.

3. 글쓰기 교육의 목적과 목표

1) 목적

① 어린이의 마음을 지켜 주고 키워 나간다.
② 인간에 대하여 깨닫게 한다.
③ 진실하고 정직한 사람이 되게 한다.
④ 함께 더불어 살아가는 사람으로 키운다.
⑤ 자기표현의 능력을 기른다.
⑥ 좋은 말을 사용하게 한다.

2) 목표

① 아이들의 삶에서 글감을 찾고,
② 생각을 정리하는 과정에서 비판과 감상의 정신을 갖게 하며,
③ 삶과 생각을 키워나가며,
④ 정직하고 진실한 사람으로 키운다.
⑤ 소박하고 솔직한 마음을 가지게 하며,
⑥ 풍부한 느낌을 갖게 하며,
⑦ 창조적인 사고를 가지게 하며,
⑧ 언행일치의 삶을 가꾸게 한다.

4. 좋은 글과 살아 있는 글

1) 좋은 글

① 본 대로 느낀 대로 자기표현이 나타난 글.
② 재미있고 알기 쉬운(이해할 수 있는) 글.
③ 전하고자 하는 내용을 빠짐없이 담고 있는 글.
④ 정확한 내용으로 믿음을 주는 글.
⑤ 읽는 이의 마음을 움직일 수 있는 글.
⑥ 외래어보다는 순수한 우리말로 쓴 글.

2) 좋지 않은 글

① 무엇을 썼는지 알 수 없는 글.

② 알 수는 있어도 재미가 없는 글.
③ 누구나 다 알고 있는 것을 알고 있는 그대로만 쓴 글.
④ 자기 생각은 없고, 남의 생각이나 행동을 흉내 낸 글.
⑤ 쓰라고 해서 할 수 없이 마음에도 없는 것을 쓴 글.
⑥ 글에 나타난 생각이나 행동이 옳지 못한 글.
⑦ 머리로 짜내어 쓴 글.
⑧ 아주 재미있고 멋지게 썼구나 싶은데, 느껴지는 것이 없는 글.

3) 살아 있는 글

① 일상적인 의사소통 형태로 표현한 글.
② 표현의 자유가 허락되어진 글.
③ 고정된 글의 틀을 벗어난 글.
④ 마음의 상태를 말과 글과 그림으로 표현할 수 있는 글.

5. 좋은 글을 쓰려면

좋은 글이란 감동이 있다. 감동이 있으려면 자신이 겪은 일을 솔직하게 나타내야 한다. 솔직하다는 말은 자신이 겪은 일(한 일, 들은 일, 본 일, 생각한 일, 느낀 일)을 있는 그대로 나타내는 것이다. 자신이 겪지도 않은 것을 머리로 쓰거나 남이 쓴 것을 보고 흉내를 낸 글을 솔직한 글이 아니다. 잘 쓴 글은 자신이 겪은 것이다. 남이 아닌 자신이 겪은 일을 느낀 그대로 한 그대로 생각한 그대로 쓰면 되는 것이다.

좋은 글은 감동이 있는 글이다. 그리고 자신이 겪은 일을 있는 그대로 솔직하게 쓴 글은 삶에서 나온 글이다.
① 아이들의 삶과 생각을, 본 대로 느낀 대로 쓰도록 한다.
② 아이들로 하여금 자기의 삶을 바로 보고 반성할 기회를 갖게 한다.
③ 남의 것을 흉내 내지 말고 자기의 것으로 쓰도록 한다.
④ 머리로 지어내고 꾸며서 쓰지 않도록 한다.
⑤ 어린이로서의 표현으로 적절한 표현을 쓰도록 한다.
⑥ 어린이의 삶의 태도가 나타날 수 있도록 한다.
⑦ 도덕과 윤리적인 면에서 바르게 쓰도록 한다.
⑧ 재미와 맛, 그리고 감동이 있는 글이 되게 한다.
⑨ 읽을 만한 가치가 있도록 한다.
⑩ 늘 글을 쓰는 버릇을 들이도록 한다.
⑪ 자기의 생각이 남들에게 잘 전해지도록 자세하게, 정확하게 쓰도록 한다.

6. 글의 갈래

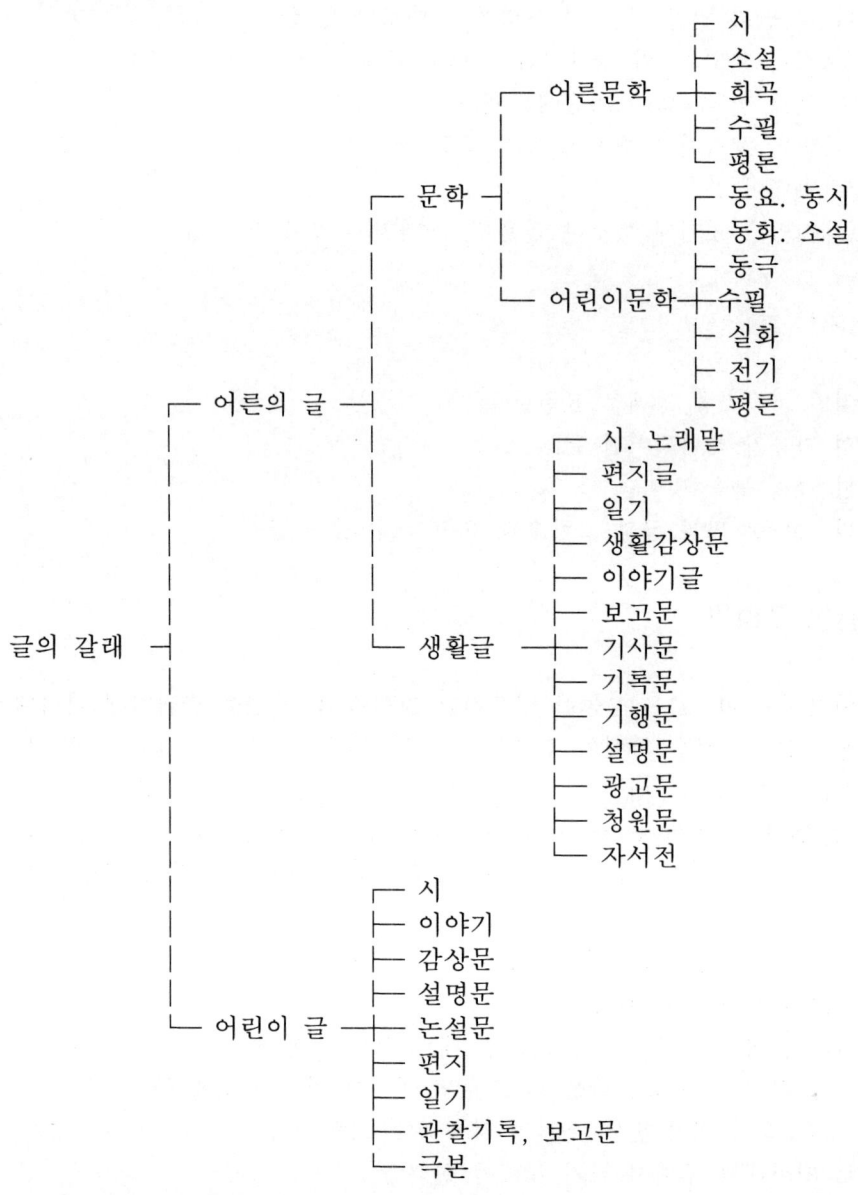

7. 글쓰기의 단계

1) 글의 구성 원리

① 모든 글은 처음(서론), 가운데(본론), 끝(결론)의 구조를 가진다.
② 하나의 문단에는 반드시 하나의 중심 문장이 있어야 한다.

③ 주제와 그것을 뒷받침하는 재료들이 내용적으로 일치해야 한다.
④ 주제를 효과적으로 드러낼 수 있도록 재료들을 적절하게 배열해야 한다.

2) 글감 정하기

① 쓰고 싶은 것을 쓰게 한다.
② 평소에 겪는 일이나 부딪치는 문제에서 출발한다.
③ 글감이 되는 관찰이나 견학을 한 후에 쓰게 한다.
④ 자세한 관찰이나 생각을 한 후에 쓰도록 한다.

★ 한 일-숙제, 심부름, 아기 보기, 담배 엮기 따위
★ 놀이-얼음 땡, 공기, 줄넘기, 말뚝 박기, 제기차기, 고무줄, 축구 시합 따위
★ 본 일-옆집 할머니, 강아지 따위
★ 들은 일-할머니 어렸을 때, 태몽, 매미 소리, 교장 선생님 말씀 따위
★ 생각한 일-나의 소원, 커서 희망, 자연 보호 따위
★ 그 밖의 일 등등.

3) 얼거리 잡기

① 제목 정하기
② 얼거리 짜기(구성) : 어떤 내용을 어떤 차례로 쓸 것인가를 생각한다.
   - 무엇을, 왜 쓰는지 생각한다.
   - 어떤 순서로 쓸 것인가 생각한다.

  * 얼거리 짜기의 예
  글감 : 내 몸
  처음 : 내 몸의 상처
         ① 내 몸은 상처투성이다.
         ② 목욕가면 엄마가 핀잔을 준다.
  가운데 : 상처에 얽힌 이야기
         ① 내 머리카락
         ② 손톱 물어뜯는 버릇
         ③ 배꼽 주위에 있는 흉터
         ④ 오른쪽 무릎에 있는 꿰맨 흔적
         ⑤ 왼쪽 무릎에 생긴 흉터
  끝 : 내 성질을 고쳐야 한다.

성질을 고쳐야만 나에게는 물론 다른 사람에게도 좋다.

4) 써 내려 가기

① 글쓰기 : 얼거리 짠 차례대로 사실과 생각과 감정을 표현해 나가는 것으로 말하듯 술술 써 내려 간다.
② 생각나는 대로 한 번에 써내려 간다.
③ 정신을 집중하여 쓴다.
④ 다른 사람이 잘 알 수 있도록 자세하게 쓴다.
⑤ 자기의 말로, 일상에서 사용하는 용어로 쓴다.
⑥ 다시 읽어 보고 보태어 쓰기 : 글의 모자라는 부분을 다시 한 번 더 보면서 더 정확하게 보태어 쓴다.

5) 다듬기

다 쓴 글을 아이가 다듬을 수 있도록 도와주어야 한다. 다시 차근차근 읽어보면서 모자라는 곳은 보태고, 틀린 곳은 고치고, 필요 없는 곳은 줄여 사실과 생각을 충실히, 정확하게 나타낸다.

(1) 내용면
① 쓰려고 했던 것이 충분히 나타났는가?
② 무엇을 썼는지 알 수 없는 곳, 확실하지 않은 표현은 없는가?
③ 남들에게 잘 보이려고 쓴 것이 아닌가?
④ 사실에 꼭 맞는 말이요, 글인가?
⑤ 좀 더 자세히 써야 할 점은 없는가?
⑥ 필요 없는 말, 줄여도 될 부분은 없는가?
⑦ 자기 자신의 말로 썼는가?

(2) 형식면
① 틀린 글자, 빠뜨린 글자는 없는가?
② 문법과 어법에 맞게 썼는가?
③ 띄어쓰기는 잘 되었는가?
④ 구두점과 부호는 틀림이 없는가?
⑤ 문단은 잘 나누어졌는가?
⑥ 그 밖에 원고지 쓰는 법을 지켰는가?

2. 아이들의 글쓰기 실제

1. 서사문

1) 서사문과 사생문

서사문은 사건이나 사실을 중심으로 기록한 글로써, 어린이들이 쓰는 글 가운데 가장 많이 써는 글이다. 아이들이 쓰는 글뿐만 아니라 어른들이 쓰는 글도 서사문이 주를 이룬다. 따라서 아이들의 삶에서 보고 듣고 생각한 것, 경험한 것을 솔직하고 자세하게 쓰는 모든 글이 서사문이라고 할 수 있으며, 생활문이라고 부르기도 한다.

사생문이란 눈앞에 펼쳐진 풍경, 움직임, 냄새, 소리, 주고받은 말이나 사물의 모습을 그림 그리듯 글로 옮긴 것을 말한다. 즉, 한 가지 사물이나 경험을 선택하고, 그것을 세밀하고 자세하게 묘사하여 거기에 담긴 기억이나 생각, 느낌 등을 풀어나가며, 맛, 냄새, 소리, 등의 감각을 세밀하게 묘사하는 글을 말한다. 따라서 사생문은 서경문(눈앞에 전개되는 자연 풍경 같은 것을 객관적으로 묘사한 글)과 서정문(작가의 내면적 심정을 주관적으로 표현한 글)을 포함하며, 서사문과 함께 쓰는 글이라고 할 수 있다.

2) 서사문의 글감들

- ○ 등하교 길
  - 계절의 변화
  - 등교 길에서 만난 친구
  - 이상한 사람을 만났을 때
  - 교통사고 현장
  - 들판에서 일하는 아저씨
  - 교통순경 아저씨
  - 불이 난 이웃집
  - 싸우는 사람
  - 돌 뿌리에 걸려 넘어져 무릎을 깬 일
  - 갑자기 배가 아파 고생한 일
  - 갑자기 준비물이 생각났을 때
  - 물건을 주운 일
  - 길 잃은 강아지를 만났을 때
  - 갑자기 만난 소나기

○ 수업시간에 있었던 일
  - 공부 시간에 엉뚱한 생각을 하다가 꾸중을 들은 일
  - 다른 사람들이 대답 못 한 일을 대답하여 칭찬 받은 일
  - 풀리지 않던 문제를 풀어서 기뻤던 일
  - 미술 시간에 물감을 엎질러 친구 옷을 버린 일
  - 음악 시간에 새로 배운 노래
  - 체육시간에 체육복을 안 입고 가서 벌을 받은 일
  - 체육시간에 한 경기
  - 체육 시간에 못 넘은 뜀틀을 연습하여 넘은 일

○ 쉬는 시간이나 점심시간
  - 친구와 다툰 일
  - 점심시간에 군것질하다가 꾸중을 들은 일
  - 점심시간에 친구와 같이 점심 먹은 일
  - 급식 당번을 하면서 있었던 일
  - 점심시간에 운동장에서 축구한 일
  - 쉬는 시간에 계단 내려가다가 넘어진 일

○ 기타 학교생활
  - 청소 시간에 유리창 닦은 일
  - 청소하다가 싸운 일
  - 청소를 잊고 그냥 갔던 일
  - 친구에게 도움을 받을 일
  - 특활 시간
  - 반장 선거
  - 선생님 심부름
  - 전학 온 친구
  - 전학 간 친구
  - 낯선 친구에게 편지를 받을 일
  - 예방주사와 관계 된 일
  - 소풍, 수학여행, 극기 훈련

○ 가정생활
  - 부모님께 칭찬 받거나 꾸중은 들은 일
  - 가족 오락회
  - 친척 집 방문

- 동생이나 형과의 다툼
- 친척의 결혼
- 할아버지나 할머니의 생신
- 가족 나들이
- 내 동생
- 우리 집 강아지
- 우리 할아버지, 할머니
- 도둑이 들었던 일
- 이사 가던 날
- 대청소
- 우리 집 소개 및 자랑

3) 서사문의 예

컴퓨터 오락
심○○

　학교가 끝나고 상협이와 같이 내 집에 가서 컴퓨터 게임을 하기로 하였다. 그 게임의 시간은 제안이 되어 있으며 계속 같은 유니트가 나오며 백 마리나 이 백 마리 정도를 죽이면 영웅이 나온다. 이러한 영웅을 모으는 것이 바로 이 게임이다. 하지만 이 게임의 단점은 너무 잔인하다는 것이었다. 그런데 이 게임은 왜 이렇게 인기가 많은 것이었다. 앞으로 이러한 게임 보다 문화 적인 우리에게 도움이 되는 그러한 게임을 하도록 노력하여야겠다.

체육시간
윤○○

　2째 시간을 마치고 우리 반 아이들은 운동장으로 나갔다. 우리 반은 저번 시간과 같이 긴 줄넘기를 넘었다. 나는 오늘 기분이 좋아서인지 긴 줄넘기를 넘을 때마다 성공했다. 저번 시간 때보다 못하던 아이들도 펄펄 날아가듯이 줄넘기를 넘었다. 종이 칠 때가 되어 우리 반은 이어달리기를 하였다. 나는 우리분단을 열심히 응원했다. 드디어 내 차례가 되었는데 처음에는 잘 못 달렸는데 앞에 있던 아이가 속도를 줄이는 틈을 타서 제 빨리 뛰어나가서 1등을 하였다. 그런데 우리 분단은 안타깝게 3등을 하였다. 다음에는 우리 분단이 좀 더 열심히 해서 1등을 했으면 좋겠다.

친구들
강○○

  막 4학년 들어와서의 일이다.
나는 원래 우리 반에서 친한 친구가 없었는데(당연히 4학년 처음이니까)앞, 뒤로 앉았고, 또 같이 화장실 청소도 하여서 친하게 된 '박기영'이라는 친구가 있다.
  기영이는 나를 잘 이해해 주었다. 또 슬픈 일이 있으면 위로도 해주고.... 어쨌든 좋은 친구다.
  또 3학년 때 친해서 지금 4학년 때도 (조금만) 친하게 지내는 '오세진'이라는 친구가 있다. 세진이는 언제나 웃고 있다. 나도 본받고 싶다.
  또 있다. 이번 컴퓨터 창의성 대회로 친하게 된 '이혜은'과 '성민지'가 있다. 혜은이와 민지는 컴퓨터를 아주 잘 해서 무지 부럽다.
  '윤정혜'라는 친구도 있는데, 1학년 때와 2학년 때는 굉장히 친했었는데, 3학년 때,'김의지'라는(별로 친하지 않은)친구와 사이가 점점 가까워지고, 나하고는 점점 멀어져갔다. 하지만 요즘은 친하게 지낸다.
  의지는 왜 그런지 모르겠다. 3학년 땐 친한 정혜를 빼앗아(?)가고... 요즘은 나랑 기영이랑 친해지니까 기영이를 빼앗아 갈려고 하는 것 같다.
  '혹시 의지는 나에게 척 달라붙는 거머리~?'
  아휴~~ 이런 생각은 안하는 편이 좋겠다.
  근데 요즈음 계속 기영이랑 멀어져 가고 있다. 의견이 안 맞으면 말싸움도 한다. 옛날에 친했던 그 모습은 보이지가 않는다. 2학기 들어서는 기영이도 잘 삐진다. 하지만 내가 너그럽게(?) 대해줘야겠다.

선거
이○○

  새로운 학년이 시작되어 각 반의 봉사위원과 학교 어린이 회장을 뽑는 날이 다가왔다. 이번에는 봉사위원이든 회장이든 선거에 나갈 생각이 없었는데 아빠께서 좋은 경험이 될 것이라며 한번 나가 보라고 하셔서 봉사위원 선거에만 나가기로 하였다. 선거가 언제 있다고 선생님께서 가르쳐 주시진 않았지만 '미리 준비할까?'하는 생각으로 선거 때 말할 나의 다짐을 한번 적어 보았다. 그리고 다음 날‥‥‥.
  '내가 연습하길 잘했지‥‥‥.' 마치 내가 연습한 것을 알았다는 듯이 선거를 하였다. 어제 준비한 내용대로 내 다짐을 말한 후 초조하게 결과를 기다렸다.
  "결과를 발표하겠다."
  다행히 난 봉사위원으로 뽑힐 수 있었다.

'음, 회장 선거에는 누가 나올까?' 하고 생각하고 있는데 친구들이 나더러 회장 선거에 한번 나가보라고 하였다. 그때부터 조금씩 마음이 변하다가 결국엔 회장 선거에 나가기로 하였다.

5교시에 선거가 있기 때문에 서둘러서 회장이 되어서의 나의 다짐을 준비하였다. '두근두근' 떨리는 마음으로 방송실로 갔다. 방금 전 준비한 내용을 차근차근 마음을 가라앉히면서 말하였다.

"꼭 뽑아주세요!"

마지막 말을 마친 후 나도 교실로 올라가 내 이름에 도장을 찍고 표를 냈다.

'제발제발… 회장이 아니라도 부회장만이라도…' 간절한 마음으로 내 표를 챙겼다. 그런데 결과는 너무 형편없었다. 회장이 된 보미가 4학년에게만 받은 표에도 못미치니 말이다.

집으로 돌아온 나는 참아오던 눈물을 흘렸다. 그칠지 모르고 쏟아지는 눈물 때문에 난 아무 일도 할 수 없었다.

'이런 일에 충격받지 말고 공부에 더 집중해야지…….'

그 때 마음속으로 계속 생각하던 말.

아빠 말씀대로 이번 일은 나에게 좋은 경험이 될 것 같다.

2. 일기 쓰기

1) 일기란 어떤 글인가?

일기는 하루 생활 중에서 가장 마음에 남는 일을 솔직하게 아무런 형식 없이 기록해 놓은 글을 말한다. 어린이들은 하루를 지내면서 여러 가지 일들을 경험한다. 학교생활, 가정생활 이외에 이웃과 살아가는 사회생활 경험도 있고, 친구에게 듣거나 책을 통해 경험하게 되는 경우도 있다. 이런 여러 가지 일들 중에서 가장 중요한 것, 가장 마음에 남는 일을 거짓 없이 쓰는 것, 이것이 바로 일기다.

2) 일기를 쓰면 좋은 점

① 자신의 생활을 반성할 수 있다.
② 발전적인 생활을 하게 된다.
③ 생각하는 힘이 길러진다.
④ 관찰하는 태도도 길러진다.
⑤ 글쓰기 능력이 길러진다.
⑥ 인내심이 길러진다.

3) 일기 쓰기의 주의할 점

① 날짜와 날씨를 밝히도록 한다.
② 하루의 생활 중 가장 인상에 남는 일을 자세히 쓴다.
③ 자신의 생각이나 느낌을 솔직하게 쓰도록 한다.
④ 일기는 자기 생활의 기록이므로 꾸준히 쓰도록 한다.
⑤ "나는, 오늘은" 같은 말은 가능한 쓰지 않도록 한다.
⑥ "그리고, 그런데" 따위의 말을 자주 쓰지 않도록 한다.
⑦ 한 가지 글감을 가지고 자세히 쓰도록 한다.

4) 일기 쓰기의 지도 방향

① 글쓰기나 국어 공부로 생각하고 지나치게 간섭하지 말라.
② 길게 쓰라고 하지 말라.
③ 언제나 잠자기 전에 쓰라고 하지 말라.
④ 항상 자기반성이나 다짐을 쓸 필요는 없다.
⑤ 검사는 하되, 지적보다는 격려와 칭찬을 하도록 하라.
⑥ 그림일기로 시작하지 말고 처음부터 글로 쓰게 하라.

5) 일기의 형식

① 날짜와 요일 : 일기를 처음 쓸 때는 반드시 날짜와 요일을 쓰나, 몇 십 년 뒤에도 알 수 있도록 일기장에는 연도까지 쓴다.
② 날씨 : 날씨는 보통 '맑음, 갬, 흐림, 비, 눈'으로 쓰지만 좀 더 자세히 나타낼 수도 있다. '흐린 후 맑음, 보슬비 내림' 등이 그것이다.
③ 제목 : 그날 있었던 일 중에서 가장 중요한 내용을 골라 쓰게 되고, 글의 내용을 간추리는 공부도 된다.
④ 일기의 내용 : 하루 생활 중 가장 기억에 남는 일 중 한 가지를 골라서 자세히 쓴다. 말한 것, 들은 것은 따옴표 속에 그대로 쓰고, 눈으로 본 것이나 마음의 움직임까지 그대로 자세히 나타낸다. 내용에는 자신의 느낌이나 생각이 반드시 포함되어야 좋은 일기라 할 수 있다.

5) 일기의 형태

① 그림일기 : 중심이 되는 장면을 그리고, 글로 간단히 쓴다.
② 생활일기 : 생활에서 느낌이나 깨달음이 컸던 일을 그대로 자세히 쓴다.

③ 시 : 생활에서 얻은 감동이나 깨달음을 시의 형식으로 간결하게 나타낸다. 글감에 따라 시로 나타내기에 알맞은 것이 있다.

④ 독서일기 : 독서를 통해서 얻은 느낌이나 깨달음을 쓰거나 책의 내용 중 기억해 두고 싶은 내용을 쓴다.

⑤ 편지일기 : 부모나 선생님께 하고 싶은 말을 편지를 쓰듯이 쓰고, 어버이날, 스승의 날에 은혜에 감사하는 내용을 편지 형식으로 쓴다.

※ 다음 두 일기를 비교하면서 읽어보고, 생각해 봅시다.

1. (5월 20일 수요일 맑음)
   이모와 함께 말로만 듣던 순대 골목에 가게 되었다. 순대를 파는 가게들이 골목 양쪽에 죽 있었다. 우리가 들어간 가게는 손님이 많았다.
   순대, 야채 쫄면을 고추장에 넣고 볶아 먹었다. 동생의 입가에 고추장이 여기 저기 묻어 있었다.
   3인분을 시켰는데 양이 많아서 다 먹지 못했다. 뜨겁고 매워서 땀이 났다.

2. (5월 20일 수요일 맑음)
   이모와 함께 말로만 듣던 순대 골목에 가게 되었다. 순대를 파는 가게들이 골목 양쪽에 죽 있었다. 마치 옥수수 밭 사이를 지나는 것 같았다. 우리가 들어간 가게는 손님이 많았다.
   순대, 야채 쫄면을 고추장에 넣고 볶아 먹었다. 동생의 입가에 고추장이 여기 저기 묻어 있었다. 동생의 모습이 죽을 먹은 강아지 입처럼 보여서 우스웠다.
   3인분을 시켰는데 양이 많아서 다 먹지 못했다. 뜨겁고 매워서 땀이 났다.

① 어느 일기가 더 재미있습니까?
② 그 까닭은 무엇입니까?

※ 다음 두 일기를 비교하면서 읽어보고, 생각해 봅시다.

1. (5월 12일 금요일 맑음)
   진수와 함께 장미꽃 넝쿨 앞에서 놀았다.
   장미꽃 속에 풍뎅이가 있었다. 우리는 풍뎅이를 잡아서 가지고 놀았다. 풍뎅이를 대야의 물 속에 넣었다. 풍뎅이가 물 밖으로 기어 나오려고 버둥거렸다.

2. (5월 12일 금요일 맑음)
   진수와 함께 장미꽃 넝쿨 앞에서 놀고 있는데,

제9장 글쓰기 지도

"현석아, 여기 봐. 이상한 벌레가 있어!"
하는 진수의 목소리에 장미꽃 속을 들여다보았다.

빠알간 장미꽃 속에 등이 검고 반짝반짝 빛나는 풍뎅이가 들어 있었다. 어떤 것은 장미꽃 넝쿨에 그네를 타는 것처럼 주렁주렁 매달려 있었다.

"으하하, 풍데이가 서커스를 하나 봐. 우리 수영도 시키자."

풍뎅이를 대야의 물 속에 넣었다. 풍뎅이는 뒷발을 아래위로 흔들고, 앞발은 개구리처럼 뻗으며 수영을 하였다. 그런데 자세히 보니 물에 빠지지 않으려고 헉헉거리는 것 같아 불쌍한 생각이 들어 물 밖으로 내놓았다.

풍뎅이는 고맙다는 듯이 엉금엉금 기어서 풀밭으로 갔다.

① 어느 일기가 더 재미있습니까?
② 그 까닭은 무엇입니까?

6) 일기문의 예

약속
이○○(서울 당곡교 1-11)

1999년 11월 29일 월요일 맑음

아침에 엄마께서 준비물 사라고 2000원을 주셨다. 그리고 메모지에 "화선지, 붓펜 사고 잔돈은 주머니에 넣고 절대로 꺼내지 말아라."라고 써주셨다.

나는 "네, 알았습니다."하고 약속했다.

그런데 약속을 어기고 학교에서 쉬는 시간에 돈을 꺼내버리고 말았다. 그리고 신예지와 이경진이랑 돈으로 마술놀이를 하다가 500원이 없어졌다. 돈을 찾아보았지만 못 찾았다.

집에 와서 엄마한테 혼났다. 엄마께서는 또 약속을 어기면 그때는 회초리로 매를 맞는다고 하셨다.

오늘은 내가 큰 잘못을 했다. 약속은 꼭 지키는 사람이 되어야겠다. "엄마, 죄송해요."

선생님 돕기
고○○

1999년 9월 9일 목요일 날씨 맑음

선생님께서 홈페이지에 우리 반 소개를 올리려고 편집부 친구들에게 도와 달라고 말씀하셨다.
　난 편집부이니깐 당연히 도와 드리려고 했다. 당연히 도와드렸다. 그런데 선생님이 내게 부탁한 것은 글로 친구들이 쓴 자기소개를 내가 다시 선생님 컴퓨터로 쳤다. 우리 반 아이들 것을 다해서 부담스러웠지만 선생님께서 내일까지 해도 된다고 해서 오늘 내가 갈 수 있는 시간까지만 하고 남은 것은 내일 하려고 했다. 다행이 반 이상 해서 안심하고 가방을 메고 집으로 왔다.
　"역시 컴퓨터가 편리하긴 편리하다."라는 생각을 다시 한 번 했다.
　그런데 바쁜 일이 있을 때는 선생님을 도와 드리지 못하는 데 괜히 편집부에 들어 갔다는 생각을 해 본 적도 있다.(단 하루만에)
　하지만 지금은 그 생각보다 더더욱 열심히 하려고 노력 중이다.
　'선생님이 그걸 알까?'
　알고 계시면 좋겠고 아니어도 괜찮다.
　오랜만에 일기를 쓰니깐 (그것도 컴퓨터로) 너무 좋고 특히 컴퓨터로 치니깐 더욱 편리하고 하기 싫은 생각은 들지 않는다.
　안녕~

아버지의 오해
박○○

1999년 7월 4일 일요일 날씨 맑음
　오늘 아침 아버지께서 엄청난 오해를 하셨다. 잠에서 깨니 6시. 누우니 잠은 안 오고…….
　'할 수 없지! 공부를 하자.'
　조심스레 문을 닫고 공부하고, 책도 보고, 대천리 어린이 모습을 하니 8시, 그리고 문서 편집도 끝.
　8시 30분이네. 이제 슬슬 오락을 하려는데 아버지가 들어오셔서
　"니, 뭐하노! 2시간 30분이나 했는데 그만할 때 안됐나?"
　"예? 전 이제 막 시작했는데……."
　"시끄럽다! 빨리 꺼!"
　"아빠. 아니라니깐……."
　"니 자꾸 거짓말할래. 매차리 갖고 와!"
　그 때. 구세주 엄마
　"그만 하세요. 공부하는 거 다 봤어요. 성엽아, 너. 일찍 불 켜져 있길래 들어가보니 공부하고 있더라."
　그 때 아빠의 표정이란????
　"아빠, 이제는 오해하지 마세요. 화이팅!"

신재원 놀리기

구○○

나는 학교에 가면 옆 반인 2반의 신재원을 놀린다. 맨날 '신재원' 보고 '신재딱' 이라고 놀린다.

나는 장소를 가리지 않고 신재원이 보이면 무조건 신재원이 약이 올라 죽을 때까지 한다. 신재원은 달리기도 못한다. 달리기가 안되면 돌멩이를 던진다. 돌멩이를 던져 보았자 맞추지도 못한다.

복도에서는 얍실하게 우리 반 아이를 불러서 나를 때리라고 시킨다. 그렇다고 내가 참을 아이가 아니지.

"야, 신재딱"

이라고 하면 금방 나온다. 나는 가끔씩 잡히지만 끝까지 놀린다. 또 동엽이가 갑자기 나와서 내가 도망을 못가게 한다. 그러면 재원이가 나와서 때리고 도망을 간다.

역시 신재원은 참으로 나쁜 신재딱이다. 신재원한테 하고 싶은 말이 있다.

"야! 신재딱."

3. 편지 쓰기

1) 편지란?

누구에게나 소식을 전하고 싶을 때, 말 대신 글로 적어 보내는 사람의 정성과 사랑을 담아 멀리 떨어져 있는 사람에게 안부나 용건을 알리는 형식의 글이다.

2) 편지를 쓰면 좋은 점

① 상대방을 직접 만나지 않고도 자신의 뜻을 전할 수 있다.
② 상대방과 더 가까이 사귈 수 있는 기회를 가지게 된다.
③ 예절 바른 말씨와 행동을 몸에 익히게 된다.
④ 글 쓰는 실력이 좋아진다.
⑤ 정서가 안정된다.

3) 편지를 쓸 때의 마음가짐

① 정성을 다해 쓴다.
② 인사말은 꼭 쓴다.

③ 솔직하게 쓴다.
④ 알기 쉽게 쓴다.
⑤ 자세하게 쓴다.
⑥ 편지의 형식에 맞게 쓴다.
⑦ 글씨를 깨끗하게 쓴다.

4) 편지글의 특징

① 편지글은 받아 읽는 대상이 정해져 있다.
② 편지글은 형식이 필요하다.
③ 편지글은 하고 싶은 이야기를 글로 나타낸 글이다.
④ 편지글은 읽는 대상에 따라 사용되는 언어의 표현이 다양하다.

5) 편지글의 짜임

받는 사람
첫인사(받는 사람의 안부 쓰는 사람의 안부)
쓴 목적(하고 싶은 사연이나 목적을 분명히 나타내야함)
끝인사
쓴 날짜
쓴 사람

6) 편지 봉투 쓰는 방법

편지봉투를 잘못 써 상대방에게 전달되지 않는 경우도 있다. 편지 봉투도 편지글 못지않게 중요하다. 편지 봉투는 규격봉투를 이용하여 받아 보는 사람의 주소와 성명은 앞면 아래쪽에 쓰고 보내는 사람의 주소와 성명은 위쪽에 쓰는 것이 원칙이다. 이때 주소는 정확하고 자세하게 쓰는 것이 좋다. 번지는 물론 통 반까지 적어야 한다. 물론 우편번호 6자리는 필수로 써야 한다.
① 주소 쓰기 - 보내는 사람의 주소와 이름은 받는 사람보다 조금 작게 쓴다.
② 받는 사람의 이름 뒤에 존칭 쓰기
    - 윗사람에게 보낼 때 ; ○○○귀하, ○○○님께
    - 친구나 아랫사람에게 보낼 때 ; ○○○에게, ○○○앞
③ 보내는 사람의 이름 뒤에 붙는 말
    - 윗사람에게 보낼 때 ; ○○○드림, ○○○올림
    - 친구나 아랫사람에게 보낼 때 ; ○○○보냄, ○○○씀, ○○○가

7) 편지글의 예

할아버지께

할아버지 안녕하세요?
이곳 창길이는 할아버지께서 늘 사랑해 주셔서 건강하고 공부도 잘합니다.
할아버지!
할아버지가 사시는 곳의 뒷동산에는 큰 나무가 우뚝우뚝 서 있고 제 몸뚱이보다 몇 배나 더 되는 뚱뚱이 나무도 있지요.
가을이 와서 큰 나무에 매달린 큰 잎사귀들이 물이 들어 단풍잎이 되었겠지요. 또 할아버지 댁에 있는 뒷마당에는 감과 밤이 주렁주렁 열려 있겠지요. 지금 당장이라도 할아버지 댁에 달려가서 예쁜 단풍잎도 줍고 밤이랑 감도 따고 싶지만 갈 시간이 없어요.
할아버지!
창길이는 할아버지가 보고 싶답니다. 많이많이 보고 싶어요. 지난번에 서울에 오셨을 때 오래 계시기 않고 빨리 시골에 가셔서 참 속이 상했어요. 창길이가 자랑할 것도 다 못했고 할아버지께 창길이가 보여드릴 사진도 있었는데…….
할아버지!
창길이는 우리 집에 하나뿐인 외아들이죠. 그래서 할아버지는 창길이를 제일 귀여워하시지요. 할아버지도 창길이가 보고 싶겠지요. 하지만 창길이가 편지를 보내니 즐겁게 받아 보세요.
겨울 방학엔 제일 먼저 할아버지 댁에 갈 거예요. 그럼 안녕히 계세요.

19○○년 ○월 ○○일
창길 올림

선생님께

선생님과 제가 만난 지도 어느덧 두 달이 다 되어갑니다. 그 동안 우리는 선생님을 의지하면서 지금까지 열심히 공부하고 있습니다. 이제 6학년도 얼마 남지 않았고, 중학생이 될 것을 생각하니 선생님만 의지하고 공부할 것이 아니라 스스로 공부할 줄 아는 사람이 되어야 할 때라고 생각합니다. 우리들은 그 동안 무슨 일이나 선생님께서 도와주시길 바라는 등 권리만 내세웠고, 우리들이 할 의무는 다하지 않았습니다. 그럼에도 불구하고 선생님께서는 우리들에게 무화과도 주시며 사랑해 주셨습니다. 이제 애써서 가르치신 선생님의 마음을 조금은 알 것 같습니다. 어제 오후에 선생님께서는 교실에 들어서자 마시자 온 몸이 쑤신다고 말씀을 하셨을 때, 저는 그 말씀이 사실인 줄을 몰랐습니다. 그러나 선생님께서 괴로워하시는 표정과 항상 웃으시던 선생님의 얼굴에 웃음이 없는 것을 보고서야 선생님께서 정말로 편찮으시다는 것을 알았습니다. 몸이 편찮으시지만 교실에서 힘을 다해 가르치시는 선생님이 정말 훌륭해 보이고 자랑스럽습니다. 그리고 선생님께서 편찮으신 것이 모두 저희들을 가르치시느라고 고생하셨기 때문이라는 생각이 듭니다.

　선생님께서는 지혜도 풍부하시고 너그러우십니다. 우리가 시끄럽게 굴어도 매를 들지 않고 말로 타일러 주시며, 공부 시간에 틈만 생기면 재미있는 이야기를 해 주셔서 우리는 공부가 잘된답니다.

　선생님! 정말 감사합니다.

　안녕히 계십시오.

　　　　　　　　　　○월 ○○일
　　　　　　　　　제자 민성 올림

엄마에게

　엄마.
저번 일요일에 있었던 일 사과드리고 싶어요. 그날은 엄마가 한없이 원망스러웠어요. 그날 제가 은희 집에서 돌아오니까, 효섭이가 사과를 먹고 있었어요. 내가
　"누가 사과 사 줬니?"
하고 물으니까 효섭이는
　"엄마가 사줬어."
저는 효섭이에게 그 말은 듣는 순간 정말 화가 났어요. 그래서
　"너는 사과를 두 개나 넘게 먹었으니까 그만 먹어."
하고 사과를 빼앗았을 때 엄마가 들어오셔서 아무 것도 모르시면서
　"네가 누나니까 덜 먹어도 되잖니?"
하셨을 때 나는 엄마가 원망스러웠어요. 엄마가 나는 싫어하고 동생만 귀여워해 주는 것 같았어요. 그때 효섭이와 엄마가 얼마나 미웠는지 몰라요. 그래서 언니 집으로 가려고 했어요. 그때 제 마음은 엄마를 미워하는 생각뿐이었어요. 그래서 생각했죠.
　'아마 늦게까지 안 들어가도 엄마는 아무 걱정도 안 하실 거야.'
하고 말이예요. 그런데 막상 전철을 타고나니 사람도 너무 많고 전철 안에서 이리 밀리고 저리 밀리고 할 때 '집에서 조금 참고 동생과 사이좋게 사과나 나눠 먹을 걸'하고 뉘우쳤어요. 그런데 언니 집에 왔을 때 이상하게 다시 엄마와 효섭이가 웃고 있는 얼굴이 떠오르는 것이었어요. 저는 엄마와 효섭이가 미웠어요. 그래서 언니에게 졸라서 공원에 갔어요. 그렇지만 별로 재미가 없었어요. 이리저

리 시간을 보냈어요. 그리고 저녁 먹고도 집에 안 돌아가려고 했어요. 그렇지만 언니가

"금단아, 엄마가 걱정하시겠다. 빨리 집에 돌아가야지."

하고 성화대는 바람에 집에 오는 전철을 탔어요. 그렇지만 집에 돌아가고 싶은 생각은 없었어요. 나는 여기저기 돌아다니다 늦게야 집에 들어갔어요. 그런데 집에는 아무도 없었어요. 그때 오빠가 들어오더니

"금단아, 어디 갔다왔니?"

하고 반가와 했어요. '역시 내가 말없이 언니집에 가기를 잘했어.' 하고 생각하며 만족했어요. 그러나 조금 뒤에 엄마가 들어오실 때 엄마 눈에서 눈물자국을 보았어요. 그때 엄마한테 미안도 했지만 저는 엄마가 꾸중을 해주기를 바랐어요. 그런데 엄마는 아무 말씀 없이 방으로 들어가셨어요. 그런 엄마의 뒷모습을 보고 아까 내가 한 행동을 한없이 뉘우쳤어요.

엄마!

앞으로 제가 철없는 행동을 할 땐 마구 야단쳐 주세요. 엄마의 깊은 사랑은 정말 끝없는 것 같아요. 엄마! 앞으로는 엄마 말씀 잘 들을게요. 일요일에 있었던 제 행동을 진심으로 사과드릴게요. 엄마! 용서해 주세요.

10월 30일
딸 금단 올림(6학년)

4. 기행문 쓰기

1) 기행문이란

어디를 여행한 이야기를 적은 글이다. 여행은 누구에게나 큰 즐거움이 된다. 여행하는 곳이 낯익은 곳이라도 다시 가 보게 되는 즐거움이 있고, 처음 가보는 낯선 곳이라면 처음 대하는 자연의 풍경과 세상 풍물에서 느끼는 감동을 느낄 수 있다. 이와 같이 여행지에서 보고 듣고 느낌을 글로 적은 글이다.

기행문은 쓰는 목적에 따라 보고 들은 것을 적는 기행문과 특정 목적을 위한 답사기록으로 나누거나, 글 양식에 따라 일기체, 편지체, 수필체, 보고체, 기행문으로 나눌 수 있다. 그러나 어떤 종류의 기행문이든 견문을 소재로 하고 있다는 조건에는 변함이 없다.

2) 기행문을 쓰는 목적

① 여행에서 얻은 감동을 간직하게 하며, 글쓰기의 힘을 기른다.

② 보고 들은 것을 완전한 나의 지식이 되게 하여 다음 여행에 도움이 되게 한다.
③ 인격을 높이고, 사고력을 키우며, 경험을 바르게 기록하는 힘을 기른다.

3) 기행문의 요소

① 여정(旅情) : 기행 경로를 시간적·공간적 순서로 씀(서사문적 성격).
② 견문(見聞) : 기행 중 보고 들은 것. 경치·풍속·문화·역사·인심 등을 서술함(서경문적 성격).
③ 감상(感想) : 기행하면서 느낀 점이나 보고 들은 사실에 대한 생각을 서술함(서정문적 성격).

4) 기행문을 쓰는 단계

① 여행지에 대해 미리 조사
여행할 곳이 정해지면 미리 여행지에 대해 알아보는 것이 필요하다. 계획성 있는 여행을 통하여 시간을 절약할 수 있을 뿐 아니라, 기행문을 쓰는 때에도 도움이 되기 때문이다.
※ 미리 조사해야 할 내용 : 교통편, 자연 환경, 역사적 배경, 유물이나 유적, 산업 시설, 토속 음식, 주민들의 생활모습, 풍습, 문화재, 기념물 등이다.
② 여행 중의 기록
- 여정의 중요한 내용을 시간과 장소에 따라 차례대로 기록한다.
- 여행 중에 만난 사람들과 나누었던 이야기의 줄거리를 기록한다.
- 인상 깊었던 풍경, 생활 모습 등을 기록한다.
- 문화재나 관광지 안내 팜플릿, 홍보 책자, 입장권 등을 수집하여 참고한다.
- 보고, 듣고, 느낀 점을 그때그때 메모한다.
- 중요한 장면은 사진을 찍어 생생하게 기록한다.
③ 여행 후의 글감 정리
여행에서 돌아오면 가능한 빠른 시일 내에 기행문을 쓰는 것이 좋다. 그래야만 더욱 생생하고 감동적인 기행문을 쓸 수 있다.
기행문을 쓰기 위해서는 글감을 정리해야 하는데, 여행 전에 조사한 내용과 여행 중에 기록한 내용을 보며 구상메모를 하는 것이 좋다. 구상 메모란 글의 얼개를 짜는 것을 말한다.
구상 메모를 바탕으로 기행문을 쓸 때에는 다음과 같은 점을 염두에 두고 쓰는 것이 좋다.
- 언제, 어디로, 누구와 같이 갔는가?

- 여행의 목적은 무엇인가?
- 거쳐 간 곳은 어디어디인가?
- 느끼거나 생각한 점, 배운 점은 무엇인가?
- 가장 인상 깊었던 일과 재미있고 즐거웠던 일은 무엇인가?

5) 기행문을 잘 쓰는 방법

① 여행지에 대한 예비지식을 가져야 한다.
② 여행 계획(목적, 동기, 의의 등)과 일정표(교통, 숙박 등)를 작성한다.
③ 그때그때 메모하는 습관을 가져야 한다.
④ 배운 지식보다는 겪은 사실 위주로 글을 쓴다.
⑤ 그 지방의 사투리나 방언을 쓰면 실감이 난다.
⑥ 본 것과 들은 것에 자신의 생각과 느낌을 곁들여서 쓴다.
⑦ 여행지의 안내도나 그림엽서, 입장권, 사진 등을 그려 넣거나 붙여도 좋다.
⑧ 관계있는 역사와 전설도 쓰자.
⑨ 다른 사람의 기행문도 많이 읽어보자.

6) 기행문의 예

서울을 다녀와서
조○○

은주와 아빠와 함께 서울에 있는 롯데월드를 다녀왔다. 롯데월드에는 성이 있었는데 참 아름다웠다. 거기서 뭐든지 탈수 있는 표 1장을 사서 비행기, 기차, 무서운 것을 볼 수 있는 기차, 또 바이킹, 기구(풍선달린 바구니)를 타고 15개가 넘는 놀이기구를 탔다. 우리는 음식을 먹으며 쉬었다가 또 타러 갔다. 재미있는 하루였다. 그리고 서울로 이사 가고 싶은 마음이 들었다.

일기형식의 기행문
김○○(4학년)

8월 1일 맑음
 어젯밤 잠을 자지 못했다. 처음 가보는 경주 여행 때문에 설레임으로 가득 찼다. 아버지, 어머니를 따라 기차에 올라탔다. 기차 밖으로 내다보이는 우리의 농촌 풍경이 그림처럼 곱다. 농부들이 일하는 모습을 보면서 구경을 떠나는 내가 한편 부끄럽게 여겨졌다. 저녁때가 되어 경주역에 도착했다. 버스를 타고 불국사 부근에 있는 여관에 짐을 풀었다. 빨리 내일이 왔으면 좋겠다.

8월 2일

불국사에 올라갔다. 책에서 보던 웅장한 불국사가 눈앞에 펼쳐졌다. 신라의 대표적인 사찰을 보게 되니 가슴 뿌듯하였다. 불국사는 신라 법흥왕 27년에 처음 지었다고 한다. 다보탑, 석가탑을 보니 입이 절로 벌어졌다. 탑을 지을 때의 석공 아사달 생각이 새삼 떠올랐다.

8월 3일

아침 일찍 토함산에 올라갔다. 멀리 동해에서 떠오르는 해를 바라보니 말로 다 할 수 없는 느낌이 들었다. 여기 와서 다시 한 번 우리나라의 아름다움을 느끼게 되었다. 토함산 기슭에 자리 잡은 석굴암을 구경했다. 신라의 찬란한 불교문화와 조각을 구경하게 되어 여간 기쁘지 않았다. 마치 살아 있는 듯한, 맥박이 뛰고 있는 것을 느낄 수 있었다.

8월 4일

오늘이 경주 마지막 날이다. 국보 31호인 첨성대 구경을 했다. 화강암을 다듬어 둥글게 쌓아올린 첨성대에서 과학적인 기술을 다시 한 번 느끼게 되었다. 계림을 지나 김유신 묘를 참배하였다. 소나무가 우거진 송화산 중턱에 삼국통일을 이룩한 김유신 장군묘가 있었다. 오늘 임해전과 안압지, 석빙고도 구경하였다. 피곤하지만 매우 뜻깊은 여행이었다.

생활문 형식의 기행문
송○○(6학년)

작년 여름의 일이다.
우리 가족은 속리산으로 등산을 갔다. 햇빛은 사정없이 내리쬐어 등에도 발에도 이마에도 구슬같이 커다란 땀방울이 흘렀다.
"괜히 왔나봐, 집에서 수박이나 먹는 건데……."
하고 동생이 투덜거리며 물 좀 달라고 하는 것이었다. 나는 내 물통을 얼른 꺼내 주었다.
한 시간 동안 계속 정상을 향하여 우리 가족은 아무 말 없이 올라갔다. 다른 등산객들은 모두들 돌아가고 우리 가족만 남았다. 그래서인지, 산새 소리도 그치고 시냇물 소리만 크게 들려왔다. 무슨 말을 하면 누군가 잡아갈 것 같은 엄숙한 분위기 때문에 한 발 한 발 묵묵히 걸었다. 얼마나 됐을까? 우리도 모르는 사이에 벌써 정상 가까이에 와 있었다.
"참자……, 참자…… ."
내 머리 속에는 '참자'라는 두 글자가 꼭 박혀 있었다.
드디어 정상에 도착했다. 이 맑은 공기! 기쁨! 놀라움!

꼭 천사가 나와 환영나팔을 불어 줄 것 같은 기분이 들었다. 구름은 내 밑에서 두둥실 떠다니고 있었다. 마치 내가 온 세계를 만든 하느님과 같은 생각이 들었다. 나는 죽을지도 모르는 등산을 하는 사람들이 매우 존경스러웠다. 정상을 오르기 전까지는 왜 그런 일을 하는지 알 수 없었지만 지금은 알 것 같다. 아니 알고도 남을 것 같다. 강하게 내리쬐는 햇빛, 험한 길과 같은 힘든 과정을 거쳐야만이 정상 정복의 참뜻을 알 수 있을 것만 같았다.

햇빛과의 싸움, 험한 길과의 격투에서 내가 이겼다는 생각에 내가 대견스러웠다. 속리산정상을 오른 그 여름날은 내 가슴속 깊이 영원히 지워지지 않을 추억이 될 것이다. 영원히…….

5. 동시 쓰기

시는 우리의 마음을 따뜻하게 해주고, 깨끗하게 해 준다. 그리고 시는 새로운 세계를 열어 보여 주는 것이다. 나아가서 시는 참되고 새로운 것을 발견하게 해 준다. 시는 삶에서 그 때 그 때 부딪치는 온갖 일들에 대해서 느끼고 생각한 것과 꼭 써야 할 자기의 말로 토해 내듯이 쓴 것이다.

1) 동시와 동요의 관계

동시와 동요는 한 부모에게서 태어난 형제와 같다. 동시가 형이라고 하면 동요는 동생이라고 볼 수 있다. 특히 동요는 3.4조, 7.5조 혹은 4.4조 등으로 글자의 틀에 맞추어 쓰기 때문에 작곡가들이 곡을 붙여 노래로 불리게 된다.

< 동시와 동요의 비교 >

동 시	동 요
· 글이 대체로 짧고 재미있다. · 일정한 틀이 없다. · 천천히 읽으며 속뜻을 생각하는 글이다. · 속삭이는 글이다. · 난 같이 향기로운 글이다.	· 글이 짧고 재미있다. · 일정한 틀이 있다. · 노래하듯 읽으며 겉으로 비쳐진 말을 새기는 글이다. · 노래하는 글이다. · 연꽃처럼 아름다운 글이다.

이원수 선생님의 <고향의 봄>은, 선생님이 초등학교 5학년 때 쓴 것으로, 소파 방정환 선생님이 펴내는 <어린이>란 잡지에 실렸고, 그 글을 본 음악가 홍난파 선생님이 곡을 붙였다. 이 동요는 오늘날 우리 겨레 모두가 애창하는 민족의 동요가 되었다.

고향의 봄

이원수

　　나의 살던 고향은 꽃피는 산골
　　복숭아꽃 살구꽃 아기 진달래
　　울긋불긋 꽃대궐 차린 동네
　　그 속에서 놀던 때가 그립습니다.
　　꽃동네 새동네 나의 옛고향
　　파란 들 남쪽에서 바람이 불면
　　냇가의 수양버들 춤추는 동네
　　그 속에서 놀던 때가 그립습니다.

2) 동시 쓰기

(1) 떠오르는 생각을 그대로 쓴다.
　동시는 특별한 글이 아니다. 어떤 것을 보았을 때 순간적으로 떠오르는 생각이 있으면 그것을 그대로 글로 옮겨 놓으면 그것이 시가 된다. 산길을 가는데 길섶에 버섯이 피어 있다. 그게 꼭 우산을 닮았다. 그 버섯을 보고 우리의 머리 속에는 어떤 생각이 떠오를까? '아, 우산 같구나!'라는 생각이 떠오른다면, 그리고 거기에 생각을 한 가지 덧붙여서 '아무도 없는데 왜 우산을 펴고 섰을까?'하고 생각하면, 바로 이런 생각들이 시라고 할 수 있다.

버섯

○○○

　　외로운 산길
　　아무도 없는데
　　누가
　　조그만 우산을
　　갖다 놓았을까?

　　산길을 지나가는 나그네가
　　소나기를 만날까봐
　　그랬을 거야.

　동시는 순간적인 생각이 중요하다. 그 생각이 지나가 버리면 잊어버릴 수 있다. 그렇기 때문에 떠오르는 생각을 얼른 적어 놓아야 한다. 멋을 부리거나 꾸미려고 기교를 부릴 필요는 없다.

(2) 나답게 쓰는 게 좋다.
　동시를 쓸 때 남의 글의 흉내 내서는 안 된다. 자기의 개성대로 쓰는 것이 가장 좋다. 이런 흉내 내는 글을 쓰다 보면 결국은 자기 글은 하나도 없게 된다. 잘 쓰지 못해도 나답게 써야 한다. 내 멋대로 쓰는 글이 가장 좋은 글이 된다.
　다음 글을 한 번 비교해 보자.

　　　　　　닭
　　　　　　　　강소천

　　　　물 한 모금
　　　　입에 물고
　　　　하늘 한 번
　　　　쳐다보고
　　　　또 한 모금
　　　　입에 물고
　　　　구름 한 번
　　　　쳐다보고

　　　　　　도시락
　　　　　　　　　○○○

　　　　밥 한 숟갈
　　　　입에 넣고
　　　　김치 한 쪽
　　　　집어 먹고

　　　　또 한 숟갈
　　　　입에 넣고
　　　　멸치 한 점
　　　　집어 먹고

　　　　　　운동회
　　　　　　　　　서울○○초등학교
　　　　　　　　　2학년 ○○○
　　　　우리 운동회는

달리기, 도깨비전투를 한다.
우리 운동회는
응원을 하면 아주 시끄럽다.
우리 운동회는
치열하고 아주 재미있다.

내 짝

서울 ○○초등학교
4의4 양○○

내 짝은 손가락을 빤다
꼭 아이스크림을 먹는 것 같다.
선생님이 보시고
맛이 어떠냐고 물으셨다.
그야, 물으나 마나
땟국물 맛이겠지!

(3) 알맞은 비유가 좋다.

버섯을 우산에, 수박을 향토예비군에, 혹은 길을 기다란 끈으로 비유하는 것은 매우 실감나는 글이 되게 한다. '내 동생은 참 귀엽다.'라고 하면 설명문처럼 느껴지지만, 그 귀여운 모습이 무엇을 닮았는가를 생각하면 다람쥐 같을 수도 있고 강아지 같을 수도 있을 것이다. 그래서 '내 동생은 강아지야.'라고 쓰면 훨씬 재미있고 시답게 느껴진다. 비유를 잘 사용하면 평면적인 글이 입체적 글로 살아난다.

딸기

전주 ○○초등학교
6의 3 엄○○

딸기는
동그란 얼굴의
주근깨 소녀
언제나
녹색 모자 쓰고
나들이하네.

내 친구

서울 ○○국민학교
6학년 이○민

　　　　내 친구
　　　　민정이는
　　　　안경 낀 부엉이
　　　　고집은
　　　　황소 고집
　　　　싸우면
　　　　호랑이

　　　　말다툼할 때는
　　　　다발총이지만
　　　　마음은
　　　　꽃사슴처럼 순하다.

(4) 그림을 그리듯 쓴다.

　그림을 보면 그림 속에는 이야기가 나온다. 그림일기를 쓸 때 그날에 일어난 어떤 일을 그리듯이 동시도 마치 한 장의 그림을 떠올리듯 쓰면 아름다운 시를 쓸 수 있다.

　　　　　우리 집과 나
　　　　　　　　　　하동 ○○초등학교
　　　　　　　　　　　4학년 홍○○
　　　　바닷가 오두막
　　　　우리 집이죠

　　　　돌담 너머 푸른 바다
　　　　동무하고 살지요.

　　　　우리 집은
　　　　파도가 엎어 놓은
　　　　조개껍데기
　　　　나는 그 속에서 꿈꾸는
　　　　진주알이지요.

(5) 동시에선 모두 살아있다.

　동시는 논설문이나 설명문 같은 논리적인 글이 아니다. 그러니 거짓말 같은 글도 괜찮다. 모자, 옷, 신발, 시계, 피아노, 기차, 버스, 강물, 구름, 안개, 달, 별,

같은 것이 모두 살아있다고 생각하며 시를 써야 정말 좋은 동시가 될 수 있다.

해님
경주 OO초등학교
1학년 이OO

해님이 일어났어요
시냇물에서 세수하고
이도 닦아요.

깨끗이 보일려고 애를 쓰는 해님
해님이 온 동네 사람들을 깨워요.

자전거
서울 OO초등학교
3의 2 윤OO

치타 같이 빠른
내 자전거

언덕길도 척척
비탈길도 척척

쌩쌩 달리는
내 자가용

언제나 다정한
내 친구.

시계
서울 OO초등학교
4의 1 이OO

시계는 하루 종일
달리기하네.

밤에도 쉬지 않고

달리기하네.

시계는 유명한
건축가
똑딱똑딱
집도 잘 짓네.

초등 글쓰기 지침서

1학년

1. 문장이 끝나면 온점을 찍는다.
2. 입말(구어; 口語)로 써도 좋은 글이라는 것을 안다.
3. 우리글은 띄어쓰기를 한다.
4. 자기가 겪은 일을 말하는 대로 쓰면 글이 된다는 것을 알고 겪은 일을 간단히 적을 수 있다.
5. 자신의 글에 제목을 달 수 있다.
6. 자신의 그림을 설명하는 글을 쓸 수 있다.
7. 간단한 감사의 편지나 쪽지를 쓸 수 있다.
8. 알맞은 갈래 : 서사문, 시, 일기.

2학년

1. 어느 때 어느 곳에서 있었던 일과 언제나 있는 일을 구별한다.
2. " "와 ' '의 쓰임을 알고, 주요한 문장 부호의 모양과 위치를 안다.
3. 모든 낱말은 띄어 쓰며, 말하는 것처럼(말의 단위로)띈다는 것을 안다.
4. 놀이한 것, 공부한 것도 아주 좋은 글감이라는 것을 안다.
5. 읽거나 들은 내용을 글감으로 삼아 간단한 글을 쓸 수 있다.
6. 친숙한 일을 글감으로 해서 겪은 일을 쓸 수 있다.
7. 가족이나 친구를 소개하는 글 같은 기초적인 설명글을 쓸 수 있다.
8. 그림을 보고 몇 개의 문장으로 그림을 설명해 볼 수 있다.
9. 자신의 글을 소리 내어 읽으면서 점검해 볼 수 있다.
10. 알맞은 갈래 : 서사문, 일기, 시, 편지

3학년

1. 쓸 거리를 정해서 그것을 쓰는 차례를 한 번쯤 생각해 본다.
2. 겪은 일을 구체적으로 나타낸다.
3. 일의 차례가 드러나게 글을 쓸 수 있다.
4. 장소의 이동에 따라 글을 쓸 수 있다.
5. 대화체를 활용해서 글을 쓸 수 있다.
6. 자기가 잘 아는 것을 대상으로 설명하는 글을 쓸 수 있다.
7. 초보적인 논설문을 전개한다.
8. 주장을 뒷받침하는 문장을 드러낸다.
9. 간단한 글을 읽고 주요 내용을 간추려 적을 수 있다.
10. 온점, 반점, 따옴표 등의 문장부호를 바르게 쓴다.
11. 자기가 쓴 글을 읽으면서 틀린 글자를 찾아 고친다.
12. 이어주는 말의 쓰임이 다르다는 것을 안다.
13. 알맞은 갈래 : 서사문, 시, 일기, 설명문, 감상문, 편지글

4학년

1. 경험을 구체적으로 써 본다.
2. 실제 체험의 중요성을 알고 개념으로 쓰는 글을 조심한다.
3. 자기의 말로 쓰는 것에 대한 중요성을 안다.
4. 문장 부호의 바른 쓰임을 안다.
5. 자신이 쓴 글이나 읽은 글의 가장 중요한 데를 파악해 본다.
6. 단락에 대해 안다.
7. 주장에 대해 뒷받침하는 내용이 있다.
8. 시간이나 공간 순서에 따라 글을 쓸 수 있다.
9. 글에 따라서는 처음, 가운데, 끝이 분명히 나뉘어야 하는 것이 있다는 것을 안다.
10. 높임법을 바르게 쓴다.
11. 글감을 조금씩 넓혀 간다.(가정→학교→사회)

5학년

1. 문단의 연결로 글이 구성된다는 것을 알고, 글을 쓸 때 문단에 유의해서 쓴다.
2. 여러 문장 부호의 바른 쓰임을 안다.
3. 글이 관념으로 흐르지 않도록 한다. 겪은 일을 자세히 쓴다.
4. 사실을 정확하게 써서 자기의 느낌을 효과적으로 전달하는 방법을 안다.
5. 서사문의 경우 사건이 분명하게 드러나게 쓴다.

6. 자기가 쓰고자 하는 바가 잘 드러났는지 점검해 본다.
7. 조사나 관찰을 통해 사건이나 사물의 정보를 찾아 글로 쓸 수 있다.
8. 주장이 분명하게 드러나도록 글을 쓸 수 있다.
9. 설명문의 경우 처음, 가운데, 끝 정도로 글을 구성해 본다.
10. 이어 주는 말을 효과적으로 사용한다.
11. 글감을 조금씩 넓혀 간다.(가정→학교→사회)

6학년

1. 사물의 모습이 생생하게 드러나도록 글을 쓴다.
2. 인물의 특징을 대화글과 묘사글로 나타낼 수 있다.
3. 글의 구성이 명확하고, 내용을 묶어 문단으로 나눌 수 있도록 쓴다.
4. 문장 부호의 바른 쓰임을 알고 정확하게 쓴다.
5. 자기 말로 글을 쓴다.
6. 자신이 쓴 글에서 가장 중요한 데를 파악해 본다.
7. 타당하고 설득력 있는 근거를 제시하며, 상대 주장에 반대하는 글을 쓸 수 있다.
8. 비교적 긴 산문체의 글을 쓸 수 있다.
9. 보고문, 견학 기록문 따위를 필요에 따라 형식에 맞게 쓸 수 있다.
10. 서술문, 의문문, 명령문 등과 같은 다양한 문장으로 글을 쓸 수 있다.
11. 인터넷이나 영상자료에서 필요한 정보를 얻어 글을 쓸 수 있다.
12. 사회문제에 대한 자기 생각을 글로 적어보는 기회를 자주 갖는다.

제10장 독서지도

1. 독서지도에 대하여

1. 독서의 중요성

"책 속에 길이 있다"는 말이 있다. 책을 많이 읽어야 훌륭한 사람이 될 수 있다는 생각은 예나 지금이나 변함이 없다. 하지만 아이들에게 왜 책을 읽으려고 하는지 생각해 봐야 한다. 책을 통해 많은 정보와 지식을 얻을 수 있기 때문에 책읽기가 중요하다고 여긴다면 기능 위주의 독서에 빠질 위험이 있다. '어떻게 하면 많이 읽힐까'가 아닌 '어떤 책을 읽힐까'에 초점이 있어야 한다.

또한 현대는 지식 폭발의 시대라고 할 만큼 매일매일 새로운 지식이나 학설이 홍수처럼 밀려오고 있다. 이와 같은 지식 폭발의 시대에 폭넓은 교양을 갖추고 인생을 헤쳐 갈 풍부한 지식을 습득하기 위해서는 무엇보다도 독서가 최선의 방법일 것이다.

독서를 통하여 얻는 효과는 다음과 같다.
① 지식과 새로운 정보를 얻는다.
② 사고력과 상상력을 길러 준다.
③ 기쁨과 위안을 받는다.
④ 깨달음과 지혜를 얻는다.
⑤ 교양을 넓히고 인격 수양이 된다.
⑥ 정신적 만남과 간접 경험을 얻는다.
⑦ 즐거움과 감동을 받는다.
⑧ 정서가 순화되고 삶을 풍요롭게 한다.
⑨ 학문의 기초와 전문성을 길러 준다.
⑩ 바른 인생관과 바른 세계관, 그리고 가치관을 세우게 한다.

2. 독서의 본질과 기능

1) 독서의 본질

① 독서는 언어를 도구로 하여 앎이 이루어지는 인지적 과정이다.

독서는 언어가 없이는 불가능하다. 읽어야 할 책이 언어로 되어 있기 때문이다. 책 속에 있는 언어는 그냥 단순한 글자가 아니라, 무수히 많은 지식과 경험을 구성해 놓은 것이다. 그래서 책을 읽는 일은 지식과 경험을 확장해 나가는 지적인 행위이다. 그런데 책 속의 언어는 그냥 자동적으로 독자의 머리속에 들어오는 것이 아니다. 아주 복잡한 생각의 과정을 거쳐서 독자의 머리속에 자리 잡는다. 그래서 독서는 사고활동이기도 하다.

② 독서는 책을 중심으로 일어나는 의사소통 현상이다.

독서 지도를 할 때는 책 자체에만 빠지지 말고 글을 읽는 행위가 그 누군가와 항상 대화 하는 행위라는 것을 익힐 수 있도록 한다. 사람들은 독서 활동을 통하여 의사소통을 한다. 독서에 의한 의사소통이란 개인과 개인 사이의 눈에 보이는 의사소통을 넘어선다. 사회와 문화 속에서 의사소통이 일어나게 한다. 그래서 독서를 통하여 우리는 문화를 익히고 축적하고 때로는 새 문화를 창조하기도 한다.

③ 독서는 사회적·문화적 의사소통 행위이다.

개인의 독서 행위는 책을 매개로 한 저자와의 의사소통이다. 그런데 이러한 개인들의 독서 행위 사이에도 소통이 일어난다. 즉 각 개인들은 각자의 독서 소통 경험 자체를 서로 나누고 소통하는 것이다. 이를 사회적 의사소통 행위로 볼 수 있다. 또 독자 개인이나 저자 개인도 모두 사회 속의 개인이므로, 서로의 소통 과정에서 강한 사회성을 드러낼 수 있다. 그런 점에서도 독서는 사회적 의사소통의 면모를 지닌다. 신문 읽기, 사이트에 글 올리기 등이 대표적인 의사소통 행위이다.

④ 독서는 언어를 통하여 독자가 의미를 재구성하는 과정이다.

독서의 과정은 반드시 사고의 과정을 수반한다. 독서는 문자 언어로 되어 있는 글을 독자가 눈으로 지각하고, 그 내용을 독자의 머리속에서 다시 구성하여, 마침내 어떤 의미로 확정하여 독자의 마음속에 두는 과정이다. 그래서 독서의 과정을 심리적 과정으로 보고, 이를 '의미 재구성 과정'이라 한다.

⑤ 독서 행위는 그 자체가 인격 수양이다.

하루라도 독서를 하지 않으면 입안에 가시가 돋는다'라는 말이 있다. 독서 행위 그 자체가 몸과 마음을 닦는 수양의 행위라고 보았던 것이 옛사람들이 독서를 인식하던 가치관이었다. 읽지 않고서는 앎이 생길 수 없고 앎이 없이는 바른 정신과 지혜를 가지지 못하기 때문에 글 읽는 행위를 인격 수양의 행위로 보았다. 그래서 선인들은 글을 읽을 때는 마땅히 의관(衣冠)을 정제하고 자세를 가다듬고 책을 대하였다.

⑥ 독서를 통해서 문화를 습득하고 문화를 새롭게 창조한다.

독서는 지식과 의식을 사람과 사람 사이에 소통시키기 때문에 사회 발전에 필수적이다. 독서가 없는 사회를 생각해 보면, 지적 소통과 발전이 거의 이루어지지 않는 사회, 원시 사회의 모습을 연상하게 된다. 책이 있고 독서가 있음으로 해서 문명과 문화의 계승, 발전이 이루어져 왔다. 책의 역사가 곧 문명의 역사라는 말을 잘 음미해 볼 필요가 있다.

2) 독서의 기능

① 창조적 사고 활동 : 언어활동(말하기, 듣기, 읽기, 쓰기)은 고등 수준의 지적 작용이고, 이런 작용의 결과는 지식이나 정보의 창조이다. 독서교육을 포함하여 국어교육의 궁극적 목표는 지식 창조(이를 다른 말로 말하면 '의미의 구성')의 사고력 신장 교육이다.

② 교과 학습의 도구 : 모든 교과 활동은 언어활동이다. 수업은 말하기, 듣기, 읽기, 쓰기의 언어활동으로 이루어지며, 이를 통해 지식을 전달하기도 하고, 수용하기도 하고, 창조하기도 한다. 교과 교육의 성취도는 바로 언어활동에 의해 결정된다. (예; 읽기 시험의 지문)

③ 사회생활의 도구 : 사회생활은 언어생활이다. 사회에서 하는 업무도 모두 언어활동을 통해 이루어진다. 언어는 사회생활의 성공을 결정짓는 가장 강력한 요인이다. 지도성(리더십)의 개념은 '사람을 부리는 능력'이고, 그 수단이 바로 언어이다. (예; 대학생들의 성적; 조직 내에서의 지도자의 특성)

④ 감성의 이해 수단 : 인지 교육도 필요하지만, 정의교육이나 인간교육도 필요하다. 예술 교과가 있기는 하나, 그 교육이 '인간사랑'으로 나타나지는 않는 것 같다. 인간사랑은 인간(개인) 만남에서 일어나는 동일시, 감정이입, 측은지심에서 나온다. 문학 독서가 바로 그 핵심이 된다. (예: 독서 치료를 통한 청소년 선도)

3. 독서의 유형과 방법

1) 독서의 유형

옛사람들은 독서의 방법보다는 독서자체에 의미를 두었다. '독서백편의자현(讀書百編義自見)'은 '아무리 어려운 글이라도 여러 번 반복해서 읽게 되면 그 뜻을 저절로 알게 된다'는 내용이다. 남아수독오거서(男兒須讀五車書)는 다독을 권장한 말이다. 이렇듯 옛 사람들이 독서의 방법보다는 독서자체에 의미를 두고 강조했던 이유는 글의 종류와 매체가 한정되고 독서의 목적이 자기 수양에 치중되어 방법론적으로 접근할 필요성을 느끼지 못했기 때문이다.

그러나 현대사회는 읽기 매체의 변화가 급속하게 이루어지고 정보의 종류와 양 또한 홍수를 이루고 있다. 이러한 사회를 사는 현대의 독자에게는 교양이나 자기수양 또는 오락적 관점의 독서는 물론 삶의 방편으로서의 기능적 독서 기술도 요구되고 있다.

독서는 글을 매체로 하여 능동적으로 의미를 재구성해 나가는 사고 과정이라 할 수 있다. 그렇기 때문에 책의 내용과 표현 방법, 읽을 사람의 개성과 환경에 따라 적절한 독서 계획을 세우는 한편 보다 효과적인 독서 방법을 선택할 필요가 있다.

① 다독(多讀)-교양을 쌓고 지식을 넓히기 위해 여러 가지 종류의 책을 많이 읽는 독서방법이다. 현대 사회는 정보화 사회로 정보량의 증대나 그 전달 속도가 엄청나게 빠르다. 이러한 가운데 어느 한 종류만 편향적으로 읽는 것은, 편식이 우리 몸에 해로운 것처럼 지적인 편협성을 초래 할 수도 있다.

② 정독(精讀)-글의 세밀한 내용까지 파악하기 위하여 자세히 꼼꼼하게 읽는 독서방법이다. 전문 지식을 얻거나, 연구와 학술 활동을 위하여 책을 읽을 때 적당하다. 단어나 문장 하나하나의 의미를 알고, 필자가 전달하고자 하는 주제나 요지 등을 정확하게 파악해야만, 독자가 원하는 지식을 얻을 수 있다.

③ 음독(音讀)-책을 읽을 때 입술을 움직여 소리 내어 읽는 방법이다. 이 방법은 묵독과는 달리, 발음 기관을 동원하여 문자 기호를 음성화하여 읽는 것이다. 주로 초등학교 저학년의 경우나, 운율감을 살려 읽어야 할 필요가 있는 시 낭송의 경우에 알맞은 방법이다.

④ 묵독(黙讀)-소리를 내지 않고 눈(마음 속)으로 읽는 방법이다. 대부분의 독서에서는 음독보다는 묵독의 방법이 주로 사용된다. 음독에 비하여 묵독이 내용 이해의 집중도나 정확도가 높으며, 읽는 속도가 빠르기 때문이다. 깊이 있는 사고가 요구되는 연구 논문이나 전문 서적을 읽는 독서 방법으로 알맞다.

⑤ 속독(速讀)-제한된 시간에 많은 분량의 독서를 하기 위하여 빨리 읽는 방법이다. 일반적으로 정보를 얻기 위한 목적으로 신문. 잡지. 등을 읽거나 여가 선용으로 문학 작품. 교양서적 등 비교적 쉬운 글을 읽는데 적합하다.

⑥ 지독(遲讀)-글의 내용을 상세히 파악하기 위하여 천천히 읽어가며 필요한 부분을 노트나 메모지에 기록하는 방법이다. 학술 논문과 같은 전문적인 지식이 필요한 어려운 글을 읽는데 적합하다.

⑦ 발췌(拔萃)독(또는 적독;摘讀)-한 권의 책에서 자기에게 꼭 필요한 부분만 골라 읽는 방법이다. 지식이나 정보를 얻기 위해서 읽는 일종의 '조사용 독서' 라고 할 수 있다. 사전, 동식물 도감, 사진 등과 같은 참고 자료를 조사할 때 꼭 알고 싶은 부분만 찾아 읽는 방법

⑧ 통독(通讀)-차례를 따라 책 속에 등장하는 주인공의 성격, 인물, 사건의 전개 등을 파악하기 위해 처음부터 차근차근 빠짐없이 읽는 방법이다. 이야기의 전개를 이해해야 하는 동화, 소설, 전기류에 필요한 독서 방법이라 할 수 있다.

⑨ 색독(色讀)과 체독(體讀)-색독이란 표현된 글의 문자적 의미만 읽는 것을 말하며, 체독이란 표현된 것 이상의 내포적 의미를 몸으로 느끼며 읽는 것을 말한다. 효과적인 독서를 위해서는 색독보다는 체독의 자세가 필요하다.

(기타)
난독(亂讀)(남독-濫讀)-마구 읽기, 닥치는 대로 읽기
미독(味讀)-문장의 맛을 보면서 읽기.
소독(素讀)-뜻은 생각하지 않고 말만 읽어 내려감.
범독(泛讀)-정신을 들이지 않고 대충 읽음.
추범독(追泛讀)-지나칠 정도로 대충 읽음.
지명독(指名讀)-지명을 해 가면서 읽음.
윤독(輪讀)-여러 사람이 차례로 돌려가며 한 책을 읽음.
자유독(自由讀)-스스로 자유롭게 읽음.
개별독(個別讀)-각자 자기 나름대로 읽음.
열독(列讀)-열을 지어 죽 나란히 읽음.

2) 독서의 방법

(1) 꼼꼼히 읽기
① 글 속에 나오는 단어의 의미를 파악한다.
② 문장과 문장, 문단과 문단을 연결하는 표지를 찾고 그 관계를 이해한다.
③ 문단별 중심 내용과 세부 내용을 구분하며, 중심 내용과 이를 뒷받침하는 세부 내용을 확인한다.
④ 문단 또는 소제목별 내용을 글 옆에 간단히 적어 둔다.
⑤ 지식, 경험, 문맥, 단서 등을 활용하여 생략된 내용을 추론하며, 연결어에 유의하며 읽는다.
⑥ 사실의 진술과 글쓴이의 의견의 진술도 구분하여 이해한다.

(2) 통합하며 읽기
① 긴 글 다 읽고, 글 전체 내용 요약하기
② 좋은 요약문의 요건에 대해서 토의해 보기
③ 글의 전개 방식과 구조적 특성 이해하기
④ 내용의 지도 그리기(mapping), 글의 구조 도표화하기(graphic organizer)
⑤ 글의 주제를 파악하고 시대적 역사적 의의 논하기
⑥ 글의 내용을 자신의 지식이나 경험과 관련지어 이해하기

(3) 추론하며 읽기
① 글에 명시적으로 제시되지 않은 세부 정보를 추론한다.
② 드러나 있는 정보와 추론을 통하여 파악한 정보를 결합하여 글 전체의 내용 구조를 파악하고, 전체 내용을 요약한다.

③ 글을 읽으면서 다음에 이어질 세부 내용을 예견하기 위하여 글의 중심 생각을 적극적으로 활용한다.
④ 문단의 중심 생각과 연관을 지으면서 문단의 세부 내용을 읽도록 한다.
⑤ 문단의 세부 내용들 사이의 관계를 파악하면서 글을 읽도록 한다.

(4) 감동하며 읽기
① 글에서 감동적인 부분을 찾고 그 이유를 말한다.
② 글에 묘사된 내용을 근거로 인물의 특성을 파악하고, 장면과 분위기를 상상한다.
③ 인물이나 사건에서 공감되거나 동일시되는 부분을 찾는다.
④ 문예적인 글에 대한 기본 지식을 갖추고 논리적인 접근을 시도한다.
⑤ 정확한 근거나 이유 없이 막연히 이루어지는 경우에는 추리의 근거를 분명히 찾는다.
⑥ 글의 내용이나 구성을 자신의 배경 지식이나 경험에 결부하여 이해하고 비판해 본다.

(5) 평가하며 읽기
① 내용의 타당성과 공정성을 판단하고 평가하며 읽기
② 자료가 정확한지 판단하고 평가하며 읽기
③ 내용 및 자료가 적절한지 판단하고 평가하며 읽기
④ 글의 논조, 관점 문체 등의 차이를 판단하고 평가하며 읽기
⑤ 인물의 성격, 행동, 의도를 파악하며 읽기
⑦ 글의 분위기를 파악하며 읽기
⑧ 글의 구성을 판단하고 평가하며 읽기
⑨ 글의 의도나 목적을 판단하고 평가하며 읽기
⑩ 글에 숨어 있는 필자의 의도를 파악하며 읽기
⑪ 주장의 신뢰성을 판단하며 읽기
⑫ 글의 수용 가능성을 판단하며 읽기.

(6) 비판하며 읽기
① 누가, 어떤 사람이 썼는가?
② 글을 쓴 목적은 무엇인가?
③ 이 글은 언제 쓰였나?
④ 누구(독자)를 위한 글인가?
⑤ 필자의 주장은 타당한 것인가?
⑥ 내용의 객관성과 주관성, 논리의 연계와 비약 등을 검토해 본다.

⑦ 글을 쓰는 목적, 글에 대한 다른 사람들의 의견 등을 생각해 본다.

4. 글의 종류별 독서법

1) 설명문(說明文)

① 무엇에 관한 글인가를 확인한다.
② 필자의 객관적 태도 여부를 확인한다.
③ 자료나 정보의 신빙성 여부를 살펴본다.
④ 전문 용어나 이해하기 어려운 낱말은 사전과 자료를 참고하며 읽는다.

2) 기행문(紀行文)

① 기행문의 종류를 파악해서 읽는다.
② 여행의 동기와 노정(路程)을 살피며 읽는다.
③ 필자의 여행 동반자가 되어 읽는다.
④ 여행지에 대한 배경 지식을 알아 둔다.

3) 전기문(傳記文)

① 인물을 평가하는 기준(관점)을 먼저 파악한다.
② 인물이 놓여 있는 시대적 배경을 파악한다.
③ 역사적 사실과 필자의 해설, 평가 등을 구별해 읽는다.
④ 글이 주는 교훈을 생각해 본다.

4) 논설문(論說文)

① 필자의 논지가 명백하게 드러나 있는지 살펴본다.
② 필자의 주장이 타당한지 판단해 가며 읽는다.
③ 논지 전개는 논리적이며, 오류가 없는지 판단해 가며 읽는다.
④ 필자의 주장은 어떤 가치와 의미가 있는지 살펴본다.

5) 비평문(批評文)

① 비평문의 대상이 된 작품을 먼저 감상한다.
② 필자의 성향을 파악한다.
③ 대상 분야를 확인하고 그 특성을 이해한다.

④ 정당한 평가인가를 확인한다.

6) 서간문(書簡文)

① 상대방의 진의(眞意)를 파악한다.
② 상대방의 처지를 이해한다.
③ 대화하듯이 읽는다.

7) 감상문(感想文)

① 글을 음미하며 읽는다.
① 가벼운 마음으로 읽는다.
② 필자의 처지를 생각하며 읽는다.

8) 시(詩)

① 전체를 개괄적으로 읽는다.
② 작품에 몰입하여 음미하며 읽는다.
③ 반복해서 낭송을 한다.
④ 상징적 의미를 파악한다.
⑤ 시인과 시인의 시세계를 이해한다.
⑥ 다른 사람의 감상과 비교해 본다.

9) 소설(小說)

① 흥미를 갖고 실제 일인 것처럼 읽는다.
② 전체의 윤곽을 파악하며 읽는다.
③ 인물의 성격과 갈등을 파악한다.
④ 배경과 복선을 이해한다.
⑤ 작품의 의의와 가치를 판단한다.

10) 수필(隨筆)

① 필자의 처지와 인생관을 생각한다.
② 글에 담긴 교훈적인 내용을 생각한다.

2. 독서 지도의 실제

1. 독서지도의 단계

　독서지도는 적시(適時)에 적자(適者)에게 적서(適書)를 읽게 하는 것이라 할 수 있다. 즉, 학생의 독서욕구 발달단계와 개인차를 고려하여 동기를 유발하고(적자), 알맞은 독서 자료를 제공하고 각종 자료를 이용하기 편리하게 갖추며(적서), 그리고 가장 알맞은 때에 학생의 요구에 맞추어 독서 교육을 진행(적시)할 때에 독서 교육은 최대의 효과를 얻을 수 있다.
　① 준비도를 촉진시키기 ; 독서력을 획득하기 위한 처음 단계를 촉진시키고, 각각의 새로운 단계에 대해서 학생을 준비시킨다.
　② 시각 어휘를 발달시키기 ; 학생들이 순간적으로 보고 아는 단어의 수를 확장하도록 도와준다.
　③ 단어 파악 전략을 개발하기 ; 모르는 단어를 만나게 될 때 사용할 수 있는 여러 가지 전략을 배운다.
　④ 학생들의 의미 어휘를 확장시키기 ; 단어 의미에 대한 지식을 넓히도록 돕는다.
　⑤ 이해력 증진시키기 ; 많은 전략들을 사용해서 학생들이 자료를 효과적으로 이해하도록 도와준다. 독서하는 근본 이유는 이해하는 것에 있기 때문에 이것은 어떤 프로그램에서든 가장 중요한 요소이다.
　⑥ 소리 내어 읽기 ; 적절하게 소리 내어 읽는 것은 의사소통을 잘하는 데 필요하다. 이것은 학생이 독서 전략을 제대로 사용하고 있는지 판단하는 비공식적인 읽기 평가 방법(miscue analysis)으로 사용되기도 한다.
　⑦ 적절한 독서 속도 가지기 ; 특정한 목적과 자료에 따라 적절한 속도로 독서하는 것을 배운다.
　⑧ 학습 방법과 교과 독서 능력을 개발하기 ; 정보를 담고 있는 글과 교과 영역 자료들을 읽으면서 특정한 유형의 언어와 독서 방법들을 처리하는 것을 배운다.

2. 발달 단계별 지도

　사카모토이치로(阪本一郎)는 독서 흥미 발달 단계를 구술동화기(2~4세), 옛날이야기기(4~6세), 우화기(6~8세), 동화기(8~10세), 이야기 시기(10~12세), 전기 시기(12~14세), 문학기(14세~), 사색기(17세~)로 나누고, 각 단계별로 흥미 자료의 분포연령을 자세히 안내하였다. 김경일과 손정표는 사카모토이치로의 독서 흥미 발달단계를 국내 독서 교육의 실정에 맞게 보완하여 제시하였다.

나이	8	9	10	11	12	13	14	15	16	17	18	19	20
독서 흥미	동화기				전기기			문학기					
			이야기기								사색기		학술기
독서 자료		영웅이야기			소년문학			전기문학			사색서		
				가공이야기				대중소설					
				소년소녀이야기				과학입문서					
					모험, 추리소설				순문학				
					스포츠소설				대중소설				
					감상소설						종교서		
					발명 발견 이야기							학술서	
					전기								

1) 초등 1~2년

(1) 독서의 특징

① 판타지를 읽는다. - 이 시기의 아이들은 거짓말을 잘한다. 그것은 이 때 그들의 상상력이 최고조에 이르기 때문이다. 환상동화는 인간을 부드럽고 유연하게 하는 연골과 같은 역할을 하고 미래를 꿈꾸게 한다.

② 쉬운 단편동화를 많이 읽는다. - 어린이들의 읽기 훈련을 위해서는 쉽고 길이가 짧은 단편동화가 좋다.

③ 둘이서 읽기로 독서를 즐긴다. - '둘이 읽기'는 아이가 엄마의 읽는 소리를 통해 정확한 발음, 읽기의 속도, 숨 쉬고 붙여 읽는 곳 등을 배우게 되고 동화책의 글씨가 많은 지루함을 이기게 해준다.

④ 책을 읽고 이야기를 나눈다. - 책을 읽고 이야기를 나누기 전에 아이들이 읽은 내용을 정리할 수 있도록 눈을 감고 잠시 생각해 본다거나 메모를 하게 한다.

⑤ 스토리를 다른 사람에게 전달한다. - 어린이가 스토리를 남에게 전달함으로써 남에게 무언가를 줄 수 있다는 성취감을 준다. 이것이 독서의 기쁨을 배가 시킨다.

⑥ 감상을 그림일기로 쓴다. - 그림일기처럼 그림 밑에 한두 줄 쓰는 어린이의 감상은 최초의 글쓰기가 된다.

⑦ 혼자서 읽기를 즐긴다. - 초등학교 2학년부터 혼자서 속으로 읽는 것을 즐기는데, 이때야말로 독서의 기쁨을 본격적으로 느끼기 시작하는 때이다.

⑧ 등장인물의 행동을 평가한다. - 선과 악, 진실과 허위, 현명과 우둔 등 도덕적 가치관을 명백히 하고 어느 것이 옳은지에 대한 갈등을 겪는 이야기는 어

린이의 도덕성을 발달시킨다.
 ⑨ 읽으면서 이미지를 그린다. - 그림이 없는 책을 읽으며 등장인물과 배경 등을 마음속에 이미지로 떠올리는 것은 어린이 상상력의 몫이다. 상상력이 발달할수록 책 읽는 재미를 많이 느끼게 된다.

(2) 지도요령
 책과 친해지는 독서의 준비 단계이므로 책에 대한 흥미가 떨어지지 않게 '책을 재미있게 구연동화식으로 읽어주기', '절정 부분까지 읽어주기', '한 페이지씩 나누어 읽기' 등으로 책읽기를 재미있게 이끈다. 정서 교육을 배려해야 한다. 책읽기의 점검을 '주인공 이름 맞추기, 인물들이 한 말 알아맞히기, 입었던 옷 색깔 알아맞히기'로 알 수 있는데 선악을 구별할 줄 알고(전래동화를 많이 읽힘)사물을 주체적, 정서적으로 파악하여 생활에 실제화 한다.
 ① 줄거리를 정확하게 파악할 수 있게 지도한다. 반복 훈련으로 습관화 시키는 것이 중요하다. 전체적인 감상보다 이야기 중 구절마다 느끼게 하고 생각하게 하는 훈련을 시킨다.
 ② 주인공과의 동일시(만약 내가 ~라면 나라면 어떻게 했을까?)를 통해 책의 내용을 쉽게 이해시킨다.
 ③ 이야기 속의 사건을 생활 주변과 비교하게 한다.
 ④ 다른 작품의 줄거리와 비교 시켜본다.
 ⑤ 자기 흥미와의 관련성을 찾아보게 한다.
 ⑥ 감동된 것을 중심으로 감상을 표현해 보게 한다.
 ⑦ 이야기 속의 인물, 동물, 선생님, 친구에게 이야기 하는 마음으로 글을 써 보게 한다.

2) 초등 3~4년

(1) 독서의 특징
 ① 신화와 전설을 즐긴다. - 3,4학년의 어린이들은 환상과 현실이 결합된 신과, 전설 같은 이야기가 좋다.
 ② 영웅을 흠모한다. - 이 시기의 어린이는 허무맹랑한 이야기보다는 현실성 있는 이야기를 좋아하게 되어 역사 속에 실재했던 인물 이야기가 기쁨을 느끼게 해 준다. 영웅 이야기는 어린이의 이상을 넓고 높게 해주고 인간이 가진 기쁨과 슬픔, 강함과 약함, 용기와 겁 등에 대해 생각하게 해 준다.
 ③ 스스로 책을 선택한다. - 이 시기는 자기중심적인 사고를 벗어나 객관적인 사고기로 돌입하는 시기이기 때문에 성인에게 의존하던 독서 선택을 자기가 스스로 하려고 한다. 그러므로 아이의 선택이 마음에 들지 않을 때에는 강제성을

띠지 않는 한도 내에서 권고해야 한다.
　④ 다독을 하게 된다. - 독서량이 많아지는 3,4학년 시기에는 <세계문학 전집, 위인전집> 등의 전집물을 사 주는 것도 좋다.
　⑤ 우정의 이야기를 읽는다. - 우정을 이야기한 책은 아이들에게 친구에 대한 갖가지 정보를 주게 되어 친구 사귀는데 도움을 준다. 그러나 도덕책처럼 우정을 주입식으로 강요하는 책, 우정을 배반해서 벌 받는 이야기 등은 좋지 않다.
　⑥ 모험의 세계를 동경한다. - 어른에 예속된 생활을 떠나 독립하고 싶어 하는 어린이들은 신기한 것을 찾아 떠나는 모험 이야기를 좋아한다.
　⑦ 동정심을 유발하는 주인공을 좋아한다. - 이 시기의 아이들은 불쌍한 아이들의 이야기를 즐겨 읽는다. 특히 여자 어린이들은 눈물을 흘리면서 읽는 이야기를 좋아한다.

(2) 독서지도 요령
　편독 성향이 생기지 않도록 주의한다. 특히 3학년부터는 그림이 많이 빠진 내용 위주의 딱딱한 책(위인전기, 역사, 철학)을 읽어야 하기 때문에, 책이 어렵다고 포기하면 고학년으로 올라 갈수록 책읽기의 습관화는 더욱 힘들게 되므로 교과서에 관계되는 문제 해결을 위한 학습독서도 시킨다.
　① 작품의 주제를 파악할 수 있게 지도한다.
　② 자신의 감상과 의견도 이야기 시켜 본다.
　③ 주제를 현실과 관련시켜 생각해 보게 한다.
　④ 등장인물의 행동을 비판할 수 있게 지도한다.
　⑤ 자신의 생활에 도움이 되는 것을 탐색하게 하여 자기 것으로 만들게 한다.
　⑥ 창작동화, 세계명작동화는 우리 인간사회를 생각하며 감상할 수 있게 지도한다.
　⑦ 위인전기는 위인들의 훌륭한 점을 탐색케 하고 다른 위인들과 비교 감상을 유도한다.

3) 초등 5~6년

(1) 독서의 특징
　① 지식의 책에 흥미를 느낀다. - 이 시기 어린이의 지적 호기심을 만족시켜 주는 글은 정확한 지식, 명확한 설명, 만족할 수 있는 표현력을 동반해야 한다. 추상적인 설명이나 모호한 표현에서 기쁨을 얻지 못한다.
　② 인간의 역사에 흥미를 느낀다. - 합리적 사고기에 있는 5,6학년의 어린이들은 인간의 지나간 역사와 다가올 미래를 준비하는 역사책을 좋아한다.
　③ 서정문학을 즐긴다. - 이 시기의 어린이들이 피해야 할 시는 어려운 단어로

쓰인 시, 사망 광고의 시, 형식이 강조된 시, 회고조의 시, 철학적 정치적 사회적 이야기를 담은 시 등이다.

④ 우정을 다룬 자연 소설을 읽는다. - 5,6학년의 어린이는 가정의 세계로부터 독립하려는 정신적 이유기로, 부모보다 친구를 중요시하게 된다. 이 시기에는 우정, 의리를 다룬 장편 소설이 좋다.

⑤ 탐정, 추리 소설을 읽는다. - 이 시기의 아이들에게 상상의 세계나 환상의 세계는 더 이상 재미를 주지 못한다. 이 시기의 아이들에게 기쁨을 주는 것은 논리의 세계이다. 논리성을 성장시켜 주는 문학의 형태에는 탐정 소설과 추리소설이 잇다.

⑥ 공상과학 소설을 읽는다. - 공상과학 소설은 어린이 시대에서 어른의 시대까지 추구해 갈 수 있는 미개척의 세계가 아직 존재한다는 것을 어린이에게 알려준다.

(2) 지도요령

여가 독서에서 이익이 되고 목적에 맞는 독서를 할 시기로 전환되는 시기이다. 독선적으로 기울이지 않고 건전한 개인 적응에 노력할 수 있게 지도하고 호기심이 많아지고 논리적인 사고를 시작하게 되므로 논리적인 글쓰기를 지도해야 한다. 모험소설, 추리소설에도 관심을 가지는 시기이므로 분별력을 길러주고, 자연과학, 지리, 역사 등 현실 존재에 흥미를 느끼므로 여러 가지 책을 접할 수 있도록 지도한다.

① 등장인물에 대해 바라고 싶은 것을 감상으로 표현해 보게 한다.
② 작품의 인물과 자기를 비교해 보게 하고 반성을 이끌어 낸다.
③ 작가의 생각과 자신의 생각을 비교해 보도록 한다.
④ 감명을 받은 문장과 대화 내용 등을 중심으로 감상을 전개해 보게 한다.
⑤ 평소 자기의 생각이 독서를 통해 변화 되어가는 과정을 감상문에 드러나게 지도한다.

3. 올바른 독서 태도

① 어릴 때부터 책과 친해지도록 노력해야 한다.
② 책 속에 담겨진 내용을 바르게 파악하도록 노력해야 한다.
③ 나의 생활과 관련지어 읽어 나간다.
④ 옳고 그름을 가려가면서 읽는다.
⑤ 책 속에 담겨진 내용을 맛보면서 읽는다.
⑥ 매일 조금씩 계속해서 읽는다.
⑦ 여러 종류의 책을 골고루 읽는다.

⑧ 책 내용을 본받아 실천하도록 한다.
⑨ 책에 따라 읽는 방법을 바르게 알고 읽는다.
⑩ 바른 자세로 읽는다.

구분	활동내용
1. 앉아서 읽기: 책을 세워서 읽을 때	■ 등을 펴고 바르게 앉는다. ■ 양팔을 펴고 가볍게 앉는다. ■ 책과 눈의 거리는 30cm정도 되게하여 책밑 부분에서 1/3정도 되는 곳을 60°쯤 눕혀서 잡는다. ■ 책장은 오른손 엄지와 검지 사이에 읽은 부분을 끼우고, 오른손 엄지를 밀어 넘긴다.
2. 앉아서 읽기; 책을 놓고 읽을 때	■ 가슴이 책상에 닿지 않게 앉는다. ■ 머리를 약간 숙여 책, 눈, 가슴이 정삼각형이 되게 놓는다. ■ 왼손을 자연스럽게 펴서 책의 왼쪽 아래 부분을 누르고, 오른손 엄지와 검지를 책의 우측 아래 부분에 약간 벌려 놓는다.
3. 서서 읽기	■ 듣는 사람이 많은 쪽을 향하여 바르게 선다. ■ 책은 책의 밑 부분에서 1/3 되는 곳을 약간 눕혀 잡는다. ■ 양팔을 자연스럽게 펴고 책의 상단부분이 눈의 수평에서 15°정도 아래에 오게 한다. ■ 책장을 넘길 때는 오른손의 엄지와 검지로 넘긴다.
4. 낭독하는 요령	■ 똑똑한 발음으로 읽는다. ■ 너무 빠르거나 느리지 않게 읽는다. ■ 쉼표와 마침표를 지킨다. ■ 듣는 사람이 잘 알아듣도록 말하는 느낌으로 부드럽게 읽는다.
5. 묵독하는 요령	■ 바른 자세로 앉아 눈동자만 움직여 읽는다. ■ 머리, 입술, 혀를 움직이지 않는다. ■ 글의 내용과 줄거리를 생각하며 읽는다.
6. 속독하는 요령	■ 눈동자를 자유롭게 운동시킨다. ■ 눈동자만 움직여 읽는다. ■ 눈을 크고 넓게 떠서 책의 한쪽이 눈 안에 들어오게 한다.
7. 듣는 자세	■ 바르게 앉아 말하는 사람을 보면서 듣는다. ■ 자기의 의견이나 생각과 비교하면서 듣는다. ■ 중요한 내용, 의문점, 문제점은 기록하거나 표시하면서 듣는다. ■ 남의 말을 끝까지 듣고 자기의 의견을 말한다.

4. 책을 선택하는 요령

좋은 책이란 잘 읽히는 책을 말한다. 즉 책을 읽고 이해하기가 쉬운 책이 좋은 책이다. 이것을 가독성이라고 한다. 가독성이 높은 책의 특성은 다음과 같다. 또한 아동들의 독서 자료는 그 내용이 학생들의 발달 특성에 맞아야 하고, 문장 자체의 속성이 가독성이 높은 것이라야 한다.

다음은 좋은 어린이 책의 내용을 중심으로 '어린이도서연구회'에서 발표한 내용이다.

① 어린이들이 밝고 건강한 사고를 할 수 있도록 하는 데 도움이 되는 책
② 올바른 인격을 갖게 해 주고 인간의 따뜻한 정서를 키워 주는 책
③ 자신을 비롯해 가족과 이웃, 나라에 대한 애정과 관심을 갖게 하는 책
④ 우리의 문화적 정서와 역사를 배우고 익힐 수 있는 책,
⑤ 아울러 세계 여러 나라의 고유문화와 풍속 등을 이해하게 하는 책
⑥ 성실하게 열심히 살아가는 삶의 태도를 배우게 하는 책
⑦ 자연과 생명의 관계를 알고 소중히 여기며 가꿔 가도록 하는 책
⑧ 자신이 살아 나가야 할 미래에 대한 꿈과 용기를 북돋아 주는 책
⑧ 합리적이고 논리적인 사고를 가능하게 하여 학습 능력을 신장시키는 책
⑨ 과학을 바로 알게 하며 폭넓은 관심과 이해를 가능하게 해 주는 책
⑩ 굽히지 않는 신념이나 꿈을 가지고 스스로의 노력과 용기를 보여 주는 책
⑪ 역경과 시련 속에서도 꿋꿋하고 밝게 살아가는 이야기 책
⑫ 인류의 평화와 행복을 추구하는 정서를 담고 있는 책
⑬ 기타
  - 선배, 부모님, 선생님 등이 추천하는 책.
  - 학교 공부에 도움이 되는 책.
  - 지질이 좋고 활자의 크기가 너무 작지 않으며 인쇄 상태가 좋은 책.
  - 값이 너무 비싸지 않고 읽기 편한 책.
  - 너무 두껍지 않아 휴대하기 편한 책.

5. 효과적인 독서 훈련

1) 밑줄 긋기

학생들은 교과서를 읽으면서 중요한 내용에 밑줄을 긋는다. 일반 성인들도 글을 읽으면서 중요한 내용, 좋은 표현 등을 보면 밑줄을 긋고 주의를 더 기울인다. 밑줄을 긋는 것은 그 부분의 내용이 특별히 중요하거나 관심의 대상이 된다는 표시이다.

☞ 다음 글에서 가장 중요한 단어를 골라 밑줄을 그으시오.

인간적 존재를 규정하는 특징은 많다. 그러나 거기서 탄생 시에는 동물 중에서

가장 무력한 자가 '자라나서' 만물의 영장이 된다는 성장 또는 자아실현이라는 특징을 빼놓을 수 없다. 사람은 생리적으로는 약 20년 동안 자라나지만 문화적으로는 죽을 때까지 자라날 수 있다. 지식에서, 기술에서, '관(觀)'에서, 도덕에서 자라나기를 멈출 때 사람은 인간되기를 멈춘다. 나이의 노약을 막론하고 사람에게는 언제나 배울 것, 자라날 것, 이룰 것이 있다. 그것이 전에 못 해본 사군자(四君子)치기일 수도 있고, 단소 불기일 수도 있으며, 테니스일 수도 있고, 새로 알아보는 유전학 또는 천문학의 세계일 수도 있으며, 어떤 새로운 도덕적, 철학적, 종교적 깨달음일 수도 있다. 이런 작고 크고 사소하고 중요한 성장 또는 자아실현이 인간적인 삶의 충일감과 생동감을 주며, 이것이 없을 때 허무감과 소외감이 스며든다. 사회교육은 그 쓸모를 강조하기 전에 우선 이런 인간되기를 계속하는 인생과정의 반려로서 인식되어야 할 것이다. (정범모, 미래를 여는 사회교육)

2) 제목달기

☞ 위 글의 주제는 무엇이며, 제목을 붙인다면?

```
주제 :

제목 :
```

3) 요약하기

사람들은 읽은 글의 내용을 필요(내용 정리 및 보존, 다른 사람에게 전달 목적, 암기를 위한 것 등)에 따라 다양한 길이(1/5 요약, 1/3 요약 등)로 요약한다. 요약하기는 읽은 글의 내용 중에서 중요한 내용만을 뽑아 재조직하는 읽기의 한 유형이다. 요약하기는 원문을 보면서 하는 것이 상례이다.
내용 요약은 대체로 다음과 같은 다섯 가지 방식에 의해 이루어진다.
① 사소한 내용, 불필요한 내용을 삭제한다.
② 중요한 내용이더라도 반복되는 내용은 삭제한다.
③ 여러 항목들이 목록으로 나올 경우에는 이를 목록의 상위어로 대치한다.
④ 글 속에 주제문에 해당하는 것이 있으면 이를 선택한다.
⑤ 주제문이 없을 때에는 주제문을 스스로 작성한다.
☞ 위의 글을 약 1/5 분량으로 요약하시오.

4) 메모하기

사람들은 남의 이야기를 듣거나 글을 읽으면서 그 내용 중에 중요한 내용만을 뽑아 간단하게 메모를 한다. 이 메모는 나중에 원래의 내용을 재생해 내기 위한 기억 회상용 자료이다. 요약하기에서는 내용을 완전한 문장 형태로 진술한다. 그러나 메모하기에서는 급박한 시간이라는 제약 조건 때문에 간단한 단어나 구절 정도의 언어로 내용을 정리한다. 메모는 원래의 내용을 재생하는데 필요한-많지도 않고 적지도 않은 정도-정보로 하는 것이 좋다. 따라서 메모의 양은 메모자의 재생력과 관련된다.

☞ 위의 '요약하기'에 제시된 글의 내용을 간단히 메모해 보자. 그리고 메모한 내용만을 보면서 원문을 재생해 보자. 가능한 한 원문에 충실해야 한다.

5) 그 외 활동

- 한 장면 그리기
- 장면 나누어 그리기
- 뒷이야기 상상해서 그리기
- 등장인물(주인공) 그리기
- 책표지 만들어 보기
- 미술관련 책보고 실제 화가처럼 그려보기
- 책 나무 키우기
- 책 지도 그리기
- 책 연대표 만들기
- 책 광고판 만들기
- 이야기 이어 쓰기
- 책 앨범 만들기
- 작가에게 편지 쓰기(독서 우편엽서)
- 가족, 독서신문 만들기

- 그림책 만들기-사물 그림책 만들기
- 글 모음집 만들기(독서 카드, 금언 정하기)
- 독서 퀴즈 만들기
- 읽고 난 느낌을 네 컷의 만화로 표현해 보기
- 책 속의 주인공 그려보기
- 책 권하는 편지 쓰기
- 좋은 작품으로 역할극 해 보기

6. 독서분석과 노트 작성법

1) 이 글은 왜 썼을까?

이 책을 쓴 사람은 왜 이 책을 썼을까? 그냥 심심해서 썼을까? 자신이 생각하는 이유를 나름대로 적어 본다.
☞ 글을 쓸 때 어떤 목적이 있을까? 나름대로 한번 적어보자.

2) 등장인물 말하기

재미있게 책을 읽었나? 그럼 책 속에 등장한 인물이 누구누구였는지 이야기해 보도록 하다.

♠ 책 혹은 이야기 제목은?
♠ 주인공은 누구이며, 어떤 인물인가?

3) 이야기 순서대로 연결하기

이야기 속에서 어떤 일들이 일어났는지 머리 속에 그려가며 글을 읽으면 더욱 이해하기 좋다. 그러니까 이야기 속에서 일어난 일 또는 사건을 찾아내어 보자. 일어난 순서에 주의하면서 상세한 설명은 과감히 생략하고, 간단하고 알기 쉽게 이야기 속에서 일어난 일들을 하나하나 적어보는 것이다.
♠ 이야기를 순서대로 간단하게 적어보자.
    (   )-->(   )-->(   )-->(   )-->(   )-->(   )
♠ 이중 가장 인상 싶은 사건은? 그 이유는?
♠ 이중 가장 중요한 사건은? 그 이유는?

4) 일어난 사건 기술하기

이야기 속에 일어난 사건들이 어떤 일들이었는지 자세하게 말해보자. 가장 먼저 일어난 일부터 빠짐없이 하나하나 떠올려 본 다음, 아래에서처럼 육하원칙에 따라 적는 것이다. 생각이 잘 나지 않을 때는 그 부분은 책을 보고 적어도 좋다.
☞ 이야기 중에서 가장 중요하거나 기억에 남는 사건 하나를 표시하고 그 이유를 말해 보자.

♠ 언 제
♠ 어디서
♠ 누 가
♠ 무엇을
♠ 왜
♠ 어떻게

5) 배경 말하기

여러분이 읽은 이야기에는 반드시 주인공이 살았던 시대와 장소가 있다. 그것에 대해 살펴보고 생각해보는 것도 읽었던 글을 이해하는데 도움이 될 것이다.

♠ 이 이야기는 어느 시대의 이야기이며, 이 시대의 특징은 무엇인가?
♠ 어디에서 일어난 이야기인가? 그리고 그 곳은 어떤 곳인지 아는 대로 말해보자

6) 나와 닮은 점 다른 점 찾기

이야기 속의 주인공과 나를 한번 비교해 보자. "나도 주인공과 같은 생각을 해!" 또는 "나는 그럴 때 주인공처럼 행동하지 않아!" 등의 생각이 떠오를 것이다. 이처럼 주인공의 행동을 곰곰이 생각하다 보면 나와 닮은 점 다른 점을 발견할 수 있다. 그것을 간단하게 적어보고 그 이유를 주위 사람들과 이야기해 보자.

☞ 주인공과 나는 어떤 점이 닮았고 어떤 점이 다를까요?
♠ 저는 주인공과 닮은 점은?
♠ 저는 주인공과 다른 점은?

7) 인물 판단하기

먼저 여러분이 읽은 글의 제목을 여러분이 만들어 붙여보자. 제목은 이 글이 어떤 글인가를 가장 잘 나타내주는 것이어야겠죠? '난 이 제목이 더 좋을 것 같

아!'
☞ 등장인물에 대해서 생각해 봅시다. 꼭 주인공이 아니라도 좋다.
♠ 이 글의 등장인물 중에서 중요한 인물은 누구인가?
♠ 이 글에서 긍정적인 역할을 한 사람은 누구누구이고 그 이유는 무엇인가?
♠ 부정적인 역할을 한 사람은 누구누구이고 어떤 행동을 해서 그런가?

8) 가장 중요한 사건 찾기

읽은 글에서 일어난 사건들에 관해 생각해 보자. 일어난 사건들을 그 순서대로 잘 떠올려 보자. 그리고 그 여러 가지 일들 중에서 가장 중요하다고 생각되는 것을 나름대로 골라 말해보는 것이다. 중요하다고 생각되는 것이 여러 가지 이면 그 여러 가지 모두를 적어도 괜찮다.
♠ 가장 중요한 사건이라고 생각되는 것은 무엇인가?
♠ 그 이유는 무엇인가?

9) 추리하기

글 속에서의 어떤 사건이 일어났을 때, 거기에 있던 등장인물들의 기분이 어떠했을지, 또는 왜 그렇게 행동했는지, 상황이나 그 인물의 행동을 보고 추리해 보자.
♠ (   )이었을 때 (   )는 (   ) 했을 거예요.

만약 누구누구가 글에서처럼 행동하지 않고 다르게 행동했다면 사건은 어떻게 전개되었을까요?
♠ 만약 (   )가 (   )하지 않고 (   ) 했다면 (   ) 했을 것이다.

10) 행동의 이유 찾기

☞ 읽은 책에서 등장인물은 어떤 행동을 했는데, 그렇게 행동한 이유는 무엇일까?
♠ (   )가 (   ) 했다.
   그 이유는 (   ) 때문이다.

11) 교훈 찾기

☞ 여러분이 방금 읽은 책 속에는 어떤 교훈들이 있을까요? 찬찬히 생각해 보고 나름대로 한번 그 교훈이 무엇인지 말해 보자.
- ♠ 내가 읽은 (   ) 책에서 얻을 수 있는 교훈은 (   )입니다.
- ♠ 그리고 등장인물 (   )를 보면서 얻을 수 있는 교훈은 (   )입니다. 왜냐하면 (   ) 이니까요.

12) 내용을 생활에 응용하기

☞ 책 속의 내용 중에서 나의 생활에 응용할 수 있는 것에는 어떤 것이 있을까? 잘 생각해보고 적어보자.

13) 핵심 체크

☞ 가장 인상 깊었던 부분은 무엇이고, 그 이유는 무얼까?
- ♠ 가장 인상 깊었던 부분은 (   )이고, 그 이유는? (   ) 때문이에요.

14) 느낌 말하기

☞ 어떤 것에 대한 나의 느낌을 말해 보자.
- ♠ (   )에 대한 나의 느낌은 (   )하다.

7. 독후감(독서감상문) 쓰기

독후감은 책을 읽은 후에 느낌이나 생각을 적은 글이다. 책을 읽은 감동을 오래도록 간직하며 책 속에서 느낀 것, 배울 점등을 글로 옮기는 것이다. 아이들이 책을 읽고 가장 많이 접하게 되는 글의 형태이기도 한데, 대부분의 아이들이 독후감 쓰기를 어려워하는 게 사실이다. 독후감을 쓰는 부담 때문에 책읽기를 싫어하고 글쓰기가 어렵고 힘든 것이라고 여겨 책을 멀리하게 하는 요인이 되기도 한다.

1) 독후감을 써야 하는 이유

① 읽는 책의 내용을 되살려 생각함으로써 책의 내용을 재음미하게 된다.

② 감동을 오래 간직하고 책 읽는 보람을 느끼게 된다.
③ 독서에 대한 지식과 이해를 심화시킨다.
④ 올바른 사고 능력과 작품에 대한 비판력을 기를 수 있다.
⑤ 자기의 생각과 느낌을 조리 있게 요약·정리하는 작문력을 기를 수 있다.

2) 독후감을 잘 쓰려면

① 읽은 책에 대하여 충분히 생각하도록 해준다. 가장 재미있었던 부분이나 슬펐던 부분이 어딘지, 어느 곳이 감명 깊었는지 차근차근 생각해보도록 한다.
② 다른 사람이 쓴 여러 가지 독후감을 보여준다.
③ 독서 토론을 통해 깊이 있게 생각을 정리한다.
④ 제목을 좀 인상적이고 재미있게 붙인다.
⑤ 책을 읽게 된 동기나 인상에 대하여 쓴다.
⑥ 읽고 본 내용에 따른 자기의 느낌이나 비판을 이끌어 낸다.
⑦ 읽고 본 내용과 나의 처지를 비교하고 자기의 경험과 연결지어 본다.
⑧ 내용 중에서 어떤 행동이나 사건의 옳고 그름을 따져 본다.
⑨ 감상문은 책의 내용이 중심을 이루는 글이 아니라 어디까지나 읽은 사람의 느낌이 중심을 이루어야 한다.

3) 독후감 쓰기

(1) 처음 부분 쓰기
- 책을 읽은 동기는 특별한 경우만 적는다.
- 책 전체의 내용이나 특징을 한마디로 요약해서 소개해 준다거나 지은이나 주인공에 대한 소개로 처음을 시작한다.
- 책의 종류나 역사적 의의, 주위의 평판 등 느낌보다는 객관적 사실들에 대해 아는 것이 있으면 소개해 주는 것도 글을 읽는 사람에게 기대감과 함께 흥미를 유발시켜 준다.
- 책에서 가장 인상 깊은 장면이나 말 등을 소개하면서 이야기를 전개해 가는 것도 좋다.
- 책을 읽고 난 후 가장 선명하게 남아 있는 생각이나 느낌을 자세히 표현하는 것도 독서 감상문의 시작으로 좋은 방법이다.
- 책표지 그림이나 글씨에서 느꼈던 점이나 평소에 들었던 책에 대한 인식 등도 동기 대신에 적으면 자연스러운 시작이 될 수 있다.

(2) 가운데 부분 쓰기

가운데 부분에는 이야기 전체 내용을 짐작할 수 있는 중심 내용이 들어가는 것이 보통이다. 대개 줄거리 요약이 대부분을 차지하고 있다. 그러나 줄거리 요약은 자신의 느낌이나 감동을 설명하는데 필요한 일부분일 뿐이지 독후감 전체가 되어서는 안 된다.
 - 주인공의 처지가 되어서 생각이나 느낌을 정리해 본다.
 - 감동을 받은 장면이나 재미있고 놀라운 장면을 찾아본다.
 - 자기만의 느낌이나 교훈을 발견하려고 노력한다.
 - 별도의 요약문을 넣은 후에 느낌이나 생각을 서술해 가거나 느낌과 생각을 쓰면서 그 때 필요한 장면과 내용을 소개한다.

(3) 끝 부분 쓰기
 - 느낌이나 감동을 정리하고 주인공들의 행동이나 성격과 그로 인한 결과에 대한 평가를 내려 본다.
 - 작가가 왜 이런 글을 썼는지에 대해 스스로 질문해 보고 그에 대한 자신의 생각을 정리한다.

3. 감상문의 실례

이산가족의 슬픔
<북청에서 온 사자>를 읽고
동대구초등학교 6학년 전OO

7월 25일 목요일 맑음

"이 책을 언제 다 읽고 독서 감상문을 쓴담?"
 처음엔 그냥 지겨움 반, 호기심 반의 반, 무작정 반의반으로 읽기 시작한 이 책은 오늘 지혜의 하루를 좌우할 정도로 코끝이 찡한 감동을 주었다.
 바로 그 위대한 책은 '북청에서 온 사자'라는 제목을 가진 책인데 이산가족의 아픔과 전쟁의 슬픔을 북청사자에 빗대어 쓴 재미있는 이야기였다.
 214쪽이나 되는 이 이야기를 줄이고 줄이자면 이러한 내용이다.
 40년 동안이나 잠을 자고 깨어난 북청사자는 휴전선을 넘어와서 허수아비와 친구하게 되고 둘은 북청사자 중 북의 아우인 청을 찾으려고 긴 여행을 하게 된다. 여행을 하며 많은 사람을 만나게 되는데 모두 가족들이 헤어져 그리워하는 사람들과 동물들이다. 결국 끝에는 모든 가족이 만나고 허수아비와 헤어져 북이는 청이와 다시 만날 수 있게 되는 내용이다.

나는 정말 이산가족의 아픔도 겪어 보지 못하고 전쟁의 아픔도 맛보지 못해서 절실히 느끼지는 못했다. 하지만 이 이야기는 슬프고 기쁘고 때로는 정답기까지 했다.

이산가족의 슬픔을 이야기를 통해서 맛볼 수 있게 되었고 가족 간의 사랑도 느끼게 해 주었다. 가족의 소중함을 알지 못했던 것이 부끄럽게 생각되고 통일이 빨리 이루어졌으면 좋겠다는 생각이 든다.

일기장아, 너도 그렇게 생각하리라 믿고 이만 연필을 놓을게. 보람 있는 내일을 위하여······.

어진 어머니와 착한 아들
- <율곡과 신사임당>을 읽고 -
대광초등학교 5학년 길○○

그렇게도 오고 싶던 강릉 경포의 오죽헌을 오늘 구경하였다. 마침 여름 방학이라 많은 아이들이 부모님 손을 잡고 이곳을 구경왔다.

바닷가 동해 바다에 놀러 왔다가 이곳에 들른 아이들도 많았다. 나도 며칠 동안 바닷가 하얀 모래밭에서 뒹굴면서 한두 권의 책을 읽었다.

'율곡과 신사임당' 정말 좋은 책이었다. 책 속에는 오죽헌의 그림도 나오고, 율곡이 태어났다는 '몽룡실' 사진도 나왔다. 오늘 책에서 보고 읽은 그대로의 모습을 이렇게 직접 부모님과 함께 오죽헌을 둘러보니 많은 것을 깨닫게 되었다.

율곡의 어머니 신사임당은 정말 어질고 훌륭한 분이었다. 신사임당께서 쓰신 붓글씨와 그림을 보고 나는 입을 딱 벌렸다. 정말 많은 재주를 가진 분이셨다.

율곡도 네 살 때에 글을 지었는데, 그 글이 전시되어 있었다. 어려서부터 부모님 말씀을 잘 듣고 열심히 공부하면 나중에 큰일을 할 수 있다는 것을 오늘 오죽헌을 구경하고 다시 깨달았다.

책에도 나왔지만 율곡은 일본이 쳐들어올 것이라고 걱정하면서 많은 군사를 길러야 한다고 주장한 대목이 나오는데, 율곡 선생은 정말 훌륭한 정치가라고 느껴졌다.

아름다운 고장에서 태어나서 자란 율곡의 이야기를 읽고, 나도 내 스스로 몇 번이고 반성하면서 주먹을 꼭 쥐었다.

성공의 비결은 노력, 그 하나뿐이다
<갈매기의 꿈>을 읽고
제5학년 노○○

강해 보이는 양날개로 상공을 힘껏 날갯짓하는 하얀 갈매기가 그려져 있는 표지를 보고, 마치 그림 속의 갈매기의 땀과 열기가 전해져 오는 것 같아 열심히 읽었다.

이 책의 주인공인 갈매기 조나단 리빙스턴은 여느 갈매기와는 성격이 달랐다. 자기에게 주어진 인생대로 복종하며 살려고 하지를 않았으며, 꾸준히 자기의 기록에 도전하였다. 더 높은 기록에 도전할수록 밀려오는 고통은 매우 뼈아프게 괴롭혔으나 조나단은 강인한 정신력으로 이겨내며 더 멀리 나아가려 애썼다. 그 만큼 조나단은 힘든 고통의 문이 다가오는 것을 두렵게 생각하지 않고 자기의 꿈과 이상을 소중히 여긴 갈매기였다. 다른 갈매기들 틈에서 벗어나 멀리 보고 높이 날아 한 단 한 단 성공의 탑을 쌓았다. 이런 조나단을 보고 평범한 갈매기들은 우스워하며 비웃었으나 조나단은 조금도 슬퍼하지 않았다. 오직 자기의 목표를 위해서 나는 조나단이 필사적으로 높이 날려고 연습에 매달릴 때마다 가슴이 울리도록 뜨겁게 손뼉을 쳤다. 나라면 남의 비웃음을 사는 것이 부끄러워 포기했을 것이다.

조나단 리빙스턴은 자기의 목표를 이루기 위해서는 결코 쉬지 않았다. 열심히 날갯짓을 피나게 하면 눈에 보이지 않는 탑을 쌓았다. 물렁물렁한 지점토가 아닌 단단한 돌로 탑을 쌓는 것이 쉬운 일이 아니듯, 조나단은 이를 악물고 연습에 임하여 성공의 탑을 이루었다. 조나단이 마침내 440km를 날게 되었을 때 나는 큰 소리를 질렀다.

목표를 달성하기 전에는 쉬지 않는 갈매기 조나단을 상상하며 조나단과 나의 생활을 비교해 보았다. 조나단의 목표가 더 높이 나는 것이라면 학생인 나는 공부를 열심히 하는 것이다. 그러나 공부에 게으름을 피우는 내 모습이 떠올라 부끄러워졌다.

'높이 나는 새가 멀리 본다……'

가슴을 때리며 들어온 이 문장을 새겨 보며, 더 자기 임무를 충실히 수행할 수 있도록 노력해야겠다. 또 조나단의 끈질긴 인내력도 본받아야겠다.

나는 이 책에서 성공의 비결은 단 하나, 피나는 노력뿐이라는 것을 깨달았다. 항상 모든 일에 최선의 노력을 다하여 정진해 나아가야 하겠다.

무인도의 생활, 로빈슨
송○○

넓은 세계가 보고 싶어 배를 타게 된 로빈슨. 그는 부모님의 말씀을 거역한 채……. 시간이 지남에 따라 많은 친구, 돈도 생겼다. 배를 타고 브라질로 가는 도중에 폭풍우를 만나서 홀로 무인도에 남게 되었다.

주위에 2,3개의 섬. 타고 온 배에서 많은 식량과 생활 물건을 찾아서 무인도의 생활에서는 그것을 썼다.

번번이 무인도의 탈출은 실패. 18년 동안 홀로 무인도에서 자연과 어울려 사는 로빈슨. 그는 야만인을 보고 겁에 질린다. 사람의 시체가 제인 큰 증거였다. 겁이 난 로빈슨은 그 야만인이 자기의 모든 것을 가져 갈까봐 조금씩 나누어 숨겨 두었다. 이러함 속에서도 섬을 빠져나갈 궁리를 한 우리의 로빈슨.

죽음에도 두려워 온갖 지혜로서 살아남고, 많은 일을 혼자서 해결하고…….

몇 년 뒤 이 섬은 4명이 같이 사는 섬이 되었다. 이 사람들과 로빈슨은 섬에서 빠져나가려고 생각한 것을 실행에 옮긴다. 섬에 온지 27년. 여러 일로 선장을 만나 영국까지 갈 수 있었던 로빈슨. 약 30년 가까이 홀로 무인도에 있으며 겪었던 모험. 그 누구도 따라가지 못할 것이다.

이러한 힘든 일 속에서도 많은 노력을 하여 영국에 왔다. 무인도에서 빠져 나온다는 것은 정말로나 많은 인내가 필요한 것 같다.

제11장 논술지도

1. 논술 교육

1. 논술의 개념

1) 논술

　논술(論述)이란 제시된 주제에 관하여 필자의 의견이나 생각을 논리적으로 서술하는 것, 또는 일정한 주제를 논(論)하여 필자의 의견을 서술하는 것이라고 말할 수 있다. 서술(敍述)은 글로만 할 수 있는 것이 아니라 말로도 할 수 있으므로, 논술은 원래 글쓰기뿐만 아니라 말하기도 포함할 수 있다. 그러나 말로 하는 서술은 '구술(口述)'이라는 용어를 따로 사용하고 있으므로, 실제로 '논술'이란 용어는 일반적으로 글쓰기에 국한하여 사용되고 있다.

　논술에 필요한 능력은 크게 비판적 읽기 능력, 창의적 문제해결 능력, 논리적 서술 능력으로 구성되어 있다. 비판적 읽기란 반성적이고 능동적인 태도로 글을 읽는 것을 말하며, 창의적 문제해결이란 심층적이고 다각적인 태도로 독창적인 해결책을 끌어내는 것을 말하며, 논리적 서술이란 근거를 제대로 설정하여 조직적으로 글을 구성하고, 그것을 상황에 맞도록 설득력 있게 표현해내는 것을 말한다.

　즉, 논술은 주어진 과제를 논리적 과정을 통하여 해결하고, 그 결과를 언어로 서술하는 글쓰기이다. 논술을 성공적으로 수행하기 위해서는 우선 문제를 발견하는 능력을 길러야 하고, 발견한 문제를 해결하는 과정에는 논리적 사고가 뒷받침되어야 한다. 또한 종합적으로 문제를 검토할 줄 아는 능력이 있어야 한다.

2) 논술문과 설명문

　논술문은 다양한 글쓰기의 하나이다. 논술을 논리적 서술이라고 말하며, 완성된 글을 논술문이라도 한다. 따라서 논술문과 논설문은 별 차이가 없다. 그러나 논술문은 조건이 따른다고 볼 수 있다. 논설문은 자신의 주장을 논증하여 기술하되, 주장이 무엇이든 길이가 어떻게 되든 상관이 없다. 그러나 논술문은 논제가 주어지고, 길이와 시간이 제한된다. 논술문은 논술 과정 즉 논증 과정을 중요시하는 글이고, 논설문은 자신의 주장을 중요시하는 글이라는 점이다. 그러나 두 글 모두 자기의 생각(주장)을 논리적으로 전개하여 상대방(독자)을 설득하는 글이기 때문에 구분할 필요는 없다고 본다.

그리고 설명문 또한 사실을 근거로 다른 사람을 설득하는 면에서는 논술문과 같은 점이 있다. 다른 점은, 논설문은 대부분 서론, 본론, 결론의 구분이 뚜렷하며, 자기주장이 강한 글이다. 자기주장을 뒷받침하기 위하여 이유나 근거를 제시하며, 자기주장을 이치에 맞도록 펼쳐 나간다. 그러나 설명문은 글쓴이의 짐작, 상식, 의견, 주장 등을 쓰지 않고, 거짓되거나 과장됨이 없이 사실대로 설명한 글이다. 사실을 중심으로 써야 하기 때문에 내용이 정확하며, 알리는 데 목적이 있는 글이다.

2. 초등 논술 교육

1) 논술 교육의 필요성

① 사물이나 현상, 그리고 남의 의견에 대해 비판적 이해력을 기를 수 있다.
② 어떤 문제에 대하여 자신의 견해를 밝히므로 뚜렷한 가치관을 정립할 수 있다.
③ 타당한 근거를 들어 남을 설득하는 과정을 통해 합리적이고 논리적인 사고력을 기를 수 있다.
④ 문제를 발견하고 해결하는 종합적인 사고 과정을 통해 전인적인 분별력을 신장할 수 있다.
⑤ 현실적으로 학력 신장, 대학 진학, 기업체 입사, 대인관계 유지에 도움이 된다.

2) 논술 교육의 목표

① 변화하고 발전하는 세상의 일을 거시적으로 보는 안목과 상황에 대한 분별력을 갖추게 한다.
② 인간사의 중요한 문제에 대해 통찰하고 스스로 주관을 세워서 균형 감각을 잃지 않도록 한다.
③ 자기 나름대로의 견해가 섰으면 다른 의견도 있을 수 있다는 것을 고려할 수 있게 한다.
④ 자신의 생각을 조리 있게 표현함으로써 공동체 생활에 적극적으로 참여할 수 있도록 한다.
⑤ 사회 속에서 보람 있는 삶을 누릴 수 있는 여건을 갖추게 한다.

3) 논술 교육의 방향

① 학생들의 발달 단계에 맞는 일상의 학습 활동으로 이루어져야 한다.
② 논술의 요령이나 형식적인 틀을 강조하는 것이 아니라 독해력과 사고력을 기르도록 해야 한다.
③ 교과 교육과 독서의 연계를 강화하는 독서 프로그램을 다양화해야 한다.
④ 협동 학습, 토의와 토론 학습 등 협조적인 학습방법을 확산시켜야 한다.
⑤ 논리적, 비판적, 창의적 사고력 신장을 위하여 평가방법을 다양화해야 한다.
⑥ 논술은 특정 교과 시간에 특정 교사가 지도하는 것이 아니라 범교과적으로 교육해야 한다.
⑦ 일상생활 속에서 친구나 어른들에게 자신의 생각을 표현할 수 있는 즐거운 말하기, 재미있는 쓰기가 되도록 해야 한다.

4) 논술 교육의 방법

(1) 1, 2학년
논술은 '생각'이다. 이 단계 학생들에게 논리적인 것을 기대할 수는 없으나 자신의 생각이란 게 분명히 있다. 교사의 역할은 그 생각을 뽑아내도록 도와주는 것으로 낱말이나 단위 문장 수준 정도로 주장과 이유를 말하도록 지도한다.

또한 상상력이 풍부하고 한창 말의 재미를 느끼는 시기이므로, 교과서 속에서 일어난 일에 대해 나라면 어떻게 했을지 상상해서 말해보게 하면 좋다. 그리고 왜 그런 상상을 하게 됐는지 이유를 말해보게 하면 논리적으로 생각하는 힘을 키울 수 있다.

읽기나 쓰기보다 말하기에 집중하고 자유롭게 생각하도록 도와야 하고, 간단한 이유를 대도록 유도하며, 다른 사람의 말에 경청하고, 아이 자신의 생각을 말하도록 이끌어야 한다. 쓰기는 낱말과 하나의 문장 수준에서 출발하여 두세 문장 정도로 자기의 생각을 분명하게 쓰도록 지도한다.

책뿐만 아니라 신문은 그림과 사진, 글, 만화가 함께 들어 있어 아이들에게 보는 재미와 읽는 재미를 동시에 선사하므로 상상력을 키워주는데 효과적인 매체이다. 글자가 많은 기사보다는 광고나 사진을 활용하는 것이 더 좋다. 신문에서 큰 글자를 잘라 종이에 오려 붙이며 자신이 아는 단어를 만들어 보는 방법이나 신문광고를 잘라 섞어 놓은 뒤 퍼즐 맞추듯이 연결해 하나의 완성된 광고로 만드는 등 아이가 활자와 그림에 흥미를 가질 수 있도록 지도한다.

(2) 3, 4학년
이 단계 학생들은 어느 정도 자신의 생각이나 주장을 펼칠 수 있으므로, 논술은 '주장과 근거'란 사실을 깨닫게 해주는 단계이다. 나름의 타당한 근거를 바탕으로 말할 때이며 의견들을 정리하고, 왜 그렇게 생각하는지 그 이유를 서너 문장으로 구성된 한 문단 정도의 내용을 쓰도록 지도한다.

그리고 교과서 내용과 주변에서 일어난 일들을 원인과 결과로 나누어 설명하거나 분류나 분석, 예시와 같은 여러 가지 설명 방법으로 상황을 이야기할 수 있도록 연습시킨다. 또한 자신의 의견을 말할 때는 듣거나 읽어서 알게 된 배경지식을 근거로 사용해 말하게 한다.

다양한 분야의 책을 읽어 가는 것이 필요한데 읽을거리를 함께 읽은 뒤 토론하는 것도 좋다. 책을 읽은 뒤 요점을 정리해 말하도록 하고, 토론을 통해 정확히 이해했는지 확인하는 것도 필요한데, 이는 독해력 향상에 필요한 과정이다. 글을 쓸 때에는 문장에서 낱말의 배열이 제대로 됐는지, 표현하고 싶어 하는 내용이 문장으로 잘 정리됐는지 읽어보고 고치도록 이끌어야 한다.

신문을 이용하여 아이가 흥미를 느낄 만한 기사, 피부에 와 닿은 기사를 평소에 스크랩해 두었다가 자신의 의견을 말하게 하거나 논술문 등의 형태로 글을 쓰게 하는 것이 도움이 된다.

(3) 5, 6학년

초등 5, 6학년이 되면 주관이 분명해지고, 종합적이며 비판적인 사고력을 갖게 되며, 언어 구사 능력도 향상된다. 따라서 자신의 느낌과 생각을 비유적인 표현이나 인상적인 표현을 활용하고, 문단과 문단을 결합하여 한 편의 글을 자기의 생각이나 의견을 자료와 근거를 제시하면서 써보는 연습을 하게 한다.

또한 논술이 '주장-근거-설명'이란 것을 알 수 있는 나이므로, 자신의 생각이나 의견을 자료와 근거를 제시하면서 주장할 수 있다. 더 설득력 있게 얘기하기 위해 주장과 근거 간 추론도 가능하다. 이 단계의 학생들에겐 여러 문단이 결합해 완성된 장르 수준의 논술 지도가 이뤄져야 한다. 비로소 '논술' 형태가 가능한 셈이다.

자신의 생각이나 입장, 견해나 이유, 근거와 설명, 토론한 내용을 정리해 글로 쓰도록 하는 것이 좋다. 자신의 주장과 다른 주장에 대한 각각의 근거를 만들고 쟁점이 무엇인지, 상반되는 주장이나 입장의 장단점은 어떤지 비교해 글로 정리하도록 이끄는 것도 방법이다.

쟁점 해결을 위해 창의적인 대안을 제시하도록 할 필요도 있다. 읽기를 통해 스스로 문제를 제시하고, 해결 방안을 다각도로 찾는 훈련도 필요하다. 일상생활이나 가벼운 사회적 문제에 대한 생각도 정리하도록 하자.

3. 논술문의 특징과 형식

1) 논술문의 특징

(1) 문제 발견으로서 논술
'문제 발견'이란 설명, 해결, 개선, 입증, 분석, 선택 등이 필요한 일을 독자적으로 찾아내는 일을 가리킨다. 문제는 구체적인 대상이나 추상적·관념적 내용 속에서도 발견할 수 있다.
 문제를 발견하기 위해서는 우선 사실의 이해 능력이 필요하다. 사태가 어떠한지 살펴보는 관찰과 관찰의 결과를 문제적인 명제로 요약할 수 있는 능력이 있어야 한다. 또 자신이 접하는 사태를 문제적으로 바라보기 위해서는 그 문제가 자신과 어떤 연관이 있는가를 발견할 수 있어야 한다. 그러기 위해서는 끊임없이 질문하는 자세로 사태를 대하는 태도가 필요하다.

(2) 문제 해결로서 논술
 '문제 해결'이란 문제 상황에 대한 판단을 통하여 마련되는 대처 행위를 뜻한다. 여기서 대처 방식은 사리에 맞아야 하고 논리적으로 오류가 없어야 한다. 사리에 맞는다는 것은 문제를 해결함에 있어서 현실성이 있어야 한다는 뜻이고, 논리적으로 오류가 없어야 한다는 것은 자체의 논리성을 갖추어야 한다는 뜻이다. 논리에 맞더라도 현실에 부합되지 않는다면 적절한 문제 해결이라 할 수 없다. 지극히 주관적으로 또는 아집을 가지고 남에 대한 고려 없이 문제를 해결하는 것은 진정한 의미의 해결이 아니다. 따라서 다른 사람이 공감할 수 있어야 하고, 보편성을 지닌 방식이라야 진정한 문제 해결이라 할 수 있다.
 문제를 해결하는 데에는 우선 문제에 관한 예리한 분석력이 필요하다. 문제의 분석은 문제를 다각적으로 검토하는 것으로 가능하다. 아집에 빠지거나 자신의 이해관계를 우선시하는 태도에서 벗어나 문제를 투명하게 바라보는 태도가 필요하다. 관습이나 타성에서 벗어나 새로운 국면으로 전환하는 창의력이 요구된다.

(3) 종합적 사고로서 논술
 '종합적 사고'란 문제와 관련된 여러 사항, 예를 들면 인간, 사회, 자연, 문화 등을 상호 연관 속에서 파악함으로써 합리적 사고에 이르는 일을 말한다. 원인과 결과, 동기와 수단, 주원인과 부수적 원인, 문제에 미치는 외적 영향 등을 폭넓게 고려하고 판단하는 것으로부터 종합적 사고는 가능해진다.
 종합적 사고를 위해서는 우선 사물에 관한 치밀한 관찰이 있어야 한다. 자신의 관념이나 이해관계를 벗어나 대상을 그 자체로 치밀하게 관찰하여 문제의 핵심을 파악해야 한다. 그리고 폭넓은 독서 체험과 사색이 필요하다. 독서를 통하여 간접적인 경험을 쌓음으로써 판단의 근거를 다각적으로 마련할 수 있다. 또한 보편적 사고를 가능하게 하는 건전한 관점이 필요하다.

(4) 논리적 사고로서 논술
논리적 사고란 문제와 해결을 논리적 절차와 규칙에 따라 생각하는 과정을 뜻한다. 논리적 사고를 위해서는 논리적 규칙과 논리의 본질에 대한 이해가 필요하다. 연역 논리와 귀납 논리의 차이를 안다든지, 언어의 논리와 현실의 논리에 어떤 차이가 있는지에 대한 이해가 요구된다. 논술에서 논리적 사고가 필요한 이유는 논지 전개의 객관성을 유지하기 위해서이다.

논리적 사고를 위해서는 적정한 논거를 발견하고, 그 논거를 바탕으로 문제를 해결하는 과정에 합당하게 정리하는 능력이 필요하다. 적정한 논거를 발견하는 것으로 끝나는 것이 아니라 문제의 전체 상황과 연관지어 이를 활용할 수 있어야 한다. 또한 객관성, 규칙성, 일관성을 유지하면서 논리를 전개할 수 있는 추론 능력이 있어야 한다.

(5) 글쓰기로서 논술
글쓰기는 생각을 바르고 효율적인 언어로 표현하는 행위이다. 논술은 정서 표현의 글쓰기와는 달리 논리성과 합당한 논거를 바탕으로 자신의 견해를 주장하는 글이기 때문에 필요한 지적 능력도 다소 차이가 있다. 따라서 논술문 쓰기는 지적인 활동이며 문제 제기적인 활동이다.

글쓰기로서의 논술 능력 향상을 위해서는 일관성과 단계성이 유지되는 가운데 드러나는 글의 구성 능력이 있어야 한다. 즉, 문단으로서 응집성을 갖추면서 부분과 부분의 연관성을 유지할 수 있는 문단 구성 능력이 필요하다. 어법에 맞고 적절한 문장을 구성할 수 있는 기본 능력과 어휘 구사력도 요구된다. 또한 정확하고 참신하면서 적절한 어휘를 구사할 수 있어야 한다.

2) 논술문의 형식

(1) 단계적 구성 형식
① 3단 구성(三段 構成) - '기(起)-서(敍)-결(結)' 혹은 '도입(道入)-전개(展開)-정리(整理)'나 또는 '서론(緖論)-본론(本論)-결론(結論)' 등 3분된 명칭으로 일컬어 왔다. 이것은 어린이나 지식 수준이 낮은 청중에게 이론을 전개할 필요가 있을 때 효과적이다.

② 4단(四段) 구성 - 원래 한시(漢詩)의 절구(絶句)와 율시(律詩)의 작법에서 유래된 것으로, '기(起)-승(承)-전(轉)-결(結)'의 네 부분으로 나뉜다. 3단 구성의 본론을 전개와 발전으로 양분하여 네 부분으로 만들었다고 볼 수 있다.

③ 5단(五段) 구성 - 일종의 유도법(誘道法)이라고 할 만한 것으로, 독자로 하여금 사고의 기틀을 잡아서 그 사고를 발전시켜 나아가다가 소기의 행동에까지 이끌고 나아가는 구성법이다.

(2) 포괄식(包括式) 구성 형식

포괄식 구성은 주제를 나타내는 말, 다시 말하면, 흔히 결론이라고 할 수 있는 중심적인 말을 글의 어느 부분에 제시하느냐에 따라서 두괄식(頭括式), 미괄식(尾括式), 양(쌍)괄식(兩.雙括式), 중괄식(中括式)으로 나뉜다.

① 두괄식 - 중심적인 주장을 글의 첫머리에 제시하는 방식.
② 미괄식 - 중심적인 주장을 글의 끄트머리에 제시하는 방식.
③ 양괄식 - 중심적인 주장을 글의 첫머리와 끄트머리에 제시하는 방식.
④ 중괄식 - 중심적인 주장을 논술문의 중심적인 주장을 가운데에 놓는 방식.

3) 3단 구성법에 따른 형식

논술문의 기본 구성

서론	본론	결론
1) 독자의 관심유도 2) 화제와 입론에 대한 아이디어 제공 3) 핵심용어 정의 4) 배경지식 제시 5) 낯선 용어, 특수 용어 정의	1) 문제의 진술 2) 글의 구조에 대한 진술 3) 가능한 해결책들에 대한 진술 4) 제안된 해결책을 옹호하는 논증 5) 가능적 반론들에 대한 답변 논증 6) 요약, 해결(해소) 또는 결어	1) 서론 내용 재진술 2) 현안문제의 광범 위한 함축 고려 3) 입론을 예증할 일화 제시 또는 간략한 요약

(1) 서론
① 글 쓰는 이유와 필요성과 목적을 밝힌다.
② 주장하려는 문제를 제기(내세우기)한다.
③ 글 내용을 개관한다.
④ 구성의 윤곽 소개한다.

(2) 본론
① 내세우는 중심적 내용을 제시한다.
② 중심 내용에 대하여 구체적으로 설명한다.
③ 설명에 따른 논리적 결과를 말한다.

(3) 결론
① 서론과의 대조로 본문 내용의 종합 정리한다.
② 본론의 성취 여부 확인한다.
③ 주장에 대한 전체적 마무리 한다.
④ 앞으로 남은 문제(제시, 계획, 전망, 약속)를 제시한다.

<보기글>

독서에 힘쓰자

서론

가을은 독서하기에 가장 알맞은 계절이다. 배고플 때 음식을 먹으면 배가 부르듯이 책은 마음의 양식이 된다. 즉, 책을 읽으면 마음속을 채워 주는 것이다. 또한 독서라는 경험을 통해서 새로운 지식과 정보를 얻을 수 있어 좋다. 그리고 책을 읽음으로써 옛 성인들의 가르침과 역사를 알 수 있다.

본론

책은 우리에게 지식이 되는 유익한 것이지만, 책은 한두 권만 있는 게 아니라, 그 종류가 대단히 많다. 그 많은 책을 어떻게 다 읽을 수 있겠는가? 그러므로 책은 잘 골라서 읽어야 한다.
어린아이가 어른의 옷을 입으면 맞지도 않고 어울리지도 않듯이, 우리가 읽어야 할 책과 읽지 말아야 할 책이 있다. 그러므로 올바른 책의 선택은 바른 독서 방법이 된다.
내용이 좋은 책을 양서라 한다면, 독자의 능력에 맞은 책을 적서라고 한다. 양서라고 해서 모두가 적서가 되는 것은 아니다. 오랫동안 독서하는 습관을 길러야 한다.
책은 날마다 조금씩이라도 꾸준히 읽은 것이 좋다. 매일 1시간씩만 책을 읽어도 1년이면 365시간의 독서가 이루어지지 않는가?(중간 줄임)

결론

독서는 심심풀이로 하는 것이 아니라 반드시 나의 생활의 일부분이어야 한다. 독서의 중요함을 깨닫고, 나에게 알맞은 책을 골라 꾸준히 읽으면 정신과 마음이 살찌고 윤택해질 것이다.
'사람이 책을 만들고 책이 사람을 만든다.'는 격언을 기억하고 열심히 독서하자.

4. 좋은 논술문의 요건

1) 주장의 확실성

논술은 어떤 문제에 대해 자신의 생각이나 견해를 일정한 절차에 따라 밝혀 상대방을 설득해야 하므로 논술문에는 자신의 주관적인 판단, 즉 주장이 반드시 있어야 한다.

2) 논거의 타당성

논술문에는 반드시 자신의 주장이 들어 있지만 그러한 주장을 뒷받침할 만한, 그리고 상대방을 설득할 만한 합리적이고 객관적이며 타당한 근거가 있어야 한다.

3) 사고의 종합성

논술을 하기 위해서는 먼저 문제를 발견하고 분석하는 분석적 사고력이 필요하다. 그리고 발견한 문제를 해결하는 문제 해결력이 있어야 하며, 이 과정을 뒷받침하기 위해서는 창의적이고 논리적인 사고 능력이 있어야 한다.

4) 사고의 독창성

논술이 주어진 과제에 대해 자신의 입장을 선택하여 나름대로 올바른 해결책을 제시한다는 점을 생각해 볼 때, 논술에서 독창적이고 풍부한 상상력은 반드시 필요하다. 풍부하고 참신하면서 독창적인 내용을 담기 위해서는 논술의 주제가 될 만한 것들에 대한 배경 지식이 있어야 하고, 배경 지식을 바탕으로 독창적인 대안을 마련할 수 있는 상상력을 갖추어야 한다.

5) 일관성과 체계성

논술은 글쓰기의 일종이지만 다른 글쓰기와 구별된다. 자신의 신변과 느낌에 관한 내용을 자유롭게 서술하는 수필과는 다르며, 다른 사람의 견해를 소개하거나 있었던 사실을 객관적으로 제시하는 설명문과도 다르다. 논술은 정해진 주제에 대해서 자기의 생각을 일정한 체계를 세워 일관성 있게 논리적으로 증명하는 글이다.

5. 논술문을 잘 쓰려면?

  옛 사람들은 글을 잘 쓰기 위한 비법으로 이른바 '삼다설(三多說)'을 많이 이야기해 왔다. 다독(多讀), 다작(多作), 다상량(多想量)이 그것이다. 곧 많이 읽고, 많이 써 보고, 많이 생각하라는 뜻이다. 물론 이것이 가장 좋은 방법이기는 하지만 논술을 위한 실질적인 길잡이가 되지는 못한다. 좀 더 실제적이고 효율적인 방법을 생각해 볼 수밖에 없다. 그 해결의 실마리를 논술의 사고 과정과 글쓰기의 일반적 과정과의 관계에서 찾아 볼 수 있다.

  1) 문제 해결력 키우기

  인간의 삶 자체가 무수한 문제의 발생과 그 해결의 과정으로 이루어진다. '무슨 책을 살 것인가', '나는 왜 논술 실력이 늘지 않을까' 등이 모두 문제이며, 이러한 문제는 적절한 방법으로 해결되어야 한다.
  논술 역시 문제를 발견하고 해결해 가는 과정이라는 점에서 다를 바가 없다. 역사적 사실이나 실생활 속에서 문제를 발견하고, 그것을 합리적이고 사리에 맞는 방식으로 해결해 봄으로써 논술에 필요한 문제 해결력을 키울 수 있는 것이다.

  2) 종합적 사고력 키우기

  논술에서 필요로 하는 종합적인 사고를 위해서는 개인의 폭넓은 체험과 사색을 필요로 한다. 그러나 개인의 직접 체험에는 한계가 있다. 직접 체험의 한계를 극복하는 방법 가운데 가장 손쉬운 것이 독서이다.
  독서를 통해 간접적인 체험을 쌓음으로 해서 사고의 폭과 깊이를 확충할 수 있다. 사고의 폭과 깊이는 논술을 해가는 과정에 꼭 필요로 하는 다각적인 판단의 근거를 제공해 줄 뿐 아니라 문제를 균형 있게 살피는 능력도 갖게 한다.

  3) 논리적 사고력 키우기

  논술은 절차와 규칙을 지키면서 논증을 하고 주장을 할 때 그 견해는 정당한 것으로 인정받게 된다. 또 주장을 뒷받침하는 논거는 아주 확실하고 모두가 공인하는 것이어야 타당을 획득하게 된다. 논술에서 논리적 사고가 필요한 이유가 여기에 있다.
  따라서 논술을 잘하기 위해서는 반드시 논리적 사고 능력을 길러야 한다. 일상 생활은 물론 모든 교과를 공부할 때에 타당한 증거를 찾아 논의하는 태도를 갖는 것이 좋다. 다른 사람과 대화를 할 때에는 선후를 가려 차근차근 말하고, 다른 사람의 말을 들을 때에도 논리 전개가 객관적인가, 논거는 타당한가 등을 검토하며 듣는 태도를 가져야 한다.

4) 어휘력 키우기

논술을 잘하기 위해서는 풍부한 어휘력을 갖추어야만 한다. 지식의 폭과 깊이는 얼마만큼의 어휘력을 갖추고 있는가에 달려 있다. 곧 풍부한 어휘력을 갖추어야만 지식을 폭넓게 하고 깊이 있게 할 수 있으며, 좋은 글을 쓸 수 있다.

어휘력을 키우는 방법으로는 평소 사전을 활용하면서 풍부하고 다양한 독서를 하는 것이 가장 바람직하다. 책을 읽다가 처음 보는 어휘가 나오거나 의미가 다소 모호한 어휘가 나오면 반드시 사전을 찾아 의미와 개념을 정확하게 익히는 태도가 필요하다.

5) 문장 구성 능력 키우기

논술을 잘하기 위해서는 통사, 어법, 문체 등을 포함하는 문장 구성 능력을 길러 두어야 한다. 문장 구성 능력은 글을 쓰기 위한 기본 능력으로서 반복하여 문장을 써 보는 연습을 하거나, 잘못된 문장을 검토하여 고쳐 써 보는 가운데서 길러진다.

논술의 문장은 간결하면서도 정확하게 표현되어야 한다. 또, 의미가 분명하면서 문맥에 적절하게 표현되어야 한다. '그는 나로 하여금 웃게 했다.'와 같이 외래 문장을 직역하듯 쓰는 버릇도 고쳐야 한다. '그는 나를 웃겼다.'라는 표현이 옳다.

6) 단락 구성 능력 키우기

글의 단락은 한 덩어리의 생각으로 의미적 응집력을 가져야 하고, 주장하는 내용이 뚜렷해야 하며, 논거가 구체적이고 확실해야 한다. 그러자면 한 단락에 두 가지 생각, 특히 대립하는 생각을 담아서는 안 된다.

요컨대, 문장이 모여 단락이 되고, 단락이 모여 한 편의 완성된 글이 된다. 아무렇게나 모인 문장이 좋은 단락이 될 수 없으며, 아무렇게나 모인 단락이 한 편의 좋은 글이 될 수 없다. 통일성이 있고, 문장의 접속에 무리가 없으며, 생각이 완결된 단락을 쓰도록 평소 충분한 연습을 해야만 한다.

7) 글의 구성 능력 키우기

좋은 논술을 위해서는 '서론 - 본론 - 결론'의 틀을 설정하기보다는 사고를 논리적으로 전개하는 능력이 필요하다. 먼저 대상을 규정하고, 해결의 목표를 정한 다음, 그 문제의 성격에 맞도록 논의를 전개한 후에 그 결과로서의 해결로 매듭짓는 순서를 밟아 글을 쓰는 것이 바람직하다.

예를 들어, '텔레비전이 나의 생활에 미치는 영향'을 논의하기 위해서는 텔레비전이 나의 생활에 미치는 '긍정적인 영향'과 '부정정적 영향'을 제시한 다음 이러한 상황에서 내가 취해야 할 바람직한 태도는 무엇인가로 이어지는 것이 자연스럽다.

2. 논술의 과정

1. 논술의 과정

논술문은 문제 상황에 대해 비판적이고 체계적인 검토를 거친 다음, 나름대로의 해결 과정을 논리적으로 서술하는 문제 해결을 지향하는 구조를 지니는 글쓰기이다. 그러므로 논술문을 쓰기 위해서는 그에 필요한 과정과 단계적 절차를 거쳐야 한다.

1) 논제의 이해

논술에서는 주제가 구체적으로 제시된다. '나무는 왜 보호해야 할까' 등과 같이 논제가 제시문과 함께 주어진다.

논제에 대한 이해는 논술의 시작이자 중요한 출발점이다. 논제를 정확하게 이해하지 못하면 요구하는 글을 쓸 수 없고, 자칫 주제에서 벗어난 글을 쓰게 된다. 많은 어린이들이 논제에 대한 이해가 부족해 잘못된 논술 쓰기를 한다.

주어진 주제문과 제시문을 요약·정리하면 논제를 바르게 이해하는 데 도움이 된다. 요약 과정에서 글을 꼼꼼히 읽게 되고 생각도 정리할 수 있기 때문이다.

2) 주장의 정리

논제를 완전히 이해했다고 판단되면 그에 따른 자신의 주장을 정리해야 한다. 논제를 읽으며 여러 갈래의 생각이 있었다면 그것을 함축할 수 있는 주장을 하나로 엮어 보는 것이 중요하다. 짧은 글에서 주장이 여러 개로 분산되면 근거를 제대로 들 수 없어 읽는 이를 설득하기 어렵다. '주장은 하나로, 근거는 많이'라는 것을 기억해야 한다.

그러나 많은 근거를 대는 것이 좋다고 해서 주장과 동떨어지는 것까지 모두 적는 것은 글의 설득력을 떨어뜨린다. 주장에 가장 가까운 근거를 골라 나열하고, 그 근거를 알기 쉽게 설명할 수 있는 예시까지 드는 것이 좋다.

3) 개요 작성

논술의 개요를 작성한다는 것은 각각의 내용이 글의 '처음'·'중간'·'끝' 가운데 어디에 배열되면 좋을지에 대해 생각하고 간추려 적으며 글의 틀을 잡는 것이다. 개요를 짜지 않으면 글 속에 쓰려고 했던 이야기를 다 하지 못하거나 주제를 끝까지 끌고 가지 못하게 된다.

처음 부분에는 읽는 이의 시선을 끌 수 있는 이야기와 글에 쓸 주장을 배치하고, 중간에는 주장을 뒷받침할 수 있는 근거를 가능한 여러 개 적어 둔다.

끝 부분에는 앞의 내용들을 모두 함축할 수 있는 이야기를 끌어 와야 한다. 앞 부분과 다른 주제를 가져오면 읽는 이로 하여금 글이 덜 맺어진 듯한 느낌을 주므로 피해야 한다.

개요 짜기를 할 때 주안점을 두어야 할 것은, 각 단락마다의 논점과 소주제, 그리고 소주제를 뒷받침하는 논거나 구체적인 사례 등을 자세히 적어야 하는 것이다.

4) 실제 글쓰기

주제문은 글의 어느 부분에라도 제시할 수 있다. 보통 논술에서는 처음 부분에 자신의 주장을 말하는데, 글을 전개하기 쉽고 읽는 이에게 뜻을 분명하게 전할 수 있다는 장점이 있다. 강렬한 첫인상은 글을 끝까지 읽게 만든다.

또 한 문단을 이루는 문장들은 서로 잘 연결되어 있어야 한다. 이 때 무작정 접속사를 쓴다고 해서 해결되는 것이 아니다. 글의 내용이 앞 문장과 어떻게 관련이 있는지, 전체 주제와 얼마나 가까운 지가 문장의 결속력을 좌우한다.

여기에 되도록 감상적인 문장을 쓰지 않도록 한다. 논술은 자신의 생각과 의견을 제시하는 글이지 감상과 느낌을 나타내는 글이 아니기 때문이다. 또 지나치게 멋진 표현이나 명문을 써야겠다는 공연한 마음은 버리고 자기 생각을 정확하고 명료하게, 간결한 문장을 어법에 맞도록 정확하게 구사하면 된다.

6) 고쳐 쓰기

한 편의 글쓰기가 끝나게 되면 글이 자신의 의도대로 써졌는지 확인하는 단계가 필요하다. 이 고쳐 쓰기 단계에서는 글의 내용이 올바르게 구성되어 있으며,

의미가 제대로 전달되었는지, 표현이 올바른지 등을 평가하는 것이다.

2. 논리와 논증

1) 명제

명제란 어떤 문제나 대상에 대한 주장, 의견, 판단 등을 문장으로 나타낸 것으로, 논술의 주장과 그 주장을 뒷받침하는 논거는 명제로 표현될 수 있다. 명제에는 '고래는 포유동물이다.'와 같이 '~이다'의 형식으로 과거에서 현재에 걸쳐 일어난 일에 대해 명확한 사실을 단순하게 서술하는 사실명제와 '세종대왕의 업적은 마땅히 존중되어야 한다.'와 같이 '~해야 한다'의 형식으로 행동이나 방향을 제시하는 정책명제, 그리고 '한글은 한자보다 배우고 쓰기에 쉽기 때문에 좋은 문자이다.'와 같이 '~이다' 또는 '~하다'의 형식으로 어떤 대상에 대해 옳음과 그름, 착함과 악함, 아름다움과 추함 등의 가치를 판단하는 가치명제가 있다.

이러한 명제의 요건으로는 한 문장에서는 하나의 명제가 있어야 한다는 단일성, 선입견과 편견이 없는 공정하고 객관적인 것이어야 한다는 공정성, 그리고 애매하거나 자의적인 결론에 도달하지 않도록 막연하지 않고 분명해야 한다는 명료성이 있다. 예를 들면 '개를 가족처럼 기르는 사람들이 있으나, 개를 보신탕으로 먹는 우리 사회의 문화 관습이므로 문제 삼을 것 없다'는 문장은 개에 대한 상반된 입장을 담고 있으므로 명제의 요건인 단일성에 어긋나고, '삼류 대학을 나온 사람보다 일류 대학을 나온 사람의 인격이 훌륭하다.'는 문장은 공정성에 어긋나며, '오랜만에 비가 올만큼 오고 있다.'는 문장은 비가 필요한 이유와 양이 분명하게 표현되어 있지 않기 때문에 적절한 명제가 아니다.

2) 논거

논거는 의견이나 주장이 타당함을 뒷받침해 주는 논리적 근거를 말한다. 즉 어떤 논리적 증명을 거쳐 하나의 결론을 이끌어 내는 과정에서 근거의 확실성을 제시해 줄 수 있는 것이다. 논거에는 실험적 사실, 자연법칙에 대한 사실, 보편적으로 인정되는 사실 또는 널리 알려진 역사적, 현실적 사실을 바탕으로 한 사실논거와 목격자의 증언, 경험자의 증언, 전문가 또는 권위자의 의견을 바탕으로 하는 소견 논거가 있다.

논거는 논증이 끝난 것으로 타당성과 신뢰성이 있어야 한다. 타당성은 주장의 본질에 비추어 밀접한 관계가 있는 것이어야 하고, 신뢰성은 논거 자체가 객관성이 있어야 하고, 대표성이 있어야 하며 출처가 분명해야 한다.

3) 추론

주장과 근거가 마련되었을 때, 수집된 근거를 바탕으로 명제가 진실함을 밝혀 내어 결론을 이끌어 내는 논리적 과정을 말한다. 추론은 전제와 결론으로 구성된다. 전제란 이미 알고 있는 판단이고, 결론이란 새로운 판단을 말한다. 추론의 방법에는 연역적 방법, 귀납적 방법, 유추적 방법이 있다.

(1) 연역적 방법
연역적 방법(연역 추리)은 일반적인 사실을 바탕으로 특수한 사실을 이끌어내는 방법으로 일반적인 사실이 참이라는 전제하에 개별적 사실이 참이라는 사실을 밝히는 형식이다. 이 방법은 새로운 사실이나 경험적 정보를 얻지 못하나 전제가 복잡하고 다양한 것일 때에는 새로운 지식을 얻을 수도 있다.
  주장: 사람은 누구나 죽는다.
  논증: 1. 모든 동물은 죽는다.(대전제)
        2. 사람은 동물이다.(소전제)
        3. 그러므로 사람은 죽는다.(결론, 주장)

(2) 귀납적 방법
귀납적 방법(귀납추리)은 개개의 특수한 사실들을 관찰, 비교하여 일반화된 법칙을 이끌어 내는 방식으로 개별적 사실들의 공통점을 결론으로 삼는다. 비록 부분적 관찰에 의한 전제는 결론이 확실한 진리임을 보장하지 못하는 약점을 갖고 있으나 주로 과학적 연구 방법으로 쓸모 있으며 자연 법칙을 확립시키는 방법으로 사용된다.
  1. 한국인은 팔과 다리가 있다.
  2. 일본인도 팔과 다리가 있다.
  3. 중국인도 팔과 다리가 있다.
  4. 그러므로 모든 인간은 팔과 다리가 있다.

(3) 유추적 방법
유추적 방법(유비 추리)은 한 쪽의 사실을 바탕으로 다른 한 쪽의 결론을 이끌어 내는 방법으로 마음속에 연상 작용에 의해 유사한 것은 같다는 결론에 도달한다. 비록 연역추리와 같은 엄정한 추리가 아니고 논리적 근거가 없다는 약점은 있으나 풍부한 가설을 발상하게 해 준다는 점에서 유익하다고 할 수 있다.
  1. 순자의 언니는 예쁘다.
  2. 그러므로 순자는 예쁠 것이다. 그 근거는 자매는 대개 비슷하기 때문이다.

다음 물음들은 논리와 친해질 수 있는 쉬운 질문들이다. 이 유형은 어느 경우에든 쉽게 적용될 수 있다.
  연역 논리와 친해지는 질문 : 세 가지 이유대기
  귀납 논리와 친해지는 질문 : 예를 들어 말하기. 반대 예를 들어 말하기
  유비 논리와 친해지는 질문 : 빗대어 말하기. 빗대어 생각하기

3. 논술의 실제

1. 주제 정하기

논술의 주제는 우리 주위에서 일어나는 여러 가지 일 중에서 특별히 문제점이 있는 것, 내가 여러 사람에게 '이렇게 했으면 좋겠다.'고 주장하거나 호소하고 싶은 일들을 찾아야 한다. 예를 들어, 날마다 학교에 다니는데, 학교 앞 건널목에 신호등이 없어 어린이들이 학교에 갈 때나 집으로 올 때 늘 위험을 느낀다고 한다면, '학교 앞 건널목에 신호등을 설치하자'라는 것이 주제가 될 수 있다.

  ☞ [주제] 논술문의 주제는 어떤 것이어야 할까요?
  ① 현실성이 있어야 하고,
  ② 사회적으로 절실한 문제여야 하고,
  ③ 정확한 근거를 찾을 수 있는 것이어야 한다.

2. 생각 우선 적기

무엇에 대하여 써야겠다는 생각이 떠오르면 그때마다 연습장이나 메모장 같은 데 메모하는 습관을 기른다. 이것을 보통 '구상메모' 혹은 '생각 적기'라고 한다. 글을 쓸 때, 특히 논술문을 쓸 때 이 과정을 거치지 않으면 떠오른 생각이 금방 사라져 버린다. 처음부터 원고지에 쓰는 것은 좋은 것이 아니다.

  ☞ [주제] 구상 메모는 다음과 같은 순서로 하는 것이 바람직하다.
  ① 주제를 생각하면서 - 질서의식
  ② 주장하고자 하는 것 - 질서준수
  ③ 주장하는 이유 - 질서는 자유의 기본이다.
              - 질서를 무시하면 법도 힘을 잃는다.
              - 질서 있는 생활은 아름답고 즐겁다.

④ 질서를 지키는 방법 - 세 사람만 되면 어디서나 차례를 지키자.
- 서로 한 발자국 물러서는 양보 정신을 갖자.
- 내가 먼저라는 생각을 버리자.
- 법과 약속을 존중하고 잘 지키는 습관을 기르자.

3. 개요 짜기

 논술문을 잘 쓰기 위해서는 전체적인 개요를 미리 생각해 보는 것이 좋다. 어떤 내용을 어떤 순서로 쓸 것인지를 미리 생각해 보면 글을 쉽게 쓸 수 있기 때문이다.

☞ 개요 짜기의 예
좋은 친구를 사귀자

서론

① 나는 친구가 별로 많지 않다. 그러나 다행히 내가 싫어하는 친구는 없다.
② 친구가 없는 사람도 불행하지만 친구를 잘못 사귀어 나쁜 길로 든 사람은 더욱 불행하다.

본론

① 친구 사귐의 필요성
- 사람은 사회생활을 해야 하기 때문에 혼자서는 살 수 없다.
- 가족도 필요하지만 친구는 더욱 중요하다. 외로움을 나눌 수 있고, 괴로움 어려움을 의논할 수 있는 가장 가까운 상대자이기 때문이다.
- 좋은 친구를 사귈 때의 즐거움은 곧 삶의 즐거움이다.
② 좋은 친구를 사귀어 인생을 참되게 살아간 역사적 인물
- 신라 시대의 김유신 장군과 태종 무열왕의 관계
- 조선시대 백사 이항복과 한음 이덕형의 관계
③ 우리 반에서 특별히 우의가 두터운 친구 관계 이야기
④ 친구를 사귀는 방법 제시
결론
① 참된 친구의 우정은 물질적인 게 아니라 정신적인 우의다.
② 좋은 친구는 삶에 있어서 큰 재산이다. 그러므로 좋은 친구를 잘 사귀자.

4. 첫머리 쓰기

논술문 쓰기에서도 첫머리는 대단히 중요하다. 모든 글의 첫머리는 독자들의 관심과 흥미를 끌 수 있는 중요한 요소가 되기 때문이다. 그런데 많은 어린이들이 논술문의 첫머리를 어떻게 시작해야 좋을지 몰라 망설이다 시간을 놓쳐 글을 완성하지 못하고 만다. 따라서 논술문의 첫머리 쓰기는 여러 가지 방법으로 많이 연습해 보아야 한다.

☞ '협동'에 관한 논술문의 첫머리를 보여 주는 예
① 주제로 시작하기 ; 우리는 협동 정신을 길러야 한다. 협동 정신은 명랑하고 살기 좋은 사회를 건설하는 밑거름이 되기 때문이다.
② 예를 들어 시작하기 ; 온 마을 사람들이 협동하여 복지 마을을 만든 곳이 있다. 제주도 남제주군 남원면에서는 587가구가 힘을 합하여 마을 조림 113헥타르, 감귤밭 455헥타르, 목초지 350헥타를 조성하였다.
③ 결과로 시작하기 ; 오늘날 우리나라는 잘사는 나라가 되었다, 그 이유는 여러 가지가 있겠지만, 우선 우리 국민들의 협동 정신을 들 수 있다.
⑤ 뜻풀이 시작하기 ; 서로 마음과 힘을 모아 함께 일하는 것을 협동이라고 한다. 가족끼리 힘을 모아 집안 청소를 하는 것도 협동에 속한다.
⑥ 인용으로 시작하기 ; '백지장도 맞들면 낫다.'라는 말이 있다. 아무리 하찮은 일도 서로 힘을 모아서 하면 쉽게 할 수 있다는 뜻이다. 이는 협동의 중요성을 강조한 말이다.

5. 주장하기 - 본론 쓰기

1) 주장에 관련된 문제점 찾기

논술의 문제들을 살펴보면 사회적으로 큰 문제가 되는 현실적인 것들이 많다. 따라서 주장을 펴기에 앞서 그 심각한 문제점을 파헤치고 열거하게 되면, 독자들을 설득시키는데 도움이 된다.

☞ [주장] 서구화되어 가는 식생활을 개선하자.
 <문제점>
① 비만 어린이들이 늘어 가고 있다.
② 당뇨, 고혈압 같은 성인병이 어린이들에게까지 나타나고 있다.
③ 편식하는 어린이들이 늘어나 균형 잡힌 영양식을 못하고 있다.
④ 즉석 식품이 늘어남에 따라 음식의 소중함을 망각하고 있다.

2) 주장에 대한 이유 밝히기

논술문의 가장 큰 목적은 독자들을 설득하는데 있다. 그러므로 자기의 주장을 독자들이 동의하도록 써야 한다. 그러기 위해서는 주장에 대한 이유가 분명해야 한다. 주장에 대한 이유를 쓸 때 유의할 점은 다음과 같다.
① 타당하고 이치에 맞는 이유를 들어야 한다.
② 어렵게 설명하지 말고 누구나 공감할 수 있는 이유를 들도록 한다.
③ 여러 가지 이유를 들 때에는 순서를 정하여 큰 이유나 작은 이유부터 순서대로 쓰는 것이 좋다.
④ 직접 관련이 없거나 관계가 적은 이유는 들지 않는 것이 좋다.

☞ [주장] 좋은 책을 많이 읽어야 한다.
  <이유>
① 좋은 책에는 여러 가지 배울 점이 많다.
② 책을 읽으면 새로운 정보를 얻을 수 있다.
③ 좋은 책은 지식과 교훈을 주고 즐거움도 얻게 해 준다.
④ 어려운 문제에 부딪쳤을 때 해결책을 가르쳐 준다.

3) 주장을 뒷받침하는 자료 제시하기

① 주장을 뒷받침하는 통계 자료는 신뢰도가 높은 관계 기관의 자료를 인용하는 것이 효과적이다.

  ☞ [자료] 도시 어린이들의 용돈 사용 실태 조사
  - 한 달 평균 용돈 액수 - 8,500원
  - 한 달 용돈의 지출내역
② 속담이나 격언을 인용하면 자기의 생각을 효과적으로 주장할 수 있다.

  ☞ [주장] 말을 신중하게 하자.
    <인용 예>
  '쌀은 쏟고 주워도 말은 하고 못 줍는다.'라는 속담이 있다. 잘못해도 돌이킬 수 있는 반면, 말은 일단 입 밖으로 내서 다른 사람에게 상처를 주면 후회해도 소용없다는 뜻의 속담이다.

4) 주장을 뒷받침하는 실천 방법 제시하기

논술문에서는 글쓴이의 주장을 실천할 수 있도록 하기 위하여 그 구체적인 실천 방법을 제시해 주어야 한다. 문제점을 해결 하는 방법을 모르고는 남을 설득할 수 없는 것이다. 실천 방법은 주장을 하게 된 이유나 까닭을 밝힌 다음 제시하는 것이 좋다. 실천방법은 가능하면 보다 구체적으로 설명해 주어야 효과적이다.

☞ [주장] 교통사고를 줄여야 한다.
　〈실천방법〉
① 길을 건널 때에는 반드시 횡단보도나 육교, 지하도를 이용해야 한다.
② 길을 걸어 다닐 때에는 꼭 인도로 다녀야 한다.
③ 골목 길에서 위험한 놀이를 하지 말아야 한다.
④ 자동차 주위에서 놀지 말아야 한다.

☞ [주장] 좋은 책을 읽자.
　〈실천방법〉
① 책의 선택 요령
하루에도 수십 권씩 쏟아져 나오는 많은 책들은 다 읽을 수는 없는 일이다. 그러므로 어떤 책을 읽어야 좋은가 하는 문제가 생긴다. 책의 선택에는 그 사람의 교양이나 직업 또는 나이에 따라 다르고, 당면한 필요에 따라서도 달라질 수 있다. 다만 우리가 독서하는 데에는 시간과 노력이 필요하므로 자기에게 도움이 되고 또 문제 해결에 도움이 되는 책을 골라야 한다. 좋은 책을 고르기 위해서는 선생님의 지도를 받거나 양서 목록을 참고하는 것이 좋다. 또한 믿을만한 출판사에서 발행한 책인가를 확인하거나 지은이의 약력을 살펴보는 것도 좋다.

6. 결론 쓰기

결론은 논술문의 끝의 마무리 부분이다. 곧 글을 끝맺는 부분으로 글을 완성 또는 글쓴이가 주장하고자 하는 주제의 핵심이 압축되어 제시되는 부분이다. 논술에서는 주제의 옳고 그름, 읽는 이의 실천 방안이 최종적으로 밝혀지는 부분이다. 결론을 이루는 논리 요소는 다음과 같다.
① 본론의 전체적인 내용 요약하기(전체요약)
② 서론의 중심 주장 내세우기를 다르게 표현하기(중심 주장 재강조)
③ 주장대로 실천할 것을 촉구하기(실천 촉구)
④ 주장대로 실천할 때의 전망 제시하기(전망)
⑤ 주장대로 실천하는데 필요한 과제 제시하기(과제)
⑥ 주장대로 함께 실천할 것을 결의하기(결의)

☞ 실례
① 자신의 생활 경험을 쓴 경우
"지금까지 우리는 서로 사이좋게 지내려면 어떻게 해야 하는지에 대하여 생각해 보았다. 우리는 서로 돕고 양보하는 마음을 가져야 하겠다. 그리고 상대방에게 부드러운 말을 쓰고 다른 사람의 의견을 존중해 주어야 하겠다. 이렇게 하면 우리들 사이는 더욱 다정해질 것이고 매일의 생활도 즐거울 것이다."
② 설명 형식으로 쓴 경우
"다시 한 번 강조하건데 쓰레기를 줄이면 나와 가정과 나라의 경제에 도움이 되며, 환경오염을 줄이는 첫걸음이다. 더 잘 살기 위하여 그리고 깨끗한 환경 속에서 고귀한 생명을 유지해 가기 위하여 우리 모두 쓰레기 줄이기에 동참해야 한다."

◆ 다음 글을 읽고 물음에 답해 보자.

내 물건의 소중함을 알자
○○초등학교
4의 난초반 이○○

요즘 우리는 여러 가지 물건을 사용하면서 생활하고 있다. 그런데 우리는 생활에 필요한 물건들을 소중하게 여기는 마음이 부족하다.
학용품을 장난감으로 사용해서 쉽게 망가뜨리기도 하고 학교에서 분실한 물건을 찾을 생각을 하지 않는다. 이런 행동은 물건을 소중히 다루지 않는다는 증거가 된다.
그러면 왜 물건을 소중히 해야 하는지 그 이유와 또 우리가 실천할 방법은 무엇인지 생각해 보자.
먼저 물건을 소중히 하면 절약하는 습관을 기를 수 있다. 물건을 소중히 하지 않는 버릇을 낭비하는 버릇이 된다. 그런 버릇은 고치기가 힘들게 때문에 어른이 되어서도 안정된 생활을 할 수 없다.
그와 반대로 어린이 때부터 물건을 소중히 여기는 습관을 기르면 장래에도 경제적으로 풍성해질 것이다.
그 다음은 물건을 소중히 여기면 낭비를 줄 일 수 있다.
예를 들어 학용품을 함부로 다루면 금방 쓸 수가 없게 된다. 그렇게 되면 또 사야 되기 때문에 돈이 든다. 그것이 바로 낭비다.
마지막으로 우리가 쓰는 물건에는 여러 사람의 수고와 정성이 들어 있다.
연필을 생각해 보자. 연필은 깎는 과정, 심 만드는 과정, 칠하고 그림 그리는 과정 등 여러 사람의 노력과 수고에 의해 만들어진다. 만약 그런 사람들이 없었더라면 우리는 연필을 사용할 수 없을 것이다. 그런 사람들의 고마움을 생각한다면 모든 물건들을 소중히 다루게 될 것이다.

그렇다면 그 실천 방법은 무엇일까?

우선 모든 물건에 이름을 써 두자.

그리고 물건을 장난감으로 쓰지 말자.

지우개 따먹기, 연필심 부러뜨리기 등 소중한 학용품을 장난감처럼 함부로 다루고 있다. 이런 행동은 우리에게 낭비를 하게 한다. 우리는 지우개 한 개라도 소중히 여기는 습관을 기르자.

그 다음으로, 물건을 쓴 다음에는 간수를 잘하자.

물건을 쓰고 제자리에 두지 않으면 없어지기 쉽다. 그러면 또 사야 되기 때문에 낭비가 된다. 한번 쓴 물건은 제자리에 두고 마음에 쓸 때는 손쉽게 찾아 쓸 수 있도록 하자.

마지막으로, 물건을 소중히 여기자.

우리가 쓰는 물건에는 여러 사람의 정성과 노력이 들어 있다. 그러므로 물건을 쓸 때마다 고마움을 생각한다면 자연히 물건을 아끼게 될 것이다.

지금까지 물건을 아껴야 하는 이유와 물건을 어떻게 아껴야 하는지 그 방법을 알아보았다. 이와 같이 모든 물건에는 반드시 이름을 써 두고 물건을 장난감으로 쓰지 말며, 우리가 쓰는 물건에는 여러 사람의 정성이 담겨 있다는 것을 생각하여 물건의 소중함을 알자. 그리하여 물건을 절약해 낭비를 줄이고 또한 여러 사람이 쓰는 공공물도 아껴 쓴다면 더욱 밝고 명랑한 사회가 될 수 있을 것이다.

1. 서론, 본론, 결론 부분을 구별하여 보자.
2. 글에서 주장하는 것은 무엇인가?
3. 글을 쓰는 이유나 필요성, 또는 목적은 무엇인가?
4. 본론에서 물건을 소중히 여겨야 하는 이유는 몇 가지인가?
5. 본론에서 물건을 소중히 하기 위하여 실천하여야 하는 방법은 무엇인가?
6. 글이 바르게 표현되지 못한 부분을 고쳐 써 보자.

* 논술문의 평가 기준

1. 주제의 명료성
   - 논제를 만족시키는 주제인가?
   - 주장이 뚜렷이 제시되어 있는가?
   - 관점이나 입장이 일관

2. 제재 및 논거의 적절성

- 주제를 구체화시키기에 적합한 논거인가?
  - 제재가 참신하고, 다양하고, 체계적인가?
  - 제재 또는 논거가 중복되지는 않는가?
  - 지나치게 주관적인 내용이 개입되었는가?

3. 논리적 구성과 전개
  - 서론, 본론, 결론의 짜임을 갖추고 있는가?
  - 단락 쓰기의 원리를 지키고 있는가?
  - 문장 연결이 논리적인가?

4. 사고의 깊이
  - 문제의 의도를 잘 간파했는가?
  - 제시된 제재나 논거가 상투적 차원을 넘어섰는가?

5. 표현의 정확성
  - 문맥에 적합한 어휘를 구사하는가?
  - 어법에 맞는 정확한 문장을 구성하는가?
  - 간결하고 의미 전달이 명확한 문장을 쓰는가?

제12장 현장학습지도

1. 현장학습의 이해

1. 현장(체험)학습이란?

1) 의의

현장학습은 학생의 학습과 관련된 학습 자료가 있는 장소에서 학습자들이 직접 경험할 수 있도록 하여 학습의 목표를 효율적으로 달성하기 위한 수업 방법이다.
현장학습은 학생들이 교통수단을 이용하거나 걸어서 학교 주변에 있는 강가에 가서 강물이 흐르는 모습과 강물에 의해 변한 강의 모습, 강가의 지층의 모습을 관찰하는 것에서부터 박물관에 가서 소장된 유물을 관찰하는 활동, 법원에 가서 재판을 하는 모습을 견학하는 활동 등 현장학습의 방법과 종류는 매우 다양하며, 학교 교육 활동 중에서 교실에서 이루어지고 있는 학습 이외에 학교 밖의 장소에서 이루어지고 있는 다양한 교육활동을 의미한다.
즉, 현장학습은 행함으로서 자아를 실현하는 넓은 의미의 평생교육 차원에서 적용하고자 하는 체험위주의 인성교육 활동이 가정, 학교, 사회의 모든 생활 영역에서 이루어지는 것을 의미한다.
따라서 현장학습의 의의는 다음과 같다.
① 자연적·사회적 현상을 직접 체험하게 함으로써 학생의 관심을 높이고 자주적인 학습 태도를 기를 수 있다.
② 학생들로 하여금 생생한 현장에서 감각적 인식을 가능하게 하여 사회적 태도나 능력을 육성할 수 있고 사회인으로서의 행동 양식을 체득할 수 있게 한다.
③ 다양한 환경에 대한 통찰력을 깊게 하고 새로운 의미를 발견할 수 있어 사고력 신장 및 창의성을 기를 수 있다.
④ 교사와 학습자가 공동으로 계획·실행·평가 등의 제반 활동을 함께 함으로써 학습의 주체가 되고 교육적 경험을 풍부히 하며 지식을 심화·확대할 수 있다.
⑤ 학생들이 가깝게 접근할 수 있는 현장에서의 학습이어서 학생들의 자연적인 호기심을 이용함으로써 학습 의욕이 자극되고 오래 지속되게 할 수 있다.

⑥ 실제 사회생활의 장에서 학습을 함으로써 사회생활에서 꼭 필요한 학생의 전인적인 인성을 기를 수 있고, 공동작업, 협동학습을 통하여 공동체의식과 협동 정신 및 더불어 살아가는 민주시민 의식을 고양시킬 수 있다.
⑦ 현장학습을 계획하고 실행하며 평가하는 활동을 통하여 기획력을 기르고 연구심, 탐구심, 지적 호기심을 배양할 수 있다.

2) 필요성

현장학습이란 학습자가 어떤 사건을 직접적으로 관찰하거나 행동에 참가하는 학습의 한 방법으로, 인지적 영역과 기능적 영역 및 정의적 영역을 모두 포함하는 종합적인 학습이라고 할 수 있다.
아동들은 체험학습을 통하여 새로운 지식을 습득할 수 있으며, 선행지식을 적용하고 확인함으로써 내면화할 수 있고, 체득된 학습은 건전한 가치관 형성을 통한 인격의 성장으로 연결될 수 있는 것이다. 즉, 체험학습은 문제해결 기능을 발전시켜 주고, 사회적 기능의 발달을 촉진시켜 주며, 자신의 행동에 대한 책임감을 갖도록 해 준다.
따라서 현장학습의 필요성은 다음 과 같다.
① 학습의 경험화와 생활화를 위하여
② 학습의 실용화와 행동화를 위하여
③ 학습의 개별화를 위하여
④ 학습의 사회화를 위하여
⑤ 교육의 기회균등을 위하여
⑥ 조화적 인간 교육을 위하여

3) 목적

① 다양한 체험활동으로 문제해결력 및 창의력 신장
② 공동체의식, 더불어 사는 삶, 민주시민의 생활 태도 함양
③ 극기심과 인내심을 함양하고 심신이 건강한 청소년 육성
④ 교사 중심의 교수활동에서 학생 중심의 학습 활동 기회 확대
⑤ 교외생활에 적응하는 교육활동으로 지·덕·체의 조화로운 성장
⑥ 주5일제 수업운영에 대비한 여가 시간 활용력 배양

4) 목표

(1) 심미적 목표

① 배움에 대한 호의적 태도를 키운다.
② 호기심을 자극하고, 문제 발견하게 한다.
③ 자연과 환경변화에 대해 예민하게 한다.
④ 발견에 대한 즐거움을 경험하게 한다.

(2) 지식적 목표
① 책이나 교실에서 배운 것에 대한 이해를 더한다.
② 관찰과 사고와 지식 획득의 기회를 준다.
③ 자연환경과 인간의 관계에 대한 이해를 더한다.
④ 지역을 구성하는 많은 현상을 이해할 수 있게 한다.

(3) 기능적 목표
① 탐구적 문제에 대한 이해를 키운다.
② 필요한 정보와 불필요한 정보를 구별하는 능력을 기른다.
③ 야외에서 지도와 관계시키는 능력을 기른다.
④ 데이터를 모으고 기록하고 분석하는 능력을 기른다.

2. 현장학습의 영역

1) 자연생태 체험학습

자연에 관한 체험으로 바다, 산, 들 자연환경과의 접촉, 갯벌의 생물, 나무, 꽃 등 식물과의 접촉, 지층, 지각의 변화, 별 등의 지구와 우주에 관한 관찰과 과학실험 등이 여기에 속하는데, 이는 탐사활동, 환경보호, 관찰활동, 실험 활동으로 체험학습을 할 수 있다.

2) 사회기관 체험학습

사회 속에서 사회의 각 기관을 방문하여 그 기관의 일과 사람들을 만나봄으로써 사회 활동에 참여하는 지식을 익히고 사회에 적응하는 방법을 배우는 영역이다. 다양한 산업과 기업, 시장 등의 방문과 접촉, 국회, 행정부, 법원, 언론기관을 견학하여 거기서 일하는 사람과 대화를 나누고 각종 시민단체 및 사회 복지기관, 시설을 방문 접촉하여 사회 여러 가지 현상을 배우는 것이다.

3) 문화·역사 체험학습
음악, 미술, 체육, 연극, 영화 등 각종 공연과 전시활동, 스포츠 경기의 관람 및 예능의 역할, 스포츠의 역할·기능을 습득하고 문학적, 예술적, 민속적, 역사적인 많은 유적지를 방문 답사하는 활동 등이 여기에 포함될 수 있다. 이것을 영역별로 구분 하여 살펴보면 답사활동, 테마활동, 관람활동, 각종 시연활동 등이 이 영역에 속한다.

4) 직업진로 체험학습

자신의 적성과 특성을 발견하고 미래에 자신이 추구하고자 하는 각종 직업 영역을 체험해 보는 것이다. 기관이나 시설 방문을 포함하여 여러 직종에 종사하는 사람과 의 만남을 통하여 그 직종의 성격, 하는 일 등을 배운다. 활동내용은 각종 동아리 활동, 진로탐색 활동, 직업현장체험 등을 들 수 있다.

5) 공동체 체험학습

취사, 세탁, 청소, 침구정리, 물 데우기 등 자신의 생활과 직접적으로 관련이 있는 일을 해보는 체험이다. 즉 우리가 삶을 유지하기 위해 해야만 하는 일상의 일들을 직접 해봄으로서 남과 더불어 사는 공동체 의식의 함양을 배우는 것이다. 활동내용 은 생활노동체험, 농장체험, 인간관계 형성, 야영활동 등이 있다.

3. 현장학습의 유형

현장학습은 학습 집단의 규모에 따라 학년 단위, 학급 단위, 소모임 단위, 개인(가족)단위 현장학습과 학습 내용에 따라 경험제공, 내용확인 및 심화, 탐구, 감상 현장학습 등이 있다. 현장학습을 학습 집단 규모와 학습 내용에 따라 구분하면 다음과 같다.

1) 학습 집단의 규모에 따른 유형

(1) 학년 단위 현장학습
학년 단위로 하는 현장학습으로 교사들이 공동으로 계획하고 추진하는 현장학습이다. 예를 들면 경주지역 수학여행, 국립중앙박물관 현장학습과 같은 것이다.

(2) 학급 단위 현장학습
학급 단위로 이루어지는 현장학습으로 학급 담임이 계획 추진하며, 다양한 주제로 학급의 실정에 맞게 실시할 수 있다. 예를 들어 어린이도서관 방문하기, 냇가의 식물 관찰하기, 은행 견학하기, 시장 견학하기 등의 학습활동이다.

(3) 모둠 단위 현장학습

계획과 실제 학습활동까지 교사의 직접적인 지도를 받는 경우(학급단위로 하면서 모둠별로 활동)와 계획 단계는 교사의 지도를 받고 실제 학습은 학생들끼리 모둠별로 하는 경우, 계획부터 실제 학습활동까지 학생 스스로 하는 경우로 나눌 수 있다. 학생들의 학습활동 기회를 많이 주고 자기주도적인 학습능력을 기를 수 있는 학습 방법이다.

(4) 개인 또는 가족 단위 현장학습

학년, 학급, 모둠별 현장학습에서 익힌 현장학습 방법을 아동 개인의 필요에 의해 개인별로 계획하고 실제로 현장학습을 하는 것이며, 현장학습의 궁극적인 목적이 되기도 한다. 또한 초등학교 학생들이므로 가족의 도움을 받아야하는 가족 단위 현장학습도 있다.

2) 학습 내용에 따른 유형

(1) 학습 내용을 경험하기 위한 현장학습

도서관의 이용방법을 배운 뒤 도서관에 가서 실제로 도서를 대출하는 방법이나 도서관의 활용방법을 경험하는 경우와 같이, 학교에서 학습한 내용을 실제로 경험하여 체득하는 현장학습이다. 도서관 이용방법, 은행 이용하기, 병원 이용하기, 공원 이용하기, 건널목 건너기 등의 현장학습에 적용할 수 있다.

(2) 학습 내용을 확인하는 현장학습

꽃과 나무나 냇가의 물고기 등에 대하여 여러 가지를 학습하고 난 후, 학습 효과를 더욱 높이기 위하여 꽃과 나무, 물고기가 있는 냇가 현장에 가서 학습한 내용을 확인하는 학습으로 학습 내용을 심화시키는 학습이다. 박물관, 기념관, 전시관, 동물원, 식물원, 산과 들, 냇가, 유적지 등의 현장학습에 적용 할 수 있다.

(3) 지식 탐구 현장학습

현장학습의 가장 수준 높은 단계의 유형으로 사회과학이나 자연과학의 탐구 방법을 이용하여 사회·자연 현상과 관련된 지식이나 원리 등을 탐구하는 학습이다. 예를 들면 공장이 많은 지역을 현장학습을 통하여 공장이 많은 지역의 사람들의 생활모습을 탐구하고, 문화재를 답사하면서 문화재의 특성과 알려지지 않은 사실들을 탐구하는 활동 등으로 자연과학자나 사회학자들이 하는 활동을 경험하는 것이다. 유적지, 박물관, 강, 바다, 들, 여러 고장, 산, 여러 가지 기관 등의 현장학습에 적용할 수 있다.

(4) 감상 위주의 현장학습

현장학습은 현장 학습 장소에서 각자의 관점에서 보고 느끼는 것도 매우 많은 부분을 차지하고 있다. 경복궁 경회루에 가서 맑은 호수를 무심히 보면서 조선의 역사를 느껴 보는 일, 미술관에 가서 미술작품을 감상하는 일, 강가나 들을 거닐면서 자연을 느끼는 일 등은 현장학습의 많은 부분을 차지하고 있다.

4. 학년별 현장학습의 내용

초등학교 1, 2학년에게는 자연에서 숨 쉬고 뛰어놀면서 배울 수 있는 놀이나 견학 프로그램이 좋다. 민속놀이나 농촌, 숲 체험프로그램을 통해 야외에서 진행되는 체험학습의 즐거움을 느끼게 하는 데 목적을 둬야 한다. 슬기로운 생활과 즐거운 생활 교과서를 적절히 활용해 식물원에 가서 동식물을 살피고 이를 움직임이나 소리로 재현하면 효과적이다.

초등학교 3~6학년은 직접 체험을 통해 스스로 공부할 수 있는 학습 능력과 자신감을 키워줘야 한다. 3~5학년 때 조상들의 생활 모습과 문화, 문화재 등을 배운 뒤 6학년이 되면 원시시대부터 현대사까지의 역사를 배운다. 이때 많은 사건과 인명, 지명이 등장하는데 체험을 통한 배경지식이 있으면 실제 공부에 큰 도움이 된다.

<초등 교과 연계 현장학습 프로그램>

학년	단원	교과내용	프로그램
1학년	슬기로운 생활	1. 봄나들이 - 동물과 식물 나누어 보기 - 산과 들로 나가 오고 가는 길에 본 것을 이야기해 보기	곤충식물원 (parks.seoul.go.kr) 한택식물원 (www.hantaek.co.kr)
2학년	슬기로운 생활	4. 빛과 그림자 - 낮과 밤이 어떻게 다를까요?	국립서울과학관 (www.ssm.go.kr)
	즐거운 생활	4. 찾아보세요. - 봄의 소리 찾아보기 - 봄의 특징을 움직임으로 만들기	서대문자연사박물관 (namu.sdm.go.kr)
3학년	사회	2. 우리 고장 사람들의 생활 모습 - 자연을 이용하는 생활 - 고장 사람들이 하는 일 3. 고장 생활의 중심지 - 시장과 우리 생활 - 이어 주는 길	경복궁 (www.royalpalace.go.kr) 국립민속박물관 (www.nfm.go.kr) 화폐금융박물관 (museum.bok.or.kr) 남대문시장(www.indm.net)

	과학	1. 우리 주위의 물질 - 물질의 성질에 따른 쓰임새 5. 날씨와 우리 생활 - 날씨를 알 수 있는 방법 6. 물에 사는 생물 - 연못에 사는 생물과 그 주변의 환경 7. 초파리의 한살이 - 곤충의 한살이	국립중앙과학관 (www.science.go.kr) 천문대 (www.gunpolib.or.kr/nuri) 기상청(www.kma.go.kr) 민물고기연구소 (fish.gg.go.kr) 산음자연휴양림 (cafe.daum.net/Saneum) 곤충나라(www.kcnara.com)
4학년	사회	1. 우리 시도의 모습 - 지도에 나타난 우리 시도의 모습 3. 새로워지는 우리 시도 - 지방 자치와 주민 생활 - 우리 시도의 미래	강화역시전사관 부근리 고인돌 서울시청(www.seoul.go.kr) 서울역사박물관 (museum.seoul.kr)
	과학	3. 전구에 불켜기 - 전기가 통하는 물질과 통하지 않는 물질 - 직렬연결과 병렬연결 7. 강과 바다 - 바다 밑의 땅 모양과 깊이를 알아보는 방법 8. 별자리를 찾아서 - 북쪽 하늘의 별자리 운동	화력발전소 (www.kospo.co.kr) 가스과학관 (www.kogas.or.kr/museum) 난지물재생센터 (nanji.seoul.go.kr) 양평댐. 팔당댐 양평국제천문대 (www.ngc7000.co.kr) 항공우주박물관 (www.aerospacemuseum.co.kr)
5학년	사회	1. 우리나라의 자연환경과 생활 - 우리 생활과 자연환경 - 자연환경을 이용한 생활 2. 우리가 사는 지역 - 도시 지역의 생활 - 촌락 지역의 생활	강화농경문화관 (ganghwa.go.kr) 짚풀생활사박물관 (www.zipul.co.kr) 농업박물관 (www.agrimuseum.or.kr) 남산골 한옥마을 외암리 민속마을 현충사(www.hcs.go.kr) 안동 하회마을, 병산서원, 한지공장
6학년	사회	1. 우리 민족과 국가의 성립 - 하나로 뭉친 겨레 - 민족을 다시 통일한 고려 2. 근대사회로 가는 길 - 외세의 침략과 우리 민족의	국립중앙박물관 (www.museum.go.kr) 서울대박물관 (museum.snu.ac.kr) 국립부여박물관

		대웅 3. 대한민국의 발전 - 나라를 되찾기 위한 노력 - 대한민국의 수립과 발전	(buyeo.museum.go.kr) 국립경주박물관 (gyeongju.museum.go.kr) 강화역사관 (ghm.incheon.go.kr) 서대문형무소 (www.sscmc.or.kr/culture2) 러시아공사관 덕수궁 (www.deoksugung.go.kr) 임진각 제3 땅굴(www.dmz.ne.kr) 도라전망대
	과학	3. 우리 몸의 생김새 - 뼈와 근육이 하는 일	허준박물관 (www.heojun.seoul.kr) 생명과학체험박물관 (www.biom.or.kr) 서울대의학박물관 (www.medicalmuseum.org)

[자료] 모든학교(www.schoolall.com)

5. 현장학습의 단계

현장학습은 학습인 동시에 사회생활 자체이다. 학습과 사회생활이 동시에 이루어지고, 학습의 장도 학교보다는 산만하기 때문에 교사에게는 더 조직적인 계획과 지도 기술이 필요하다.

현장학습은 일반적으로 준비활동, 탐색 활동, 정리활동, 일반화의 과정을 통해 이루어지며, 실제적으로 사전 지도와 현장 지도, 사후 지도의 과정을 거친다. 현장학습의 일반적인 과정을 제시하면 다음과 같다.

1) 준비활동

① 현장학습 계획 - 현장학습 활동을 할 때에는 우선 목표가 분명하게 정해져야 한다. 어떤 주제로 어떻게 활동할 것인가가 명료해야 한다. 학습 방법, 학습을 위한 조직 및 분담, 학습 순서 결정한다.
② 현장학습 관련 교육과정 탐색 및 선정 - 문제의식, 현장학습 과제 선정한다.
③ 현장학습을 하고자 하는 장소의 교통편이나 입·퇴장 시간, 입장료 등을 사전에 알아본다.

④ 현장학습상의 유의점 지도 - 사전 연락, 시기·장소의 고려, 질문 사항 준비, 견학 내용이해, 필기 용구 준비 등

2) 탐색활동

① 현장학습 실행 - 계획된 학습 활동, 분담한 내용의 관찰 및 조사, 자원인사와의 정보 교환, 상호 정보 교환, 정보 수집
② 학습 결과 확인 - 자기 평가, 상호 평가, 교사 평가
③ 현장학습 시 유의 사항 - 폐를 끼치거나 현장에 방해되지 않게 하기, 학습 과정에서의 안전에 유의하기, 사회에서의 기본예절 지키기
④ 모든 것을 한꺼번에 관람하려고 하지 말고 중요한 것을 집중해서 관람한다.
⑤ 실질적인 것을 오래 보고 느끼도록 한다.

3) 정리활동

① 분담한 현장학습 결과 정리 - 분담원의 의견 종합, 학습 결과 발표 준비한다.
② 현장학습 결과 발표 및 협의 - 학습 결과 : 알게 된 사실, 느낀 점 등 발표한다.
③ 학습 내용 정리 - 분담한 내용의 종합(개별 또는 모둠)

* **현장학습 보고서의 작성 요령**

① 선생님의 의도를 잘 파악하고, 주제를 정확히 판단하여 쓴다.
② 주제를 보는 다양한 관점을 비교하고, 관련된 충분한 참고자료를 찾는다.
③ 많은 자료를 나열하기 보다는 중심내용을 간추려 쓴다.
④ 도표, 사진, 삽화 등 다양한 참고자료를 첨부하여 보고서에 생동감을 준다.
⑤ 일목요연하고 깔끔하게 작성한다.
⑥ 주제가 정해진 뒤, 주변에 있는 자료나 쉽게 구할 수 있는 자료를 읽어보고 글의 방향을 정한다.
⑦ 대강의 쓸 내용을 메모하고 정리하며, 모자라는 자료를 충분히 찾는다.
⑧ 자료의 양이 많으면 자료를 정리하고 이해하는데 시간이 오래 걸리므로, 자료를 찾으면서 대강의 내용을 요약하면서 찾으면 쓸 때 편하다.
⑨ 참고문헌의 책이름, 저자, 출판사명을 기록하고, 웹사이트를 참고하였다면 홈페이지의 인터넷 주소와 사이트 이름을 기록한다.

<박물관 견학 지도의 예>

학습장소	국립 해양 유물 전시관	
활동목표	· 해양 유물에 대해 흥미와 관심을 갖게 한다. · 우리 도자기와 송·원대 도자기를 알게 한다.	
활동과정	활 동 내 용	자료 및 유의점

사전활동	■ 체험 활동 계획 및 분단 조직
	  ○ 체험 활동 계획
	  ○ 활동 과정 및 준비물 안내
	  ○ 분단 조직
	  ○ 관람 순서와 질서 알기
	  ○ 집중 감상할 주제 정하기
		○ 학습지 및 필기도구
		○ 도시락
		○ 구급약품

현장학습
활 동
	■ 해양 유물 전시관 견학
	  ○ 해양 유물관 자료집 읽기
	  ○ 어촌 마을의 생활상 알기
	  ○ 우리 도자기의 역사 알기
	  ○ 전시된 작품들의 특징 비교하기
	  ○ 우리의 생활과 차이점 알기
	  ○ 송·원대의 해저 유물 알기
	  ○ 21세기 해양시대의 비전 말하기
	  ○ 가장 마음에 드는 작품 말하기
	  ○ 느낀 점을 그림으로 그리기
	  ○ 자신의 작품 설명하기
		○ 개인행동을 하지 않고 안내자의 지시에 따라 질서를 잘 지켜 관람하도록 한다.
		○ 장소를 사전에 섭외하여 자료, 안내자, 공간 등을 충분히 준비한다.

정리활동	■ 관람전의 예상과 다른 점 발견하기 ■ 현장 학습 종합 정리 및 반성 ■ 활동 주변 뒷정리 지도 ■ 도착 및 귀가 지도	○ 종합정리 및 반성지도
평가활동	① 조상의 어촌 생활과 현대의 어촌 생활과 비교하는가? ② 다가오는 해양시대에 자신의 각오는?	

6. 현장학습 수업안(예)

일 시		장 소		
주 제	공공시설 바르게 사용하기	교수-학습모형		현장조사 및 발표
목 표	고장 사람들의 생활을 편리하게 도와주는 시설에 대해 조사할 수 있다.			

학습 과정	학습 흐름	교수-학습 활동	자료 및 유의점
동기 유발 · 학습 과제 파악	전체	• 고장의 여러 가지 시설의 사진을 제시하고 경험을 이야기한다. • 이 시설을 이용한 적이 있나요? • 이 시설이 하는 일은 무엇인가요? [공부할 문제] 　고장 사람들의 생활을 편리하게 도와주는 시설에 대해 조사해 보자.	고장의 사진
견학 계획 수립	소집 단	• 학습 문제를 해결하기 위한 현장 조사 학습 계획을 세운다. • 조사할 내용 결정 1. 고장의 여러 가지 시설의 종류 2. 시설들이 하는 일 3. 우리 고장에서 더 필요한 시설 4. 시설을 이용할 때의 태도	☞ 견학 날짜, 장소, 참가자 수, 지도자 ☞ 사전 견학 장소 관계자 승인 얻기
계획 재확인	소집 단	• 고장의 여러 시설을 방문하여 조사 활동을 하는 목적은 무엇인가? • 무엇을 조사하고 무엇을 질문할 것인가? • 이 조사활동에서 맡은 역할은 무엇인가? • 어떻게 기록하고 정리할 것인가? • 현장 조사할 때 지켜야 할 일은 무엇인가?	☞ 준비 사항 점검 약도, 교통편, 정기 휴일 및 이용 시간, 이용할 때의 유의점, 이용하는 순서, 메모장, 카메라
현장 조사	소집 단 개별	• 여러 시설을 이용하여 조사한다. • 안내자의 설명에 따라 요점 메모 • 모르는 사항이나 궁금한 점 질문 • 사전에 분담된 조사 계획에 따라 자료 수집, 관찰 실시 • 방문 예절을 지킨다.	
정리 반성	소집 단 전체	• 맡은 역할에 대한 현장 조사 보고서 정리하기 • 소집단별로 자료를 수집하고 분류하기 • 예상되는 질문에 대한 답변을 준비하기 • 보고서 작성자, 괘도 작성자, 발표자 선정하기 • 반성하기 • 현장 관계자에 감사편지 쓰기	

2. 현장학습 계획(예)

1. 목적

① 미래 세상을 주도할 학생들에게 현장학습을 통해 건전한 자아관을 가질 수 있는 기회를 제공한다.
② 슬기로운 생활, 즐거운 생활 교육과정과 연계하여 도자기 만들기 체험을 통해 창의적 지식을 생성 하고 다양한 활용 능력을 신장하는데 도움을 주고자 한다.
③ 도자기를 직접 만들어 봄으로써 우리나라를 사랑하는 마음을 기르고 표현할 수 있는 기회를 갖게 한다.

2. 방침

① 2학년 학생 전원이 참여함을 기본으로 한다.
② 창의적으로 생각하여 나만의 도자기를 디자인해 봄으로써 융합적 사고력을 기르도록 한다.
③ 현장학습 후 소감문 쓰기 대회를 통해 현장학습의 효과를 높이고 우수한 학생에 대해 시상한다.

3. 세부 추진계획

1) 일시 : 2012년 9월 20일(목) 09:30 - 14:40

2) 장소 : 충남 계룡시 반포면 상신리 도예촌

3) 세부 운영 계획

 ① 관련 교과 : 슬기로운 생활, 즐거운 생활
 ② 관련 단원 : 3. 아름다운 우리나라
 ③ 학습 형태 : 반별 체험 창의 학습
 ④ 교통 수단 : 차량으로 40분 정도 소요
 ⑤ 활동 순서 및 소요 시간
  - 출발 ~ 상신리 도예촌 도착 : 40분
  - 우리나라 도자기의 우수성 및 제작과정 설명 :30분
  - 도자기 만들기 체험활동 :1시간 10분

- 점심 : 1시간
- 물레체험, 자연 관찰 및 주변 정화활동 : 1시간
⑥ 활동 내용
- 창밖을 통해 아름다운 우리나라의 모습 찾아보기
- 우리나라 도자기의 우수성 알아보기
- 도자기 만들기 체험하기
- 현장학습 후 소감문 작성

4) 1인당 비용 : 00000원

5) 준비물

① 학교 준비물 : 구급약, 차량 부착판(학교 및 학급 표시), 아동명부
② 학생 준비물
- 복장 : 단정하며 활동에 편리한 복장 및 기온 변화에 대비한 여벌옷
- 학습 활동 준비물 : 필기도구, 탐구학습지
- 기타 : 손수건, 물통, 돗자리, 점심 도시락, 개인 상비약, 기타 개인 물품
③ 현금, 귀중품, 위험한 물품(인화물질, 칼 등)은 가져오지 않는다.

6) 일정표

시간	학습 활동 내용
09 : 30	인원 점검 및 출발
10 : 10	상신리 도예촌 도착
10 : 20	우리나라 도자기의 우수성 및 제작과정 설명 듣고, 도자기 만들기 체험활동
12 : 00	점심 식사
13 : 00	물레체험, 자연 관찰 및 주변 정화활동
14 : 00	인원점검 및 출발
14 : 40	학교 도착 및 해산

4. 지도 계획

1) 사전 지도 계획

① 건강관리 - 학생 개인 건강 상태 파악, 멀미약 사용 지도
② 질서, 공중도덕, 규칙 지키기
③ 현장학습 장소 사전 조사학습
 - 아름다운 우리나라의 모습 찾아보기
   우리나라의 자랑거리는 무엇이 있나?
   도자기는 무엇으로 만들어지나?
 - 실시 방법 : 사전 과제 제시 및 창의적 체험활동시간 이용
 - 인터넷을 통해 조사해오기
④ 역할 분담을 통해 모둠별 활동하기 계획 세우기
⑤ 차량에서 좌석 정하기(멀미가 심하거나 특별히 지도가 필요한 학생 파악)
⑥ 현장학습 사전지도 철저 : 9월 18일 (화) 5교시 일제 지도

2) 현장학습 당일 지도

① 승하차 지도 : 질서 지키기, 쓰레기 처리, 차내 안전 및 정숙 지도, 소지품 관리, 승하차시 안전지도, 안전벨트 착용 지도 실시
② 도보 시 : 통행 질서 지키기, 교통 규칙 준수, 안전 및 공중도덕 지키기
③ 체험학습 시 : 개별 활동하지 않기, 안내판 읽고 메모하기, 출입금지 구역 접근 금지, 위험물에 손대지 않기, 공중도덕 지키기, 음식물 소지 금지
④ 불필요한 물건 구입하지 않기

3) 사후지도

① 현장학습 반성의 시간 갖기-9월 21일(창의적 체험활동시간 활용)
② 사후학습지 활용 수업

5. 기대 효과

현장학습을 통해 단체 활동에서 지켜야할 규칙과 질서를 깨닫고, 창의적 지식을 생성하고 다양 한 활용 능력을 신장하게 될 것이다.

현장학습 안내

학부모님 댁내에 늘 건강함이 함께 하길 기원합니다. 드릴 말씀은 학교 교육과정 운영계획에 의거하여 현장학습 참가 동의서를 받아 아래와 같이 현장학습을 실시하게 되었습니다. 학부모님들의 협조와 선생님들의 세심한 지도로 이번 현장학습이 안전하고 보람되게 진행될 수 있도록 하겠습니다.

1. 일시 : 2012년 9월 20일 (목) 09:00 - 14:40
2. 장소 : 충남 계룡시 반포면 상신리 도예촌
3. 세부 일정

시간예정	학습 활동 내용
09 : 30	인원 점검 및 출발
10 : 10	상신리 도예촌 도착
10 : 20	우리나라 도자기의 우수성 및 제작과정 설명 듣고, 도자기 만들기 체험활동
12 : 00	점심 식사
13 : 00	물레 체험, 자연 관찰 및 주변 정화활동
14 : 00	인원점검 및 출발
14 : 40	학교 도착 및 해산

4. 참가비용

가. 차량비 : 1,600,000원 ÷ 205명 (인솔교사 6 명 포함)
나. 1인당 참가비 산출 기초 :
       차량비 = (000,000원 + 예비비 0000원) ÷ 00명 = 0000000원
       체험학습비 = 1인당 0000원
       1인당 참가비용: (　　　　)원

5. 준비물: 도시락, 물, 간식, 돗자리, 비닐봉투, 손수건, 간편 복장, 학교모자 등

※ 참가 동의서를 제출하고 참가하지 못하는 학생의 교통비는 환불되지 않습니다.

2012년 9월 11일

○○ 초 등 학 교 장

현장학습 사전 지도

○○초등학교 돌봄교실

1. 일시 및 장소

① 일시 : 2010. 09. 30(목) 08 : 40 ~
② 장소 : 한국 민속촌(용인)

2. 준비 지도

① 준비물 : 호루라기, 비상약 준비(학년별), 학급 학생 전화번호 등
② 가정에서 멀미 예방 조치
 - 2-3시간 전에 멀미 예방 조치해오기(멀미를 하지 않는 학생이라도 버스 안 공기가 탁해 멀미하는 학생이 생길 수 있음)
 - 달걀, 비스켓, 콩 종류의 간식보다 사탕류, 얼음 등의 간식을 권유
 - 점심 도시락(김밥) - 30일(목) 아침에 준비 권장. 빨리 변하는 음식재료 넣지 않기 지도
③ 용돈은 얼마(?)까지만 가지고 오기 : 동학년에서 정해서 시행
④ 이상 체질 등 건강에 유의를 해야 할 학생 명단 및 개인별 응급시 조치사항 지참
⑤ 출석 확인 및 건강상태 확인
⑥ 30일 등교시각(운동장에 모이는 시각) 알려주기(학년별로)
 - 학생 등교시각까지 교사 출근, 운동장에서 학생 지도하시기
⑦ 우천 예상 시 현장 프로그램 확인 및 학생 우비 준비 지도

3. 버스 안전지도

① 승하차 질서 지도 : 뒷자리부터 승차, 앞자리부터 하차하기
② 안전벨트 착용 확인 및 지도 철저
③ 밖으로 몸의 일부분을 내 놓거나, 쓰레기 버리지 않기
④ 버스 안은 나의 방처럼 깨끗이 사용하기
⑤ 버스 기사님 운전 습관 파악
 - 인솔교사 좌석 : 운전석이 잘 보이는 오른쪽 맨 앞자리 : 기사님과 적절한 소통
 - 졸음운전, 난폭운전, 앞차와의 안전거리 확보(기준의 2배 이상), 친절성 등

버스기사 관리 및 기사의 운전 습관 복명하기(내년 버스계약 참고자료)

4. 휴게소에서 안전지도(가급적 휴게소는 통과하는 것으로 함)

① 차량번호 및 승차 시각 알려주어 승차 시각 지키기
② 뛰지 않기, 좌우 살피고 화장실에 다녀오기
- 선생님, 기사님 역할 분담하시어 적당한 장소에서 아동 및 차량 통제 및 통행지도

5. 현장학습 장소에서

① 프로그램에 의해 활동하기
② 시설 이용 시 안전에 대해 강조 지도하기
③ 담임선생님 시야에서 벗어나지 않는 범위 안에서 행동하기
④ 문제(몸이 불편하거나 아플 때)가 생기면 담임선생님과 먼저 상담하기
- 부모께 전화해서 부모가 다시 담임께 전화하여 문제가 해결되지 않도록
⑤ 식사를 많이 하고 군것질 하지 않기 지도
⑥ 이상한 장난감(도끼, 낫, 칼, 뽕망치 등) 사지 않기 지도
⑦ 학급별 이동시 질서 지키기 - 많은 다른 학교 학생들과 비교됨
⑧ 귀중품(돈, 핸드폰, MP3, 녹음기 등)은 잃어버려도 자신이 책임질 수 있는 학생들만 가지고 오기(관리가 허술한 학생은 가져오지 않도록 지도)
⑨ 벌이나 뱀 등 독충에 대한 대응 지도 - 먼저 건드리지 않기, 빨리 담임선생님께나 관리인께 알려서 다른 사람에게 주의 주기
⑩ 점심 식사 : 학급 학생들과 함께 하기

6. 학교에 도착해서

① 인원 확인
- 아침 출발할 때와 건강 상태 및 위생 상태가 열악(악화)해진 학생 부모님께 전화로 경위 및 그동안 조치 사항 알려드리기
② 가정으로 곧바로 돌아가서 부모님께 허락받고 외출(학원)하기 지도
- 부모님이 계시지 않을 때에는 전화나 메모장 남겨두고 외출하기 지도
③ 하교지도

현장체험학습 보고서

	○○ 초등학교	6학년 유 ○ ○

일 시	2007년 4월 20일(금) 09:00 ~ 15:30
견학장소	부안 도자기 체험관, 부안댐 등
준비물	필기도구, 도시락, 간식, 음료, 화장지, 비닐봉지, 돗자리
견학내용	부안댐, 새만금 방조제, 부안 도자기 체험관, 김제평야
본 것	도자기를 만드는 과정, 부안댐, 새만금 방조제 등
들은 것	도자기 만드는 과정 등
한 일	도자기 만들기 및 친구들과 놀이하기(장기자랑)
느낀 점	여러 번에 걸쳐서 도자기를 만들어 보았지만 항상 흙을 빚고, 도자기를 성형하는 과정이 어려웠다. 흙을 다루는 도공들의 장인정신이 어떤 것인지 감히 짐작조차 못할 것 같은 생각이 들었다.
새롭게 발견한 일	도자기 만드는 과정에 대하여 자세히 알 수 있어서 대단히 좋았고, 내가 직접 흙을 빚어서 만들어보니, 생각보다 어렵고 잘 만들어지지 않았다. 전문적인 기술 및 오랫동안의 숙련이 필요하다는 걸 알 수 있었다. 방과 후 교육활동으로 도자기 만들기 과정이 생겼으면 하는 마음이 든다.
칭찬하고 싶은 사람	옥명수, 이동현 : 점심식사 후에 쓰레기 줍기를 할 때, 가장 열심히 많이 쓰레기를 주워서 오늘의 칭찬 왕으로 추천하고 싶다.

【그림 1 부안댐】

【그림 2 도자기 전시관】

제13장 N.I.E지도

1. 신문과 N.I.E에 대하여

1. 신문의 특성과 기능

1) 신문의 특성

① 매체성(신문은 정보매체이다.)
② 속보성(빠른 정보를 알 수 있다.)
③ 상세성(다른 매체보다 상세한 정보를 알 수 있다.)
④ 선별성(정보를 빨리 선별해 낼 수 있다.)
⑤ 기록성(과거의 기록을 상세히 알 수 있다.)
⑥ 다양성(다양한 사실과 견해를 담고 있다.)
⑦ 정기성(신문은 정기적으로 발간된다.)

2) 신문의 기능

① 정보 전달의 기능
③ 시민 교육의 기능
④ 문화 창조의 기능
⑤ 사회 참여의 기능
⑥ 여론 조성의 기능
⑦ 광고와 홍보의 기능

2. N.I.E에 대하여

1) N.I.E란?

NIE란 신문활용교육(Newspaper In Education)으로서, '신문을 가르치고 신문으로 가르치자'는 교육적 시도를 말한다. 즉 '살아 있는 교과서(living textbook)'인 신문을 활용하여, 신문을 친숙하게 하고, 신문을 학습에 활용하여 교육적 효과를 높이는 프로그램'이 바로 NIE이다.

2) NIE의 시작

① 1932년 New York Times에서 정기적으로 신문을 교실에 배포.
② 1955년 Iowa주 Register 신문 중학생대상 문자접촉 빈도 조사한 바, 학생들의 40% 이상이 교실 밖에서는 전혀 책을 읽지 않음이 밝혀졌음.
③ 1958년 신문발행인 협회(ANPA)가 신문 활용을 통한 교육 전미규모로 확대하게 되었음.
④ 미국에서는 NIC(Newspaper In Classroom)이라 했으며, 현재 700여개 신문사에서 NIE프로그램 운영하고 있음.
⑤ 영국의 NIE는 신문협회와 신문사들이 주도하여 1984년에 시작되었다
⑥ 일본에서는 1985년 최초로 NIE가 제창되어 NIE 전문부회가 발족되었다.
⑦ 우리나라는 1995년 3월 중앙일보가 사고를 통해 활동을 시작하였으며, 교육개혁의 지원을 위해 최초로 도입, 각급 학교와 가정에 보급하였다.

3) NIE의 목적

영국신문협회가 밝힌 NIE의 교육적 목적은 다음과 같다.
① 다양하고 현실적이며 비용이 적게 드는 보조적인 교육 자료의 제공
② 역사적 기록과 정보에 대한 접근의 정착화
③ 적극적인 독서를 통한 실용적인 단어와 문장력의 증대
⑤ 학생들이 개인적, 사회적 교육의 추진
⑥ 다양한 미디어 중에서 신문에 대한 이해를 촉진
⑦ 신문의 제작과정에 대한 인식의 창조
⑧ 목적을 갖고 실질적인 청중을 대상으로 글 쓰는 기회의 제공.

4) NIE의 장점

신문에는 정보가 많고 '사설' '해설' '논평' 등 같은 일이라도 다각적으로 게재되어 있다. 또한 지면에 따라서는 같은 사건이라고 하여도 각기 다른 각도에서 글을 쓰고 자료를 제시하기 때문에 통합교육을 하는 교사들에게는 요긴한 자료로 사용할 수 있다.
또한 신문은 많은 정보를 주고 있기 때문에 직접적인 자료가 아니라고 하더라도 신문에는 정치, 경제, 사회, 문화 등에 걸쳐 다양한 정보를 주고 있기 때문에 교사가 신문을 가지고 공부하는 것 이외의 무한한 다른 자료를 얻는 정보원으로

활용할 수 있다.
 그러므로 NIE의 장점은 다음과 같다.
 ① 학습자 중심의 교육을 할 수 있다.
 ② 협동학습이 가능하도록 학습 계획을 세울 수 있다.
 ③ 학습자 스스로 발견하여 습득하는 수업을 할 수 있다.
 ④ 학생들에게 능동적으로 표현할 수 있는 기회를 줄 수 있다.
 ⑤ 학생중심의 상호작용 학습 활동이 가능하다.
 ⑥ 개별학습과 자율학습이 가능한 자료를 제공할 수 있다.
 ⑦ 개개인의 습득 수준에 맞는 학습을 전개할 수 있다.

 5) 신문을 수업에 활용할 때의 문제점

 ① 일간 신문은 활자가 작다.
 ② 어린이들이 이해가 힘든 복잡한 한자어가 많다.
 ④ 대체로 문장이 어렵다.
 ⑤ 초등학생에게 적합한 기사가 별로 없다.
 ⑥ 사회의 어두운 부분에 대한 기사가 많다.
 ⑦ 객관과 주관이 뒤섞여 있다.
 ⑧ 언제 기사가 게재될지 모르므로 수업계획안에 넣기 힘들다.

2. N.I.E 수업의 설계

1. 자료의 수집과 분류

 NIE 자료란 말 그대로 신문을 교육적으로 활용하는 데 필요한 직접적, 간접적인 자료를 뜻한다. 우선 신문은 그 자체가 무궁무진한 NIE 자료가 될 수 있다. 따라서 평소에 자료를 잘 수집해 두면 NIE 활동을 전개하기가 매우 쉽다.
 자료 수집에는 스크랩 활동이 가장 중요하다. 흔히 스크랩을 한다고 투명한 파일북이나 스크랩 전용 책자에 하는 경우가 많은데 그리 바람직하지 못하다. 스크랩 자체를 취미로 삼지 않는 이상 시간과 경비가 너무 많이 들기 때문이다. 많은 사람들이 스크랩을 계속하지 못하는 이유도 바로 여기에 있다.
 그러나 경우에 따라서 좀 더 효과적인 수업을 하려면 체계적으로 NIE 학습 자료를 만드는 것이 필요하다. 우선 그동안 스크랩한 자료들이나 최근 신문을 읽으면서 교과 내용과 연관되는 기사들을 고르는 데서 시작한다.

1) 시기별 자료 수집

① 매일매일 - 어린이신문이나 일반신문의 TV 프로그램, 일기예보, 주식시세, 광고 등 늘 실리는 기사를 활용하는 경우로 스프링 종합장 등을 이용하여 매일 기사를 오려 붙인 다음 주제에 맞게 활용하도록 한다.
② 일주일마다 - 매일, 한 달, 일 년 등 특별한 시기를 요하지 않는 자료의 경우는 대부분 일 주일 전 쯤 예고하면 좋은 자료를 수집할 수 있다. 학습주제를 선행한 사람에 관한 기사를 이용하여 인성지도를 하기로 정했을 때, 교사는 일주일 전에 미리 선행한 사람들에 관한 기사들을 수집하도록 예고하여 아동들이 좋은 자료를 준비할 수 있도록 한다. 문제점이 실린 기사, 재미있는 예화자료, 만화, 생활용품이나 인물에 관한 사진 등 대부분의 자료가 이에 해당된다.
③ 매월마다 - 한 달 기간을 두고 수집해야 하는 자료로 학습 주제와 관련된 자료를 계속 수집하여 결과를 분석하고 통계를 내 봄으로써 어떤 원리, 결론, 일반화 등을 도출하거나 어떤 사실이나 현상들을 발견하는데 사용되는 자료수집 방법이다.
④ 연간 수집 - 올해의 10대 뉴스 선정하기, 올해를 빛낸 중요한 인물 선정하기 등에 사용되는 자료들이다. 이들 자료는 주제에 맞는 자료를 선정하여 월별로 수집 후 스케치북 등을 이용하여 스크랩을 하게 한 후 연말에 그 동안 모은 자료를 활용하여 자신이 정한 10대 뉴스나 인물, 또 자신이 속한 학급의 10대 뉴스, 인물 등을 선정해 보도록 할 때 필요한 경우 등이다.

2) 자료 분류하기

① 주제별로 분류하기 - 예술, 환경오염 및 보호, 역사, 동식물, 교통 문제, 생활용품 등 주제별로 분류하여 수집한다. 각 주제별로 자료함을 만들어 모아 놓고 필요한 경우에 찾아 쓰도록 한다.
② 신문지별로 분류하기 - 정치면, 경제면, 사회면, 국제면, 스포츠면 등 신문지면별로 사용하기에 적당한 자료를 수집하여 자료 보관함에 모아 놓고 필요한 경우 찾아 쓰도록 한다.
③ 기사 종류별로 분류하기 - 머리기사, 기사 내용, 광고, 만화, 사진, 그림 자료 등 종류별로 좋은 내용을 수집하여 자료함에 모아 놓은 후 적당한 자료를 찾아 쓰도록 한다.

2. NIE 수업의 구체적 설계

교사의 준비만 있다고 NIE가 효과적으로 전개되는 것은 아니다. 수업의 구체적인 전개에 대해 충분히 이해하고 설계할 수 있는 자세와 능력이 중요하다. 다음은 구체적인 수업 설계에 필요한 참고 사항들이다.

1) 학생들의 직접 활동과 통합적 고안 중시

NIE 수업은 기본적으로 학생들의 직접 활동을 중심으로 통합적으로 고안하면 효과적이다. 특히 개인적인 차원과 집단적인 차원의 활동이 두루 조화를 이루되 자칫 혼란스럽게 되지 않도록 철저히 교실 분위기를 관리해야 한다. 이를 위해서는 신문 활용 수업에 대하여 학생들에게 충분히 동기 유발을 시키는 것이 중요하다. 신문 활용 수업은 언제나 재미있고 유익하다는 생각을 갖게 하는 것도 좋은 방법이다. 수업 종이 울린 뒤 본격적인 수업을 시작하기 전에 자유롭게 신문을 5~10분 정도 읽게 하는 것도 효과적이다.

2) 실천과 경험 위주의 과정 중심 교육

NIE 수업은 이론적인 내용 전달에 치우쳐서는 안 된다. 과정 중심 수업을 지향하되, 수업 효과를 높이기 위해 학생 모두 신문을 가져와 수업하는 시간들을 자주 갖는다. 작문이나 독서 등과 같은 교과 시간이라면 신문만으로 수업하는 것도 충분히 가능하다. 어느 시간이든지 학생들이 직접 활동하고 경험하는 과정을 중시여기는 것이 적절하다.

3) 다양한 수업 방식과 효과적인 설계

NIE 수업은 매 시간 하나의 학습 주제를 설정하여 집중적으로 공부하는 방식도 좋다. 학습 주제는 미리 또는 나중에 제시할 수 있다. 미리 제시하는 경우에는 명확한 주제 설정을 통해 학생들에게 무엇을 공부해야 하는지 정확히 가르쳐 줄 수 있다. 나중에 제시하는 경우에는 학생들이 직접 활동하는 가운데 자연스럽게 주제를 도출하는 방향이 바람직하다.

4) 신문 매체에 대한 이해와 해석 강조

신문은 학생들이 평생 읽을거리로서 반드시 가르쳐야 할 필수 대상이다. 그러므로 NIE 수업에는 신문 자체를 제대로 읽기 위한 시간을 병행하는 것이 좋다. 학생들의 관심을 집중시키며, 정보화 시대를 살아가는데 꼭 필요한 정보 활용 능력을 가르쳐 줄 수 있다. NIE 수업 중간에 적절히 신문 매체의 속성이나 역할, 기능 등을 언급하는 것도 좋다. 신문의 역사와 종류, 특징, 제작 과정 등도 곁들일 수 있다.

3. 신문 활용의 유형

① 구성 요소를 중심으로 활용하기 - 신문 만화, 신문 사진, 사진 설명, TV 프로그램 안내표, 주식 시세표, 일기 예보, 독자 투고, 사설 등.
② 기사를 중심으로 활용하기 - 음식 기사, 운세 풀이 기사, 사망 기사, 경제 기사, 신간안내 기사, 문화 행사 기사, 선거 유세 기사, 특집 기사, 찬·반형 기사 등.
③ 독서 활동을 중심으로 활용하기 - 관점을 정하여 읽기, 6하 원칙으로 읽기, 발췌하여 읽기, 다양한 방법으로 읽기, 글의 무늬와 숨결 읽기, 낱말 익히며 읽기, 도서 정보 찾아 읽기 등.
④ 다양한 활동 중심으로 활용하기 - 스크랩 지도, 신문 활용 퀴즈, 인터뷰, 인터뷰, 자기 소개서, 신문 일기, 광고 만들기, 신문 만들기, 극화 연습 등.
⑤ 주제를 중심으로 활용하기 - 성(性)교육, 자원 봉사 교육, 소비자 교육, 명절 교육, 스포츠 교육, 세계 교육, 나라 알리기 교육 등.
⑥ 교육 과정 중심으로 활용하기 - 교과서 진도에 맞춰 자료로 활용.
⑦ 창의적 사고력 기르기에 활용하기 - 민감성, 유창성, 융통성, 독창성, 정교성 등 창의적 사고력을 신장시키는데 활용.

4. NIE 수업의 형태

NIE 수업을 크게 나누어보면, 교사제시형과 학습자 탐구형으로 분류할 수 있다. 교사제시형이란 교사가 신문을 활용하여 수업자료를 만들어서 학생들에게 수업시간에 제시하여 수업을 진행하는 방식이고, 학습자 탐구형은 학습자들이 교사의 지시에 따라서 신문을 이용하여 학습 내용을 찾고, 만들고, 그리고, 쓰고, 붙이고, 토론하고 정리하는 등의 방식을 의미한다. 그리고 교과서 보조자료 사용하는 형태와, 신문이 그 자체로서 주 교과서의 역할을 하는 형태의 교육도 있다.

1) 교과 보조 자료로 활용하는 방법 (일본식 NIE)

정형화된 틀은 아니지만, 일본에서 보편적으로 사용되는 교수-학습 프로그램으로서, 교과서의 내용을 신문을 활용하여 쉽게 이해할 수 있도록 교과서의 보조자료로 이용함을 주목적으로 한다.
교과서의 지식과 개념 등을 교사가 일일이 설명하면서 수업을 진행하다 보면, 학생들이 지루해 하고 수업의 능률이 떨어질 수 있으므로, 신문을 활용하면 교과서의 내용을 쉽게 이해시키고, 사회적 쟁점이나 현실 상황에 대한 분석과 비판력을 키우는데 많은 도움을 줄 수 있다.

2) 교과 주제 중심의 수업 진행 방법 (영미식 NIE)

영국과 미국에서 주로 사용되는 통합적, 범교과적 토론과 발표 위주의 교수-학습 프로그램으로서, 교과서의 진도와 상관없이 진행하는 수업 방식을 말한다.
학생들이 탐구문제 해결과정에서 특별히 다른 참고서나 교과서를 확인해서 탐구문제를 해결하기보다는, 신문을 읽고, 그 속에서 탐구문제가 쉽게 해결되도록 문제를 구성하는 것이 중요하다.

3) 신문을 활용하는 수업의 유형

(1) 신문의 내용을 그대로 수업에 활용하는 유형
교사가 본시 학습 활동의 목표와 방향을 정확히 이해한 상태에서 교육 과정 요소와 관련지어 학습 기능의 개발, 정착, 발전에 초점을 두고 신문의 내용을 그대로 수업의 자료로 활용하는 경우로 이 수업 유형의 단계는 다음과 같다.

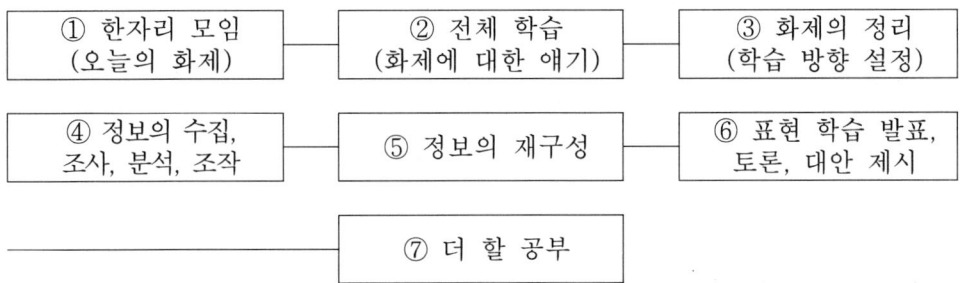

(2) 교육 과정의 보조 자료로서의 활용 유형
교육 과정 요소를 지도하며 보충 심화 자료로 활용하므로 학습 정보, 자료, 경험의 다양화를 시도하여 창의적 문제 해결 능력을 키워 본다.
이 학습 유형은 교과서의 내용을 기본으로 하고 수업을 전개시킨 후, 본 차시의 내용을 심화 발전시키는 학습 경험을 재구성하여 투입하고자 할 때 활용할 수 있다. 이 과정은 아동에게 보다 창의적이며 주체적이고 다양한 학습 경험을 하게 함으로써 사고의 다양성을 갖게 해 줄 수 있는 데, 그 단계는 다음과 같다.

(3) 교육 과정에 근거한 신문 자료 재구성 투입 유형

교육 과정, 교과서의 내용을 분석하여 관련 있는 신문 기사를 재구성하여 활용하므로 사회 탐구력과 현상의 이해를 돕고 통합적 시각을 갖도록 한다.

신문에 제시된 사회 현상에 관한 여러 가지 정보는 어떤 의미에서는 그대로 학습 활동에 투입될 수 있으나, 반대로 교사가 반드시 재구성 과정을 거쳐 활용하여야 할 내용도 있다. 이 경우에 교사는 자신의 수업관과 학력 개념에 근거하여 신문 정보를 어떤 방향으로 구성할 것인가에 대한 확실한 자료관을 갖고 있어야 하는 데, 그 단계는 다음과 같다

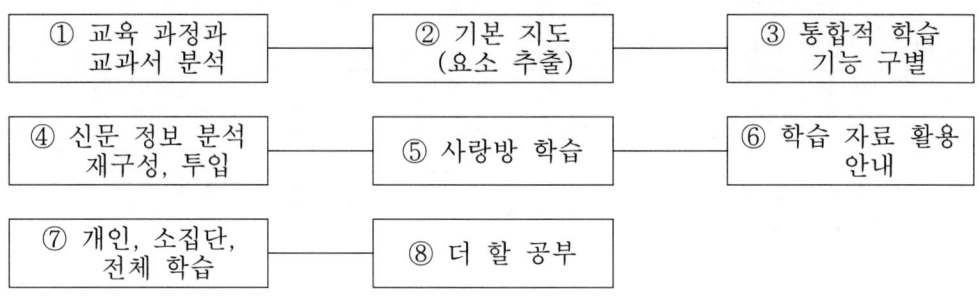

(4) 일반적인 신문활용 학습 단계

신문활용 학습은 전문적인 학습 단계 보다 일반적인 수업 단계를 응용한 수업 형태를 많이 활용하고 있는데, 수업 단계와 수업 과정안을 제시하면 다음과 같다.

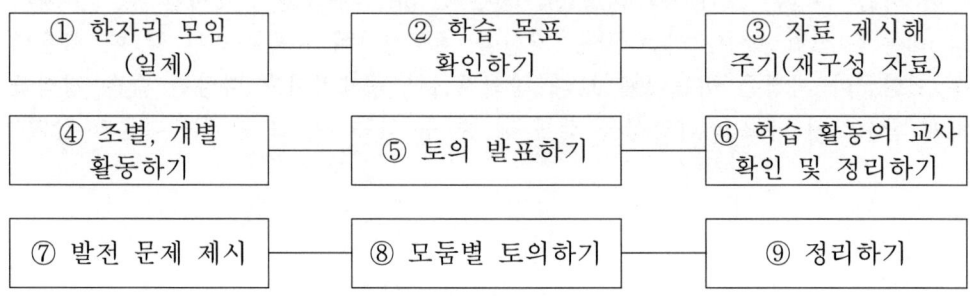

5) 요구되는 학습 환경

① 교실에 아동 개인 또는 모둠별로 신문을 오리고 붙이는데 사용하는 기구 즉, 가위, 칼, 풀 등이 있어야 하고 이들 도구를 보관할 바구니가 모둠별로 있어야 한다.
② 학급에서 아동이 신문을 직접 구독한 것과 가정에서 가져오는 신문을 보관할 수 있는 큰 바구니가 있어야 한다.
③ 교실은 언제나 신문을 자유로이 이용할 수 있는 분위기 즉, 신문을 재구성하여 아동 스스로 모둠별 벽신문을 제작하게 하여 신문과 가까이 할 수 있는 환경이 필요하다.
④ 에듀넷 또는 각 신문사의 홈페이지를 활용하여 NIE 자료를 얻어내기 위해서 학급에서 컴퓨터 통신을 이용할 수 있도록 멀티미디어 시스템이 갖추어져 있으면 최상이다.

3. N.I.E 프로그램

1. 신문의 다양한 활용 방법

1) 글자와 숫자 이용하기

(1) 글자
① 예쁘고 화려한 글자 오려 붙이기
② 큰 글자, 작은 글자 오려 붙이기
③ 뚱뚱한 글자, 홀쭉한 글자 오려 붙이기
④ 한글로 된 낱말 오려 붙이기
⑤ 두 글자로 된 낱말 오려 붙이기
⑥ 세 글자로 된 낱말 오려 붙이기
⑦ 네 글자로 된 낱말 오려 붙이기
⑧ 똑 같은 글자 찾기
⑨ 제시한 글자와 똑 같은 글자 찾기
⑩ 'ㄱ'자와 비슷한 모양 오려 붙이기
⑪ 'ㄱ'이 들어 있는 글자 찾기
⑫ 'ㄱ'으로 시작하는 글자 찾기
⑬ '가'가 들어 있는 글자 찾기
⑭ '가'로 시작하는 글자 찾기

⑮ 자음 주머니, 모음 주머니
⑯ 자음과 모음 연결해서 글자 만들기
⑰ 내 이름과 똑 같은 글자 오려 붙이기
⑱ 가족 이름과 똑 같은 글자 찾아오려 붙이기
⑲ 글자 오려 문장 만들기
⑳ 낱자 찾아오려 붙인 후 글자 합쳐 여러 가지 단어 만들기
㉑ 신문에서 그림이나 사진 오려 붙인 후 연상되는 낱말 오려 붙이기
㉒ 글자 찾아 편지글 꾸미기
㉓ 제시한 문장에서 빠진 글자 찾아오려 붙이기
㉔ 낱말 맞추기를 오려 붙여서 완성하기
㉕ 신문에서 글자 오려 붙이면서 말 잇기 놀이하기
㉖ 같은 글자로 끝나는 낱말 찾아오려 붙이기
㉗ 색이 들어가지 않은 흰 글자 따라 써 보기
㉘ 한 문장을 오려 붙이고 따라 써보기
㉙ 글자 빨리 찾기 놀이
㉚ 한글, 영어, 한문의 뜻을 알아보기

(2) 숫자
① 전화번호 찾기
② 주소 찾기
③ 숫자로 셈하기

2) 만화, 삽화, 사진 이용하기

(1) 만화
① 만화를 오려 붙이고 말 주머니 채워 넣기
② 만화를 오려 붙이고 마지막 칸은 비워둔 후 그려 넣기
③ 만화에 색칠하기

(2) 삽화
① 신문에서 삽화 찾아 붙이기
② 삽화보고 기사내용 추측하기
③ 기사 읽고, 삽화 상상해서 그리기
④ 삽화를 여러 가지 색깔로 색칠하기
⑤ 삽화 붙이고, 삽화에 맞는 기사 들려주기

(3) 사진
① 신문에서 사진의 개수 세기
② 사진이 가장 많이 나와 있는 면 알아보기
③ 가장 마음에 드는 사진 오려 붙이고 이유 설명하기
④ 가장 마음에 들지 않은 사진 오려 붙이고 이유 설명하기
⑤ 사진에 알맞은 사진 설명(caption)다시 쓰기
⑥ 사진 설명 읽고, 사진 상상해서 그려보기
⑦ 사진 (흑백사진)에 여러 가지 색깔로 칠하기
⑧ 흑백사진과 컬러사진 분류하기
⑨ 사진 오려 붙이고 연상되는 말 써넣기
⑩ 좋아하는 물건 오려 붙이고 이유 설명하기
⑪ 장래 되고 싶은 사람을 신문에서 찾아 붙이고 이유 설명하기
⑫ 내가 한 일과 비슷한 내용의 사진 붙이고 한 일 말하기
⑬ 신문의 사진을 오려 붙이고 사진에 어울리는 인사말 하기
⑭ 사진 오려 붙이고 말 주머니 달기
⑮ 두 사람의 사진을 오려 붙이고 대화 글 상상해서 써 보기
⑯ 신문의 사진에서 나는 소리 상상해서 흉내 내기
⑰ 사진의 주인공에게 편지 쓰기
⑱ 얼굴 표정 분류하기
⑲ 얼굴 표정 오려 붙인 후 이야기 꾸미기
⑳ 내가 받고 싶은 선물 사진 오려 붙이기
㉑. 사진 연결해서 이야기 구성하기
㉒ 살아 있는 것과 그렇지 않은 것 오려 붙이기

3) 학년별 활동자료

(1~2학년)
① 사진이나 그림보고 떠오르는 단어 모두 쓰기
② 사진이나 그림을 여러 장 모아 놓고 이야기 꾸미기
③ 시장 놀이
④ 오늘의 운세에 나오는 동물 그림 이용하여 게임판 만들기
⑤ 기사에 나오는 나라 이름 찾고 지도에 표시하기, 국기 그려보기
⑥ 맛이나 느낌에 관한 낱말 찾기
⑦ 신문에서 주어진 주제를 찾아오려 붙이기 - 도시이름, 나라이름, 사람이름, 운동경기, 외래어 등
⑧ 표정이 나타난 사진보고 이야기 꾸미기 - 이 사람이 (웃고, 울고, 찡그리고

등)있는 이유는?
⑨ 재미있다고 생각한 광고 찾아오려 붙이기
⑩ 특정 상품의 광고보고 비교하여 보기 - 냉장고, TV 등
⑪ 만화를 보고 나의 이야기 꾸미기 - 주어진 속담이나 격언으로 만들기
⑫ 일정한 금액으로 물건 사보기 - 1만원으로 살 수 있는 물건을 광고에서 골라라.
⑬ 신문에 나온 숫자를 크기별로 나누어 분류하기 - 10단위, 100단위 등
⑭ 지도를 보고 지명 표시하기 - 우리나라, 세계 여러 나라 등
⑮ 신문을 읽어보고 모르는 낱말 찾아보기 - 찾아서 사전보고 낱말 뜻 익히기
⑯ 글씨가 다른 글자 하나씩 오려 내기 - 글씨체가 다르면 느낌은 어떤가?
⑰ 운동선수, 운동경기에 대하여 알아보기
⑱ 사진, 한글, 한자, 영어, 그림 등 같은 종류끼리 찾아오려 붙이기
⑲ 아는 낱말 10가지 찾아서 표시해 두고 몇 가지 골라 짧은 글짓기
⑳ 사진 오려서 여러 이야기 꾸미기
㉑ 여러 글자 중 내 이름, 엄마 아빠 이름 등 아는 낱말 오려 붙이기
㉒ 표제 오려 스크랩하고 읽고 써보기
㉓ 방송 안내 프로그램 보고 시각 읽어보기
㉔ 계절과 관련된 사진, 그림, 글 찾고 봄, 여름, 가을, 겨울로 분류해 보기
㉕ 신문에서 좋아하는 사진(그림)을 찾아내 오려 붙이고 생각나는 대로 낱말 써보기
㉖ 광고 문안을 보고 여러 가지를 생각하는 창의적 문제 내기
㉗ 우리를 위해 애쓰시는 여러 사람들의 모습(경찰관, 군인, 환경 미화원, 집배원, 119구조대 등)의 사진을 오려 붙이고 어떤 일을 하며, 왜 고마운 가 발표하기

(3~4학년)
① 머리기사 만들기와 6하 원칙에 따른 기사 쓰기
② 기사 내용을 자신이 바라는 결말로 바꿔 써 보기
③ 만화 대사 지우고 말 주머니 채워보기
④ 만화나 인물 사진으로 자서전 꾸미기
⑤ TV프로그램으로 시간의 덧셈 뺄셈 해 보기
⑥ 신문에 난 인물 중 가장 관심 있는 인물의 이력서 만들고 내 이력서도 만들어 보기
⑦ 말풍선 만들기, 채우기
⑧ 사진보고 가려진 부분 그려보기
⑨ 사진보고 이야기 꾸미기

⑩ 일기예보 보고 전 날과 다른 점 비교하기
⑪ 자기가 사고 싶은 물건을 광고에서 고르고 이유 쓰기
⑫ 방송 시간표보고 시간의 덧셈, 뺄셈하기
⑬ 주어진 낱말로 글쓰기
⑭ 신문의 사진 해설보고 낱말 찾아 쓰기
⑮ 우리나라의 사건 기사 정리하기 - 지역별, 내용별
⑯ 신문의 머리기사에 나오는 한자 써보기
⑰ 광고 문안 써보기
⑱ 지명 찾아 지역특성을 알아보고 여행 계획하기
⑲ 운동경기 현황과 방법 알아보기
⑳ 도덕
· 사회면의 미담을 통한 자기의 느낌이나 생각 등을 발표하기
· 무질서한 자동차의 행렬, 쓰레기 무단 투기, 운동 경기장 내의 무질서한 모습 등의 사진을 보고 질서 의식, 공중도덕을 일깨워 주기
㉑ 국어
· 신문의 사건 기사를 오려낸 후 6하 원칙에 따라 분류하기
· 소년 신문의 만화를 내용은 지우고 그림에 알맞게 내용 써넣기
· 신문에서 광고의 사진, 그림, 또는 사건 기사의 사진이나 인물 사진을 오려낸 후 이야기 순서에 맞게 이어서 나열하기
· 사건 기사 및 독자란에서 가장 중요하다고 생각되는 낱말을 찾은 후 제목에 있는 낱말과 비교해 보기
㉒ 사회
· 신문에 나오는 여러 가지 지도 오려 수집하기
· 자기 고장 신문(지역 신문)에서 고장에 관한 사진이나 기사를 오려 모아 고장 발전의 모습에 대하여 토론하기
· 자기 고장에서 생산되는 물자의 사진, 기사를 보고 생산되는 물품과 우리 지역 환경과의 관계를 발표하기
· 북한에 관련된 내용 즉, 주민들의 굶주림, 주거 생활 모습, 주민들의 집단 귀순 내용 등이 담긴 사진이나 기사를 모아 우리 남한 사회와 북한 사회를 비교하여 보고 통일 안보 정신을 배양하기
㉓ 예체능
· 각종 대회의 분야별 우수작 사진을 수집하여 학습 목표에 알맞은 내용을 골라 표현 기법 모방하기
· 운동 경기 사진을 오려내어 경기 종목을 알아내기
· 경기 모습 사진, 경기 해설 기사 내용으로 경기 방법이나 용어 알아보기
· 만화의 일부분을 지우고 내용에 알맞게 그려보기

(5~6학년)
① 사진보고 이야기 꾸미고 배경음악 넣어 극본 써 보기
② 우리나라와 세계 여러 나라의 사건을 지도에 표시하고 사건 기사 정리하기
③ 기사 내용으로 모의재판하고 판결문 쓰기
④ 기사 내용을 만화로 혹은 만평으로 만들기
⑤ 외래어 찾아 영어로 써 보기
⑥ 모의 주식 투자 해 보기
⑦ 기사 읽고 자기주장 펼치는 찬반 토론
⑧ 기사 내용에 알맞은 머리기사 만들기
⑨ 스포츠난의 경기 기사보고 현재 상황을 중계하는 내용문 쓰기, 아나운서나 해설자 역할 해보기
⑩ 광고 분석(소비자 입장, 광고주 입장), 광고 만들기
⑪ 광고 토론(도덕성, 역할, 좋은 광고 등)
⑫ 주제 학습(환경, 가족, UFO)
⑬ 기자가 되어 관심 있는 인물 (아버지, 선생님) 인터뷰 계획 세우고 취재 내용 기사로 쓰기
⑭ 여행광고를 보고 여행계획표 자기
⑮ 자기가 사고 싶은 물건을 광고에서 고르고 이유 쓰고, 오늘의 환율로 바꾸어 보기
⑯ 방송 해설표를 보고 방송의 내용 추측하여 써보기
⑰ 신문의 사진 해설보고 낱말 찾아 쓰고 한자로도 써 보기
⑱ 증권 시세표를 보고 그래프 그리고 10일 간의 그래프 내용 분석하기
⑲ 신문의 머리기사에 나오는 한자를 아이디어 한자로 바꾸어 보기
⑳ 광고 문안 써보고 10만원으로 할 수 있는 방법 써 보기
㉑ 그래프나 통계를 보고 계산해보고 설명하기
㉒ 도덕
・미담을 수집하여 각자의 느낌이나 생각 등을 발표하게 하여 사회에 대한 봉사 정신 및 가치관 지도하기
・북한 주민과 우리나라 사람들의 의·식·주를 비교할 수 있는 사진이나 기사를 모아 우리 남한 사회(민주 사회)의 우월성을 말하게 하기
㉓ 국어
・신문의 만화를 이야기로 재구성하기
・주제에 관련된 사진이나 기사를 수집하여 원인이나 결과를 생각하여 발표토록 한다. 예로 '환경의 오염을 줄여야 한다'는 주제라면 환경오염과 관계된 자료 사진 또는 기사를 모아 자연 환경을 오염시킨 원인이 되는 사진, 기사와 환경이 오염됨으로써 가져올 수 있는 결과를 생각하고 '환경의 오염을 줄이자'라는 주장

하는 글을 쓰게 하기
 • 6하 원칙이 분명한 기사를 분배하여 주고 6하 원칙 요소 찾게 하기
 • 기사 하나를 선택하여 정독하게 하고 사실과 의견 구분하게 하기
 ㉔ 사회
 • 장래 희망과 관련된 기사를 스크랩하고 하는 일과 그 일을 하기 위해서 내가 준비해야 하는 일 등을 발표케 하기
 • 간척 사업, 도로 건설, 철도, 댐, 건설 등으로 달라지는 국토 모습 수집하여 활용
 • 신문에 나오는 세계 여러 나라의 이름과 지명을 6대륙으로 구분하여 나타내기
 ㉕ 과학
 • 일기도를 보고 기상 예보하기
 • 지진, 화산 폭발, 홍수 등의 세계의 기상 변화 살펴보기
 • 각종 환경 문제에 관한 사진, 기사 모으기

2. 신문을 이용한 교육 프로그램

1) 색칠하기와 그림 그리기 활동

신문의 그림을 이용해 색칠하기와 사라진 부분 되살리기 활동은 주로 광고에 나오는 사진이나 그림의 일부를 없앤 다음 사라진 부분을 되살려 내게 한다. 원화를 가지고 있다가 작업이 끝난 다음에 보여주면 자주 보았던 그림인데도 불구하고, 제대로 기억하고 있어야 함을 인식하게 될 것이다.

2) 신문 스크랩하기 활동

한번 보고 버리는 신문이 아니라 다양한 정보원으로 신문을 활용하기 위해서는 관심 있는 주제에 대해 스크랩을 하는 것이 좋다. 스크랩한 신문을 어떻게 정리할 것인지, 학교 공부를 하는데 어떻게 활용할 것인지를 생각하는 가운데 주변의 사태에 대해 민감한 반응을 갖게 된다. 이와 동시에 자기가 가지고 있는 자료 중에서 중요한 것과 중요하지 않은 것을 구별하고 이를 정리할 수 있는 능력을 기르는데, 서로 다른 자료를 의미 있게 분류하는 과정에서 분류 능력을 기르는데 도움을 준다. 가정이나 학교에서는 이와 관련된 활동을 지원해 주어야 한다.

3) 만화를 이용한 상상력 자극 활동

만화 중에서 한 컷을 삭제하고 그 부분을 그려보거나 어떤 그림이 있을까 생각해 보게 한다. 대화를 지우고 상상해서 말해보게 하는 활동도 재미있다.

4) 신문의 제목 뽑기 활동

신문에 난 기사를 보고 이 기사의 내용을 가장 잘 드러낼 수 있는 제목 을 뽑아보는 활동을 시킨다. 이를 통해 특정한 자료가 가진 결정적인 속성을 파악하는 능력을 기른다. 이는 곧 외국어를 모르는 사람이 그 나라의 식당에서 음식을 그림으로 주문할 수밖에 없는 상황에서 어떤 그림을 그려 주어야 의미가 제대로 전달될 것인가를 생각하는 활동으로 비유할 수 있다. 버섯 요리를 시키고 버섯을 그려주자 웨이터가 버섯 요리 대신에 우산을 가지고 온 상황에서 그는 버섯의 결정적인 속성을 제대로 파악하지 못한 자신을 탓했을 것이다.

5) 제목보고 내용 상상 활동

신문 기사의 내용을 보고 내용을 마음껏 상상해 보게 하는 활동을 통해 상상력을 증진시킨다. 누구든지 특정한 글의 제목을 정할 때에는 그 제목이 내용을 가능한 한 많이 그리고 제대로 포괄하기를 바랄 것이다. 이런 점에서 제목만을 보고 그 내용을 상상하게 하고 원래의 기사 내용과 비교해 보게 하는 활동은 의외로 좋은 효과를 얻을 수 있다.

6) 신문의 일부 내용 되살려내기 활동

신문에 난 내용은 우리 사회에서 흔히 접하는 것들이다. 그만 큼 생활과 밀착되어 있는 내용인 것이다. 따라서 신문에 난 내용의 일부를 오려내고 이를 기초로 신문을 전체 내용을 상상해 보게 하는 활동은 상상력을 증진시키는데 도움을 준다. 특히 신문의 일부 내용을 오려내면 더 흥미를 자아낼 수 있을 것이다.

7) 신문 읽고 보고서 작성하기 활동

집에 배달되어온 신문을 보고 관심 있는 주제를 정해 보고서를 작성하고 싶은 사람은 백과사전이나 전문서적을 활용할 수 있다. 이런 과정을 통해 학교에서 부과 하는 숙제에 신문 내용을 참고하는 아이들이 늘어날 것이다.

8) 기사 작성하기 활동

여러 신문에 난 동일한 사건의 기사를 제시하고 이를 학생의 입장의 의견이 있을 수 있음을 확인하게 된다. 따라서 내가 보았던 신문에서의 기사 내용이 꼭 옳은 것만은 아니라는 것을 인식하는 것이다. 이 활동은 학생이 실제의 신문 기자들과 동일한 절차를 따라 동일한 성격의 일을 하도록 해야 한다. 하나의 주제는 교사가 정해 줄 수도 있고 학생들이 정할 수도 있는데 가능하면 사회에서 쟁점이 되는 문제를 중심으로 하는 것이 주변에서 쉽게 접할 수 있는 여러 사람의 다양한 의견을 확인하기에 좋다.

9) 지도 만들기 활동

지도는 지리적인 성격을 가지고 있다. 달리 말해 지리적인 위치뿐만 아니라 인구지도, 공해 지도, 산업 지도 등을 만들 수 있다. 이런 아이디어는 학생들이 여러 분야의 관심거리를 기초로 세계지도나 우리나라 지도를 만들게 하는 자료로 활용될 수도 있다. 이런 아이디어는 학생들이 여러 분야의 관심거리를 기초로 세계 지도나 우리나라 지도를 만들게 하는 자료로 활용될 수도 있다. 이런 활동을 통해 학생들은 외국에 대한 관심을 가질 것이다. 어느 나라에 가면 내용을 볼 수 있는지 그 나라에서는 어떻게 사는지 등을 곁들여 여행 계획을 세우게 한다.

10) 그래프 만들기 활동

언어나 숫자로 제시되어 있는 자료를 그래프로 그리도록 하는 활동이다. 인간의 표상 양식 중에서 매우 효과적인 것으로 알려진 그래프를 만드는 활동은 또 다른 사고 작용을 자극한다. 역으로 그래프를 보고 말로 설명할 수 있도록 하는 활동도 재미있을 것이다.

11) 나의 미래 직업 찾기 활동

신문에는 최첨단의 직업이 자주 소개된다. 이들 직업에 대한 안내와 특성을 확인함으로써 자연스럽게 미래에 대한 관심을 갖게 된다. 미래에 대한 관심은 곧 창의성으로 이어진다. 진로 교육 자료로 활용할 수 있다.

12) 논술 지도 프로그램

NIE논술의 핵심은 세 가지이다. 즉, 논술은 어느 특정한 학생의 활동이 아니라 누구나 쉽게 할 수 있는 활동, 다양한 정보를 갈무리하여 자신의 것으로 채득하는 것, 그리고 사설을 활용하여 글의 짜임새, 즉, 개요를 잡아 글 쓰는 학습을 반복함으로써 글의 구성을 탄탄하게 하는 것이다.

평소 책읽기가 부족한 학생들의 사회문제를 쟁점별로 정리한 신문을 요약하여 읽게 하고 토론하는 과정이 수업의 중심이다. 논술 수업 과정에서 처음부터 사회문제에 관련된 무거운 주제를 제시하여 학생들에게 고통을 주기보다는 신문을 기능적으로 활용하면 글쓰기가 가능하다는 것을 확인하여 자신감을 갖도록 지도하는 과정이다.

13) 글쓰기 프로그램

학생들에게 글쓰기에 흥미를 가지게 하고 신문을 통하여 현실에 대한 이해와 함께 글쓰기를 통하여 자기주장, 비판력, 계획성, 정보정리 등에 대한 힘을 키우기 위한 방법이다.
같은 신문을 구독하는 학생끼리 그룹을 이루어 주어지는 제목에 따라 서로 협력하여 신문에서 소재를 잘라내고 이를 이용하여 자유로운 주제로 써보도록 하는 방법이다. 여기에 동원되는 소재는 사실보도 기사, 주제중심 칼럼, 광고, 만화, 등 다양하게 이용할 수 있다.
학생들이 수업에 흥미를 가질 수 있도록 배려하면서, 수업 중 자리의 이동도 자유롭고 음악 감상도 가능하며, 풀, 가위 등을 이용하여 다양한 흥미와 자극을 불러일으켜 효율적인 글쓰기에 도움이 될 수 있다.

14) 일기쓰기 프로그램

일반적으로 일기는 무조건 자신의 일상사를 직접 기록해야 하는 것으로 고정관념화 되어 있다. 학생들은 이를 지겨워하기 마련인데 이를 극복하기 위하여, 학생들이 매일 신문을 보면서 관심 있게 본 기사나 만화, 사진 등을 스크랩하여 자신이 느낀 점을 간단하게 정리하고 그것을 일기로 대치시키는 방법.
이 과정에서 가족 간의 대화의 장을 마련하는 것도 중시될 수 있는데, 이 경우 부모나 형제자매가 함께 관심일기를 작성하도록 과제를 주는 것도 한 가지 방법이 될 수 있다.

15) 인성 및 가치관 교육

가치관은 어디까지나 하나의 인격체에 의해 자율적이고 자주적인 결정에 의해 형성되는 것이기 때문에 한 인격의 완전한 모습을 학교교육이 완성해 내는 데는 한계가 있다. 가치관 교육만을 위한 별도의 교과가 없는 현실에서 교사는 학습지도와 병행해야 하는 어려움이 있다.
이런 현실적 어려움을 극복할 수 있는 대안으로서 신문에 등장하는 감동적인 기사나 만화를 읽고 보게 하여, 학생들에게 현실속의 다양한 감동을 느끼게 할 수 있다.

16) 신문으로 신문 읽기(비판적으로 신문 읽기)

신문의 곳곳에 산재해 있는 교훈적인 자료는 인성과 가치관 교육에 좋은 자료이지만, 때로 편향적이고 불공정하여 비교육적인 자료는 학생들에게 해악을 미칠 수 있다.
NIE는 학생이 스스로 신문을 제대로 읽어낼 수 있는 능력을 길러주어, 신문이 기능적 능력만큼이나, 올바른 기능을 다하고 있는지 비판적 사고로 살피는 안목도 길러주어야 한다.

17) 광고 만들기

주제를 주고 내용을 제약하면 자칫 지루하고 학생들의 창의성을 제한할 수 있다. 그래서 각 그룹별로 자유롭게 주제를 정하고 소재를 신문에서 마음껏 택할 수 있도록 하여 일정한 규격의 지면에(클수록 좋다) 그림이나 사진, 문자를 오려 붙여 광고를 만들도록 하는 방법이다.

4. N.I.E의 실제

<1> 이야기가 있는 사진

① 이야기 만들기 : 이 사진은 어떤 상황일까. 이 사진을 찍기 직전과 직후에는 각각 어떤 일이 벌어졌을까. 내가 사진 속의 인물이라면 어떤 기분일까. 이야기나 글로 표현해보자.
② 조각 그림 맞추기 : 각자 고른 사진을 여러 조각으로 자른다. 그 조각들을 한데 섞은 다음 다른 사람들에게 짜맞춰보도록 한다. 누가 먼저 조각그림을 완성할 수 있는지 겨루는 게임.
③ 원하는 대로 골라요 : 표정이 가장 생생한 사진, 따뜻한 느낌을 주는 사진, 차가운 느낌이 드는 사진은 각각 어느 것일까. 가족이나 친구들과 서로 다른 사진을 골랐다면 왜 그런 차이가 있을까. 정답보다는 그 이유를 조리 있게 설명하고 서로 다른 의견을 존중하는 태도를 기르는 활동.
④ 나도 화가 : 스포츠 섹션의 경기장면 사진처럼 움직임이 생생하게 살아있는

사진을 오려낸다. 그 사진을 보며 움직임이 잘 드러나도록 그린다. 또 크기가 작은 사진을 큼직하게 확대해 그려보는 것도 좋은 방법.

⑤ 이런 얘기 아시나요 : 마음에 드는 사진을 서너 장씩 골라 나름대로 순서를 정한다. 그 사진을 보면서 그래서, 그런데, 더구나 등 다양한 접속사를 사용해 이야기 꾸미기.

⑥ 사진 속에는 : 사진을 보면서 누가, 언제, 어디서, 무엇을, 어떻게, 왜 라는 물음에 답하기.

<2> 어디로 갈까

① 여행 계획 : 날씨, 환율, 교통편, 숙박 시설, 준비물, 소요 예산, 방문할 곳, 할 만한 활동 등 신문의 정보를 활용해 여행 계획 세우기. 글과 그림과 지도를 두루 활용하는 것도 물론 좋은 방법.

② 여행안내 기사 : 계획대로 여행을 다녀오거나 다녀왔다고 가정하고 그 후에 여행갈 사람들을 위한 안내기사 쓰기.

③ 여행 특집 : 여행 계획을 세우는데 필요한 자료를 수집해서 실제 다녀왔다면 생생한 경험과 추억, 그리고 갖가지 안내문과 사진이 남게 마련. 그 모든 것들을 활용해 온 가족이 두고두고 기념할 수 있는 가족신문(또는 학급신문)을 여행 특집판으로 꾸미면 어떨까.

<3> 가상 인터뷰

① 2명씩 모둠을 지어 신문에서 가장 마음에 드는 인물을 고른다.
② 인터뷰할 기자와 인터뷰 대상의 역할을 정한다.
③ 기자 역할을 맡은 사람이 인터뷰 요청서(언제, 어디서, 인터뷰 기사 게재 계획 등을 밝힐 것)를 만들고 인터뷰할 때 질문할 내용을 정리한다.
④ 실제로 인터뷰하는 것처럼 질문과 대답을 주고받은 다음 인터뷰 기사를 쓴다.

* 내가 쓴 내 인터뷰 기사 : 10년 후의 나는 어떤 모습일까. 20년 후에는 어떤 사람이 되어있으면 좋을까. 미래의 내 모습을 상상하며 자신이 바라는 모습이 드러난 인터뷰 기사를 써보자. 인터뷰 사진 대신 상상화를 쓱쓱 그려 넣는 것도 재미있는 방법. 물론 그럴싸한 사진설명도 곁들인다.

<4> 우리가 만드는 신문

① 벽신문 : 생일, 소풍, 운동회, 수련회 등 적절한 계기에 모두들 관심을 가질

만한 내용으로 벽신문을 만들자. 그와 관련해 미리 알아두면 좋을 내용들을 스스로 관심 있게 챙길 수도 있고, 협동심도 기르는 계기가 된다. 직접 쓰거나 그리는 외에도 일반 신문의 관련기사 및 사진들을 오려붙이는 것도 좋은 방법.

② 신문 달력 : 꽃, 패션, 선물, 사진 등 다양한 주제로 달력 만들기. 이때 신문에 게재된 내용이나 사진들을 적극 활용하고 생활에 유용한 메모까지 간단하게 곁들이면 실용성 만점. 이때 흰 종이에 직접 쓰고 그리고 오려붙여 가면 만들어도 좋고, 어린이 훈민정음이나 아래아한글 및 MS사의 퍼블리셔 등 편집프로그램을 활용해서 컴퓨터로 신문을 만드는 것도 바람직한 방법, 자료 수집과 정리부터 글쓰기와 편집에 이르기까지 신문을 만드는 모든 과정을 통해 무한한 잠재능력을 최대한 발휘할 수 있다.

<5> 지구촌 이웃들

① 세계 지도 한 장에 : 한국과 서로 무역을 하는 나라는? (어떤 나라와 어떤 거래를 할까) 오랫동안 우방으로 지내온 나라는? 세계지도에 해당기사들을 요약해 적어 넣거나 오려 붙이자. 또 인터넷에서 관련국가에 대한 추가 정보 찾아 작은 메모지에 정리해 붙인 다음 그 해당국가와 선으로 연결하면 세계가 지도 한 장에 쏙

② 먼 훗날 : 신문에 보도된 기사 내용들은 앞으로 3개월 후, 또 1년 후 두 나라 사이에 어떤 영향을 미칠까. 그 상황을 예측해서 간단한 해설기사 형식으로 정리한다. 잘 보관했다가 훗날 실제 상황과 비교해보면 흥미만점.

☞ 다음은 소년조선일보에 연재되었던 실제 NIE 프로그램이다.

<6> 국어과 NIE

제목 : 상엽이의 일기(일원초교 문영애 교사)

2003년 4월 24일 모교일 말금

나는 우리반 꼬치 조아요.
우리반 꼬치 풀쩍 크게 하고 시퍼요.
외하라버지는 과수언에서 가지를 쳐서요.
사과가 마구마구 났어요.
우리반 꼬또 내가 가지를 쳐서요.
우리 꼬또 마구마구 날 거예요.
그런데 서새님은 모라요. 바보!

> 나는 바보 서새님이 미워요.
>
> 　선생님과 친구들은 상엽이가 꽃을 더 크게 키우려고 꽃 줄기를 부러뜨렸다는 사실을 알게 됐다. 이 동화는 자칫 '왕따'가 될 뻔했던 상엽이를 외톨이로 만들거나 무시하지 않고, 도와주며 좀더 잘할 수 있다고 독려하고 배려해주는 모습이 아름답게 펼쳐진다. 상엽이는 특수학교에 가지 않고 친구들의 도움을 받으며 '사회성'을 키워간다. 나와는 조금 다르더라도 인정하는 것, 그것이 함께 사는 사회의 시작이라는 사실을 훈훈한 감동으로 전해준다. <소년조선일보 지난 1월 28일자>

1. 위 글의 '상엽이'는 어떤 아이인지 글 속에서 찾아 써 보세요.
   <정답> 특수학교에 가야 할 장애를 가진 아이
2. 상엽이가 쓴 일기를 맞춤법에 맞게 고쳐 봅시다.

<모범답>

　　2003년 4월 24일 목요일 맑음

　　나는 우리 반 꽃이 좋아요.
　　우리 반 꽃이 풀쩍 크게 하고 싶어요.
　　외할아버지는 과수원에서 가지를 쳤어요.
　　사과가 마구마구 났어요.
　　우리 반 꽃도 내가 가지를 쳤어요.
　　우리 꽃도 마구마구 날 거예요.
　　그런데 선생님은 몰라요. 바보!
　　나는 바보 선생님이 미워요.

3. 주위에 상엽이와 같은 친구가 있다면 어떻게 대해 주는 것이 좋은 방법인지 생각해 봅시다.
   <모범답>
   　나와 몸이나 생각하는 것이 다소 다르다고 해서 같이 어울리지 않거나 놀리는 어린이는 없겠지요? 상엽이처럼 사회성은 부족하지만 순수하고 깨끗한 마음을 가진 친구가 주위에 있다면 여러분은 어떻게 해야 한다고 생각하나요? 그렇다고 무조건 도와주고 동정하는 것도 바람직하지 않답니다. 있는 그대로 친구의 특성을 이해하고 서로 어울리며 나의 도움이 필요한 부분은 순수하게 도와주는 마음이 필요하다고 생각합니다. 혹 특수학교 친구들과 통합수업을 하거나 어울릴 기회가 있는 친구도 있을 거예요. 본인의 경험을 글로 써서 친구들과 나누는 것도 의미 있을 거예요.

<7> 수학 NIE

제목 : "고속철 '서울-대전' 구간을 타 보고… (상도초교 이경은 교사)

이서윤 양의 고속철 시승 체험기"

　3일 아침 8시. 나는 2004년 4월에 개통한다는 고속철을 타기 위해 학교 운동장에서 담임선생님과 18명의 친구들을 만났다. 지하철을 이용해 출발역인 용산역으로 향하는 내내 마음이 들떴다.
　나는 우리만 특별히 태워준다는 말에 들뜬 마음으로 고속철에 올랐다. 기차 모양은 정말 특이하게 생겼다. 앞부분은 삼각형 모양으로 생겼는데 마치 로켓을 옆으로 뉘어 놓은 것 같았다.
　타보니 지하철처럼 의자가 일자가 아니라 비행기 좌석같이 돼 있는 점이 눈에 먼저 들어왔다. 용산에서 광명까지 15분 정도밖에 걸리지 않았다. 이후 본격적으로 속도를 내기 시작했다. 기관사 아저씨가 방송으로 200㎞라고 말한 뒤 곧바로 시속 300㎞라는 걸 알려줬다. 시속 300㎞라니…. 정말 엄청난 속도였다. 그렇지만 나는 지금 타고 있는 이 엄청난 속도를 느낄 수 없었다. 창밖으로 '쌩쌩' 지나가는 풍경을 보지 않는다면 그냥 보통 기차를 타거나 자동차로 달리는 것 같았다. 터널을 지날 때는 워낙 빠르기 때문에 귀가 멍멍해질 정도였다.
　약속된 대전에 도착하니 출발한 지 겨우 50분 뒤였다. 새마을호 기차로 서울에서 대전까지 1시간 40분 걸리는 데 비하면 거의 절반 수준이다. 지금까지 부산을 가려면 기차로 4시간 10분이 걸렸지만 KTX 고속철로는 2시간 40분만에 간다니 참으로 놀라웠다. 앞으로는 대전에서 서울의 회사까지 출퇴근도 훨씬 쉬워질 것이 분명했다. <소년조선일보 2월 4일자>

---

1. 용산역에서 9시 50분에 출발하여 고속철을 타고 대전에 도착한 후 20분 동안 머무르고 나시 출발하였다면 용산역에 되돌아온 시각은 몇 시 몇 분일까요?
　<정답> 11시 50분

2. 같은 거리를 갈 때, 시속 200㎞로 달리는 기차는 시속 300㎞로 달리는 기차보다 시간이 몇 배나 더 걸릴까요?
　<정답> 1.5배

3. 서울에서 부산까지 거리는 약 410㎞입니다. 서울~부산간 고속철의 평균 시속을 구하세요.

　<정답> 약 154㎞

<8> 논술 N.I.E / 국어

제목 : 나 합격하자고 남 원서접수 막은 사이버世代

　작년 말 대입 원서접수 代行대행 사이트가 마비돼 마감날짜까지 늦춰지는 대혼란을 빚은 것은 일부 수험생들의 사이버테러 때문이었다는 사실이 서울경찰청 수사로 밝혀졌다. 접수를 먼저 끝낸 수험생들이 경쟁자들의 접수를 막으려고 인터넷에 流布유포된 반복접속 프로그램을 이용해 사이트를 무차별 공격해서 서버 컴퓨터를 다운시켰다는 것이다. 이런 범죄에 가담한 학생이 1000여 명에 이르고 그중엔 혼자서 2만회까지 접속한 경우도 있었다고 한다.
　한창 순수해야 할 청소년들의 인성과 윤리의식이 이토록 무너져 있다는 것이 우선 놀랍고 참담하다. 다른 사람의 인생을 망쳐버릴 수도 있는 일을 심지어 "장난삼아 했다"고 실토하는 일부 학생들에게서는 작은 죄의식도 찾아볼 수 없다. 자기가 살자고 서슴없이 남을 짓밟는 비정한 세태가 어느 사이 자라나는 어린 세대들에까지 깊숙이 스며든 것만 같다. 우리 학교와 가정이 어려서부터 道德心도덕심보다는 치열한 경쟁사회에서 살아남는 데 필요한 弱肉強食약육강식의 논리만을 가르치고 있는 것은 아닌지 심각하게 돌아봐야 할 시점이다.
　인터넷 활용 시스템은 대학입시뿐 아니라 공무원과 각종 기술자격시험 접수, 관공서 문서 발급, 금융거래 인증 등 사회 전 분야로 확대되고 있다. 이번 같은 사이버테러는 언제 어디서나 다시 일어날 수 있고 한번 터지면 피해의 범위와 크기를 예측할 수 없다. 따라서 윤리교육 강화 같은 근원적 처방과 병행해 법과 제도를 통한 현실적 防備방비에도 만전을 기해야 한다.
　특히 모방범죄나 부화뇌동이 많은 사이버범죄의 특성상 일벌백계의 엄한 관례를 세우는 것이 중요하다. 작년 하버드대를 비롯한 미국의 유명 경영대학원들이 단순히 내부 입시관리 사이트를 훔쳐보려 했다는 이유만으로 200여 MBA 지망생들의 합격을 단호히 취소해버린 것이 한 예다. 나날이 진화하는 사이버 테러에 맞설 하드·소프트웨어 개발 등 'IT 強國강국'에 걸맞은 기술력을 키우는 데에도 국가적 투자를 아끼지 말아야 한다.
　　　　　　- 2006.02.12 23:05, Copyrightsⓒ조선일보 & chosun.com, -

1. 이 사설의 주제는 무엇인가?

| |
| |
| |

2. 6하 원칙에 의하여 상황을 분석하기

누가 ;
언제 ;
어디서 ;
무엇을 ;
어떻게 ;
왜 ;

3. 문제는 무엇인가?

4. 논의는 무엇인가?

5. 주장(결론)은 무엇인가?

6. 얻는 교훈은 무엇인가?

7. 덤으로 공부하기
   ① 다음 한자성어의 뜻은 무엇인가?
   ▪ 弱肉强食(양육강식) ;
   ▪ 附和雷同(부화뇌동) ;
   ▪ 一罰百戒(일벌백계) ;

   ② 다음 약어는 무슨 의미인가?
   ▪ MBA :
   ▪ IT :
   ▪ cyber terror(사이버 테러) :

제14장 창의성 교육

1. 창의성에 대하여

1. 창의성의 정의

창의성(creativity)은 일반적으로 무엇인가 지금까지 없었던 새로운 것을 만들어 내거나 기발한 것을 생각해 내는 능력으로서 창의력, 창조성, 창조력, 독창성, 독창력, 고등정신능력, 문제해결능력, 창의적 사고력 등과 동일한 의미로 사용되고 있다.

창의성에 대한 정의는 학자들에 따라 다양하게 정의되고 있다. Guilford는 '새롭고 신기한 것을 낳는 힘'으로 보았으며, 창의성과 관련된 특성으로 사고의 유창성, 독창성, 계획하고 정교화 해 나갈 수 있는 능력, 동기화, 열심히 하고자 하는 마음, 심미적 감상과 표현, 문제에 대한 예민성, 분석 및 종합할 수 있는 능력, 애매모호함에 대한 관용성을 들고 있다.

Taylor는 창의성을 생산적 사고와 창조적 사고를 표현하는 복잡한 심리적 과정으로서 인내심과 성취, 변화, 개선을 요구하는 태도, 그리고 큰 소신을 낳게 하는 정열 같은 것이라 했으며, Maslow는 창의성을 일상생활 전반에서 넓게 나타나며, 매사를 보다 창의적으로 수행해 나가는 어디에서나 볼 수 있는 성향이라고 하였다.

따라서 창의성은 다음과 같이 요약할 수 있다.
① 새로운 방법으로 문제해결을 하는 방법과 태도이다.
② 새로운 관계를 지각하거나 새로운 사고 유형으로 사고하는 능력이다.
③ 새로운 아이디어를 산출하고, 새로운 것을 만들어 내는 능력이다.
④ 새로움에 이르게 하는 개인의 지적 과정 및 성격적 특징이다.

그러므로 창의성은 여러 가지 지식, 정보, 경험들을 결합하고 재구성하여 새롭고 유용한 아이디어를 산출하여, 궁극적으로 문제 상황이나 장면에 직면하여, 그 문제를 새로운 방법으로 해결해 나가는 체계적인 지적 활동과, 능동적이고 적극적인 정신활동이라고 할 수 있다.

2. 창의성 구성 요인

1) 창의적 사고의 성향 요인

(1) 자발성
문제 상황에서 아이디어를 자발적으로 산출하려는 성향이나 태도이다. 사고는 적극적인 활동이다. 수동적으로 받아들이는 문제에 대해서는 사고가 제대로 일어나지 않는다. 즉, 마음이 있어야 보이는 것이다. 이러한 이유로 해서 사고에서 자발성은 매우 중요하다.

(2) 민감성
민감성은 주변의 환경에 대해 예민한 관심을 보이고, 이를 통해 새로운 탐색 영역을 넓히려는 성향이나 태도이다. 평소 사물이나 상황을 호기심을 갖고 대하고 의문점은 끊임없이 질문하는 태도에서 민감성은 길러지며, 이러한 민감성은 새로운 발견의 기초가 된다.

(3) 개방성
개방성은 자신의 경험에 제한 받지 않고 모든 가능성을 수용하려는 성향이나 태도이다. 항상 열린 마음으로 새롭고 다양한 경험을 할 때 고정관념에 빠지지 않고 사물을 다양하게 보는 능력이 생긴다. 따라서 개방적인 성향일수록 융통성이 높아 보다 창의적 사고가 가능해진다.

(4) 집착성
사고에서의 집착성은 하나의 문제를 그것이 해결될 때까지 물고 늘어지는 태도이다. 문제를 해결하기 위해 다양한 정보를 수집하고 문제가 해결될 때까지 끈질기게 물고 늘어지는 성향으로 사고의 부화를 가능하게 해 준다. 창의적 사고의 단계 중에 "부화의 단계"를 설정한 연구자들이 있다. 이들은 인간의 사고는 문제 상황이 두뇌에 자리하고 나서 한참이 지난 후에 이루어진다고 주장한다. 이 태도는 사고에서의 부화도 가능하게 해 준다.

(5) 호기심
항상 생동감 있게 사물에 대해 의문을 갖고 끊임없는 질문을 제기하려는 성향이다. 무엇에나 호기심을 나타내는 사람들은 머리 속에 항상 의문이 가득 차 있다. "저 물체는 왜 저렇게 생겼을까?" "저 뒤에는 무엇이 있을까?"와 같은 의문이 항상 따라 다닌다.

(6) 인내심

인내심은 불확실함을 견디며 끝까지 포기하지 않는 성향이나 태도이다. 애매모호한 상황을 잘 참아내면서 무엇인가를 찾으려 하는 태도에서 창의적 사고가 가능해진다. 어려운 상황이나 문제를 피하지 않고 과제가 해결될 때까지 끝까지 물고 늘어지는 집착력이나 인내심은 새로운 발견을 경험할 수 있는 훌륭한 태도이다.

(7) 모험심

모험심은 위협을 감수하며 장애를 극복하려는 성향이나 태도이다. 새로운 상황에 대해 피하기보다는 도전의식을 갖고 두려움 없이 부딪히는 성품이 다양한 경험을 할 수 있게 한다. 실수나 실패가 두려워 모험을 피하면 새로운 경험도 할 수가 없다. 경험이 빈약한 상태에서 좋은 아이디어, 다양한 아이디어, 독특한 아이디어를 기대할 수 없다. 따라서 모험심은 창의적 사고의 기회를 높여준다.

2) 창의적 사고의 기능 요인

(1) 유창성

특정한 문제 상황에서 가능한 한 많은 아이디어를 산출해내는 능력이다. 즉 사고의 속도를 말하는 것이다. 언어적 유창성은 아이디어의 수를 의미하며, 그림과 도형의 유창성은 형태를 보고 창출하는 아이디어의 수를 의미한다. 창의적인 사람은 계속 아이디어를 만들어 내는 사람이다. 흔히 말해서 아이디어가 많은 사람이 가지고 있는 특성이다. 확산적 사고가 주로 유창성으로 나타나는 특징을 가지고 있다.

(2) 융통성

고정적인 사고방식이나 시각 자세를 변환시켜 다양한 해결책을 찾아내는 능력이다. 사고의 넓이를 말하는 것으로, 얼마나 다방면에서 아이디어를 만들어 낼 수 있는가를 의미하는 특성이다. 이것은 확산적 사고에 속한다. 또한 유연성은 아이디어를 같은 부류끼리 체계화하여 나누어 놓는 능력을 말한다.

(3) 독창성

기존의 것에서 탈피하여 참신하고 독특한 아이디어를 산출하는 능력이다. 독창적인 사람은 다른 사람이 별로 제기하지 못하는 가치 있는 아이디어를 만들어낸다. 독창성은 언어적인 것이든, 형태분야이든 아이디어가 독특해서 다른 사람의 아이디어와 공통성이 없는 것을 말한다. 무에서 유를 만들어 내는 것이 아니다. 아이디어의 질과는 관계없이 다른 사람이 생각해 내지 않은 것을 생각해 내면

독창적인 것이다. 독창성에는 확산적 사고와 집중적 사고가 함께 하게 된다.

(4) 정교성

다듬어지지 않은 기존의 아이디어를 보다 치밀한 것으로 발전시키는 능력이다. 이것은 사고의 깊이를 말하는 것으로, 아이디어를 얼마나 구체적으로 똑똑히 파악하고 있는가를 따지게 된다. 정교성은 아이디어에 살을 붙여 가는 과정이다. 육하원칙 중 누가, 무엇을, 왜, 어떻게 하느냐가 나머지 언제, 어디서보다 중요하다. 정교성에는 집중적 사고가 크게 작용한다. 이러한 여러 속성을 길러내려면 대개 학자들은 네 가지 과정이 필요하다고 한다. 유연성이든 독창성이든 이러한 과정을 거치면 창의적인 아이디어를 만들어낼 수 있다고 한다.

3. 창의적인 아동

1) 창의적인 아동의 특성

① 호기심이 강하고 질문이 많다.
② 이치를 따지고 논리적으로 생각하는 경향이 강하다.
③ 침착하지 못하고 주의가 산만한 경우가 있다.
④ 어휘 표현 수준이 높고 자유롭다.
⑤ 유머 감각이 뛰어나다.
⑥ 틀에 박힌 규율을 싫어한다.
⑦ 어떤 물건을 생각할 수 없는 방법으로 활용한다.
⑧ 실수를 두려워하지 않고 모험을 즐긴다.
⑨ 앞뒤가 맞지 않는 모순된 일에 민감하다.
⑩ 일상적인 사물을 통해 독특한 아이디어를 생산한다.
⑪ 사물을 결합하거나 변형하는 융통성이 있다.

2) 창의력을 저해하는 요인

① 자신감의 결여
② 비판에 대한 두려움
③ 어린 시절의 부정적 경험
④ 자신의 능력을 과소평가
⑤ 익숙한 것에 집착하는 것.

4. 창의성 수업 방법

1) 창의력을 기르는 수업 방법

① 수업 시간에 생각할 여유를 주어야 한다.
② 특별한 아이디어의 가치를 수업 중에 같이 토의해 본다.
③ 수용적이고 부드러운 분위기여야 한다.
④ 평소에 옳다고 믿는 신념은 틀릴 수도 있다는 것을 알게 한다.
⑥ 타인을 존중해 주는 태도가 있어야 한다.
⑦ 개방적이고 민감하게 되도록 도와주어야 한다.
⑧ 다양한 대답, 새로운 대답을 이끌어 낼 수 있도록 격려를 한다.
⑨ 문제 해결의 훈련이 이루어져야 한다.

2) 창의성을 돕는 질문법

(1) 개방식 질문
개방식 질문은 '정답'이 없다. 그러나 많은 양의 대답을 요구한다. 그리고 어떤 교과의 학습에서도 토론이나 사고를 다양하게 하는데 도움이 된다. 다음과 같은 질문의 형태를 사용하는 것이 좋다.
"만약에 바다가 꿀로 이루어졌다면?"
"사람의 다리가 네 개라면?"
"제주도로 갈 수 있는 방법은?"

(2) 감정과 관련된 질문
감정과 관련된 질문은 학생들의 가치나 감정을 파악하고 이해할 수 있게 해준다. 학생들의 감정이나 신념을 용이하게 표현할 수 있도록 다음과 같은 질문으로 시작해 보라.
"---할 때 어떻게 느끼니?"
"---에 관하여 너의 느낌을 어떻게 설명할 수 있을까?"

5. 창의성 사고기법

1) 브레인스토밍

브레인스토밍(brain storming)이란, 주제가 주어졌을 때, 그 주제하면 연상되는 단어나 문장들을 생각하고 떠오르는 대로 적어는 것으로, 짧은 시간에 많은 양의 아이디어를 생산할 수 있는 기법이다.

(1) 브레인스토밍의 원칙
① 모든 것을 수용한다.
② 상대방의 의견을 비판하지 않는다.
③ 자유롭게, 많은 의견을 내어 놓는다.
④ 너무 성급히 끝내지 않는다.
⑤ 아이디어를 결합하고 개선하라.
⑥ 교사도 함께 참여하라.

(2) 브레인스토밍의 방법
① 전체 모여서 이야기하는 방식
② 개별적으로 자신의 의견이나 생각을 적어서 제출하는 방식
③ 한 사람이 작성한 뒤 다른 사람에게 전달하여 작성한 내용에 댓글을 달거나 제 작성하는 방식

2) SCAMPER

SCAMPER는 일련의 사고 과정에 대한 약어이다. 이것은 영재아를 위한 활동용 도서의 저자로 유명한 Bob Eberle에 의해 개발되었다. SCAMPER, 체크리스트를 사용할 때에는 마음속의 특정 대상으로부터 출발해서 그것을 변형시키는 방법을 생각하는 것이다.
   S ; Substitute : 무엇을 대신 사용할 수 있을까?
   C ; Combine : 무엇을 결합할 수 있을까?
   A ; Adapt : 조건이나 목적에 맞도록 어떻게 조절할 수 있을까?
   M ; Modify : 색, 모양, 형태를 어떻게 바꿀 수 있을까?
       Magnify : 보다 더 크게, 더 강하게, 또는 더 두껍게 만들 수 있을까?
       Minify : 보다 작게, 보다 가볍게, 또는 보다 짧게 만들 수 있을까?
   P ; Put to other uses : 다른 용도로 사용할 수는 없을까?
   E ; Eliminate : 무엇을 삭제하거나 떼어 낼 수 없을까?
   R ; Reverse : 어떻게 하면 원래의 위치와 반대되는 곳에 놓을 수 있을까?
       Rearrange : 어떻게 하면 형식, 순서, 구성을 바꿀 수 있을까?

3) PMI기법

이 방법은 De Bono(1973)가 고안한 기법으로, 제안된 아이디어의 장점(Plus),

단점(Minus), 그리고 흥미로운 점(Interesting)을 따져 본 후, 그 아이디어를 평가하는 기법이다.

P(plus): 아이디어에 대한 좋은 점(왜 그것을 좋아하는가?)

M(minus): 아이디어에 대한 나쁜 점(왜 그것을 좋아하지 않는가?)

I(interesting): 아이디어에 관해 발견된 흥미

(1) PMI의 원리

① PMI가 없다면 처음에는 좋지 못한 의견처럼 보이지만, 사실은 아주 좋은 의견을 빠뜨릴 수도 있으므로 PMI는 중요하다.

② PMI가 없다면 매우 좋은 의견처럼 보이는 것의 단점을 생각하기가 어려울 것이다.

③ PMI는 아이디어가 좋고 나쁘고 가 아니라 흥미로운 점까지 보여준다.

④ PMI가 없다면 그 의견의 좋고 나쁜 점에서가 아닌 그 당시의 감정에 의해서 대부분 판단할 것이다.

⑤ PMI로 미리 아이디어를 탐색한 후에 그것을 좋아하는지 아닌지를 판단할 수 있다.

(2) 진행절차

① PMI의 의미를 집단 구성원들에게 설명한다. Plus(제시 된 아이디어의 좋은 점), Minus(제시 된 아이디어의 나쁜 점), Interesting(흥미로운 점 : 제시된 아이디어와 관련하여 흥미롭게 생각되는 점)

② 각 영역별로 아이디어를 생성한다.

③ PMI 결과를 발표한다.

④ PMI 결과를 논의한다.

(3) 적용사례

◆ 아이디어 ; 버스 안에 있는 좌석은 모두 치워버려야 한다.

◆ P(Plus)
 - 버스에 더 많은 사람이 탈 수 있다.
 - 버스를 타거나 내리기가 더 쉽다.
 - 버스를 제작하거나 수리하는 비용이 보다 적게 들 것이다.

◆ M(Minus)
 - 버스가 갑자기 서면 승객들이 넘어질 것이다.
 - 노인이나 장애인들은 버스를 이용할 수 없을 것이다.
 - 쇼핑백을 들거나 아기를 데리고 타기가 어려울 것이다.

◆ I(Interesting)

- 한 가지는 좌석이 있고, 다른 한 가지는 좌석이 없는 두 가지 유형의 버스를 생각하게 하는 흥미로운 아이디어이다.
- 같은 버스라도 유형을 달리하면 일을 더 많이 할 수 있다는 흥미로운 아이디어이다.
- 버스에서는 편안함이 그렇게 중요하지 않을 수도 있다는 재미있는 아이디어이다.

2. 창의성 개발 프로그램

<1> 창의력을 키우는 질문

1) 유창성을 키울 수 있는 질문

① 바늘을 갖고 할 수 있는 것들을 모두 생각해보기.
② 하얀 색이면서 먹을 수 있는 것들을 모두 생각해보기.
③ 눈으로 볼 수 없는 것들을 모두 생각해보기.
④ 1하면 생각나는 모든 것 말하기.
⑤ 나무, 새, 고기이름, 끝말 이어가기 등.

2) 융통성을 키울 수 있는 질문

① 낡은 운동화를 가지고 할 수 있는 것을 세 개 이상 그려 보기.
② 사자와 임금의 공통점은 무엇인가?
③ 공책의 넓이와 길이를 자를 사용하지 않고 잴 수 있는 방법을 생각해보기.
④ 나의 기분을 일기예보에 비교해서 표현해보기.
⑤ 물건을 제시하고 다른 용도로 사용하는 방법 말해보기

3) 독창성을 키울 수 있는 질문

① 새로운 퍼즐을 만들어보기.
② 만화의 그림만을 제시하고 내용을 만들어보기.
③ 잡지에 나와 있는 그림의 부분만을 제시해주고 완성해보기.
④ 자신의 마음을 나타낼 수 있는 독특한 부호를 만들기.

4) 정교성을 키울 수 있는 질문

① 가, 나, 다 또는 □, △, ○ 등을 이용하여 재미있는 그림을 그려보기.
② 생일을 주제로 한 파티를 계획해보기.
③ 간단한 선을 그려 놓은 후 그것을 보고 떠오르는 것을 그려보기.
④ 자신만의 공간을 만든다면 어떤 것을 들여놓을 것인지를 생각해보기.

<2> 신문지를 10번 접으면?

신문지 1장을 실제로 접으려면 대략 7번 정도 접을 수 있다. 따라서 10번을 접는 것은 거의 불가능한 일이다. 그렇지만 이론상으로 계산해 볼 수 있지 않을까? 10번 접었을 때에 1,024조각이 된다. 이때의 두께는?

<3> 모양 바꾸기

♣ 아래에 동전이 모두 10개 있습니다. 동전 △모양을 ▽모양으로 바꾸려고 합니다. 가장 적게 몇 번 움직여야 모양을 바꿀 수 있을까요? 가족이 함께 해봅시다.

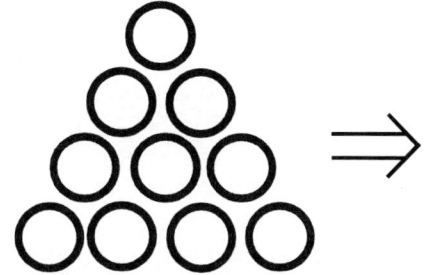

<4> 떼지 않고 그리기

* 다음 그림을 떼지 않고 한 번에 그려보세요.

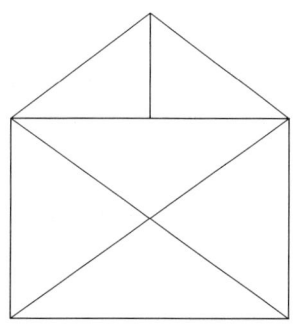

<5> 문제를 풀어 보세요.

♣ 한 보석 가게가 있었습니다. 이 가게에 어떤 손님이 찾아와 값비싼 보석을 사려고 했습니다. 그 보석의 가격은 150만원이나 되는 큰돈이었습니다. 그 손님은 100만원 수표 2장을 주고 그 보석을 샀습니다. 그 주인은 거스름돈이 없어 옆 가게의 주인에게 100만원을 바꾸어 50만원을 그 손님에게 거슬러 주었습니다. 나중에 은행에 가서 확인했더니 그 수표는 위조수표였습니다. 이 보석가게 주인은 손해를 얼마나 봤습니까?

　◎ 손해 본 가격 = 　　　　　　원
　　이유 :

♣ 어느 날 철수와 영민이, 그리고 상우가 가게에서 떡볶이를 먹었습니다. 떡볶이 값이 2,500원이 나왔습니다. 한 사람이 1,000원씩 내어 3,000원을 식당 주인에게 주었습니다. 거스름돈 500원을 받아서 100원씩 나누어 가지니 200원이 남았습니다. 그래서 200원을 불우이웃돕기성금으로 냈습니다. 착한 어린이죠?
　그런데 철수는 집으로 돌아가면서 이런 생각이 났습니다. 1,000원을 내고 100원을 받았다면 900원을 내었고, 세 사람이면 2,700원입니다. 불우이웃돕기 성금을 200원 냈으니까 2,900원이 됩니다.
　세 사람이 낸 돈은 3,000원인데 100원은 어디로 갔을까요?
　어디가 틀렸는지 찾아보세요.

♣ 정준이, 종국이, 승원이는 개 달리기 경주대회에 복사, 콜리, 애미를 출전시켜 1,2,3등의 상을 탔다. 다음의 단서를 이용하여 누구의 개가 어떤 상을 탔는지 알아보자.

　　☆ 단서 ☆
　하나> 정준이의 개는 대회에 처음 출전하였다.
　　둘> 종국이의 개는 콜리가 아니다.
　　셋> 작년 경주대회에서는 복사가 콜리보다 상위의 상을 탔다.
　　넷> 정준이의 개가 승원이의 개보다 상위의 상을 탔다.
　다섯> 종국이의 개가 정준이의 개보다 상위의 상을 탔다.

　　　○ 1등상 (　　　　), 2등상 (　　　　), 3등상 (　　　　)

제14장 창의성 교육

<6> 대머리인 사람에게 샴푸를 파는 방법은? (시간 10분)

<7> 퍼즐로 풀어 보는 숫자

	+		+		= 6
×		+		×	
	+		÷		= 4
−		−		÷	
	+		−		= 13
= 0		= 0		= 3	

☞ 0-13까지의 숫자를 사용하며, 반복 사용 할 수 있다.

<8> 이야기 이어서 완성하기

다음 이야기를 이어서 써 보세요.

옛날 아주 먼 옛날, 호랑이가 담배를 피고 여우가 말을 하던 시절의 이야기입니다. 어느 마을에 홀어머니를 모시고 사는 효자 (　　　)가 있었습니다.	

<9> 이상한 나라에서

아기별 삼 형제가 UFO(비행접시)를 타고 이상한 나라에 도착했어요. 신기한 물건을 발견하고는 그것을 주워 집으로 가져왔답니다. 과연 어떤 것을 주워 왔을까요? 상상하여 써 보세요. 그리고 또 주운 것을 그려 보세요.

♣ 아기별들은 무엇을 주웠을까요?

_____

♣ 주운 것으로 인하여 어떤 일이 벌어졌을까? 상상해서 써 보세요.

_____
_____
_____

♣ 주운 것을 상상해서 그려 보세요.

<10> 늪 속의 친구

　독일의 유명한 재상 비스마르크는 사냥을 무척 좋아했습니다. 어느 날 친구와 함께 사냥을 나갔습니다. 그날 따라 두 사람은 한 마리의 짐승도 잡지 못하고 산속을 헤맸습니다. 해가 질 무렵 두 사람은 몹시 지치고 기분도 좋지 않았습니다.
　두 사람이 헤매고 다닌 곳은 늪이 많은 위험한 곳이었습니다. 친구의 뒤를 따라가던 비스마르크가 그만 늪에 빠지고 말았습니다. 앞서 가던 친구가 되돌아와서 내밀어 준 총대를 잡고 비스마르크는 힘겹게 늪에서 빠져 나왔습니다.
　두 사람은 계속 걸어갔습니다. 그런데 이번에는 앞서 가던 친구가 늪에 빠졌습니다. 깜짝 놀란 비스마르크가 달려갔을 때, 그의 친구는 이미 허리까지 빠져 들어 가고 있었습니다. 친구가 빠진 곳은 총대가 닿지 않았습니다. 비스마르크는 어찌할 바를 몰라 발만 동동 구르고 있었습니다.
　그 때 그 친구는 "빨리 날 어떻게 해 줘!"하고 소리쳤습니다. 친구는 점점 빠져 들어가 이제는 목까지 들어가고 있었습니다. 안타깝게 보고만 있던 비스마르크는 총을 들어 늪에 빠진 친구를 향해 겨누었습니다.

♣ 이야기를 이어서 마무리해 보세요.

♣ 이야기의 주요 장면을 그림으로 그려 보세요.

<11> 어느 며느리의 효심

　두메 산골에 사는 어느 할아버지가 이웃 마을에 살던 친한 친구가 죽었다는 소식을 듣고 문상을 갔습니다. 어느덧 해가 서산에 지고 주위가 어두워지기 시작할 때 할아버지는 술에 취해 비틀거리면서 길을 떠났습니다. 겨우 산 하나를 넘고 나자 더 이상 걸을 수가 없었습니다. 그저 눕고만 싶었습니다. 힘없는 눈으로 주위를 살펴보자 무덤 하나가 눈에 들어왔습니다.
　할아버지는 무덤 앞의 잔디에 쓰러지듯이 누워 깊은 잠에 빠지고 말았습니다. 한편, 집에서는 시아버지가 돌아오시기를 애타게 기다리는 며느리가 있었습니다. 밤이 깊어가는 데도 시아버지는 돌아오지 않았습니다. 며느리는 걱정이 되어 아이를 업고 마중을 나갔습니다. 초롱불을 들었으나 산길은 어두웠습니다. 그러나 며느리는 계속해서 산길을 걸었습니다. 그러다가 무덤 앞에 쓰러져 계신 시아버지를 발견했습니다. 그 순간, 며느리의 머리 속은 얼어붙는 듯하였습니다. 무덤 위에 앉아 있는 큰 호랑이를 발견했기 때문입니다. 마구 몸이 떨렸습니다. 무덤 옆에는 큰 박이 하나 있었습니다. 며느리의 머리에는 순간 한 생각이 떠올랐습니다.

♣ 며느리는 그 큰 박을 어떻게 이용하였을까요?

* 6번의 실제로 나온 답들

• 사은품으로 가발을 준다.	• 자외선 차단 샴푸를 사용한다.
• 염색약을 첨가한다.	• 화장품 겸용 샴푸
• 모델을 사용하여 판매한다.	• 고혈압 방지제를 첨가
• 유전방지 약품을 첨가한다.	• 대머리 가발 전물 세척 샴푸판매
• 머리를 보온해주는 샴푸를 만든다.	• 정전기 방지용 샴푸
• 다용도 샴푸를 판매한다.	• 알칼리성 샴푸
• 머리를 좋게 해주는 샴프	• 스프레이식으로 샴푸를 만들어 판다.
• 비듬약을 첨가한다.	• 바이오 피부보호용 샴푸

* 7번의 답 : 가로 차례대로 ① 3+2+1=6, 3+3÷3=4, 9+5-1=13.
② 4+0+2=6, 3+3÷3=4, 12+3-2=13

제15장 환경교육

1. 환경교육의 이해

1. 환경이란?

환경(environment;環境)이란 인간을 포함한 생물을 둘러싸고 생활과 깊은 관계가 있는 외계(外界)를 말한다. 이렇게 인간인 경우에는 사회적·심리적·교육적인 의미를 가지는 일이 많지만, 생물 일반에 대해서는 이들 문화적 환경에 대해 자연적(自然的) 환경이 문제가 된다.

신문을 통해 우리는 '산성비', '지구의 온난화', '적조현상', '엘리뇨 현상', '생명호르몬', '오존층 파괴' 등등의 이야기를 많이 듣고 있다. 이같은 환경 문제의 심각성을 알려 주는 기사를 읽는 것은 우리를 우울하게 한다. 환경 문제의 해결책은 적절한 환경 교육에 있다. 비록 많은 문제들이 우리와는 관계가 없는 다른 나라에서 발생하고 있는 것 같지만, 결국 이 문제는 우리에게까지 영향을 미쳐 우리 개개인이 환경의 영향을 받게 된다.

즉, 우리 인간이 호흡하는 공기, 마시는 물, 먹을 것을 얻는 땅과 우리가 생활하고 즐기는 대상인 산·강·바다·호수·나무·꽃·바위 등을 말하며, 그리고 생활하는 공간, 교통수단 등 실로 다양한 것들이 환경에 포함된다.

환경은 자연환경과 인문적 환경, 물리적 환경과 생물학적 환경 등으로 다양하게 구분할 수 있으나, 주로 환경교육 분야에서 구분하는 주요 기준은 '자연 환경'과 '사회적 환경'이다.

자연환경은 우주만물의 생태, 즉 대기, 물, 일조, 통풍, 자연경관 등을 요소로 하는 자연 그대로의 생물·무생물의 일체를 말한다. 바꾸어 말하면 지구상의 생태계를 구성하고 있는 기본 체계로서 크게 나누어 생물체인 생물학적 요인과 비생물인 물리화학적 요인으로 구분할 수 있다. 생물학적 요인과 비생물적 요인 간에는 에너지의 흐름을 통하여 상호작용을 하고 있으며, 이러한 상호작용에 의하여 모든 생물체는 그 들의 생존을 계속할 수 있게 된다.

사회적 환경은 자연적 환경에 속하지 않는 모든 인공적인 요소를 말한다. 즉 인간을 둘러싸고 있는 주위의 모든 것을 환경이라 할 때, 사회적 환경은 인간이 살아가고 있는 장소를 말한다.

인간은 이 두 가지 환경을 떠나서는 살 수 없으며, 다른 생물이 생존할 수 없는 환경에서는 생명유지는 물론 문화도 발전 할 수 없다. 이 모든 것 하나하나가 매우 밀접한 관계를 맺고 도움을 주고받으며 살아 나가기 때문이다.

2. 환경과 인간

1) 인간과 땅

땅은 우리 인류를 포함한 모든 생물체의 생활과 생산의 기반이 되는 요소이다. 인류가 땅을 농경지 개발과 자원채취, 도시건설 등을 위해 집약적이고 지속적으로 이용함으로써 땅의 본래 기능이 매우 쇠퇴되어 가고 있다. 그 결과 인구가 밀집 되어 있는 도시에서는 녹지의 부족과 콘크리트나 화학물질 재료의 무분별한 사용 등으로 사막화가 초래되고 있으며, 농촌지역에서는 생산성의 증대를 위해 다량의 화학비료와 농약의 남발로 토지의 생산력이 점차 저하되고 있다. 이제 땅은 인간만을 위한 무한한 자원이 아니라 한정된 자원임을 인식하고, 미래를 위한 지속 가능한 토지개발 계획을 추구해야 할 것이다.

2) 인간과 물

인간이 가장 많이 이용하는 자연자원은 물이다. 산업사회의 발달로 상수도가 도입 된 이래 물을 편리하게 이용할 수 있었음과 동시에 1인당 물의 소비량은 늘어만 가고 있으며, 인구가 많은 도시지역에서의 물의 수요량은 늘어가는 만큼 깨끗한 물의 공급은 점점 어렵게 된다. 특히 공장, 수력발전, 관개시설, 레저시설 등에서 대량의 물을 필요로 하는 등 우리 인류의 물 사용량은 점점 증가하여 물 자원의 고갈을 예고하고 있다. 한정된 물 자원에 대한 현명한 이용을 위해 국민 각자의 친환경적 생활방식에 주의를 기울여야 한다.

3) 인간과 기후

인류가 살아가는데 필수 요소인 의식주와 관련된 생활양식이나 농업 등은 기후와 매우 밀접한 관계를 가지고 있다. 우리나라의 온돌방과 같은 난방구조나 이모작의 논농사 등은 무더운 여름과 한랭한 겨울의 뚜렷한 사계절이 있는 온대기후에 매우 적합한 것이며, 습기가 매우 많고 연중 무더운 날씨의 열대지방에서는 높은 곳이나 물위에 집을 짓는 것이 그러한 기후적 특성에 맞게 적응·발전해 온 것이다. 그러므로 갑작스런 기후의 변화가 생긴다면 모든 생활양식과 농업방식 등에 큰 변화가 생길 것이다. 더욱이 급격한 기후변화는 생태계의 교란이나 우리가 겪었던 기상이변에 따른 자연재해 등이 증가할 것이다.

4) 인간과 생태계

인류의 모든 활동은 필연적으로 다른 생물군의 변화를 초래하게 된다. 이런 영향을 주는 활동은 활동이 직접 일어난 장소뿐만 아니라 상당히 멀리 떨어진 곳의 생태계에도 영향을 미치기도 한다. 예를 들어 부주의하게 건설되는 댐이나 공장 등은 그 지역 생태계에 큰 영향을 끼치게 되어 그 지역의 생태계 파괴와 생물 다양성의 변화를 가져오게 된다.

이러한 생태계의 파괴와 생물 다양성의 변화는 생물의 과잉 살상과 남용, 오염과 교란, 도입종에 의해서도 일어나지만, 역시 가장 큰 위협은 끊임없이 증가하고 있는 과도한 토지개발과 이용은 인간이 거주하지 않았던 지역에 남아 있는 자연지를 훼손시키고 있다. 자연지역의 훼손은 절멸 위기종, 취약종, 희귀종 등이 증가하고 있다. 이와 같은 인간 활동은 생물군 주변의 물리적 환경변화를 초래하고, 그 결과 많은 생물들이 단시간 내에 사멸될 수 있다.

5) 환경과 인간의 성장

유아기(乳兒期)라는 발달이 낮은 단계, 특히 가장 낮은 신생아 단계에 있어서는 인간은 환경영향을 많이 받는다. 그리고 점차 발달함에 따라, 인간에는 환경체험 영역이 증대해 간다. 유아기-아동기-청년기로 발달함에 따라 환경의 양상을 의식하여 이것에 반응하고, 더 나아가서 자기에게 편리하도록 환경을 조정 개변(改變)할 수 있는 방향으로 나아간다. 완전한 성숙 단계에 이르면, 환경관계는 환경체험만이 된다고 생각되고 있다. 따라서 환경영향이 강한 낮은 발달단계에서는 영향을 조절하고, 발달함에 따라 환경에 적극적으로 작용하는 환경체험을 지도하는 것이 중요하다.

3. 환경교육의 목적과 목표

1) 환경교육의 목적

환경교육은 환경과 환경문제에 대한 탐구 및 문제의 해결을 추구하는 교육이다. 자연환경, 인공환경, 그리고 사회 환경에 대한 바람직한 인식을 가지고 환경문제를 해결함으로서 인간의 생활에 이바지하는 교육활동이라 할 수 있다.

따라서 환경 교육은 '생존을 위한 교육'이며, '삶의 질을 높이기 위한 교육'이라고 할 수 있다. 삶의 질과 환경의 질 사이의 역동적인 평형을 유지하기 위해 환경 문제에 대한 지식과 실천 능력을 갖춘 시민을 양성하는 것이 곧 환경교육의 목적이다.

2) 환경교육의 목표

환경문제의 가장 근본적인 문제는 인간의 도덕적 타락에 있다. 환경을 파괴하는 행동에 대한 자각이나 죄의식이 없고, 오히려 문제의 심각성을 깨닫지 못하는데 더 큰 문제가 있으며, 그 결과는 인간에게 엄청난 재앙과 재난을 초래케 되는 것이다. 따라서 환경 교육은 다음과 같은 목표를 수행하여야 한다.

① 인식(Awareness) : 환경과 환경 문제에 대한 인식과 이해를 갖도록 도와준다.

② 지식((Knowledge) : 환경의 기능, 환경의 상호 작용, 그리고 환경에 관련된 논쟁과 야기된 문제를 어떻게 해결한 것인가에 대한 기초 지식을 갖게 한다.

③ 태도(Attitude) : 환경의 소중함을 알고 환경 의식을 갖추어 환경운동에 참여하는 동기와 행위를 발전시킨다.

④ 기술(Skill) : 환경 문제에 대한 이해, 관찰, 해결을 위해 기여할 수 있는 기술을 갖도록 돕는다.

⑤ 참여(Participation) : 환경에 관한 논쟁이나 문제를 사려 깊고 긍정적으로 해결하기 위해 습득한 지식과 기술을 실제 경험으로 활용할 수 있도록 한다.

4. 환경교육의 방향

환경 교육의 최종 목표는 환경 활동이다. 긍정적인 환경 활동은 환경 조건을 유지하거나 개선하는데 기여하고 신중한 환경 활동은 환경 교육의 목표이며 그 구심점을 이룬다. 또 참여했던 작업에서 얻은 지식과 기술을 다른 목표를 위해 응용할 기회를 제공한다.

환경 활동은 설득, 소비자 보호 운동, 정치적 활동, 법적 활동, 환경 관리 등의 활동들이 함께 어우러진 활동이다.

① 설득은 가치관의 변화를 통해 적극적으로 활동에 참여하도록 동기를 부여하는 노력을 포함한다. 예를 들면 누군가에게 정보를 제공하고 그 누군가가 그에 입각하여 활동하도록 영향을 미치거나 환경 문제로 논쟁을 벌이는 것이 설득 행위이다.

② 소비자 보호 운동은 환경에 대한 관심을 보여주는 경제적 행위를 포함한다. 이는 기업이나 산업에 부가적인 효과를 줄 수 있다. 대기의 오존을 파괴하는 에어졸을 사지 않기로 결정할 때 이것이 소비자 보호 운동의 시작이 된다.

③ 정치적 행위란 사람들의 가치를 형성하기 위해 정부 기관이나 관리를 설득하는 노력을 포함한다. 정부 관리가 환경 문제에 대한 생각을 지지하도록 하기 위해 관심 사항을 이야기하는 것은 정치적 활동을 하는 것이다.

④ 법적 활동은 환경법을 강화하기 위해 개인이나 조직이 하는 활동을 말한다.

환경에 악영향을 미치는 활동을 억제하기 위한 법적 명령을 설정하는 것을 포함한다. 환경을 파괴하는 행위를 금지하는 명령이나 환경오염을 일으키는 사람들에 대한 소송 등이 포함된다.

⑤ 환경 관리는 생태계를 개선하고 유지하기 위한 직접적인 물리적 행위를 포함하며 환경의 질을 개선하기 위해 새 집을 짓거나 나무를 심는 일 등이 이에 해당한다.

대개 환경 문제는 여러 활동이 함께 이루어진 결과로서 해결된다. 재활용 주간 활동은 환경 활동의 여러 범주를 포함한다. 신문 사설, 시장님의 참여, 지역 사회에서의 제안 등이 포함되며 이런 행위는 문제점에 대한 관심을 유도하고 지역 주민의 활동을 이끌어내는 데 목적이 있다. 만약 과대 포장된 상품을 구매하지 않는다면 소비자가 환경 보전에 참여하는 셈이 된다. 강제적인 재활용 활동은 국회의원이 정치적 활동을 취하도록 영향을 미친 결과로 실시된다. 동시에 여러 활동이 펼쳐지면 환경 보호에 대한 적극적인 결과가 나타날 것이다.

5. 환경활동의 과정

환경 활동에 대한 계획, 실천, 평가에는 논리적인 과정이 있어야 한다. 청소년들은 개인적으로 혹은 단체로 활동 계획을 실천해야 하며, 어느 쪽이든 활동 과정은 근본적으로 같다. 지도자들은 이 활동 과정에서 청소년들과 밀접한 관계를 맺고 활동할 필요가 있다. 연장자들은 문제점의 인식, 선택, 스스로 해답을 찾도록 도와주는 역할을 해야 한다.

제1단계 : 활동 계획

지도자들이 먼저 해야 할 일은 아동들이 어떤 문제가 가장 심각한지 확실히 알도록 돕는 것이다. 지역 사회 곳곳을 관찰하거나 인터뷰를 실시하도록 권장해야 하며 이때 아래 질문들이 아동들의 활동을 도와줄 것이다.
. 문제점은 무엇인가?
. 기대하는 변화는 무엇인가?
. 활동을 계획한 이유는 무엇인가?

제2단계 : 정보 수집

다음은 문제 해결을 위해 어디에 초점을 두고 노력을 해야 할 것인가를 파악하기 위해 문제와 그 원인에 대한 정보를 많이 수집할 필요가 있다. 이때 청소년들로 하여금 다른 사람들은 지적하지 못하는 문제점과 해결책을 찾을 수 있다는 자신감을 갖게 해야 한다.
 . 문제의 원인은 무엇인가?
 . 얼마나 오랫동안 이 문제가 존재하였는가?
 . 문제에 의해 영향을 받은 사람은 누구인가?
 . 얼마나 자주 문제가 발생하였는가?
 . 문제에 대해 어떻게 생각하고 있는가?
 . 이 문제로부터 이익을 얻는 사람이 있는가? 있다면 그들은 이 문제를 어떻게 생각하고 있는가?

제3단계 : 방법의 결정

 이 단계는 문제 해결을 위해 가능한 의견을 수집하는 과정으로 문제에 대한 최선의 방법을 찾는 것이다. 문제 해결책을 찾은 다음 이 해결책을 실제 실행할 수 있는가를 신중히 고려해야 한다. 아마 문제의 일부나 전부를 해결하는 최선의 방법을 고를 수도 있을 것이다.
 . 문제 해결을 위해 가능한 선택은 무엇인가?
 . 각 선택의 장·단점은?
 . 각 선택의 법적·사회적 결과는 무엇인가?
 . 어떤 환경 활동 전략이 가장 적절할 것인가?
 . 활동 시간, 기술, 의지는 충분한가?
 . 대안을 선택했다면 자신의 가치관과 일치하는 것인가?
 . 위의 질문들에 대한 답을 고려할 대 가장 적절한 선택은 어떤 것인가?

제4단계 : 진행

 대안이 선택되고 활동 전달 방법이 결정되었다면 다른 사람들에게 이를 알려 함께 참여하도록 해야 한다.
 . 다른 사람의 도움을 받는 것이 더 효과적인가? 그렇다면 누구를 포함시킬 것인가?
 . 허가가 필요한 활동들인가?
 . 계획의 성공을 위해서 대중 매체의 도움이 필요한가?
 . 구체적으로 계획이 짜여졌는가?
 . 단체 활동으로 계획되었다면 각 개인은 각자의 역할을 가지고 있는가? 또 각자가 자신의 역할의 중요성을 인식하고 있는가?
 . 활동에 대한 반대나 어려움이 예상된다면 그런 문제들을 어떻게 대처할 것인가?

제5단계 : 실천

계획을 실행한다. 계획의 전 실행 단계를 통해 아래 사항을 질문해 본다.
. 활동을 효과적으로 지속하거나 개선하기 위해서는 어떤 변화가 필요한가?
. 자신의 활동에 의해 영향을 받은 사람들로부터 어떤 반응을 받았으며 여기에 대해 어떻게 느끼는가?

제6단계 : 평가

지도자들은 청소년들이 환경 활동을 평가하도록 지도해야 한다. 예측보다 평가가 더욱 중요하다. 다음의 질문들에 답해 보도록 한다.
. 실질적으로 문제들을 해결하였는가?
. 부수적인 문제들은 생기지 않았는가?
. 다음에는 다른 방법으로 활동할 수 없겠는가?
. 자신의 노력이 다른 사람에게 유익했는가?
. 자신의 계획이 부정적인 결과를 일으키지는 않았는가?
. 자신의 경험에 대한 느낌은?

제7단계 : 공유

이런 노력 후에는 다른 사람과 공유하는 것이 바람직하다. 경험을 배울 수 있도록 서로 격려하고 다른 사람들도 유사한 활동을 전개하도록 동기를 부여하기 위해 서로 돕는다. 이를 통해 다른 사람들도 보람을 느끼는 기회를 가질 수 있을 것이다. 고학년들은 저학년들이 활동하도록 도움으로써 지속적인 활동이 전개되도록 할 수 있다. 이런 일들은 청소년들이 지도력을 키우는 중요한 기회가 된다.

2. 지구 환경의 현실

1. 대기오염(air pollution ; 大氣汚染)

대기오염이란 인위적 발생원에서 배출된 물질이 생물이나 기물에 직접적으로 해를 끼칠 만큼 다량으로 대기 중에 존재하는 상태를 말한다.
현재 세계는 운송, 통신, 생산 등 모든 영역에서 석유, 천연 가스, 나무 등을 에너지원으로 사용하고 있는데, 에너지의 사용은 건강에 해로운 오염 물질의 생성과 산성비, 온실 효과를 야기하고 있다. 개발도상국에서는 급격한 경제 성장을 위해 에너지 소비량이 급증하여 더욱 큰 문제가 되고 있으며, 전 세계는 대체 에너지의 개발과 함께 에너지 사용과 관련된 오염원인 제거를 위해 많은 노력을 하고 있다.

또한 태양 전지, 안전한 원자력 발전소, 천연가스를 이용한 교통수단의 운영, 생물자원(biomass)에너지 개발하고, 풍력, 지열과 조력발전 등 새로운 에너지원의 발달에도 힘쓰고 있다.

배출된 오염물질은 대기 중에서 이송·확산되는데, 역전층(逆轉層)이 발생하거나 풍속이 떨어지면 이송·확산이 방해되어 오염물질이 모여서 고오염(高汚染)을 일으킨다. 배출된 오염물질이 강풍 때문에 고농도인 채 국지로 날려 와서 오염을 일으키고, 바람으로 이송되는 도중에 오염물질 사이에서 광화학 반응을 일으켜 광화학 스모그를 생성시키기도 한다.

시간이 지날수록 여러 나라의 대시상태는 점차 악화되고 있다. 산화질소와 발전소에서 나오는 이산화황 등은 인류를 위협하고 있으며, 특히 자동차 배기가스는 호흡기 질환을 앓고 있는 사람에게는 매우 위험하다. 이런 오염원은 수증기와 함께 대기 중에 떠 있다가 황산이나 질산으로 또는 원래 물질과는 전혀 다른 물질이 되어 하강하며 최악의 경우 산성비가 된다.

산성비(acid rain;酸性-)는 오염되지 않은 비에 비하여 산성이 강한 비를 의미한다. 자연의 비는 대기 속의 이산화탄소와 평형상태에 있다고 하면 pH 5.6이 하한(下限)이다. 오늘날 이보다 훨씬 산성이 강한 강우가 전 세계적으로 관측되고 있다. 네덜란드 근처에서 스칸디나비아반도 남부에 걸쳐, 또 미국의 북동부에서 캐나다에 걸치는 넓은 지역에서 pH3~5의 산성비가 항상 관측되는데, 지난 30년 동안에 pH의 연간평균값이 차차 저하되고 있다. 이 때문에 호소(湖沼)·하천의 pH 저하, 토양의 변질 등에 의한 자연계의 생태계에 영향을 주어, 어떤 종류의 플랑크톤·어류·삼림수목에 피해를 가져오고 있다. 원인은 도시화·산업화가 진행됨에 따라 석유·석탄의 사용량이 늘어나 이의 연소에 따라 발생하는 황산화물, 질소산화물이 황산·질산으로 변화하여 산성비가 된다.

또 해안의 여러 만이나 강어귀의 급격한 부영양화는 산성비와 관련이 있다. 산성비는 질소 화합물의 상당량을 씻어내려 보내며, 질소 화합물은 해조류의 급격한 성장을 초래하여 빛의 차단, 급격한 산소 소비 등으로 어류와 갑각류의 죽음을 야기한다. 부영양(eutrophic; 富營養)이란 물속에 영양물질을 많이 포함하고 있는 것을 의미하며, 부영양화 된 호수는 녹색·황록색, 때로는 노란빛을 띠며, 호수 속에는 유기물이 풍부하여 이를 분해시키기 위하여 산소가 소비되므로 여름철에는 밑층의 물이나 중층의 물에 산소가 결핍되거나 때로는 소실된다.

또 다른 큰 문제는 대기 중의 오존 수준의 변화이다. 오존층은 산소(O_2)와 자외선의 결합으로 생성된다. 오존은 산소로 산소는 다시 오존으로 교환되어 오존의 양을 보존한다. 그러나 이것을 파괴하는 물질이 오존을 파괴할 경우 균형은 깨지게 된다. 오존층이 2% 감소시 자외선 2~3%가 증가되어 피부암이 4.8~7.5%에 이르게 되어 매년 50만 명의 환자가 발생하게 된다. 앞으로 계속 오존이 2~3%씩 없어진다면 2075년 후에는 약 1억 명의 피부암환자가 발생한다.

이 오존층은 지구의 10~25㎞ 상공에 있는 대기의 높은 오존 농도는 위험한 자외선을 차단하여 생물을 보호해 주는데, 이 오존층은 냉방기, 폴리스틸렌, 냉장고, 소화기, 금속 용해제, 컴퓨터 회로판 등에 쓰이는 CFC(염화 불화 탄소)에 의해 손상된다.

2. 수질오염

물은 식물과 동물에게 필수적이다. 지구 표면의 71%는 물이지만 맑은 물은 그 중 3%에 지나지 않는다. 맑은 물의 77.5%는 빙하나 만년설에 존재한다. 이용 가능한 맑은 물의 3%는 대기나 수면에 있으며 나머지는 지하의 지하수층에서 발견된다.

물은 계속적인 순환을 한다. 태양열은 지표수의 증발을 일으키고 대기를 순환한 다음 비나 눈이 되어 내려와 토양 중에 스며들거나 식물이나 동물에 흡수 이용된다. 이런 순환은 몇 일, 몇 년, 혹은 몇 백 년을 지나 이루어지기도 한다. 모든 생물체는 물이 흡수, 섭취, 배설, 증산 등으로 물의 순화에 관여하며 인간도 물의 순환에 큰 영향력을 발휘한다.

물은 중요한 자원이다. 물의 질과 양은 인류의 건강과 인류의 분포를 결정하며 개발도상국에서는 적어도 매년 2500만 명이 오염된 물이나 수인성 전염병에 의해 죽어가고 있다. 또 개발도상국의 질병 중 약 80%는 수인성이다. 북반구에서는 10분의 1이 안전한 식수를 구할 수 없는 반면 남반구에서는 5분의 2 정도의 인구가 맑고 깨끗한 물과 위생적인 물의 혜택을 받을 수가 있다. 실제 지구상에는 맑은 물이 우리가 필요로 하는 양의 2배 가량 존재하나 문제는 이 물이 불균형하게 분포되어 있다는 데 있다. 계절적, 짧은 기간 동안의 기후 변화는 심각한 문제를 야기하며 세계 여러 곳의 가뭄이나 홍수의 소식은 이를 뒷받침하고 있다.

물은 산업, 농업, 가사에 필수적이다. 생물의 서식지의 오염이나 파괴는 물의 오용으로 인해 일어나며 결국은 수로나 지하수의 오염을 초래한다. 농작물 경작에는 관개 운수가 사용되며 10ℓ의 물로 500g의 밀이 생산된다. 이때 농약, 비료 등의 화학 물질이 땅 속으로 스며들어 수자원이 오염되며 개간으로 인하여, 또 토양의 유실로 유용한 대지가 파괴되고 있다.

가정 용수는 삶의 질의 향상과 생존을 위해 사용되고 있으며, 평균적으로 1인당 하루 약 2ℓ을 사용하고 있다. 분해되지 않는 비누나 세척제의 과도한 사용, 하수의 배출, 화장실 세정제 등의 남용은 환경 파괴에 큰 영향을 미친다.

참고로 정화하는 데 필요한 물의 양을 보면 다음과 같다.
　　　된장찌게 한 그릇은　18,000컵
　　　육게장 한 그릇은　　51,00컵
　　　설렁탕 한 그릇은　　5,700컵
　　　갈비탕 한 그릇은　　3,000컵
　　　라면 한 그릇은　　　4,100컵
　　　소주 한 병은　　　　99,000컵
　　　맥주 한 병은　　　　43,000컵

무기물질은 하천에 탁도(濁度)를 나타내기도 하고, 일부의 금속류는 생태계와 인간에게 직접 또는 먹이연쇄(food chain)를 통하여 간접적으로 해를 주기도 한다. 무기물(inorganic compound;無機物)은 유기화합물을 제외한 모든 화합물로서, 탄소 이외의 원소만으로 이루어지는 화합물 및 탄소를 함유하는 화합물 중에서도 비교적 간단한 산화물(일산화탄소 Co, 이산화탄소 Co2 등), 시안화물(시안화칼륨 KCN 등), 탄산염(탄산나트륨 Na2Co3, 10H2o 등) 등을 말한다.

유기물질은 가장 중요한 오염물질이다. 유기물질은 수중에서 세균·균류 등에 의하여 생화학적으로 분해되는데, 이 때 용존산소가 소비되므로, 지나치게 많은 유기물질이 자연수역에 방류될 때 수중의 산소가 결핍되거나 또는 없어진다. 그러면 물고기 등과 같이 산소 공급을 필요로 하는 생물이 분포변화·감소·멸종될 수 있다. 산소가 없는 상태에서는 유해한 황화수소 등이 발생하고, 물이 산성(酸性)이 되는 등 화학적 성분이 악화되고, 냄새가 나며, 물의 미관(美觀)이 저하된다.

또한 유기물질 중의 **인과 질소성분은** 호수 등의 폐쇄수역을 부영양화(富營養化)시키기도 하고 합성유기물질인 농약·합성세제 등은 수중생태계 및 인간에게 직·간접으로 피해를 주며 용수의 질을 저하시키기도 한다. 역시 유기물질인 기름이 수송과정에서 해역에 누출되면 해수면을 덮고, 대기와 해수 사이의 물질교환을 차단하므로 그 밑의 해양생태계에 치명적인 피해를 줄 수 있다.

그리고 합성세제의 독성은 물 1ℓ에 합성세제 0.1g을 넣어 희석시킨 다음 송사리 10마리를 넣었더니 풍풍에서 2시간 15분, 트리오에서 2시간 30분 만에 죽었고, 순식물성 세제에서는 3일이 지나도 살아있었다는 보고를 통하여서 알 수 있다. 또한 세제의 사용과정에서 피부에 접촉되면 지방질을 녹여 피부염을 유발하며, 몸속으로 들어가면 중금속, 농약, 레스트롤의 흡수를 촉진시킨다. 또한 식물성 세제는 미생물에 의해 유독성 물질로 변함으로써 문제가 발생한다고 한다.

생물이나 인간에게 유해, 유독한 독극 물질로서 수은, 카드뮴, 납, 등의 중금속이나 그의 화합물, 폴리염화비페닐, 시안, 페놀 등이 있다. 이들의 대부분이 금속 또는 화학공장에서 배출된다. 이러한 독물은 식수를 오염시키거나 어패류를 통해 인체에 오염된다. 이것들은 분해, 소실되지 않고 순환됨으로(중금속의 대부분은 원소이기 때문에 분해가 되지 않음), 독극물오염이 자연계의 자정작용으로 회복된다는 생각은 잘못된 것이다.

3. 토양오염

열대 지방이나 온대 지방에서 1인치의 표토가 형성되는 데는 약 500년이 걸린다. 바람이나 물은 표토를 침식시키며 벌목, 과도한 방목, 농사, 광산 등은 표토의 침식을 촉진한다. 토양 침식 이외에 또 하나의 중요한 문제는 토양 오염이다. "지구는 쓰레기의 마지막 저장소이다"라고 한 과학자는 말했다. 지구는 쓰레기 매립지의 침출물은 물론 자동차 폐기물인 납에 이르기까지 다양한 오염원을 함유하고 있다. 사람들은 주변 토양의 오염으로 인해 정든 고향에서 쫓겨나기도 한다. 그리고 토양은 이산화탄소를 방출하는 수억의 미생물을 포함하고 있는데 지구의 온도 상승은 이산화탄소 발생을 촉진시켜 지구의 온실 효과를 가속시킬 우려가 있다.

오늘날의 가장 심각한 환경 문제는 대개 우리 자신이 만드는 것이다. 우리가 만들어낸 쓰레기로 무엇을 할까? 어디에 어떻게 쓰레기를 버릴 것인가? 항구와 항구 사이를 배회하는 폐기물을 실은 배, 쓰레기를 싣고 국경을 돌고 있는 운송차들이 쓰레기 매립지가 부족한 현실을 보여주고 있다. 쓰레기의 처리는 우리 환경을 크게 위협하고 있다. 우리는 현재 우리가 버리고 있는 쓰레기 처리는 물론 과거 아무 생각 없이 마구 처리했던 쓰레기의 결과 또한 처리하고 있다.

바다, 강, 토양 등에 버려진 독성 쓰레기에 의해 인류사회는 계속 영향을 받아 왔다. 지역 사회는 독성 쓰레기를 안전하게 버릴 수 있는 지역을 찾기 위해 노력하고 있으며 가정에는 이 물질의 대체물을 사용토록 제안하고 있고 특히 개인의 교육을 통해 이 문제를 해결하도록 노력하고 있다. 환경론자들 사이에서만 사용되었던 재활용이란 용어는 경제적 공감과 환경 보전의 필요에 의해 널리 통용되고 있으나 재활용 방법과 인식의 부족이 재활용을 저해하는 요인이 되고 있다.

우리나라의 경우 한 사람이 하루에 배출하는 쓰레기양은 중량으로 따져서 1.8kg 정도였으나, 재활용과 쓰레기 감소를 위해 쓰레기 종량제를 실시한 결과 효과를 거두고 있다. 또한 많은 제조업체는 제작 과정에서 원료의 사용보다 재활용이 훨씬 경제성이 크고, 연구와 기계 교체에 드는 비용이 공정 중 발생하는 부산물을 폐기하는 것보다 훨씬 비용이 덜 든다고 주장한다. 재활용 방법을 적극적으로 개발하고 있는 플라스틱 공장에서는 재활용의 경제성을 특히 강조한다.

4. 하이테크(Hi-Tech) 공해

반도체, 뉴 세라믹, 바이오 테크놀로지(Bio-Technology) 등의 고도첨단 기술을 보통 하이테크라 부른다. 컴퓨터, 워드 프로세서, 컴퓨터 게임기, 퍼지 세탁기, 바이오 제품 등이 대표적인 하이테크 제품이다. 하이테크가 생활을 편리하게 해 주기도 하지만, 한편으로는 하이테크에 의한 공해라는 부작용을 빚는다. 예컨대, 반도체(IC)는 컴퓨터, TV, 자동차, 의료기기, 로보트, 장난감 등에 사용되며, 하이테크 산업의 기초를 형성하고 있다. 그러나 IC 공장에서는 다량, 다종의 화학물질이 사용되고 있는데, 세정용으로 쓰인 트리클로로에틸렌 등의 유기염소계 용제에 의한 공장주변 지하수 오염, 프레온 113에 의한 대기오염이 발생한다는 것이 밝혀지고 있다.

　디스크나 테이프의 기억용량이 비약적으로 신장되면 기록용 종이나 책이 언젠가는 없어지는 시대가 올 것이라는 예측도 있다. 그러나 사무자동화 등으로 인한 컴퓨터 관계 기기의 종이 사용량이 엄청나 사무실에서 나오는 종이폐기물은 급증하는 추세이다.

　하이테크 제품의 대부분은 그 사용과정의 효능만이 과대하게 선전되고 있으나, 어떠한 제품이든지 생산, 소비, 폐기라는 과정이 있고, 각각의 과정에서 발생되는 오염의 실태를 명확히 할 필요가 있다.

　또한 플라스틱 공해로, 가공을 위한 첨가물이나 모노머(monomer: 저분자량의 물질로, 같은 종류 혹은 다른 종류의 분자를 함께 섞어 중합체를 만든 것)가 인체에 유해하다. 또 쓰레기로 처리되는 단계에서는 부피가 커 운송비 부담이 높고, 영원히 썩지 않기 때문에 산과 바다에 산과 바다에 그대로 쌓여가는 피해도 있다. 다른 쓰레기들과 함께 뒤섞여 나오는 경우 소각과정 중 플라스틱의 염화비닐에서 염화수소나 맹독성의 다이옥신이 발생한다.

3. 환경교육 프로그램

1. 환경보존 및 환경파괴 실태 사진 찍기

◆ 목 적
　환경이 보전된 지역이나 환경파괴 현장을 직접 사진에 담아 봄으로써 환경문제를 직접 느끼고 체험케 한다.
◆ 방 법
　① 학교 주변이나 지역 인근의 환경파괴 또는 생태계가 잘 보존되어 있는 지역을 선정, 돌아보고 직접 사진에 담아본다.
　② 그 결과를 놓고 환경문제에 관한 토론을 해 볼 수도 있고 더 나아가 화보집을 만들어 보거나 전시회 등을 개최한다.

2. 수질실험

◆ 목 적

직접적인 실험을 통해 수질오염이 발생하는 원인과 결과를 알게 한다.

◆ 방 법

① 지역의 강물, 생활 하천수, 수돗물, 합성세제를 섞은 물, 자연세제를 섞은 물 등 여러 가지 물 견본을 투명 용기에 담아 어린이들이 가까이 관찰할 수 있는 위치에 놓고 우선 각 물의 상태를 관찰, 기록하게 한다.

② 그리고 나서 각각의 용기에 물고기를 담아 시시각각 어떤 반응이 나타나는지를 관찰, 기록하게 한다. 오염이 심한 물일수록 물고기의 활동성이 현저하게 저하되며, 합성세제물에 들어간 물고기는 대개 30분 정도 경과 후면 죽게 된다.

③ 관찰과 기록을 마친 후에는 각 조별로 어린이들이 관찰한 내용을 서로 발표, 평가하는 시간을 가짐으로써 어린이들이 물을 오염시키는 원인, 오염된 물이 생물체에 미치는 영향, 그리고 앞으로 물을 오염시키지 않으려면 어떠한 일을 해야 하는지 등에 관하여 각자의 느낌과 다짐을 하도록 한다.

3. 하천 탐사

◆ 목 적

한강 탐사, 영산강 탐사, 낙동강 탐사, 만경강 탐사, 안양천 탐사 등 지역에 있는 강이나 하천의 탐사활동을 통해 하천 오염현황을 직접 체험하게 할 수 있게 한다.

◆ 방 법

인근 지역의 강이나 하천을 지정하여 1일 또는 1박 2일의 프로그램을 계획해 본다. 육안으로 수질의 정도를 관찰하여 오염도를 살펴보고, 간단한 수질 측정 실험을 현장에서 벌인다. 가까이에 호소 수질연구소 등 하천과 관련한 연구기관이 있다면, 연구원, 실험도구 및 배 등을 지원받아 강 한 가운데로 들어가 설명을 들으면서 실험을 해본다. 탐사 코스에는 강이나 하천뿐만 아니라 이를 오염시키는 인근의 유해폐기물 배출업소나 축산폐기물 배출업소 등을 방문할 수 있으며, 하수종말처리장 및 폐기물을 잘 처리하는 모범업 소를 사전에 파악하여 방문하는 것도 탐사코스에 넣을 수 있다.

◆ 탐사코스 예: 남한강 탐사코스

경안천 상류->고려피혁(4단계 폐수처리 공정과정)->용인자연농원 그린워터파크(표준 활성 오니법에 의한 오·폐수처리 공정시설)->용인군 하수처리장->경안천 중류지역->광주군 롯데칠성주식회사(폐수처리공정과정)->팔당, 경안천 합류지점->팔당상수원 관리사무소->호소수질연구소

(　　) 강 관찰 기록표

① 관찰자 이름
② 관찰 일시
③ 비가 내린 경우　 비 온 뒤 시간 분 (비의 양 mm)
④ 날씨
⑤ 기온 섭씨 도 수온　 섭씨 도
⑥ 물의 색깔은?
⑦ 흙탕물입니까?
⑧ 기름이 떠 있습니까?
⑨ 물의 냄새는?
⑩ 손을 대보았을 때의 느낌은
⑪ 차갑습니까?(　　)/따뜻합니까? (　)/기타 느낌은 (　)
⑫ 기타 알게 된 것은?
⑬ 관찰 지점의 주변 환경 모습은?(낚시꾼, 놀고 있는 사람들, 강가의 땅 모양, 강물의 흐름, 식물,　 새 등)
⑭ 오늘 하루 가장 즐거웠던 일과, 강가에서 오늘 자신이 느낀 점은?

4. 수질조사

◆ 목 적

　간단한 수질실험 방법을 습득케 하고 청소년들이 직접 하천을 찾아가 수질조사를 실시하는 과정에서 청소년들이 체계적인 환경의식을 갖게 하고, 문제해결을 위해 학생들이 지역사회에서 동원할 수 있는 조직과 함께 실천할 수 있는 과제를 설정하게 하며, 나아가 학생들의 책임감 있는 소비활동을 유도한다.

◆ 방 법

　① 지역에 인접한 강을 선정한 뒤 학생, 교사, 수자원 전문가 등이 참여하여 일정기간 지속적으로 조사, 실험을 한다. 이를 위해 전문가, 교사, 학생이 참가하는 워크샵을 개최하여 수질검사의 구체적인 방법, 유의사항, 검사결과의 해석방법 등을 훈련시킨다.

　② 그리고 나서 수질실험을 위한 간단한 수질조사 장비가 구비된 수질상자(이른바 환경 구급상자)를 준비하고 학생들 스스로가 간단한 수질실험을 현장에서 실행할 수 있도록 한다.

　③ 조사를 바탕으로 회의를 개최하여, 지역의 강이나 하천을 조직적으로 이해하게 하고, 그를 정화하기 위해 학교, 교회 학생회, 청소년 단체 등이 참여하여 실천할 수 있는 역할을 자발적으로 체득토록 한다. 회의는 가능하면 학생들이 주

도해 나가고 교사나 수자원 전문가는 조언, 지도하는 역할을 한다.

5. 수질 관찰

◆ 목 적

이 조사법은 하천에 살고 있는(육안으로 볼 수 있는 크기)의 여러 가지 생물(지표생물)을 조사하여 그 결과로 하천수질의 상태를 알아보는 것이다.

◆ 방 법

1) 어디를?

① 이 조사를 행하는 하천은 수심이 30cm 전후로 흐름이 빠르고(유속 30-40cm/sec) 바닥에 돌이 많은 장소를 조사지점으로 하는 것이 좋다. 생물의 조사는 하천변에서 조금 떨어진 곳에서 하는 것이 원칙이다.

② 조사 지점은 하천의 흐름을 따라 적당한 거리를 두고 결정한다. 하천 전체의 수질 등급 지도를 만드는 경우는 하천의 길이와 조사지점 수를 고려하여 대개 같은 간격이 되도록 하는 것이 좋다. 지류와 공장, 처리장 등 수질이 아주 다른 물이 유입되는 경우에는 유입점의 상류측을 조사하고, 또 하류측에서 유입된 물이 잘 혼합된 지점을 택해 조사한다.

2) 언제?

조사 시기는 1년에 걸쳐 조사하는 경우에는 사계절에 한 번씩 조사하는 것이 이상적이다. 한번만 조사하는 경우에는 크게 자란 수생곤충이 많은 봄(3-5월경)이 가장 좋지만 여름에도 가능하다. 조사 전 비가 내려 물이 불어난 경우에는 위험하고 또 생물이 떠내려가 버리기 때문에 비가 내리기 전의 상태로 돌아가기를 기다려 조사한다.

3) 조사를 위한 준비

① 조사하려는 하천이 나와 있는 2만 5천분의 1정도의 지도를 준비한다.

② 그 지도에 조사할 장소를 표시한다. 사전에 현지에 가서 조사지점의 상황과 가는데 걸리는 시간, 하천에 들어가기 쉬운 곳 등을 조사하여 가면 시간을 절약할 수 있다.

③ 조사를 위한 도구 - 기록용지

- 교재, 연필, 확대경, 핀셋, 장화, 고무장갑, 온도계, 양동이 등.
- 쟁반(바닥이 하얗고 평평한 쟁반이 곤충과 조개를 분류하는데 편리하다)
- 채집망(1-2 mm 정도의 눈으로 된 망을 2개의 봉 사이에 편 것이 좋다.)

4) 조사방법

① 조사는 3-5인의 조를 짜서 한다.

② 조사할 지점에 도착하면 먼저 기록용지에 지점명, 지점번호, 월일, 시각, 그 지점의 상황을 기입한다.

③ 다음에 하천에 들어가서 돌이 있는 장소를 찾는다. 만약 그러한 장소가 없다면 작은 모래와 자갈들이 있는 곳도 괜찮다.
④ 채취지점이 결정되면 하류측에 채집망을 설치하고 그곳의 돌 또는 자갈 몇 개를 가만히 집어 올려 접시나 양동이에 놓는다. 돌과 자갈을 들어낸 뒤 하천바닥을 삽과 발로 휘저어 떠내려가는 벌레를 망으로 잡는다. 바닥의 모래와 진흙도 같은 방법으로 한다.
⑤ 하천가로 가지고 나온 돌과 자갈은 하얀 쟁반이나 하얀 비닐보자기 위에 놓고 잘 관찰하면서 표면에 붙은 생물을 핀셋으로 채취한다. 채집망에 남아있는 생물도 핀셋으로 채취한다.
⑥ 채취한 생물을 기록용지에 기입한다. 생물의 분류 및 확인은 지표생물도에 의해 행한다.
⑦ 조사가 끝나면 관찰한 생물과 돌을 하천에 도로 놓아준다.

6. 대기오염 조사

◆ 방법
① 주변을 산책하며 눈으로 볼 수 있는 대기 오염을 찾아본다.
② 이 때 교사는 대기 오염에 대해 호기심을 가질 수 있는 장소를 택하는 것이 좋다(공장 주변, 자동차가 많은 도로변, 쓰레기 처리장 등).
③ 산책 나간 곳에서 숨을 쉬어 보거나, 주변의 먼지 또는 식물들을 관찰한다.
④ 교사는 아동의 반응에 따라 적절히 질문한다.
　　　　숨을 쉴 때 기분이 어떠니?
　　　　나뭇잎 색이 어떠니?
　　　　자동차 뒤에서 나오는 것이 무엇이니?
⑤ 연기나 쓰레기가 있는 곳에서 숨을 쉬어 본 경험이 있는지 이야기해 본다 (대기를 흐리게 하고 숨 쉬는 데 방해가 되는 것이 대기 오염 때문임을 알 수 있다).
⑥ 우리 주변에서 대기를 더럽히는 것에는 어떤 것이 있는지 이야기 나눈다.
⑦ 대기를 깨끗이 하기 위해서 할 수 있는 일에 대해 토의해 본다.

7. 대기오염 관찰

◆ 목 표
① 실험을 통해 대기가 더러워지는 현상 관찰하기
② 연기에 의해 대기가 오염되는 것 알기
◆ 재 료: 초, 접시, 성냥, 금속숟가락

◆ 방 법
　① 접시에 초를 고정시킨 후 불을 켠다.
　② 금속 숟가락을 촛불 위에 그을린다. 숟가락에 무엇이 묻었는가?
　③ 촛불을 꺼 본다. 공중에 무엇이 생기는지 관찰한다.
　④ 우리 집 근처에서 연기가 대기를 오염시키는 경우를 알아본다.
　⑤ 대기가 깨끗하지 않은 것을 경험해 본 적이 있는지에 대해 이야기를 나눈다(예: 어른이 담배 피울 때 왜 재채기가 날까? 자동차들이 지나갈 때 먼지나 까만 연기를 본 적이 있는지?)
　⑥ 집안에서 탁자 위나 책장 등에 먼지가 덮혀 있는 것을 관찰한다. 어디서 먼지들이 날라 왔는지? 먼지가 왜 생기는지 알아본다.

8. 대기오염 관찰(2)

◆ 목 표
　① 대기오염의 정도를 직접 관찰하기
　② 대기오염이 우리에게 영향을 끼친다는 것 알기
◆ 재 료: 접시 2개, 풀, 셀로판 테이프, 흰 종이.
◆ 방 법
　① 접시 두 개에 풀을 많이 담아 놓고 한 접시에는 흰 종이를 넣어 셀로판 테이프로 가장 자리를 붙여 놓는다.
　② 두 접시를 옥상에다 하루 쯤 놓아둔다.
　③ 하루 정도 놓아둔 후 다음날 두 접시를 가져다 무엇이 얼마나 묻었는지 관찰한다. 어느 접시에 먼지가 더 붙었는지 비교한다.
　④ 흰 종이와 풀에 묻은 먼지와 연기 그을음 등은 동네에 따라 다르다. 각 가정에서도 한 번 실험해 본다.
　⑤ 우리 동네에서 나쁜 냄새나 더러운 연기를 내는 것에는 무엇이 있는지 찾아본다. 쓰레기장, 하수도, 공장의 굴뚝 등은 모두 우리가 사는 곳을 더럽히지 말아야 한다.

9. 자동차 배기가스 관찰

◆ 목 표
　① 자동차의 배기가스가 생기는 이유 알아보기.
　② 배기가스를 뿜고 다니는 차들 관찰하기.
　③ 배기가스는 대기를 더럽힌다는 것 알기.
◆ 재 료: 자동차가 그려 있는 그림 또는 사진.

◆ 방 법
   ① 교통기관에 대한 주체가 진행될 때 자동차의 대체적인 구조를 직접 보면서 어린이들이 이해할 수 있는 수준으로 대화를 나눈다.
      어린이들이 타는 자전거에서 앞바퀴는 어떠한 일을 하나(방향 잡아주기)?
      뒷바퀴는 어떠한 일을 하나(힘을 내어 자전거 달리도록 한다)?
      자동차에는 휘발유나 가스를 넣는다(사람이 음식을 먹고 힘을 내는 것과 유사하다).
      자동차가 달릴 때 뒤에서 연기가 나온다(이를 배기가스라 한다).
   ② 어린이들과 가까운 찻길에 나아가 얼마나 많은 차들이 배기가스를 내며 다니는지 관찰한다.
   ③ 자동차 길에 서서 숨 쉴 때 어떤 냄새가 나는지? 어떤 색깔의 연기가 나오는지에 대하여 이야기 한다.
   ④ 자동차들은 이런 연기를 내지 않도록 자주 정비공장에 가서 소제를 하고 오래된 기계는 바꾼다.

10. 자동차 배기가스 실험

◆ 목 표
   ① 자동차의 배기가스가 생기는 이유 인식하기.
   ② 자동차 매연이 대기를 더럽힌다는 사실 인식하기.
   ③ 자동차 매연이 몸에 해롭다는 것 인식하기.
◆ 재 료: 등원버스 1대, 유리병(뚜껑 있는 투명한 것) 2개, 약간의 솜.
◆ 방 법
   ① 아동들을 데리고 주변 동네 주변의 숲속 등 공기 좋은 곳을 산책하며 숨을 쉬면서 냄새도 맡아본다.
   ② 숨을 쉴 때의 기분이 어떠한 가를 물어본다.
   ③ 등원버스에 시동을 켠 뒤 자동차 연기냄새를 맡아보게 하고 어떤 색깔의 연기가 나오는 지 관찰시킨다. (주의 ; 기사와의 안전문제 협의, 흡입은 2-3초 이내로 통제)
   ④ 어린이집 주변을 산책했을 때와 자동차 매연을 맡았을 때 각각 어떠한 느낌이 나는지 물어본다.
   ⑤ 두 개의 빈 병에 솜을 넣고 한 개에는 자동차에서 나오는 배기가스를 넣고 한 개의 병에는 운동장 공기를 넣어 뚜껑을 닫고 교실로 가져온 뒤 관찰한다.
◆ 평 가
   아동들에게 오염된 솜과 오염되지 않은 솜을 보여주며 자동차가 뿜는 연기가 우리의 건강을 해롭게 한다는 애기를 나눈다. 자동차 매연이 나오지 않게 하려면 어떻게 해야 할까에 대해 이야기 해본다. 가까운 거리는 걸어서 다니거나 자전거를 타고 다니는 등 자동차를 대체할 수 있는 교통수단에 대해 토론한다.

11. 환경보전 생활실천 수칙 및 서약

◆ 목 적

그동안 진행된 교육을 통해 특히 환경문제에 관심이 높은 어린이/청소년들로 그룹을 형성, 이른바 '어린이환경회의', '청소년환경회의' 등을 조직케 함으로써 청소년들의 자발성과 지도력을 높여 나가도록 한다.

◆ 방 법

① 그동안 진행된 교육을 정리하면서 어린이/청소년 스스로 환경오염을 막기 위해서 할 수 있는 일들에 대해 토론하게 한다. 그 안에서 어린이/청소년 스스로 환경보전을 위해 학교나 집 등 일상생활에서 할 수 있는 일들에 대해 토론하고 20가지 정도의 과제를 설정한다. 구체적 과제들이 설정될 수 있도록 하는 데에는 선생님의 토론 지도가 중요하다.

② 환경실천 서약식을 가짐으로써 서약식에 참가한 친구들과 더불어 이후 환경보호 생활실천을 해 나가겠다는 공동체 의식을 나눈다. 환경일기를 씀으로써 환경교육과 서약식을 통해 실천하기로 약속한 일들을 일상생활 속에서 잘 지키고 있는지 스스로 점검하고 반성하도록 한다.

◎ 수칙의 예:

<맑고 푸른 세상을 가꾸는 어린이 생활환경수칙>

- 물을 아껴 쓰고, 이를 닦을 때, 세수할 때 컵과 대야에 물을 받아서 합니다.
- 샴푸나 린스 대신 세숫비누로 머리를 감습니다.
- 아무 데나 쓰레기를 버리지 말고, 쓰레기는 분리하여 버립니다.
- 소풍갈 때 일회용 도시락, 나무젓가락을 쓰지 않습니다.
- 군것질을 많이 하지 말고, 자동판매기의 음료수는 사먹지 않습니다.
- 헌 병, 우유곽, 헌종이 등 폐품을 모읍니다. 폐품을 이용하여 공작품을 만들어 봅니다.
- 친구의 초대를 받았을 때 선물은 간단한 것을 준비하고 포장도 간단하게 합니다.
- 친구들과 서로 쓰지 않는 물건을 교환합니다. 교과서, 참고서, 장난감 등은 깨끗이 사용하고 동생에게 물려줍니다.
- 샤프 대신 연필을 사용하고, 몽당연필은 볼펜깍지에 끼워 씁니다.

- 크레파스, 지우개, 그림물감, 색연필은 쓰다 버리지 말고, 끝까지 사용합니다.
- 학용품은 필요한 만큼만 사고, 아껴 씁니다.
- 어머니가 만들어 주신 음식은 아껴먹고 남기지 않습니다.
- 햄버거 집, 피자 집 등 패스트푸드점에는 가지 않습니다.
- 과자, 라면 등 인스턴트 식품은 먹지 않습니다.
- 가까운 거리의 학교는 걸어서 다닙니다.
- 빈 방의 불을 솔선해서 끕니다.
- 냉장고 문은 자주 여닫지 않습니다.
- 텔레비젼은 어린이 프로그램만 봅니다.
- 꽃과 나무를 함부로 꺾지 말고, 집 주위, 학교 교정에 꽃과 나무를 심고 가꿉니다.
- 주말이 되면 부모와 함께 가까운 자연으로 나가서 맑은 공기를 마셔봅니다. 맨발로 모래 위, 흙 위를 걸어 다녀 봅니다.

<녹색 세계를 만드는 청소년 생활환경수칙>

- 멋내기 위해 스프레이와 무스를 사용하지 않습니다.
- 선물의 집 등에서 과다한 포장으로 된 선물이나 물건을 사지 않습니다. 친구에게 선물할 때 자연색의 재생종이나 얇은 면 손수건을 사용합니다.
- 학교에 쓰레기 분리수거함을 설치하고 쓰레기를 분리하여 버립니다.
- 친구들과 의논하여 헌 옷이나 참고서 등을 교환하는 교내 알뜰시장을 개최합니다.
- 약속장소로 쓰레기가 과다하게 배출되는 패스트 푸드점을 택하지 맙시다.
- 개인용 라디오(워크맨 등)를 사용할 때 충전식 건전지를 사용합니다.
- 종이 휴지 대신 손수건을 가지고 다닙니다.
- 한 번 사용하고 버리는 일회용 펜의 사용을 줄이고 볼펜심은 갈아 끼워 사용합니다. 일회용 펜 대신 만년필을 사용합니다.
- 재생공책을 선택하고 끝까지 다 씁니다.
- 교과서, 참고서는 깨끗이 사용한 후 후배에게 물려줍니다.
- 자판기의 컵라면, 음료수를 사먹지 말고, 학교에 설치되어 있는 자판기는 철수시킵시다.
- 가까운 거리의 학교는 걸어 다니거나 자전거로 통학합니다.
- 공부할 때 이외에 불필요한 전기사용을 줄입니다.
- 사용하지 않는 컴퓨터를 오랫동안 켜두지 않습니다.
- 주말이면 친구들과 영화관 대신 들과 산으로 나가 자연을 만날 수 있는 기회를 가져봅니다. 지도를 들고 자전거 여행도 해봅니다.

- 친구들과 환경 관련 기사를 스크랩하여 읽고 토론해 봅니다.
- 환경에 관련된 월간지와 책, 소설책을 읽어봅니다.
- TV, 비디오를 통하여 지구환경에 대해 알아보고 환경보호 활동도 알아봅니다.
- 친구들과 함께 주변의 깨끗한 자연과 오염된 자연을 사진에 담아보고, 교내에서 사진 고발전(告發殿)을 가져봅니다.
- 친구들과 학교나 지역에서 환경통신원 활동이나 환경규찰대(또는 녹색규찰대) 활동을 펼쳐 봅니다. 주변의 환경오염실태를 모니터하고 모니터 한 내용을 토론하고 알리며, 개선해 갈 수 있는 방안을 모색해 봅니다. 생활주변의 낭비요인도 감시하고 환경실천을 솔선수범 합니다.

12. 물물교환 시장

물물교환 시장은 아이들에게 흥미를 유발시켜 물자절약의 태도를 배우고 시장의 역할도 이해하는 의도로 학급에서 해볼 만한 특별활동이다.
① 물물 교환 시장의 방법과 의미를 설명해 주면서 아이들의 참여를 유도한다.
② 물물교환시장 운영 모둠(담당자)을 선정한다.
③ 4일 내지 1주일 정도의 시간을 주어 물건을 수집한다.
④ 담당 모둠에서는 수집된 물건에 가격을 표시하고 찢어진 것 등은 테이프로 붙여 수선한다.
⑤ 물건 값은 원래 가격의 1/3로 하고 그다지 쓸모가 없는 것은 수집하지 않는다.
⑥ 물건 값을 지불하는 화폐는 교사나 담당 모둠 아이들이 제작하여 사용한다. 가능한 한 넉넉히 준비해야 한다.
⑦ 수집된 물건은 교실 한 구석에 쌓아 보관하고 시장을 열기 전날 담당 모둠과 함께 진열한다. (쓰임새에 따라 분류하는 것이 더욱 편리하다.)
⑧ 시장은 아침 8시 30분에서 9시까지만 열고 남은 물건은 다음 시장에 판매한다.
⑨ 한 번 시장에서 사갔던 물건을 다시 시장에 내 놓을 때는 원래가격의 1/4 가격으로 한다.
⑩ 교사도 아이들과 함께 물건을 내 놓으면 훨씬 더 많은 흥미를 끌 수 있다.
⑪ 주의해야할 점은 시장이 열리기 전에 미리 사가는 일이 없도록 하고 힘이 세거나 학급에서 주도적(?)인 역할을 하는 아이들이 미리 좋은 물건을 맡아놓는 경우가 있는데 교사의 적절한 지도가 필요한 부분이다.

제16장 놀이와 게임지도

1. 놀이와 게임

1. 놀이란?

1) 놀이의 개념

백과사전에서 놀이(play)란 "즐거움을 얻기 위해 자발적으로 행하는 모든 활동"을 의미한다. 인간의 모든 신체적·정신적 활동 가운데 생존과 관련된 활동을 제외한 것으로 보통 '일'과 대립되는 개념으로 쓰인다. 놀이와 일은 자기실현의 기회가 주어지는 인간의 의식적인 활동이라는 점에서는 같으나, 놀이는 '재미' 또는 '즐거움'을 전제로 하지만, 일은 그렇지 않다는 차이점이 있다. 일 또한 즐거움을 주기도 하지만, 그것이 필수적인 것은 아니며, 놀이와는 달리 강제성을 지니고 때때로 고통을 수반하기도 한다. 반면 놀이는 강제성이 없는 자발적 참여를 특징으로 하고 '보상'을 전제로 하지 않으며, '재미'나 '만족' 그 자체를 목적으로 한다.

원시농경사회에서 아이들의 놀이는 일이었다. 그러나 산업사회로 들어와서는 놀이를 노동이나 일과는 다른 별개의 유희로 보는 경향이 강했다. 그러나 현대사회에서는 아이들에게는 일이 곧 놀이이고 놀이가 곧 일이라고 보는 경향이다.

아동기의 놀이 활동은 아이들의 지능발달과 사회화 훈련에 중요할 뿐만 아니라, 놀이의 구체적인 신체활동을 통해 신체발달에도 중요한 역할을 한다. 또한 성인에게 있어서 놀이는 피로를 풀며 일상생활이나 일에서 생기는 스트레스를 해소하고 기분을 전환하는 데 중요한 것으로 평가되는데, 생활의욕을 높이기 위한 것으로 효용이 높다.

2) 놀이의 특징

네덜란드의 문화사학자 호이징하는 놀이는 세 가지의 형식적 측면을 갖는다고 했다.

① 놀이는 생산과 관련된 현실적인 어떠한 목표도 의도하지 않고 그 자체를 즐기기 위하여 행해지는 활동이다. 다시 말하면 "놀이는 그 자체가 목적이다"라

는 말이다. 그 어떤 다른 형태의 목적도 내재하지 않는 현실세계의 생존과는 무관한 순수한 활동을 의미한다.

② 놀이는 일상세계와 분리된 차별화된 특정한 시간과 공간에서만 행해진다. 여기서 말하는 차별화된 특정한 시간과 공간이란 현실세계가 아닌 다른 세계에 존재하는 것이 아니다. 놀이를 구성하고 있는 공간과 시간은 생활과 관계하는 공간과 시간을 새롭게 재구성함으로써 구현된다. 만약에 우리가 숨바꼭질을 한다고 한다면 숨바꼭질이 행해지는 장소와 시간은 놀이참여자들이 합의한 시간과 장소로 한정된다. 예를 들면 철수네 대문 앞에서 영희네 앞마당까지로 한정되는 순간 그 공간은 더 이상 현실생활의 공간이 아닌 독립적인 놀이의 공간으로 탈바꿈한다. 놀이 참여자들이 합의한 놀이시간이 끝나면 놀이는 자연스럽게 종료되고, 그 순간 놀이의 공간은 현실생활의 공간으로 환원된다.

③ 놀이는 합의된 규칙을 엄격히 준수한다. 놀이에 참여하는 사람들은 서로 합의한 규칙을 반드시 지켜야만 한다. 그래야만 놀이가 비로소 재미가 있기 때문이다. 대부분의 함께 하는 놀이에서 중요한 것은 바로 그 놀이를 구성하고 있는 질서, 즉 규칙이다. 그 규칙을 모든 성원이 서로 잘 지켰을 때, 비로소 놀이가 가지고 있는 신명성을 만끽할 수가 있다.

결국 놀이는 진지함과 엄숙함을 동반하게 됨과 동시에 신명성을 띄게 된다. 따라서 놀이의 세 가지 형식적 측면을 수반하는 모든 형태의 문화 즉, 놀이의 진지함과 엄숙함, 그리고 신명성을 띄고 있는 모든 문화현상은 곧 놀이라고 할 수 있다.

3) 놀이의 기능

① 놀이는 자연의 일부인 인간의 몸의 균형을 이루게 하여 육체적 항상성을 지켜주고,

② 놀이는 아이들의 마음의 안정과 균형을 이루게 하여 정신적 항상성을 지켜주고,

③ 교육학자 프랭크가 "놀이는 아이들의 가장 좋은 학습방법"이라고 규정한 것처럼, 놀이는 다양한 직접체험을 통한 새로운 종류의 능력을 얻게 되므로 교육적 의미를 지닌다.

2. 게임이란?

1) 게임의 개념

게임(game)의 어원은 "흥겹게 뛰다"라는 인도 유러피안 계통의 "gehem"에서

파생된 단어로, 재미를 느낄 수 있는 '놀이' 혹은 '오락'으로, "오락의 보편적인 형태"를 의미한다. 국어사전에서 오락(娛樂)은 생활이나 노동과 학업 등의 여가에 피로나 긴장을 풀기 위하여 게임·노래·춤 따위로 즐겁게 노는 일, 또는 사람의 마음을 즐겁게 하고 위안을 베푸는 것으로 설명한다. 일반적으로 게임은 기분전환이나 유흥을 위한 제반활동이 포함되며, 흔히 경쟁이나 시합을 수반하는 것이다.

인간이 생활하면서 느끼게 되는 정신적, 육체적인 피로를 풀어주고, 게임을 통해 사람들과의 관계를 보다 가깝게 만들어 주는 역할이 게임이다. 게임은 아동들의 운동능력을 발달시키고 자제력이나 자신감을 기르고 올바른 운동정신을 가지게 한다.

게임은 흔히 놀이와 혼돈하여 쓰이는 경우가 많다. 게임과 놀이는 둘 다 즐거움을 주는 지적·신체적 활동이지만, 게임이 놀이와 특별한 차이점은, 게임을 하기 위한 집단 구성원이 있어야 하며, 일정한 규칙이 있고, 승부를 가린다는 것이다.

Piaget, Smilansky, Sutton-Smith은 놀이가 게임보다 더 포괄적이며, 게임은 놀이의 일부분으로 본다. 즉 게임은 현실 장면을 축소하고 단순화된 조작적 모형으로, 아동들에게 다양한 역할과 참여 기회를 제공하는 놀이의 일종이다. 게임은 아동들에게 풍부한 학습상황을 제공하며, 상호작용 과정에서 방법과 규칙을 만들어내며, 사회적인 상호작용을 실행하는 기회를 갖게 한다. 따라서 게임은 놀이의 조직화된 활동이라고 볼 수 있다.

게임은 놀이의 조직적인 활동으로 볼 때, 그 가치는 놀이의 가치와 같은 맥락에서 이해할 수 있다. 아동들에게 있어서 놀이는 학습을 위한 기초가 되고 아동의 생활 그 자체라고도 볼 수 있다. 놀이는 아동기의 성장 발달에 필수적인 활동이며, 생활이며, 학습의 기본 형식이다.

2) 게임의 목적

게임은 아동 발달에 중요한 영향력을 행사한다. 즉, 아동의 게임은 풍부한 학습상황을 제공해 주고, 상호작용 과정에서 요구되는 방법과 규칙을 만들며, 의사소통을 가능하게 하며, 사회적인 상호작용을 실행하기 위한 기회를 제공해 준다. 또한 게임은 아동의 사회화를 위한 기본적인 수단이다. 사회화 과정에서 생기는 억압에 대한 갈등 해소와 사회적응 및 가치와 기술을 가르치는 중요한 역할을 한다.

게임의 목적을 구체적으로 정리하면 다음과 같다.
① 운동신경 및 운동감각을 예민하게 발달시킨다.
② 자제력 및 자신감을 기르며, 올바른 운동정신을 갖게 한다.

③ 바른 자세와 신체의 균형적인 발달을 이룬다.
④ 갈등을 해소하고, 정서적 만족감을 갖게 한다.
⑤ 집단의 일원으로서 규율을 지키고 공통된 목적을 달성하기 위해 함께 협력하는 것을 배운다.
⑥ 다른 친구들의 입장을 배려하는 마음을 가지게 한다.
⑦ 다른 친구들의 생각을 수렴하는 태도를 갖는다.
⑧ 의사소통을 배우며 의사결정의 과정에 참여하는 기회를 가짐으로써 사회적 결단을 배운다.

또한 게임은 언제 어디서나, 누구하고든지 거침없이, 재미있고 다 같이 즐기며, 규칙을 즐기는 것이다. 그러므로 게임은 지루함을 잊게 하고 심신의 건강을 유지시켜 주며 기분을 전환하는데 큰 효과를 나타낸다. 그러므로 게임은 가장 훌륭한 전인 교육 방법의 하나이며 생활의 활력소라고 할 수 있다.

여기에서는 놀이보다는 게임에 맞추어서 설명하고자 한다.

2. 게임지도의 실제

1. 게임지도자

건강한 게임이 되기 위해서는 건강한 정신을 갖고 자발적으로 참여할 수 있는 참가자가 있어야 하고, 민주적 의식과 경험 및 능력을 갖춘 지도자가 있어야 한다. 지도자는 아동들로 하여금 자연스러운 참여를 유도하며, 함께 어울리며 부담없고 자연스러운 태도와 마음가짐이 중요하다. 따라서 보다 훌륭한 게임 지도자가 되기 위해서는 현재 아동들이 접하고 있는 게임의 형태와 문화에 대한 기본적인 이해가 선행되어져야 하며, 다음과 같은 기본적인 자질을 갖추어야 한다.
① 게임의 의의와 가치를 이해하고 인정할 수 있어야 한다.
② 게임 활동을 통한 사회기여 및 타인을 사랑할 수 있어야 한다.
③ 진지한 노력과 교육적 가치창조를 하는 사람이어야 한다.
④ 활동을 도와주는 촉진자 역할을 할 수 있어야 한다.
⑤ 보다 원만한 인관관계를 할 수 있는 인격을 갖추어야 한다.
⑥ 전문적인 기술(인간관계, 지도력, 집단활동 지도력 등)이 있어야 한다.
⑦ 다양한 교육적 배경과 풍부한 경험이 있어야 한다.
⑧ 개인의 인격적 가치를 인식하고 존중해야 한다.
⑨ 개인의 욕구(공식적, 비공식적 욕구)와 집단 전체의 목표의 조화에도 노력해야 한다.

⑩ 게임을 통해 하나 됨의 공동체적 의식을 공유하도록 이끌 수 있어야 한다.

2. 게임지도의 단계

① 지도자와의 관계형성(rapport)단계 ; 지도자와 놀기 - 참가자와 지도자와의 관계형성은 모든 게임지도의 성패를 좌우한다(첫인상, 옷차림 등을 고려).
② 둘의 만남을 위한 도입단계(일대일 만남 face to face) ; 짝끼리 놀기 - 우선 가장 가까운 옆의 사람과 가질 수 있는 손쉽고도 간단한 놀이로 진행한다.
③ 자기소개를 위한 섞임의 단계 ; 여럿이 소개하며 놀기 - 자기를 남에게 소개하고 남의 소개를 받기 위해 서로 돌아다니거나, 앉아서 하는 게임의 단계가 필요하다.
④ 팀 구성과 공동 즉석 조립단계 ; 지도자와 놀기 및 자기표현 놀이 - 팀을 나누어 팀 구성원의 능력에 따라 지도자의 지시로 즉석 조립하는 놀이를 통해 각자가 자기 능력을 발휘하면서 하나의 완성품을 성취해 보는 신체적인 단계가 그 다음 단계이다.
⑤) 팀 공동성취의 예비단계 ; 모둠별 공동과제 해결 놀이 - 각자의 힘으로 이루어졌던 단계에서 한 팀이 공동으로 목표를 달성하는 신체적인 단계이다.
⑥ 팀별 공동 작업을 통한 만남의 단계 ; 과제해결놀이, 타 모둠과의 경쟁놀이 - 이제는 자기의 주장, 지적인 활용, 능력의 활용 등 공동 작업을 팀별로 수행하여 만남의 효과를 높이고 다른 팀도 이해하는 단계이다.
⑦ 팀의 해체와 휴식의 단계 ; 발표 및 소감나누기 - 이제 공동 작업을 끝낸 후 휴식하면서 팀과 이해하는 단계.
⑧ 팀 해체와 전체 섞임의 단계 ; 모두 함께하는 놀이 - 전체가 개별로 섞이면서 신체적인 접촉을 통하여 만남의 시간을 가질 수 있도록 유도한다.
⑨ Feed Back 과 Closing 단계 ; 피드백 및 종료 - 시작부터 지금까지의 일련의 활동에 대한 의미성 부여 및 내면화의 과정으로 놀이세계에서의 활동을 현실세계의 자기 삶과 연결에 초점을 맞춘 메시지 전달.

3. 게임의 분류

① 경기자의 수에 따라 분류하면, 개인 게임. 2명 1조 게임, 3명 1조 게임, 그리고 그 이상의 인원으로 구성하여 대항하는 편 게임으로 구분할 수 있다. 그리고 편을 나누지 않고 전체가 자유롭게 할 수 있는 자유대형이 있다.
② 경기자의 행동순서에 따른 분류하면, 먼저 하나의 게임에 둘 이상의 개인이나 팀이 동시에 행동하게 됨으로, 경기자가 자신의 전략을 선택할 순간에는 상대방이 어떤 전략을 선택했는지 알 수 없는 경우이고, 순차적 게임은 선행자의 행

동을 후행자가 관찰할 수 있다는 이점이 있다.
　③ 정보에 따른 분류는 완전정보 게임과 불완전정보 게임이 있다. 이것은 경기자가 대안을 선택해야 할 때 상대편 경기자가 무슨 대안을 선택했는지를 알고 있느냐 혹은 모르고 있느냐에 따른 구분이다.
　④ 게임의 반복여부에 따른 분류로는 일회 게임과 반복 게임으로 나눌 수 있으며, 게임이 여러 단계를 거쳐 진행되는 단계별 게임도 있다.
　⑤ 장소에 따라서는 실내게임과 실외게임으로 구분할 수 있다.

4. 게임의 선정 조건

　게임에서 가장 기본이 되는 것은 어떤 게임을 할 것인지를 선택하는 것이다. 좋은 게임이란 아동들이 흥미를 가지고 자발적으로 참여하며, 힘을 최대한 발휘하여 움직이게 하고, 능력을 최대한 개발시킬 수 있는 것이다. 게임의 선정조건은 다음과 같이 정리할 수 있다.
　① 발달 단계에 맞는 게임을 선택한다.
　② 게임의 규칙에 아동들이 쉽게 적응할 수 있어야 한다.
　③ 흥미와 성취감, 환경이나 진행상의 안전을 충분히 고려한다.
　④ 장소와 시간에 알맞는 게임을 선택한다.
　⑤ 신체적, 정서적, 인지적, 사회적 발달 목적에 따라 선정한다.
　⑥ 보육과정에 따른 구조화된 게임을 선정할 수 있다.

5. 지도교사의 역할

1) 게임 준비시 교사의 역할

　① 게임은 움직임이 많으므로 비교적 넓은 공간을 확보해야 한다.
　② 게임에 필요한 자료들을 교사가 미리 준비해 둔다.
　③ 게임에 참여하기 싫어하는 아동을 억지로 시키지 말고, 참관하면서 재미를 느끼도록 하여 스스로 참여하도록 한다.
　④ 편 게임이나 원으로 둘러 앉아 하는 게임일 경우에는 질서를 잘 지키도록 지도한다.
　⑤ 게임을 하다가 중간에 실패를 하여 더 이상 하지 않으려고 하는 아동은 격려하고 잘 할 수 있도록 도와주어야 한다.
　⑥ 게임을 하는 도중에 규칙을 잊어버리거나 지키지 않을 경우 규칙을 지킬 수 있도록 지도한다.
　⑦ 짝을 지어 게임을 하는 경우, 짝을 찾지 못하는 아동들은 서로 짝을 지을

수 있도록 도와주고, 짝이 없는 경우는 교사가 짝이 되어서 활동을 같이 한다.
⑧ 편 게임을 하는 경우, 출발선과 반환점(목적물)을 준비한다.
⑨ 편을 가를 때는 남녀의 수를 안배하여 두 편으로 나눈다(성씨별, 청·백, 자기가 원하는 대로 등). 편으로 나눌 때 남자 편과 여자 편으로는 나누지 않는 것이 좋다.

2) 게임 진행시 교사의 역할

① 게임은 쉬운 것부터 난이도가 있는 순으로 단계별로 제시한다.
② 게임의 대형으로 정리정돈이 된 상태에서 게임에서 지켜야 할 약속, 승부 판별 기준, 게임 내용 등에 대하여 설명을 한다.
③ 게임을 통하여 아동의 신체 및 인지, 사회성 발달을 돕는다.
④ 승부보다 과정의 중요성을 강조하고, 즐길 수 있는 시간이 되도록 한다.
⑤ 게임 도중에 아동들이 지나치게 흥분하였을 때는 잠시 중단시켜 감정을 조절할 수 있는 기회를 준다.
⑥ 규칙을 자율적으로 준수하도록 하고, 지나친 경쟁은 자제한다.
⑦ 게임의 규칙과 그에 따른 태도, 행동 등이 일상의 생활에 질서의식이 되도록 지도한다.
⑧ 게임 규칙은 일관성 있게 적용하도록 한다.
⑨ 게임의 규칙을 지키지 않았을 때의 벌칙은 아동과 함께 결정하고, 게임의 벌칙은 교사가 정하는 것보다 아동들이 스스로 정하도록 한다.
⑩ 아동들이 모두 참여할 수 있도록 기회를 균등하게 한다.

3) 게임 종료시 교사의 역할

① 평가를 할 때는 게임이 목적하는 사항을 준거로 한다. 빨리 끝난 것보다는 규칙을 얼마나 잘 지켰느냐에 점수를 먼저 주도록 한 약속을 이행해야 한다.
② 이긴 편에게는 진편에서 박수를 보내고, 진편에게도 '수고했다'는 의미의 박수를 이긴 편에서 보내는 방법으로 아동들이 지나치게 승부에 집착하지 않도록 도와준다.
③ 게임에 사용했던 준비물을 몇 아동들에게 치워 줄 것을 부탁한다. 자기가 앉았던 의자를 제자리에 치우고 다음 활동의 준비를 한다.

6. 게임 지도자의 활동

◇ 이야기 할 때

자신이 이야기 하는 말버릇, 사용법 등은 게임의 즐거움이나 전체 분위기에 커다란 영향을 주는 수가 많다.
① 언제나 긴장된 마음을 갖자.
② 자신의 말버릇을 알자.
③ 대상에 맞추어서 말하자.
④ 긍정적 자발적인 말을 하자.
⑤ 전하려는 의도를 명확히 하자.
⑥ 자신의 열의를 전한다.
⑦ 바람직하지 않은 화제는 피하다.
⑧ 화제를 풍부하게 갖는다.
⑨ 시간 내에 정확히 끝내자.
⑩ 목소리는 환경 조건(참가 인원수, 공간의 크기, 게임 내용 등)에 맞는 적절한 톤과 성량을 조절하자.
⑪ 말 끝을 명확히 한다.

◇ 표정과 동작

일상생활의 어느 장면을 보더라도 사람들은 말 이외의 커뮤니케이션을 가지고 있다. 그 대표적인 것으로 표정과 제스처가 있는데 특히, 게임지도 때에는 표정을 참가자들이 끊임없이 주시하고 있다는 것을 잊어서는 안 된다.
① 얼굴은 마음의 바로 미터이다.
② 웃는 얼굴이 최대의 무기이다.
③ 전신으로 표현 한다.
④ 양손을 잘 사용 한다.

◇ 올바른 자세

자세나 서는 법은 표정과 함께 지도자에게 있어서는 매우 중요한 조건의 하나이다. 바른 자세나 보기 좋은 자세로 서면 사람들에게 호감을 준다. 그러나 이러한 것들은 하루아침에 이루어지지 않는다. 지도에 있어서의 반성은 물론, 평소에 자기 자신의 버릇을 잘 알아두어야 한다.
① 바른 자세가 기본이 된다.

- 복근을 긴장 시키고
- 몸 전체를 위로 끌어 올리고
- 등줄기를 펴고
- 엉덩이 근육을 긴장시키고
- 턱을 당긴다.
② 양발에 무게를 둔다.
- 안정감 있게 약간 다리를 벌리고 발에 무게를 둔다
③ 손의 위치에 신경을 쓴다.
- 일반적으로 손이 앞에 있을 때에는 겸손한 느낌이 들지만, 뒤로 하면 건방진 느낌이 든다. 팔짱을 끼거나, 호주머니에 손을 넣는 것도 삼가야 한다.

◇ 시 선

게임 지도에 있어서 지도자는 눈의 움직임, 눈의 위치에 신경을 써야한다. 왜냐 하면 그 눈동작에 의해 참가자들의 반응을 빠르게 파악 할 수 있기 때문이다.
① 참가자를 빠짐없이 본다.
② 특정한 사람을 자꾸 보지 않는다.
③ 취향에 사로잡히지 않는다.
④ 눈을 돌리지 않는다.

◇ 복장과 용모

복장은 개개인의 감각에 따르는 일이 많으므로 일률적으로는 말할 수 없다. 하지만 차림새는 청결하고 깔끔해야 한다.
① 배색을 생각한다(2색 내지 3색 이내의 배색).
② 장소와 내용에 맞춘다.
③ 포인트를 둔다.
④ 몸의 선을 적당하게 감추는 것도 좋다.
⑤ 손질을 잘한다(바지의 주름, 셔츠의 소매, 구두의 먼지 등).
⑥ 차림새를 정리한다(머리 손질, 수염, 손톱, 화장, 구두 뒤축 등).

◇ 게임 지도 계획

게임 지도에 있어서 사전에 충분한 계획을 세워 준비하고, 요점을 정확히 파악하여 효율적으로 계획을 짜는 것보다 중요하다.
① 5W 1H를 지킨다.

② 게임의 물결을 만든다.
③ 게임 수는 3배의 준비를 한다.
④ 충분한 게임 이해를 한다.
⑤ 용구, 비용 등도 상세히 준비한다.

◇ 도입의 테크닉

그룹 게임의 지도에서 우선 지도자가 느끼는 것은 「어떻게 게임을 시작할까?」라는 것이다. 즉, 도입의 단계이다. 이 도입의 방법에 따라 그 후의 지도자가 크게 좌우된다.
① 관심과 흥미를 찾는다.
② 적극적인 참가를 촉구한다.
③ 그 장소에서 할 수 있는 게임을 한다.
④ 참가자에게 목소리를 내게 한다.
⑤ 사이를 두지 않는다.

◇ 게임 배분과 끝맺는 법

어떤 시간 내에 어떤 게임을 하고, 그 순서를 어떻게 하는가, 또 하나의 게임을 언제 끝마치고 다음으로 이행 하는가 등은 끊임없이 생각해야 할 문제이다.
① 정(靜)에서 동(動)으로
② 정-동-정의 물결을 만든다.
③ 적은 인원에서 많은 인원으로
④ 승패의 구분을 중요하게
⑤ 싫증나기 전에 매듭을 짓는다.

◇ 지도자의 위치

게임에서 지도자가 적절한 위치에 서 있는 것은 프로그램을 원활하게 진행할 뿐만 아니라 분위기 조성에 매우 중요하다.
① 원 대형의 경우 ; 둥글게 안쪽을 보고 있을 때에는 원 둘레를 따라선다. 흔히 원의 중앙에 위치하는 것을 볼 수 있는데, 이것은 적절하지 않다. 다만, 원에서 참가자가 움직일 때에는 원의 안쪽으로 들어가 대면할 수 있도록 하면 좋다.
② 열대형의 경우 ; 횡대형일 때는 열의 양끝을 보아 약 45도의 위치가 좋다. 종대형 일 때는 어느 한끝에 위치한다. 이 경우 때로는 반대쪽으로 이동하는 것이 좋다.

③ 릴레이 대형의 경우 ; 반환지점과 각 팀의 선두와 중간의 적당한 지점에 위치하면 좋다.

④ 자유대형의 경우 ; 참가자 전원을 파악할 수 있는 장소에 선다. 원형그룹이 많이 있을 경우에는 같은 위치로도 좋지만, 이 경우는 지도자의 이동이 필요해진다.

⑤ 지형에 의한 배려 ; 높낮음의 차가 있는 장소에서는 지도자는 낮은 위치에 선다. 집, 도로 등이 인접해 있을 경우에는 그 건들을 향해서 서고, 가능한 한 참가자의 눈에 띄지 않게 한다.

⑥ 자연조건의 배려 ; 지도자는 태양을 향해 서고, 바람이 있을 때는 바람이 부는 쪽으로 위치하는데, 이 경우는 상황판단을 정확하게 할 필요가 있다.

◇ 대형의 종류와 바꾸기

1) 대형의 종류

게임에 있어서는 각각에 알맞은 대형이 필요해진다. 그 가부에 따라 게임이 성공적인지 여부가 결정된다.

① 열대형(列隊形) ; 이른바 열을 만드는 일로서, 크게 나누어 종대형과 횡대형이 있다. 또한, 1열인가 다열인가로 나눌 수 있으며, 서로 마주보는 대열도 있다.

② 원대형(圓隊形) ; 참가자가 원의 선상에 늘어서는 대형이다. 일반적으로는 한겹 원과 두겹 원이 쓰인다. 참가자가 향한 방향에 따라 원심방향, 번갈아 서기, 마주보기 등 변화를 줄 수 있다.

③ 방대형(方隊形) ; 열대형과 방대형을 섞은 대형이다. 사람이 많은 경우, 또는 네팀 대항의 게임 등에 사용된다.

④ 방사대형(放射隊形) ; 종대형의 변형이다. 어떤 중심을 향해 십자 또는 6각형을 만드는 형태로 선다. 몇 조의 대항 게임일 때 흔히 사용된다.

⑤ 자유대형(自由隊形) ; 문자 그대로 어떤 한 장소에 자유로이 늘어서는 대열이다. 이 경우도 개개인이 자유가 되는 경우, 2인조가 되는 경우, 몇 명의 그룹별인 경우 등 다양한 베리에이션이 있다.

⑥ 유의점 ; 이와 같이 여러 대형을 만들 수 있는데, 보통의 경우는 팀별로 하는 경우가 많다. 대형을 만들기 전에 팀의 기울기(성별의 불균형 등)가 없도록 고려해야 한다.

2) 대형 바꾸기

일정시간에 게임을 할 경우, 대형에 대한 몇 가지 방법을 생각해야 한다. 하나의 대형에서 다른 대형으로 바꾸는 일은 간단한 것 같지만 몇 가지 문제점을 안고 있다. 원활하게 이행하려면 이행에 대한 사고방식이나 기능이 요구된다.

① 이행의 원칙 ; 먼저 연령에 따라 차이가 있다. 연령이 작을수록 어려움이 있다. 이행에 시간이 걸리면 그만큼 시간적인 손실이 있으며 집중력도 떨어진다. 이러한 때 전체의 흐름을 무너뜨리지 않고 원활하게 이행해야 한다는 점을 기획 단계부터 생각해 둘 필요가 있다.

② 적은 수에서 많은 수로 ; 자유대형 부터 시작하는 경우는 우선, 혼자서 할 수 있는 게임부터, 서로 이웃한 2명이 되고, 다시 4명이 되는 방법이 효과적이다. 그룹 내의 인원수, 그룹 수 등을 보면, 팀 만들기나 열 대형으로도 이행하기 쉽다.

③ 게임화 한다 ; 어떤 일정한 대열로 형태를 이행시키고 싶을 때는, 그룹 만들기, 정렬게임 등의 게임을 하면서 대형을 이행시킬 수 있다.

④ 행진을 이용한다 ; 지도자가 선두에 서서(서지 않아도 좋다) 1열로 걷기 시작 한다. 행진 도중에 2열로 가거나 4열로 간다. 이어 원대형, 열대형 등으로 바꿀 수 있다.

⑤ 비슷한 대형으로 ; 원대형에서 열대형으로 하기보다는 1겹 원에서 2겹 원으로, 그리고 2열 열대형 등, 아주 다른 대형의 이행에는 무리가 있으므로 비슷한 형태의 대열로 이행하는 것이 좋다.

◇ 호령 방법

사람이 모이거나 해산할 경우, 대형을 바꿀 경우, 혹은 체조나 리듬을 타고 몸을 움직일 경우 등, 집단게임에서는 호령을 해야 할 기회가 많다. 그룹의 분위기는 이 호령 방법에 따라 크게 달라진다.
① 명랑하게
② 짧고 큰소리로
③ 1·2·3은 최소한으로
④ 동작에 맞는 호령을 한다.

◇ 여러 가지 편 나누기

게임을 하는 순번을 정하거나 편을 나눌 때, 보통 <가위바위보>로 정하는 경우가 있다. 그러나 이러한 편 나누기는 <가위 바위 보>뿐만 아니라, 여러 가지 방법이 있다는 것을 알고 이용함으로써 게임의 효과를 올릴 수 있다.
① 주먹류
② 동전 던지기

③ 스틱 토스(양끝의 형태가 다른 막대기-성냥개비 같은 것이 좋다-를 던져 미리 정한 쪽 끝이 향한 사람)
④ 동전 감추기
⑤ 막대기 잡기
⑥ 그밖에 숫자 겨루기, 손등 때리기 등 여러 가지로 연구해보자.

◇ 심판 방법

게임에서는 승패를 겨루는 게임이 많다. 이 때 지도자는, 승패를 겨루는 일이 제일의 목표가 아니라 하더라도 정확하고 공평한 심판을 해야 한다. 또, 그 방법에 따라 참가자의 게임에의 의욕, 나아가서는 전체 분위기를 좌우한다는 것을 명심해야 한다.
① 판단은 빠르게 한다.
② 제스처를 크게 한다.
③ 목소리를 크게 한다.
④ 위치나 자세를 생각한다.
⑤ 패자도 칭찬하는 기분으로 한다.

◇ 정지 방법

게임은 자유롭고 즐거우며, 분위기를 돋우는데 필요하다. 즉, 참가자가 적극적으로 움직이고, 소리를 지르고 웃고, 손뼉을 치는 등의 상황이 생기게 되는데, 이 때문에 자칫하면 필요 이상 소란스럽거나 흥미로운 상태가 계속되어, 설명을 듣거나 조용한 상태로 되지 않을 때가 있다. 따라서 지도사가 많은 인원을 어떻게 효율적으로 조용하게 만드느냐 하는 것이 중요한 문제가 된다.
① 말에 의한 정지하기
② 제스처와 말로 정지하기
③ 무언으로의 정지하기
④ 손뼉에 의한 정지하기
⑤ 호루라기 등 물건에 의한 정지하기.

◇ 워밍업의 요령

게임 중에서는 몸을 움직이는 게임을 할 때 특히 워밍업을 잊어서는 안 된다. 워밍업이란 문자 그대로 몸을 풀기 위한 것인데, 몸의 준비 체제를 만듦과 동시에 마음의 준비를 하는 것이다.

① 준비 운동이 곧 체조가 아니다.
② 그 장소에 알맞은 방법을,
③ 가벼운 움직임에서 서서히 강하게,
④ 사이를 두지 않는다.

◇ 벌칙의 방법

　게임에서의 벌칙은 사용 방법에 따라서 분위기를 돋우는데 효과적이다. 그러나 그 방법에 잘못이 있으면 오히려 역효과를 내며 본인도 상처를 받게 된다. 훌륭히 벌칙을 활용하려면 다음 사항에 유의 하는 것이 좋다.
① 본인의 지위를 높이는 것을 생각한다.
② 끈질기지 않게,
③ 벌칙을 준비해둔다.
④ 끝에는 박수를 쳐준다.

◇ 흥이 깨진 것의 해소법

　지도를 하고 있어도 무드를 타지 않는 사람이 있거나, 어쩐지 흥이 깨진 듯한 느낌일 때가 있다. 그 원인을 바르게 포착하여 짧은 시간에 대책을 세워야 한다.
　① 지도자 자신의 문제 ; 우선 지도자 지도 태도, 지도 방법에 문제가 없는가를 체크해 본다. 그룹게임의 경우는 지도 방법도 그렇지만 지도 태도에 잘못이 있는 수가 많다. 심신의 컨디션, 너무 자기중심이 아닌지, 적극적으로 하고 있는지 등을 생각해 보아야 한다. 뭔가를 발견하면 곧 개선할 수 있는 방법도 익혀 둘 필요가 있다.
　② 진행공간의 문제 ; 너무 어둡고, 너무 덥고, 너무 춥고, 너무 넓고, 그 밖에 주위가 산만한 상황에서 좀처럼 무드가 무르익지 못한다. 그와 같은 경우에는 게임의 내용을 변경해 본다든지, 참가자가 집중 할 수 있도록 지도자의 위치와 방향을 바꾸거나, 참가자에게 원기를 북돋워 주는 일 등을 생각해보도록 한다.
　③ 참가자들의 문제 ; 참가자 중에 의존심이 강하거나 대항 의식이 있거나, 무관심, 그룹 활동에 익숙하지 않은 등의 사람이 있을 때는 전체가 저조해 진다. 이 경우는 적극적으로 그 사람 옆에 있을 때는 전체가 저조해 진다. 이 경우는 적극적으로 그 사람 옆에 가서 말을 걸고 건드리는 등의 방법으로 자신의 페이스로 유도한다. 그리고 참가자로부터도 인정받게 하는 방법(게임으로 할 수 있다)을 실천하는 것이 효과적이다.

부록 1. 초등돌봄교실의 이해

1. 초등돌봄교실의 이해

1. 추진배경

① 한 부모 가족 등 가족형태의 변화와 맞벌이 부부, 저소득층의 증가 등으로 방치되는 학생 증가
② 여성의 사회 진출이 증가함에 따라 초등학교 학생들의 방과후 교육과 보육의 서비스 수요 급증
③ 맞벌이 부부들의 출·퇴근 시간까지 초등학교 학생들의 교육과 보육을 담당할 기관 필요
④ 초등학교 학생들의 발달에 적합한 교육과 국가·사회적 요구에 부응하는 안정된 보육프로그램 제공

2. 추진목표

① 아침 및 방과후 초등돌봄교실의 기능을 강화하여 맞벌이, 저소득층 가정 자녀의 건강한 성장 및 학력 향상 지원
② 저소득층, 맞벌이 가정 자녀의 교육 및 보육 지원을 통한 사교육비 경감 및 교육복지 실현
③ 교육청 - 지방자치단체 - 학교 간 협력을 통한 지역주민의 자녀 교육 및 보육 수요를 충족

3. 추진방향

① 모든 초등학교에 연차적으로 초등 돌봄교실을 1학급 이상 설치하도록 한다.
② 돌봄교실 설치 학교는 수요에 따라 아침운영(06:30~09:00)과 방과 후(학교 자율휴업일, 토요휴업일, 방학 중)에는 08:00~21:00에 운영한다.
③ 돌봄교실 미설치 공립 초등학교는 수요에 따라 아침돌봄(06:30~09:00)을 운영한다.

④ 아침돌봄을 운영하여 맞벌이부부로 인한 조기 등교학생의 안전한 돌봄을 기하고, 야간운영에는 석식을 제공하여 실질적인 교육과 보육을 지원한다.
⑤ 신규 설치 시 초등 돌봄교실(조리시설 포함) 설치 및 운영을 위한 제반 경비를 지원하고, 환경이 열악한 운영 학교에 시설개선비를 지원하여 참여도 및 만족도를 높인다.
⑥ 수강료는 수익자 부담으로 하여 소득 계층 및 교육 참여시간에 따라 수강료를 차등화 할 수 있다.
⑦ 저소득층 자녀는 보육료 및 석식비 등을 지원하여 초등 돌봄교실 참여에 따른 일체 경비를 부담하지 않도록 한다.
⑧ 초등 돌봄교실 운영의 내실화 및 만족도를 높이기 위하여 교원 및 전담강사를 대상으로 다양한 연수를 실시한다.
⑨ 효율적인 초등 돌봄교실 운영을 위하여 지역사회와 협조체제를 구축한다.

4. 기대효과

1) 교육복지 실현

① 저소득층 및 맞벌이 가정 자녀의 보육 및 교육 지원
② 방과 후 학생들을 안전하게 보호·지도하여 바람직한 성장·발달 지원
③ 저소득층 자녀의 석식제공으로 결식아동 최소화

2) 사교육비 경감

① 저렴한 가격으로 학교에서 수요 충족으로 과외 수요 억제
② 보육을 위한 학원 수강료 절감으로 저소득층 소득 증대에 기여

3) 학교의 지역사회화

① 지역사회와 행·재정적 협조체제 구축으로 지역사회의 중심축
② 교육·보육 기능으로의 학교의 지역사회화

5. 운영방침

① 수요자 요구 및 학교 여건에 맞게 학교별로 영역별 세부 운영 규정을 정하고 학교 운영위원회의 심의를 거쳐 학교장 중심으로 운영하는 것을 원칙으로 함
 - 전담강사 채용 및 학생부담금(간식비, 교재·교구비 등), 인건비 등 운영 전반

에 대해 심의 필요

② 모든 초등학교에 초등 돌봄교실 1학급 이상 설치하고 아침·오전·오후·야간 돌봄은 1명의 수요가 있을 경우라도 운영하는 것을 원칙으로 함.

③ 아침돌봄은 수업일 06:30~09:00까지, 오전돌봄은 토요휴업일, 학교자율휴업일, 방학 중에 08:00~13:00까지, 오후돌봄은 방과후(13:00)부터~17:00까지, 야간돌봄은 17:00~21:00까지 운영함. 돌봄교실 미설치 공립교도 아침돌봄은 운영함.

④ 야간돌봄교실은 1명의 수요가 있을 경우라도 운영하는 것을 원칙으로 하며, 1교 1학급 운영

- 21시 이후에 야간돌봄 수요가 있을 경우 지역사회 기관(지역아동센터, 사회복지관, 어린이 쉼터 등)과 연계하여 야간돌봄 실시 권장

⑤ 방학 및 자율휴업일도 지속 운영하며 토요휴업일 및 주말 수요가 있을 경우 운영

⑥ 유휴교실 등을 활용하여 가정과 같이 편안하고 아늑한 시설·설비, 학습을 병행할 수 있는 교재, 교구 완비

⑦ 저학년 위주로 운영하되, 필요에 따라 모든 학년으로 확대

⑧ 저소득층 자녀, 맞벌이부부 자녀를 우선순위로 하고 기타 지원대상자(한 부모가정 자녀, 다자녀가정 자녀, 조손가정 자녀 등)가 이용할 수 있으나, 희망자가 많을 경우 공개추첨으로 결정하고 그 후 대기 순서에 따라 선정

- 저소득층 학생의 경우 지역아동센터 등 타 기관을 이용하고 있는 현황 등을 파악하여 협력 연계방안 모색

⑨ 돌봄 프로그램 운영 담당자는 교사 및 보육교사 자격증 소지자, 자원봉사자 등 다양한 우수 인력 활용

⑩ 실질적인 보살핌과 교육의 기능이 가능하도록 한 교실 당 20명 내외로 편성(학급당 20명이 넘을 경우 수익자 부담으로 보조강사 채용 가능)

⑪ 1학년 신입생 입급자는 3월 입학 시부터 입급할 수 있도록 안내하고, 가능한 식사제공도 할 수 있도록 운영

⑫ 수익자 부담을 원칙으로 하되, 저소득층 자녀에 대한 지원 확대

- 소득계층, 수강 시간에 따라 수강료 차등화 가능
- 단, 저소득층의 경우 보육료, 간식비, 석식비 등 교육청 지원

⑬ 학생부담금(간식비, 교재교구비 등)은 학교운영위원회의 심의를 거쳐 학교장이 결정

⑭ 향후 초등학교 신·개축시 초등 돌봄교실을 위한 전담교실 반드시 확보

⑮ 학교장 책임하에 외부 전문기관 위탁 운영 가능

- 외부 전문기관 위탁 운영시는 공모를 통해 수탁자를 선정하여 계약 체결 및 운영 평가

부록1. 초등돌봄교실의 이해

⑯ 급식 제공 시 관련 규정 준수하여 제공

6. 교육활동

① 초등학교 교육과정을 근간으로 하여 학습(과제)지도, 특별활동 지도, 독서지도, 자율학습지도, 놀이지도 등으로 구성하되, 대상 학생의 특성에 따른 지도가 이루어지도록 함
② 연간 지도 계획을 수립하고 이를 근거로 주간교육 계획안을 작성하여 지도
 - 학생지도 및 돌봄교실 운영 관련 서류(일일교육활동 일지, 부모상담기록 등) 비치 권장
 - 학교홈페이지, 통신문 등을 활용하여 매주 교육활동을 사전에 예고하여 내실 있는 교육활동 실시
③ 학생의 발달 단계를 고려하여 다양한 양질의 프로그램 제공
 - 초등 돌봄교실 전담강사가 지도하는 돌봄교실 운영
 - 보호(휴식, 식사, 수면 등), 인성지도, 교과학습지도, 놀이(활동)의 균형 추구
 - 놀이 중심의 대집단 활동, 특기·적성 프로그램, 교과보충학습, 신체(실외)놀이, 저녁식사, 숙제지도, 인터넷·EBS활용학습, 자유선택놀이, 활동 평가 등
④ 학생, 학부모의 요구를 프로그램 운영에 반영
⑤ 기초 학습능력 신장을 위한 교과관련 프로그램의 편성·운영
 - 교과 관련 프로그램은 학년별 수준을 고려하여 기초, 심화과정을 두어 학생의 수준에 맞게 지도
⑥ 교내 방과후학교 등과 연계하여 운영
 - 학생의 흥미, 학부모의 요구, 학교의 실정을 고려하여 다양하게 운영
 - 교육활동 시간 중에 개별적으로 외부 사설기관 프로그램에 참여하지 않도록 지도
 - 안전한 학교 안에서 보육과 교육의 경쟁력 있는 통합 프로그램을 활성화
⑦ 지역사회 자원의 활용 권장
 - 지역사회의 인적·물적 자원을 활용한 다양한 프로그램 제공
⑧ 학생실종, 유괴 등의 각종 안전사고에 대한 예방교육을 월1회 이상 실시
⑨ 모든 교육 활동은 다양한 방법을 활용하여 평가하고, 추후 교육 계획에 반영

7. 교육환경 및 시설 설비

① 돌봄교실을 포함한 화장실 등 부대시설 면적은 학생 1인당 4.29㎡이상을 권장(가급적 1.5학급 이상 크기의 돌봄교실에 조리시설 설치)
② 돌봄교실은 학생 1인당 2.64㎡ 이상을 권장

③ 유휴교실을 활용하되, 1층 설치를 권장하고, 가능한 관리실 및 화장실 등과 인접하게 설치
④ 정서적 안정을 도모할 수 있는 교육 환경을 조성하고, 실내·외에서 다양한 활동이 가능하도록 시설 설치 및 배치
⑤ 장시간 보육이 가능하도록 교육활동실, 독서 코너, 수면실 등을 설치
⑥ 쾌적한 교육 환경조성을 위해 냉·난방 시설(바닥 난방 포함) 설치
⑦ 석식 및 간식 제공을 위한 조리시설을 설치하여 냉장고, 식기 세척기, 싱크대, 살균 소독기 등 설비 구비
⑧ 학습을 병행할 수 있는 교재·교구 완비와 학교 내 비품 공동사용 권장
⑨ 권장 시설·설비 : 바닥 난방, 세면대, 전기렌지, 주방조리시설기구, 수납장 및 씽크대, 전기·수도시설, 개인 사물함, 이불장, 침구, 냉·난방기, 교구장, 냉장고, 책상 및 의자, 비디오폰, 각종 교육 기자재 등

8. 학급 편성

1) 대상 학생

① 초등학교 저학년(1~3학년) 학생 위주로 운영하되, 년차적으로 모든 학년으로 확대 가능
② 저소득층 및 맞벌이 가정의 학생 우선 수용

2) 학생 선정

① 입급 대상의 학생은 「학교운영위원회」의 심의 받아 선정
② 선정 자료는 학부모 희망서의 기재 내용과 학급 담임의 조사서를 기준
 - 국민기초생활보장수급자나 모(부)자 가정 등에 대한 증빙서 보관(한 부모 가정이 아닌 모·부자복지법에 의하여 보호를 받는 가정)
③ 희망자가 많을 경우에 선정기준에 의거한 순위에 따라 선정(예, 소년·소녀 가장, 시설수용 학생, 국민기초생활보장수급자, 한 부모가정, 저소득층 가정 자녀 등)
④ 순위를 정하기 어려운 경우에는 공개추첨을 통해서 결정
⑤ 결원이 생겼을 경우 대기자 명부의 차순위자로 충원(단, 전입학생이 저소득층 지원대상 학생일 경우 우선순위에 배정)
⑥ 교육활동 시간에 외부 사설교육기관을 이용하여야 하는 학생은 제외
 - 학생 모집안내문에 명시하고, 학부모 모임 등을 통해 충분한 설명 실시(초등 돌봄교실은 귀가 시 까지 안전한 학교에서 돌봄교실 전담강사의 주관 하에 실시되는 것임)

3) 학급 편성

① 실질적인 보살핌과 교육의 기능이 가능하도록 한 교실 당 20명 내외 편성 권장
 - 최대 30명까지 편성할 수 있으나, 학생이 많을 경우 수익자 부담으로 보조강사 채용 가능
② 학교 실정, 지역 사회의 특수성 등을 고려하여 융통성 있게 편성

9. 전담강사 자격과 임무

1) 자격

① 초·중등교육법, 유아교육법에 의거하여 유·초·중등교사 자격증을 소지한 자
② 영유아보육법 제21조에 의거하여 보육교사 1, 2급 자격증을 소지한 자

2) 업무

① 교장·교감 및 방과후지도교사의 지시와 감독 하에 초등 돌봄 교실을 담당 운영함
② 돌봄교실 교육과정 운영 : 과제 지도, 한자 지도, 인성 지도, 놀이 지도, 생활지도, 귀가 지도 등
③ 돌봄교실 교육 프로그램 운영
④ 생활지도 : 학생의 철저한 생활지도로 전인교육을 도모한다.
⑤ 안전지도 : 돌봄교실 이용 중의 안전지도와 안전한 귀가를 위해 책임지고 하교시킴
⑥ 학생상담 : 필요한 경우 교내에서 학생 상담은 수시로 할 수 있으나 가정방문, 교외에서의 개별 그룹지도는 하지 않는다.
⑦ 교실관리 : 수업 후 청소 및 정리 정돈을 철저하게 한다. (책·걸상, 청소함, 전기기구 플러그 뽑기, 난방기, 학습자료·기기, 전등, 교실 각종 비품 등)
⑧ 운영 양식 작성 : 월 운영관리, 간식배식, 운영일지, 출석부 관리

10. 안전지도와 시설관리

1) 학생 안전 및 생활지도

① 돌봄프로그램에 의한 체계적인 안전 교육 실시

② 현장체험학습 시 학생 안전사고 예방 철저
③ 음식물 위생관리 철저 : 식중독 방지
④ 안전한 귀가를 위한 학생별 지도방안을 학부모와 협의하여 시행
 - 학부모 동행 귀가 원칙, 학부모 요구에 의해 학교 자율의 개인별 귀가 시간 결정
 - 학교별 학생 귀가일지 작성 권장
⑤ 야외 단체 활동은 학교장의 허가를 받은 후 전담강사와 사제동행으로 실시
⑥ 학생 실종 및 유괴 등의 각종 사고에 대한 예방 지도
⑦ 위생적인 환경을 위하여 학교방역을 실시할 때 반드시 돌봄교실을 포함하여 소독 실시
⑧ 시설물의 수시 안전점검 실시로 위험요소 사전 예방 철저
⑨ 경찰지구대 순찰 협조 및 학교 경비 강화, 배움터지킴이, 안전등지회, 자율방범 조직 연계 방안 모색
⑩ 보건·급식 위생과 관련하여 관련 규정 준수(조리원 보건증, 위생교육, 위생복 착용 등)

2) 안전한 학교 환경 구성

① 계단, 화장실 등 위험한 장소에 안전 표지판과 비상구 표지판 반드시 부착
② 안전 표지판은 위험의 내용을 그림 및 글자로 표시
③ 각종 시설물의 안전장치 마련 : 출입문 손가락 끼임 방지, 계단 난간 미끄럼 방지, 벽면·모서리에 고무판 설치 등
④ 수도, 전기, 가스 등의 안전관리 - 완전퇴수, 전원차단, 중간밸브, 잠금 등)로 화재 및 겨울철 동파 예방에 철저

4) 안전사고 보상 가능

① 근거 : 학교안전사고 예방 및 보상에 관한 법률(제8366호)
② 학교장의 관리·감독 하에 이루어지는 학교 안팎의 모든 교육활동은 학교안전 공제회의 보상 범위에 포함.

11. 프로그램

1) 보육 프로그램 운영

① 학교 또는 지역 특성에 따라 학교장 직영, 위탁 또는 임대

② 수요자 요구, 학교의 여건과 실정에 맞게 다양한 방법으로 융통성 있게 운영
③ 학생들의 안전시설, 안전 관리, 유해 환경 등에 대한 대책을 강구하여 운영

2) 보육 프로그램 시간 운영

① 학교, 지역 실정에 맞게 연중(쉬는 토요일, 단기방학, 하계 및 동계 방학 기간 포함) 개설·운영
② 학부모, 학생의 탁아 및 보육 요구에 부응하도록 융통성 있게 탄력적으로 운영
③ 1시간 : 40분을 원칙으로 하여 학습 효과성을 고려하여 연속 운영 가능
④ 학생들이 필요한 시간에 선택형·맞춤형으로 참여 할 수 있도록 운영
⑤ 학부모, 지역의 보육·탁아, 학생 교육 요구에 따른 운영 시간 개설·운영
⑥ 학기 중 운영 - 수업 종료 후~21:00까지로 하고, 귀가 시간은 학부모의 요구에 의하여 조정
⑦ 토요 휴업일 및 방학 중(단기 방학 포함)운영 - 학기 중 운영과 동일하되 수요자 요구와 학교의 여건을 고려하여 융통성 있게 운영

3) 보육 프로그램 구성

(1) 프로그램 구성의 방향

① 학교 실정과 수요자 요구에 따른 맞춤형·선택형 프로그램 구성
- 보호(휴식, 식사, 수면 등), 인성지도, 교과학습지도, 놀이(활동)의 균형 추구
② 쉬는 토요일 및 방학 중에는 현장 체험 중심의 특별 프로그램 추가 구성 운영
③ 우수강사를 확보하여 재미있는 프로그램 구성으로 긴 학교생활이 지루하지 않도록 구성 운영
④ 프로그램에 대한 정기적인 만족도 분석으로 만족도가 낮은 프로그램은 즉시 개선 대책 강구(수요 조사를 통한 프로그램 재편성)

(2) 프로그램 구성 내용

① 보육, 학습지도, 과제·자율학습, 다양한 특기적성교육, 취미활동, 독서활동, 체육활동, 상담활동, 휴식, 간식, 저녁식사, 교육방송 시청 등
② 보충·심화학습을 위한 교과 프로그램, 학년별 국어, 외국어(영어, 중국어 등) 수학, 한자 등 교과목 보충·심화학습 프로그램 구성

구 분	프로그램 구성	내 용	비 고
A형 (저학년용)	■보육+특기적성교육활동(3) +과제 자율 활동 +취미활동	보육(휴식, 간식, 놀이, 수면, TV보기), 바둑, 장기, 악기, 회화, 숙제, 일기쓰기, 독서활동 등 선택형 맞춤형으로 운영	* 학교 여건 및 수요자 요구에 맞게 프로그램 구성
B형 (중학년용)	■보육+특기적성교육활동(2) +과제 자율활동+취미활동+진로교육 및 상담 활동	보육(휴식, 간식, 놀이, TV보기, 게임), 글쓰기, 외국어, 악기, 독서활동, 컴퓨터, 수학탐구, 논술, 사회탐구, 한자학습 등 선택형 맞춤형으로 운영	
C형 (고학년용)			

* 일과표(예)

	시 간	담 당	월	화	수	목	금	토
1	12:30~13:00	보육강사	보육 활동 준비 및 학생 맞이					현장체험·특기적성·별도 프로그램 운영
2	13:00~13:40	특기적성 강사 보육강사	예능영역	외국어	취미영역	외국어	예능영역	
3	14:00~14:40		예능영역	외국어	취미영역	외국어	예능영역	
4	15:00~15:40		외국어	취미영역	예능영역	취미영역	취미영역	
5	16:00~17:00	보육강사 전담교사	교과 보충 및 과제지도					
6	17:00~18:00		저녁식사(급식지도), 휴식					
	18:00~19:00		교육방송 시청, 독서, 레크리에이션					
7	19:00~21:00		자기 주도적 활동					
8	21:00~		귀가 지도 (차량 운행)					

※ 프로그램 내용과 운영 시간은 학교 실정에 따라 재구성함.

* 특기적성활동 내용(예)

프로그램	목표	내용
돌봄교실 전담강사	가정에서의 부모의 역할을 지원하고, 학교 교육의 보완적 기능을 통하여 아동의 정서적 안정 도모 및 사고력, 학습능력 신장시킨다.	과제지도, 한자지도, 독서지도 인성 및 창의성지도, NIE지도 등
오카리나	오카리나의 바른 연주 자세와 손 모양 입모양을 알게 하여 기초를 지도한다.	오카리나 유래, 왼손, 오른손, 높은음, 낮은음, 사장조 등
바이올린	바이올린의 기본자세를 바르게 알고 익혀 연주한다.	바이올린 구조, 현, 피치카토, 악곡 익히기 등
컴퓨터	컴퓨터 활용에 있어 학습자에게 흥미와 자신감을 부여하고 컴퓨터에 대한 기본 지식을 익힌다.	그림판, 메모장, 폴더 만들기 등
영어	다양한 주제의 영어 표현을 배우고 익힘으로써 일상생활에서 영어를 자연스럽게 구사할 수 있다.	신체명칭, 가족 명칭, 집 구조, 날씨, 색깔 등 영어 표현 익히기
미술	미술활동을 통하여 생각이나 느낌을 창의적으로 표현할 수 있는 다양한 기회를 가짐으로써 풍부한 정서활동을 즐길 수 있는 능력과 태도를 기른다.	부직포그림, 골판지 프로타쥬, 직조짜기, 마카리나 목걸이 만들기 등
독서논술	여러 가지 자료를 가지고 다양한 형식의 글쓰기를 통해 사고력·종합력·이해력·분석력 등 고등정신 능력을 함양한다.	동시쓰기, 신문으로 생활문 쓰기, 독서감상문 쓰기 등

2. 프로그램 계획의 실제

1. 좋은 프로그램이란?

① 신체적인 활동이 제공되는 프로그램
② 성취의 경험을 주는 프로그램
③ 미래의 이상을 갖는 프로그램
④ 창의적인 사고를 돕는 프로그램
⑤ 긍정적인 사고를 형성하는 프로그램
⑥ 자발적으로 참여하는 프로그램
⑦ 잠재적 학습을 이루는 프로그램.

2. 프로그램 계획 시 유의사항

1) 지도방법을 고려한다.

① 개별화 지도와 집단지도법
② 직접적인 경험중심의 지도법
③ 지역사회의 인적자원을 활용하는 방법
④ 스스로 선택하여 참여하는 방법

2) 대상 아동을 고려한다.

① 프로그램의 계획과정에 아동을 참여시킨다.
② 아동의 발달적 수준에 적합한 활동을 선정한다.
③ 아동의 흥미와 욕구를 고려하여 선정한다.
④ 발달에 적합한 영양과 건강문제를 고려한다.
⑤ 아동의 정신적 성장과 사회적 능력을 존중한다.
⑥ 발달영역의 통합적인 성장을 이루도록 구성한다.
⑦ 부모와의 긴밀한 협조를 유지하기 위한 프로그램을 마련한다.

3. 프로그램의 활동 내용

① 생활지도활동 : 안전교육, 생활습관 교육, 예절교육. 성교육, 미디어교육, 자

율적 시간 및 용돈관리 지도, 식사와 간식시간을 통한 바른 식습관 교육 등.

② 보충학습활동 : 정규학교 교과과정의 보충학습. 숙제지도, 각종 학습지의 자율학습지도 등.

③ 특별교육활동 : 음악교육(합창, 감상, 악기지도 등의 특별지도 포함), 과학교육, 환경보호교육, 체육교육(운동기능), 미술교육(만들기, 그림지도, 공작 등), 문학교육(글짓기, 일기쓰기, 독서 감상), 역사교육, 한문, 외국어교육 등.

④ 정서·사회적 활동 : 바깥놀이와 집단놀이. 공동작업, 레크리에이션 지도, 음식 만들기, 자치회의와 집단 활동의 계획, 지도, 감수성교육, 자기표현놀이의 지도 등.

⑤ 특별행사활동 : 지역사회 인적자원을 활용한 모델학습 경험, 지역사회 시설의 견학, 생일, 기념일 등의 특별행사, 부모참여 활동 등.

⑥ 지역사회 서비스 활동 : 부모교육, 자녀지도에 관한 부모상담, 지역사회 단체와의 교류, 지역사회자원의 동원과 협조체계 조성 등.

4. 참고자료

1) 상진초등학교 프로그램

(1) 학기중 프로그램

주 제	즐거운 방과 후 교실				
목 표	새로운 생활에 즐겁게 적응하고 교실을 예쁘게 꾸민다.				
주 간 일 정					
시 간	월	화	수	목	금
11:00~13:00	일과준비				
13:00~13:30	-도착　　　-인사지도　　　-알림장제출				
13:30~14:00	휴식 및 자유놀이				
14:00~14:30	새 노래 배우기(손 유희포함)				
14:30~15:20	숙제지도 및 학습지 지도				
15:20~16:10	자유선택활동 (실외놀이, 집단놀이 활동 포함)				
16:10~16:20	손 씻고 정리하기				
16:20~16:50	이야기나누기	사 회	미 술	음 악	국 어
16:50~17:00	하루일과 정리 및 귀가 지도				

(2) 여름방학 프로그램

월	주 제	소 주 제	관 련 행 사
7	자연친화 학습	야외활동 우리의 전래놀이 체험	야외에서 할 수 있는 전래놀이 야외 물놀이 대성산 등반
8	여름생활과 방학	여름방학 2학기를 준비해요	견학 학습활동 캔, 요구르트 병 등의 재활용품 연합 조형 놀이

	월	화	수	목	금
09:00~09:30	인사 예절 지도				
09:30~10:30	숙제하기				
10:30~11:00	간식				
11:00~12:00	자유 활동(독서, 색종이 접기, 그림그리기)				
12:00~12:40	독서지도	연극놀이	글쓰기지도	미술	노래와 율동
12:40~13:30	실외놀이				
13:30~14:00	귀가지도				

2) 옥수종합사회복지관 프로그램

(1) 학기중 프로그램

구 분	월	화	수	목	금
방과후~13:00	입실 및 양치지도				
13:00~14:00	과제물 지도 및 자율학습				
14:00~15:00	문화유산 해설	영어교실	집단활동	다도교실	종이접기
15:00~16:00	간식 및 휴식시간				
16:00~16:30	과제물 및 개별학습				
16:30~17:30	독 서 지 도				
17:30~19:00	하루정리 및 귀가지도				

부록1. 초등돌봄교실의 이해

(2) 방학중 프로그램

구 분	월	화	수	목	금
09:00~10:00	한문 예절 교실					
10:00~11:00	오전간식 및 자유놀이				
11:00~12:00	독 서 지 도				
12:00~13:00	점 심 식 사				
13:00~14:00	자 유 놀 이				
14:00~15:00	문화유산 해설	영어교실	집단활동	다도교실	종이접기
15:00~16:00	간식 및 휴식시간				
16:30~17:30	학 습 지 도				
17:30~19:00	하루정리 및 귀가지도				

3) 울산 영화초등학교 프로그램

(1) 학기중 프로그램

운영시간	월	화	수	목	금
13:00-14:00	일기쓰기 숙제 지도, 자유활동(특기적성과 병행)				
	컴퓨터	미술	컴퓨터	미술	컴퓨터
14:00-14:20	휴식				
14:20-15:00	교과 보충학습(실력이 쑥쑥!)				
	국 어		수 학		국어
					컴퓨터
5:00-15:20	휴식				
15:20-16:10	창의활동(창의력이 퐁퐁!)				
	야외활동	공작방	창의방	음악	골프
	특기 적성 활동				
16:10-16:30	간식				
16:30-17:10	인성교육				
	아름다운세상	전래동화	이솝이야기	세계명작	아름다운세상
17:10-17:40	선택활동(도형, 독서, 과학탐구, 놀이, 컴퓨터)				
17:40-18:00	정리 및 귀가				

부록1. 초등돌봄교실의 이해

(2) 방학중 프로그램

운영시간	월	화	수	목	금	현장 체험학습
09:00-10:10	도서실 활용 프로그램 운영					
09:00-10:10	특기·적성 활동					
10:10-11:00	선택활동(도형, 독서, 과학탐구, 놀이, 컴퓨터), 체력 단련					
11:00-12:00	방학과제 해결 및 EBS 보기					8월 11일: 울산대공원 8월 25일: 처용암 (교통비 자비 부담)
11:00-12:00	특기·적성 활동					
12:00-13:00	점심					
13:00-13:30	실내 놀이터에서 장난감 갖고 놀기 및 자유활동					
13:30-15:00	골프	영어	한자	한자	영어	
15:00-15:30	휴식					
15:30-16:10	인성교육					
	아름다운 세상	전래동화	이솝 이야기	세계명작	아름다운 세상	
16:10-16:40	간 식					
16:40-17:00	정리정돈 및 귀가					

부록1. 초등돌봄교실의 이해

부록 2. 초등교육과정의 이해

1. 초등학교의 주요 개정 내용

1) 편제와 시간 배당 기준

① 기존 10개의 교과를 7개의 교과(군)으로 재분류하여 제시하였다.
  - 국어, 사회/도덕, 수학, 과학/실과, 체육, 예술(음악/미술), 영어
단, 초등학교 1, 2학년의 교과는 국어, 수학, 바른 생활, 슬기로운 생활, 즐거운 생활은 그대로 유지하되, '우리들은 1학년'을 폐지하고 창의적 체험활동 시간에 적응교육을 실시한다.
② '창의적 체험활동' 도입 : 자율 활동, 동아리 활동, 봉사 활동, 진로 활동
③ 6개년 총 이수시수는 '2007 개정 교육과정'과 동일하게 유지하되, 학년군 및 교과(군)으로 '기준수업시수'를 제시하였다.

2) 교과군별 배당시간

구분		1~2학년	3~4학년	5~6학년
교과(군)	국어	국어 448	408	408
	사회/도덕		272	272
	수학	수학 256	272	272
	과학/실과	바른 생활 128	204	340
	체육		204	204
	예술(음악/미술)	슬기로운 생활 192	272	272
	영어	즐거운 생활 384	136	204
창의적 체험활동		272	204	204
학년군별 총 수업시간 수		1,680	1,972	2,176

① 이 표에서 1시간 수업은 40분을 원칙으로 하되, 기후 및 계절, 학생의 발달 정도, 학습 내용의 성격 등과 학교 실정을 고려하여 탄력적으로 편성·운영할 수 있다.
② 학년군 및 교과(군)별 시간 배당은 연간 34주를 기준으로 한 2년간의 기준 수업시수를 나타낸 것이다.
③ 학년군별 총 수업시간 수는 최소 수업 시수를 나타낸 것이다.
④ 3~4학년의 국어과 기준수업시수는 주5일 수업에 따라 감축된 시간 수이므로 학교에서는 442시간을 기준수업시수로 운영할 수 있다.
⑤ 실과의 수업 시간은 5~6학년 과학/실과의 수업시수에만 포함된 것이다.

3) 교육과정 편성·운영의 중점

① 기초학력지도 강화 : 각 교과의 기초적, 기본적 요소들이 체계적으로 학습되도록 계획하고, 정확한 국어사용 능력을 신장할 수 있도록 배려한다. 특히, 기초적 국어사용 능력과 수리력 부족 학생 대상의 별도 프로그램 편성·운영한다.
② 교과별 수업시수 증감 운영 : 학교의 특성, 학생·교사·학부모의 요구 및 필요에 따라 학교가 자율적으로 교과(군)별 20% 범위 내에서 시수를 증감하여 운영한다.
③ 집중이수 : 초등학교에서는 학교의 여건과 교과(군)별 특성을 고려하여 학년, 학기별로 집중 이수를 통해 학기당 이수 교과 수를 감축하여 편성·운영한다.
④ 정보통신 활용교육, 보건교육, 한자교육 : 관련 교과(군)와 창의적 체험활동 시간을 활용하여 체계적인 지도한다.
⑤ 전입 학생 대책 : 전입생이 특정 교과목을 이수하지 못할 경우, 교육청과 학교에서는 '보충 학습 과정' 등을 통해 학습 결손을 예방한다.

2. 교과교육의 내용

1) 국어

* 목표

국어 활동과 국어와 문학을 총체적으로 이해하고, 국어 활동의 맥락을 고려하여 국어를 정확하고 효과적으로 사용하며, 국어를 사랑하고 국어 문화를 누리면서 국어의 창의적 발전과 국어 문화 창조에 이바지할 수 있는 능력과 태도를 기른다.
가. 국어 활동과 국어와 문학에 대한 기본적인 지식을 익힌다.

나. 다양한 유형의 담화와 글을 비판적이고 창의적으로 수용하고 생산한다.
다. 국어의 가치와 중요성을 인식하고 국어 생활을 능동적으로 하는 태도를 기른다.

* 내용체계

-듣기·말하기-

실제		
• 다양한 목적의 듣기·말하기 　-정보를 전달하는 말 　-설득하는 말 　-친교 및 정서 표현의 말 • 듣기·말하기와 매체		
지식	기능	태도
• 듣기·말하기의 본질과 특성 • 듣기·말하기의 유형 • 듣기·말하기와 맥락	• 상황 이해와 내용 구성 • 표현과 전달 • 추론과 평가 • 상호 작용과 관계 형성 • 듣기·말하기 과정의 점검과 조정	• 가치와 중요성 • 동기와 흥미 • 공감과 배려 • 듣기·말하기의 윤리

-읽 기-

실제		
• 다양한 목적의 글 읽기 　-정보를 전달하는 글 　-설득하는 글 　-친교 및 정서 표현의 글 • 읽기와 매체		
지식	기능	태도
• 읽기의 본질과 특성 • 글의 유형 • 읽기와 맥락	• 낱말 및 문장의 이해 • 내용 확인 • 추론 • 평가와 감상 • 읽기 과정의 점검과 조정	• 가치와 중요성 • 동기와 흥미 • 읽기의 생활화

―쓰 기―

실제		
• 다양한 목적의 글쓰기 　- 정보를 전달하는 글 　- 설득하는 글 　- 친교 및 정서 표현의 글 • 쓰기와 매체		
지식	기능	태도
• 쓰기의 본질과 특성 • 글의 유형 • 쓰기와 맥락	• 글씨 쓰기 • 쓰기의 계획 • 내용 생성과 조직 • 표현하기와 고쳐 쓰기 • 쓰기 과정의 점검과 조정	• 가치와 중요성 • 동기와 흥미 • 쓰기의 윤리 • 쓰기의 생활화

―문 법―

실제		
• 국어 문화와 자료 　- 구어 자료, 문어 자료 • 다양한 매체와 국어 자료		
지식	기능	태도
• 언어의 특성 • 국어의 구조 • 국어의 규범	• 국어의 분석과 탐구 • 국어 지식의 적용 • 국어 생활의 점검과 문제 해결	• 국어의 가치와 중요성 • 국어 탐구에 대한 흥미 • 국어 의식과 국어 사랑

―문 학―

실제		
• 다양한 갈래의 문학 　- 시(시가), 소설(이야기), 극, 수필, 비평 • 다양한 매체와 문학		
지식	기능	태도
• 문학의 본질과 속성 • 문학의 갈래 • 문학 작품의 맥락	• 작품 이해와 해석 • 작품 감상 • 작품 비평과 소통 • 작품 창작	• 문학의 가치와 중요성 • 문학에 대한 흥미 • 문학의 생활화

2) 수학

① 스토리텔링 기법이 일부 단원에 적용된다. '단원도입, 개별차시, 문제해결, 창의마당, 단원평가'로 구성된 개정교과서에서는 스토리텔링 기법이 적용되어 수학적 개념과 원리, 법칙들을 쉽고 재미있게 이해할 수 있도록 했다.
② 자기주도적인 학습을 할 수 잇도록 구성된다. 수학교과 '익힘책'은 해답과 해설을 수록해 가정에서 스스로 학습할 수 있도록 한다.
③ 종전 수학 교과 내용보다 학습량이 20% 줄어든다. 이를 위해 수학 전체를 초등학교 1학년부터 중학교 3학년까지 공통 교육과정으로 정리하고 수와 연산, 도형, 측정 등 5개 영역의 세부 단원들을 각 학년군마다 재조정했다.
④ 문제상황 해결 능력, 추론 능력, 의사소통 능력이 강화된다. 이를 위해 일산생활에서 수학적 개념이나 원리를 발견하고, 타 교과간 연계를 알아보는 교과 통합형 학습이 이루어진다.

* 목표

사고하고 의사소통하는 능력을 길러, 여러 가지 현상과 문제를 수학적으로 고찰함으로써 합리적이고 창의적으로 해결하며, 수학 학습자로서 바람직한 인성과 태도를 기른다.
가. 생활 주변이나 사회 및 자연 현상을 수학적으로 관찰, 분석, 조직, 표현하는 경험을 통하여 수학의 기본적인 기능과 개념, 원리, 법칙과 이들 사이의 관계를 이해하는 능력을 기른다.
나. 수학적으로 사고하고 의사소통하는 능력을 길러, 생활 주변이나 사회 및 자연의 수학적 현상에서 파악된 문제를 합리적이고 창의적으로 해결하는 능력을 기른다.
다. 수학에 대하여 관심과 흥미를 가지고, 수학의 가치를 이해하며, 수학 학습자로서 바람직한 인성과 태도를 기른다.

* 내용체계

학년 영역	1~2학년군	3~4학년군	5~6학년군
수와 연산	·네 자리 이하의 수 ·두 자리 수의 덧셈과 뺄셈 ·곱셈	·다섯 자리 이상의 수 ·세 자리 수의 덧셈과 뺄셈 ·곱셈 ·나눗셈 ·자연수의 혼합 계산	·약수와 배수 ·분수의 덧셈과 뺄셈 ·분수의 곱셈과 나눗셈 ·소수의 곱셈과 나눗셈 ·분수와 소수

학년 영역	1~2학년군	3~4학년군	5~6학년군
수와 연산		·분수 ·소수 ·분수와 소수의 덧셈과 뺄셈	
도형	·입체도형의 모양 ·평면도형의 모양 ·평면도형과 그 구성요소	·도형의 기초 ·평면도형의 이동 ·원의 구성요소 ·여러 가지 삼각형 ·여러 가지 사각형 ·다각형	·합동과 대칭 ·직육면체와 정육면체 ·각기둥과 각뿔 ·원기둥과 원뿔 ·입체도형의 공간감각
측정	·양의 비교 ·시각 읽기 ·시각과 시간 ·길이	·시간 ·길이 ·들이 ·무게 ·각도 ·어림하기(반올림, 올림, 버림) ·수의 범위(이상, 이하, 초과, 미만)	·평면도형의 둘레와 넓이 ·무게와 넓이의 여러 가지 단위 ·원주율과 원의 넓이 ·겉넓이와 부피
규칙성	·규칙 찾기	·규칙 찾기 ·규칙과 대응	·비와 비율 ·비례식과 비례배분 ·정비례와 반비례
확률과 통계	·분류하기 ·표 만들기 ·그래프 그리기	·자료의 정리 ·막대그래프와 꺾은선그래프	·가능성과 평균 ·자료의 표현 ·비율그래프(띠그래프, 원그래프)

3) 통합교과

① 바른생활, 즐거운 생활, 슬기로운 생활이 한 권으로 통합된다.
② 통합교과 수업의 비중이 높아진다. '바른생활'과 '즐거운 생활', '슬기로운 생활'이 단일 과목으로 합쳐진 통합교과서의 주당 수업시간은 9시간으로, 국어(6시간), 수학(4시간)보다도 훨씬 많다.

'바른생활'과의 목표

'바른 생활'과의 목표는 초등학교 1, 2학년 학생이 기본 생활 습관과 기본 학습 습관의 형성을 통하여 바르게 생활하는 데 있다.
　가. 가정, 학교, 지역 사회의 생활에 필요한 기본 생활 습관을 형성한다.
　나. 가정과 학교에서 학습하는 데 필요한 기본 학습 습관을 형성한다.
　다. 실천 활동을 하는 과정에서 기초적인 실천 기능을 익힌다.

'슬기로운 생활'과의 목표

'슬기로운 생활'과의 목표는 초등학교 1, 2학년 학생이 자신의 일상생활 주변에 대해 지속적으로 관심을 갖고 이해를 넓히는 데 있다.
　가. 자신을 둘러싼 주변을 대상으로 기초적인 탐구 활동을 수행한다.
　나. 자신의 주변에서 일어나는 여러 가지 변화와 다양한 관계를 체험한다.
　다. 탐구활동을 하는 과정에서 기초적인 탐구기능을 익힌다.

'즐거운 생활'과의 교육 목표

'즐거운 생활'과의 목표는 초등학교 1, 2학년 학생이 창의적인 표현 능력을 지닌 건강한 사람으로 자라도록 돕는 데 둔다.
　가. 자신과 주변의 모습을 다양하게 표현한다.
　나. 여러 가지 놀이와 표현 활동을 통해서 감각을 느끼고, 아름다움을 알며, 즐거움을 누릴 줄 안다
　다. 표현 활동에 참여하는 과정에서 기초적인 표현 기능을 습득한다.

* 내용체계

대주제	소주제	교과별 활동 주제		
		바른 생활	슬기로운 생활	즐거운 생활
학교와 나	·학교생활 ·나와 친구 ·몸 ·나의 꿈	·안전하게 등·하교하기 ·친구와 서로 도우며 공부하기 ·몸 소중히 다루기 ·나의 꿈 가꾸기	·학교 둘러보기 ·친구에게 관심 갖기 ·몸 살펴보기 ·나의 꿈 찾아보기	·학교 놀이하기 ·친구와 놀이하기 ·몸 표현하기 ·나의 꿈 표현하기
봄	·봄맞이 ·새싹 ·봄 날씨와 생활 ·봄나들이	·봄맞이 청소하기 ·새싹 보호하기 ·봄철 건강관리하기 ·자연 환경 보호하기	·봄의 모습 찾아보기 ·싹 틔우기 ·봄 날씨와 생활 알아보기 ·봄나들이 계획하기	·봄 교실 꾸미기 ·새싹 표현하기 ·봄 날씨를 주제로 놀이하기 ·봄나들이 가기

가족	·집 ·가족 ·친척 ·다양한 가족	·집에서 스스로 공부하기 ·가족 간의 예절 지키기 ·가족이나 친척의 소중함 알기 ·다양한 가족 존중하기	·우리 집 살펴보기 ·집안일 조사하기 ·가족과 친척 알아보기 ·다양한 가족 이해하기	·우리 집 표현하기 ·가족과 함께하기 ·가족 소개하기 ·다양한 가족 문화 표현하기
여름	·여름 풍경 ·곤충 ·여름 날씨와 생활 ·여름 방학	·건강한 여름나기 ·안전한 여름나기 ·에너지를 절약하는 생활하기 ·여름 방학 생활 스스로 준비하기	·여름 풍경 찾기 ·곤충이나 식물 조사하기 ·여름 날씨와 생활 살펴보기 ·여름 방학 생활 계획하기	·여름 느끼기 ·곤충과 식물 표현하기 ·여름 축제 열기 ·물놀이하기
이웃	·이웃 ·가게 ·우리 마을 ·직업	·이웃과 인사하기 ·물건 소중히 하기 ·공공시설과 물건 아끼기 ·일의 소중함 알기	·나의 이웃 살펴보기 ·생활에 필요한 물건 알아보기 ·우리 마을 둘러보기 ·마을 사람들이 하는 일 조사하기	·이웃 생활 표현하기 ·가게 놀이하기 ·우리 마을 자랑하기 ·직업 놀이하기
가을	·추석 ·낙엽과 열매 ·가을 날씨와 생활 ·가을 행사	·조상에게 감사하는 마음 갖기 ·자연에 감사하는 생활하기 ·서로 돕는 생활하기 ·질서 지키기	·추석 알아보기 ·가을 낙엽과 열매 관찰하기 ·가을 날씨와 생활 살펴보기 ·가을행사 조사하기	·민속놀이 하기 ·낙엽과 열매로 표현하기 ·가을 풍경 표현하기 ·가을 행사에 참여하기
우리나라	·우리나라의 상징 ·전통문화 ·이웃나라 ·남북통일	·우리나라의 상징 알기 ·전통문화 소중히 여기기 ·외국인을 대하는 바른 태도 갖기 ·통일을 위한 노력 알아보기	·우리나라 소개하기 ·전통문화 살펴보기 ·이웃나라 조사발표하기 ·남북한에 대해 알아보기	·우리나라 상징 표현하기 ·전통문화 체험하기 ·문화 알리미 놀이하기 ·통일 전시회 열기
겨울	·겨울맞이 ·동물 ·겨울날씨와 생활 ·겨울 방학 ·한해를 보내며	·나누는 생활 실천하기 ·동물 보호하기 ·겨울철 건강하고 안전하게 생활하기 ·겨울 방학 생활 스스로 준비하기 ·한 해 생활 반성하기	·나누는 생활 찾아보기 ·동물의 세계 탐구하기 ·겨울 날씨와 생활 살펴보기 ·겨울 방학 생활 계획하기 ·내년 생활 준비하기	·따뜻한 겨울 보내기 ·동물 표현하기 ·겨울 풍경 표현하기 ·겨울 놀이하기 ·나의 한 해 표현하기

4) 과학

* 목표

자연 현상과 사물에 대하여 흥미와 호기심을 가지고 탐구하여 과학의 기본 개념을 이해하고, 과학적 사고력과 창의적 문제 해결력을 길러 일상생활의 문제를 해결할 줄 아는 과학적 소양을 기른다.

가. 자연 현상을 탐구하여 과학의 기본 개념을 이해한다.
나. 자연 현상을 과학적으로 탐구하는 능력을 기른다.
다. 자연 현상에 대한 흥미와 호기심을 갖고, 문제를 과학적으로 해결하려는 태도를 기른다.
라. 과학, 기술, 사회의 관계를 인식한다.

* 내용체계

학년	3-4 학년		5-6 학년	
물질과 에너지	·물체의 무게 ·물체와 물질 ·액체와 기체 ·소리의 성질	·자석의 이용 ·혼합물의 분리 ·거울과 그림자 ·물의 상태 변화	·온도와 열 ·용해와 용액 ·산과 염기 ·물체의 빠르기	·전기의 작용 ·여러 가지 기체 ·렌즈의 이용 ·연소와 소화
생명과 지구	·지구와 달 ·동물의 한살이 ·동물의 생활 ·지표의 변화	·식물의 한살이 ·화산과 지진 ·식물의 생활 ·지층과 화석	·날씨와 우리 생활 ·식물의 구조와 기능 ·태양계와 별 ·우리 몸의 구조와 기능	·지구와 달의 운동 ·생물과 환경 ·생물과 우리 생활 ·계절의 변화

5) 사회

* 목표

가. 사회의 여러 현상과 특성을 그 사회의 지리적 환경, 역사적 발전, 정치·경제·사회적 제도 등과 관련지어 이해한다.
나. 지표 공간의 자연 및 인문 환경에 대한 이해를 통해 지역에 따른 인간 생활의 다양성을 파악하고, 지리적 지식과 기능을 습득하여 지리적 문제를 해결한다.

다. 각 시대의 특색을 중심으로 우리나라의 역사적 전통과 문화의 특수성을 파악하여 민족사의 발전상을 체계적으로 이해하며, 이를 바탕으로 인류생활의 발달 과정과 각 시대의 문화적 특색을 파악한다.
라. 사회생활에 관한 기본적 지식과 정치·경제·사회·문화 현상에 대한 기본적인 원리를 종합적으로 이해하고, 현대 사회의 성격 및 민주적 사회생활을 위하여 해결해야 할 여러 문제를 파악한다.
마. 사회 현상과 문제를 파악하는 데 필요한 지식과 정보를 획득, 분석, 조직, 활용하는 능력을 기르며, 사회생활에서 나타나는 여러 문제를 합리적으로 해결하기 위한 탐구 능력, 의사 결정 능력 및 사회 참여 능력을 기른다.
바. 개인과 사회생활을 민주적으로 운영하고, 우리 사회가 당면한 문제들에 관심을 가지고 민주 국가 발전과 세계의 발전에 적극적으로 이바지하려는 태도를 가진다.

* 내용체계

학년	지리영역	일반사회영역	역사영역
3-4 학년	o 우리가 살아가는 곳 o 달라지는 모습 o 촌락의 형성과 주민 생활 o 민주주의와 주민 자치	o 이동과 소통하기 o 우리 지역, 다른 지역 o 경제생활과 바람직한 선택 o 지역사회의 발전	o 사람들이 모이는 곳 o 도시의 발달과 주민 생활 o 다양한 삶의 모습 o 사회변화와 우리 생활
5-6 학년	o 살기 좋은 우리 국토 o 환경과 조화를 이루는 국토 o 우리 이웃 나라의 환경과 생활 모습 o 세계 여러 나라의 환경과 생활 모습	o 우리 경제의 성장 o 우리나라의 민주 정치 o 우리 사회의 과제와 문화의 발전 o 정보화, 세계화 속의 우리	o 우리 역사의 시작과 발전 o 세계와 활발하게 교류한 고려 o 유교문화가 발달한 조선 o 조선 사회의 새로운 움직임 o 근대 국가 수립을 위한 노력과 민족 운동 o 대한민국의 발전과 오늘의 우리

6) 도덕

* 초등학교 단계에서의 목표

초등학교 단계에서는 일상생활에 필요한 도덕적 가치·덕목과 기본 생활 예절을 알고 기본적인 도덕적 판단력과 실천 의지를 함양하여 공동체 속에서 다른 사람과 더불어 조화롭게 살아갈 수 있는 도덕적 행동 능력과 습관을 기른다.

* 내용체계

구분	주요덕목 전체지향	주요덕목 영역별	3-4학년	5-6학년
도덕적 주체로서의 나	존중 책임 배려 정의	자율 성실 절제	ㅇ 소중한 나 ㅇ 자신의 일을 스스로 하는 삶 ㅇ 성실한 생활 ㅇ 반성하는 삶	ㅇ 감정의 조절과 표현 ㅇ 자기 행동에 대한 책임감 ㅇ 자긍심과 자기 계발 ㅇ 절제하는 생활
우리·타인과의 관계		효도 예절 협동	ㅇ 화목한 가정 ㅇ 친구 간의 우정과 예절 ㅇ 감사하는 생활 ㅇ 이웃 간의 도리와 예절 ㅇ 인터넷 예절 ㅇ 서로 돕는 생활	ㅇ 정보사회에서의 올바른 생활 ㅇ 웃어른 공경과 예절 ㅇ 배려하고 봉사하는 삶 ㅇ 대화와 갈등 해결
사회·국가·지구공동체와의 관계		준법 공익 애국심 통일의지 인류애	ㅇ 공공장소에서의 질서와 규칙 ㅇ 나라에 대한 사랑과 긍지 ㅇ 통일의 필요성과 노력 ㅇ 다문화 사회에서의 바람직한 삶	ㅇ 인권존중과 보호 ㅇ 법과 규칙의 준수 ㅇ 공동체 의식과 시민의 역할 ㅇ 공정한 행동 ㅇ 우리가 추구하는 통일의 모습 ㅇ 지구촌 시대의 인류애
자연·초월적 존재와의 관계		자연애 생명존중 평화	ㅇ 생명의 소중함 ㅇ 자연사랑과 환경 보호	ㅇ 참된 아름다움 ㅇ 사랑과 자비

7) 실과

* 목표

'가정생활'과 '기술의 세계'에 대한 지식, 능력, 가치 판단력을 함양하여 건강한 개인 및 가정생활을 영위하고, 기술에 대한 기본 소양을 습득하여, 현재와 미래 생활을 주도할 수 있는 역량과 태도를 기른다.

가. 나와 가족을 이해하고 가정생활에 필요한 기초 생활 능력을 함양하여 가정생활에서 직면하는 문제를 해결하고 건강한 개인 및 가족 구성원으로서 자신의 삶을 주도해 나갈 수 있는 역량과 태도를 기른다.

나. 생활 속에서 기술과 관련되는 문제를 탐구하여 창의적으로 해결함으로써 일상생활에서 기술을 유용하게 활용할 수 있는 능력을 기르며, 또한 미래의 직업과 일의 세계에 대한 건전한 가치관을 형성하고 진로를 탐색하여 미래 사회에 적응하는 역량과 태도를 기른다.

* 내용체계

영역	가정생활	기술의 세계
실과군 (5-6학년)	o 나와 가정생활 - 나의 성장과 가족 - 가정일과 가족원의 역할 o 나의 균형 잡힌 식생활 - 나의 영양과 식사 - 건강 간식 만들기 o 나의 자립적인 의생활 - 건강하고 안전한 옷차림 - 스스로 하는 옷 관리 o 쾌적한 주거와 생활 자원 관리 - 주거 공간과 생활 자원 관리 - 용돈과 시간 관리 o 건강한 식생활의 실천 - 건강하고 안전한 식사 - 음식 만들기와 식사 예절 o 창의적인 의생활의 실천 - 생활 속 헝겊 용품 만들기 - 환경과 나눔의 생활 용품 만들기	o 생활의 기술 - 기술과 발명의 기초 - 창의적인 제품 만들기 o 생활 속의 동식물 - 인간 생활과 동식물 - 동식물 자원과 환경 o 생활과 정보 - 정보 기기와 사이버 공간 - 멀티미디어 자료 만들기와 이용 o 생활과 전기·전자 - 전기·전자의 이용 - 로봇의 이해 o 생활 속의 동식물 이용 - 생활 속의 식물 가꾸기 - 생활 속의 동물 돌보기 o 나의 진로 - 일과 직업의 세계 - 진로 탐색과 설계

8) 영어

* 초등학교 영어교과의 목표

초등학교에서는 영어에 대한 흥미와 관심을 가지고, 일상생활에서 사용되는 기초적인 영어를 이해하고 표현하는 능력을 기르는 것을 목표로 한다.
가. 영어에 대한 흥미와 기초적인 영어 사용에 대한 자신감을 가진다.
나. 일상생활에서 영어로 기초적인 의사소통을 할 수 있는 능력을 기른다.

다. 영어 학습을 통하여 다른 나라의 관습이나 문화를 이해한다.
* 영역 및 학습내용 성취기준

(1) 초등학교 3~4학년군

(가) 듣기
① 소리를 식별한다.
①-1. 알파벳과 낱말의 소리를 듣고 식별한다.
①-2. 영어의 소리와 강세, 리듬, 억양을 듣고 식별한다.
② 낱말이나 대화 내용을 이해한다.
②-1. 주변의 친숙한 낱말을 듣고 의미를 이해한다.
②-2. 일상생활에 사용되는 쉽고 친숙한 표현을 듣고 이해한다.
②-3. 일상생활에 관한 간단한 대화를 듣고 이해한다.
②-4. 주변의 사물과 사람에 관한 쉽고 간단한 말을 듣고 이해한다.
②-5. 지나간 일에 관한 간단한 말을 듣고 이해한다.
③ 찬트, 노래, 게임의 중심 표현을 이해한다.
③-1. 쉽고 간단한 찬트나 노래를 듣고 중심 표현을 이해한다.
③-2. 쉽고 간단한 게임이나 놀이를 통해 중심 표현을 이해한다.
④ 과업을 수행한다.
④-1. 쉽고 간단한 지시, 명령을 듣고 행동한다.
④-2. 쉽고 간단한 말을 듣고 단순한 과업을 수행한다.

(나) 말하기
① 소리를 따라 말한다.
①-1. 알파벳과 낱말의 소리를 듣고 따라 말한다.
①-2. 영어의 강세, 리듬, 억양에 맞게 따라 말한다.
② 낱말이나 문장을 말한다.
②-1. 실물이나 그림을 보고 낱말이나 한 문장으로 말한다.
②-2. 주변의 사물과 사람에 관해 한두 문장으로 말한다.
②-3. 한두 문장으로 지시하거나 명령을 한다.
②-4. 쉽고 친숙한 일상 표현을 한다.
③ 말하거나 묻고 답한다.
③-1. 한두 문장으로 자기소개를 한다.
③-2. 일상생활에 관해 쉽고 간단한 표현으로 묻고 답한다.
③-3. 지나간 일에 관해 간단히 말한다.
④ 찬트나 노래, 게임을 한다.

④-1. 쉽고 간단한 게임이나 놀이에 참여하여 말한다.
④-2. 쉽고 간단한 찬트나 노래를 강세, 리듬, 억양에 맞게 부른다.

(다) 읽기
① 알파벳을 읽는다.
①-1. 알파벳 인쇄체 대·소문자를 식별하여 읽는다.
② 소리와 철자의 관계를 이해하고 낱말을 읽는다.
②-1. 소리와 철자의 관계를 이해한다.
②-2. 소리와 철자의 관계를 바탕으로 쉬운 낱말을 읽는다.
③ 어구나 문장을 읽는다.
③-1. 쉽고 간단한 낱말이나 어구를 따라 읽는다.
③-2. 들은 것과 일치하는 낱말이나 어구를 찾아 읽는다.
③-3. 쉽고 간단한 문장을 따라 읽는다.
③-4. 쉽고 간단한 낱말이나 어구를 소리 내어 읽는다.
④ 낱말이나 어구의 의미를 이해한다.
④-1. 그림, 실물, 동작 등을 통해 쉽고 간단한 낱말을 읽고 의미를 이해한다.
④-2. 쉽고 간단한 낱말이나 어구를 읽고 의미를 이해한다.

(라) 쓰기
① 알파벳을 쓴다.
①-1. 알파벳 인쇄체 대·소문자를 쓴다.
② 낱말이나 어구를 쓴다.
②-1. 구두로 익힌 낱말을 따라 쓴다.
②-2. 짧고 쉬운 낱말이나 어구를 따라 쓰고 보고 쓴다.
②-3. 그림, 실물, 동작 등을 나타내는 낱말이나 어구를 완성하여 쓴다.

(2) 초등학교 5~6학년군

(가) 듣기
① 중심 내용을 이해한다.
①-1. 실물이나 그림에 관한 설명을 듣고 이해한다.
①-2. 앞으로 일어날 일에 관한 간단한 말이나 대화를 듣고 이해한다.
①-3. 대상을 비교하는 쉬운 말이나 대화를 듣고 이해한다.
①-4. 간단한 말이나 대화를 듣고 의도나 목적을 이해한다.
② 세부 내용을 이해한다.
②-1. 그림이나 도표에 관한 쉽고 간단한 말이나 대화를 듣고 세부 내용을 이

해한다.
②-2. 일상생활에 관한 간단한 말이나 대화를 듣고 세부 내용을 이해한다.
③ 전화 대화를 이해한다.
③-1. 전화 대화에 필요한 기초적인 표현을 듣고 이해한다.
③-2. 간단한 전화 대화를 듣고 이해한다.
④ 과업을 수행한다.
④-1. 간단한 묘사나 설명을 듣고 과업을 수행한다.
④-2. 일상생활에 관한 간단한 말이나 대화를 듣고 과업을 수행한다.

(나) 말하기
① 중심 내용을 말한다.
①-1. 주변의 친숙한 대상에 관해 간단히 말한다.
①-2. 단순한 그림이나 상황을 보고 간단히 말한다.
①-3. 일상생활에 관한 간단한 말이나 대화를 듣고 중심 내용을 묻고 답한다.
② 세부 내용을 묻고 답한다.
②-1. 일상생활에 관해 간단히 이유를 묻고 답한다.
②-2. 앞으로 일어날 일에 관해 간단히 묻고 답한다.
②-3. 일상생활에 관한 간단한 말이나 대화를 듣고 세부 내용을 묻고 답한다.
③ 전화 대화를 한다.
③-1. 전화 대화에 필요한 기초적인 표현을 한다.
③-2. 간단한 전화 대화를 한다.
④ 지시하거나 요청한다.
④-1. 두세 개의 연속된 문장으로 지시하거나 명령한다.
④-2. 쉽고 간단한 표현을 사용하여 상황에 맞게 요청한다.

(다) 읽기
① 소리 내어 읽는다.
①-1. 쉽고 간단한 문장을 강세, 리듬, 억양에 맞게 소리 내어 읽는다.
①-2. 일상생활에 관한 짧고 쉬운 글을 소리 내어 읽는다.
② 문장을 읽고 이해한다.
②-1. 주변의 친숙한 대상의 이름이나 표지판 등을 읽고 이해한다.
②-2. 쉽고 간단한 문장을 읽고 이해한다.
③ 글의 내용을 이해한다.
③-1. 그림이나 도표가 포함된 쉽고 간단한 글을 읽고 이해한다.
③-2. 일상생활에 관한 짧고 쉬운 글을 읽고 이해한다.
③-3. 개인생활을 소개하는 짧고 쉬운 글을 읽고 이해한다.

③-4. 쉬운 이야기를 읽고 줄거리를 이해한다.
(라) 쓰기
① 철자법에 맞게 쓴다.
①-1. 문장 안에서 인쇄체 대·소문자를 바르게 쓴다.
①-2. 문장 안에서 구두점을 바르게 쓴다.
② 낱말이나 어구를 쓴다.
②-1. 소리와 철자의 관계를 바탕으로 쉬운 낱말을 듣고 쓴다.
②-2. 실물, 그림, 도표를 보고 쉽고 간단한 낱말이나 어구를 쓴다.
②-3. 주어진 낱말이나 어구를 넣어 간단한 문장을 완성한다.
③ 문장이나 짧은 글을 쓴다.
③-1. 실물, 그림, 도표를 보고 한두 문장으로 쓴다.
③-2. 예시문을 참고하여 간단한 초대, 감사, 축하 등의 짧은 글을 쓴다.
③-3. 자신이나 가족 등에 관해 짧고 간단하게 쓴다.

9) 창의적 체험활동

* 목표

  학생들은 창의적 체험활동에 자발적으로 참여하여 개개인의 소질과 잠재력을 계발·신장하고, 자율적인 생활 자세를 기르며, 타인에 대한 이해를 바탕으로 나눔과 배려를 실천함으로써 공동체 의식과 세계 시민으로서 갖추어야 할 다양하고 수준 높은 자질함양을 지향한다.
  가. 각종 행사, 창의적 특색 활동에 자발적으로 참여하여, 변화하는 환경에 적극적으로 대처하는 능력을 기르고, 공동체 구성원으로서의 역할을 수행한다.
  나. 동아리활동에 자율적이고 지속적으로 참여하여 각자의 취미와 특기를 창의적으로 계발하고, 협동적 학습능력과 창의적 태도를 기른다.
  다. 이웃과 지역사회를 위한 나눔과 배려의 활동을 실천하고, 자연환경을 보존하는 생활습관을 형성하여 더불어 사는 삶의 가치를 깨닫는다.
  라. 흥미와 소질, 적성을 파악하여 자기 정체성을 확립하고, 학업과 직업에 대한 다양한 정보를 탐색하여 자신의 진로를 설계하고 준비한다.

* 내용체계

영역	성격	활동
자율활동	학교는 학생 중심의 자율적 활동을 추진하고, 학생은 다양한 교육활동에 능동적으로 참여한다.	- 적응 활동 - 자치 활동 - 행사 활동

		- 창의적 특색 활동 등
동아리 활동	학생은 자발적으로 집단 활동에 참여하여 협동하는 태도를 기르고, 각자의 취미와 특기를 신장한다.	- 학술 활동 - 문화 예술 활동 - 스포츠 활동 - 실습 노작 활동 - 청소년 단체 활동 등
봉사활동	학생은 이웃과 지역사회를 위한 나눔과 배려의 활동을 실천하고, 자연환경을 보존한다.	- 교내 봉사활동 - 지역사회 봉사활동 - 자연환경 보호활동 - 캠페인 활동 등
진로활동	학생은 자신의 흥미, 특기, 적성에 적합한 자기 계발 활동을 통하여 진로를 탐색하고 설계한다.	- 자기 이해 활동 - 진로 정보 탐색 활동 - 진로 계획 활동 - 진로 체험 활동 등

부록2. 초등교육과정의 이해

참고문헌

권낙원(1995). 열린교육의 이론과 실제. 서울: 현대교육출판.
김경일(1988). 독서교육과 독후감지도. 세문사.
김경일(1997). 독서교육론. 일조각.
김기태(1999), "미디어 교육이란 무엇인가: 교사 대상 미디어 교육 강좌," 한국 방송문화진흥원
김대행 외(2004). 방송의 언어문화와 미디어교육. 서울대학교 출판부.
김두임 외(2002). 초등학생을 위한 방과후 신문활용교육. 양서원.
김려옥(1998). 심성개발지도의 실제. 도서출판 한국인성개발.
김상수(2003). 좋은 수업의 새로운 패러다임. 신천출판사.
김상수(2005). 자기 주도적 학습, 그리고 자기 조절 학습. 대구 : 송광사.
김숙희 외(2003). 초등학생 학습혁명. 서울 : 조선일보사.
김영채(1999). 사고력 : 이론, 개발과 수업. 교육과학사.
김영순 외(2004). 미디어교육과 사귐. 연극과 인간.
김오남 외(2000). 아동생활지도. 형설출판사.
김용기(1986). 교수·학습지도론. 창문각.
김종상(1986). 편지글 쓰기(한국글짓기지도회총서 1). 경원각.
김종상. 내가 쓴 나의 전기(일기문). 한국교육문화사
김종상. 편지글 쓰기. 한국교육문화사
김종상. 정을 실어 보내는 글(편지글). 한국교육문화사
김종상, 정영애. 신나는 여행 이야기(기행문). 한국교육문화사
김지도(1997). 초등학교 독서교육. 교학사.
김창식(1991). 실험·실습교육의 강화 방안(과학교육, No.321). 시청각교육사.
김태호(2004). 생활지도와 상담. 학지사.
김판수 외. 자기주도학습의 절대시기. 교육과학사, 2007.
남궁달화(2002), 인성교육론. 문음사.
남미영(1997). 엄마가 어떻게 독서지도를 할까. 대교출판.
놀이연구회(19910. 가슴펴고 어깨걸고 2. 우리교육.
대한교육연합회(1987). 독서와 독서지도. 대한교육연합회.
독서지도연구회(1990). 독서지도사전. 지경문화사.
류동백(1991). 독서 감상과 글짓기 교실. 아동문화연구원.

맹태균, 이규철, 김성천 공저 (2002). 고등교사를 위한 미디어교육 길잡이. 한국 언론재단.
문정하, 하종덕(1999). 또 하나의 교육 창의성. 학지사.
박광혜. 주말방학프로그램. 한무리나눔의집 열린학교.
박성연, 도현심(1999). 아동발달. 동문사.
박용성(1996). 논술을 알면 대학이 보인다. 한마당.
박인기 외(2000). 국어 교육과 미디어 텍스트. 삼지원.
박종규(1999). 알아보고자 하는 마음을 읽자(과학교육, No.415) 시청각교육사.
변영계, 박한숙(2004). 학습기술 훈련 프로그램-초등학생용. 서울:학지사.
서봉연, 이순형(1986). 발달심리학-아동발달. 중앙적성출판사.
서상훈(2009). 왜 자기주도학습일까-잠든 성적을 흔들어 깨운다. 지상사.
서울특별시교육청(2009), 자기주도 학습 프로그램 운영학교 담당교사 연수.
서울양천초등학교(2001). 다양한 체험활동을 통한 토론문화 정착방안 모색.
서울특별시 교육연구원(1996). 미래를 여는 창의성 교육.
서울특별시 교육연구원(1997). 자기 주도적 학습의 이론과 실제.
설기문(1988). 상담면접기술훈련의 이론과 실제. 중앙적성출판사.
손정표(1999). 신독서지도방법론. 태일사.
송명자(2000). 발달심리학. 서울: 학지사.
송인섭(2007) 송인섭 교수의 공부는 전략이다.
송인섭(2006). 현장적용을 위한 자기주도학습. 학지사.
신헌재 외(1993). 독서교육의 이론과 방법. 박이정.
심미자(2001). 자기주도적 학습의 이해. 열린 펴냄.
안정임, 전경란(1999). 미디어 교육의 이해. 한나래.
안정임 외(2004). 미디어교육 교재와 커리큐럼의 방향. 한국 언론 재단.
안춘근(1987). 독서의 지식. 학문사.
엄기원(1993). 올바른 독서 감상문 쓰기. 지경사.
엄기원 엮음. 글짓기 교실. 도서출판 대길.
우리누리(1996). 초등학생을 위한 바른 보고서 쓰기. 지경사.
우한용 외(2003). 신문의 언어문화와 미디어교육. 서울대학교 출판부.
원용진 외(2003). 미디어교육의 새로운 패러다임. 한국 언론 재단.
원진숙(1995). 논술 교육론. 도서출판 박이정.
유균상(2001), 학교에서의 인성교육의 부재의 원인과 해법. 사학 가을호.
윤운성 외(2003). 생활지도와 상담. 양서원.
윤정한(2001). BIG 캠프수련회. 엘맨출판사.
윤정한(1997). 사랑과 믿음의 공동체훈련. 엘맨출판사.
윤종건(2002). 창의력 교육의 길잡이. 원미사.

윤팔중(1998). 학습지도론. 학연사.
은혜정(2001). 해외우수프로그램비교연구-미디어교육. 방송진흥원.
이경화, 고진영 공저(2001). 아동발달과 상담. 학문사.
이권효 (2003), 뉴스 활용과 창의력, 경상북도교육청.
이병호 외(1992). 글짓기와 독서. 계몽사.
이순형 외(2002). 21세기 방과후 아동보육. 교문사.
이오덕(1993). 글쓰기, 어떻게 가르칠까. 보리.
이영춘(1992). 도덕과 교수·학습. 교학연구사.
이옥, 노성향(1996). 방과후 아동 보육론. 창지사.
이옥형(2002). 아동.청년 발달. 집문당.
이재승(2004). 독서와 글쓰기 교육(아이들과 함께하는). 박이정.
인천광역시교육청(1995). 바른 인성교육(장학자료).
전교조여성국(1993). 성교육교과서. 동지.
전도근(2009). 자기주도적 공부습관을 길러 주는 학습 코칭. 학지사.
전라남도교육청(2002). 교과별 교실 수업 개선 방안. 광주; 영문화사.
전라남도교육청(1998). 논술의 이론과 실제. 장학자료.
정두희(1997). 창의성 개발프로그램 I, II, III. 서울 : 교보문고.
정세구 외(2002), 공동체주의 교육. 교육과학사.
정옥분(2002). 아동발달의 이해. 학지사.
정용부(1998). 아동생활지도와 상담. 학지사.
정지웅, 김지자(1995). 자기 주도적 학습의 길잡이. 서울 : 교육과학사.
정현선(2004). 다매체 시대의 국어교육과 문화교육. 도서출판 역학.
조영식(1999). 창조적 독서 교육. 인간과 자연사.
주창윤(2003). 영상 이미지의 구조. 나남 출판.
최창섭(1985). 미니어 교육론. 문장.
최창섭(1990). 인간과 미디어 환경-미디어 교육이란 무엇인가. 성바오로출판사.
충청남도교육연구원(1994). 토의 학습 지도자료.
한국교육개발원(1996). 어른이 되나봐요.
한국독서학회(2003). 21세기 사회와 독서지도. 박이정.
한국보육정보연구소 역(1998).나는 똑바로 크고 싶어요. 여성사회교육원.
한국언론재단(2003). 한국의 미디어교육-미디어교육 실태 및 전문가 의식 조사. 언론재단
한국언론재단(2000), 세계 미디어 교육 모델. 언론재단총서 25.
한국언론학회 미디어교육위원회(2007). 미디어의 활용. 방송위원회.
한국창의력교육학회(2001). 창의성에의 초대.
한순미 저(2004). 평생학습사회에서의 자기주도적 학습전략. 양서원.

허경덕(1998), 체험과 실천 위주의 인성교육, 교육월보 1월호.
허경철, 조난심(1994). 인간성 함양을 위한 학교교육모형 개발. 한국교육개발원.
허덕희(1999). 어린이 독서교육. 인간과 자연사.
형지영(2001). 창의력을 신장시키는 통합적 독서교육. 인간과 자연사.
호이징하(1991). 호모루덴스. 도서출판 까치.
홍경자(2004). 청소년의 인성교육. 학지사.
홍순태. 일기쓰기. 한국아동교육개발원.

데니스 맥퀘일/양승찬, 강미은, 도준호 공역(2002). 매스커뮤니케이션 이론. 나남출판사.
데이비드 버킹엄/기선정, 김아미 옮김(2004). 미디어교육. iN BooK.
맥루한/박정규 옮김(2001). 미디어의 이해. 커뮤니케이션북스.
모티머 J.애들러/민병덕 역(1999). 독서의 기술. 범우사.
스가야 아키코/안해룡, 안미라 옮김(2001). 미디어 리터러시: 미국·영국·캐나다의 새로운 미디어교육 현장 보고. 커뮤니케이션북스.
조셉 보고스/이용관 옮김(2001). 영화 보기와 영화 읽기. 제3문학사.
팀 라헤이, 황혜정 역(1996). 머뭇거리는 부모를 위하여. 예찬사.
Gardner, H.(1983)/김경희(1993). Frame of mind: The theory of multiple intelligence. 마음의 틀. 문음사.
Irwin/천경록, 이경화 역(2003). 독서지도론. 박이정.
Irwin, Bake/한철우, 천경록 역(1999). 독서지도 방법. 교학사.
Steve Musson/서영숙 외 역(2002). 방과후 아동지도론. 양서원.
W. J. 바우쉬/김숙자(1991). 남자가 되기 위하여, 여자가 되기 위하여. 성바오로 출판사.

김양은(2000). "미디어환경변화에 따른 미디어교육에 관한 연구", 중앙대학교 대학원 박사학위 논문.
안정임(2000). 미디어교육의 한국형 모델 개발전략에 관한 연구, 한국방송학회 한국방송학보.
유지나(1992). "문학텍스트에서 영화텍스트로의 이동", 문학정신, 3월호. 열음사.
여은주(2001). "미디어교육에 관한 연구 -문헌 고찰과 사례 연구를 중심으로-", 한양대학교 언론정보대학원 석사학위 논문.
이미현(1995). "중·고등학교에서의 미디어교육에 관한 연구", 이화여자대학교 대학원 석사논문.
이영숙(1998). "미디어교육커리큘럼 개발연구", 미디어교육 현장사례 및 학술발표회 <우리나라 미디어교육의 현실과 과제> 발표문.
이윤경(2001). "제작활동을 통한 미디어교육 분석 및 시안 개발 연구", 서강대학교

언론대학원 석사학위 논문.
교육과학기술부 고시 제 2011 361호 [별책 2] 초등학교 교육과정
서울특별시교육청(2012). 2012년 초등돌봄교실 운영계획
곡교어린이집. 방과후교육계획서. http://www.gokgyo.co.kr/
늘푸름방과후어린이교실. 교육계획서. http://church.catholic.or.kr/
부스러기선교회. 방과후자료. http://www.cyberwelfare.or.kr/
진해남산초등학교. 경상남도교육청 지정 교육공동체 자율시범학교 운영계획서.
    http://www.namsan.es.kr/
초록이방과후교실. 교육계획서. http://web.edunet4u.net
한국독서능력개발원 자료실. http://www.readingcenter.or.kr/

엮은이

윤정한은

안양대학교에서 신학을 전공하고, 세종대학교에서 교육학석사를, 그리고 인하대학교대학원에서 교육학 박사과정을 이수중, 카나다크리스챤대학으로 옮겨서 기독교교육학박사학위를 취득했다.
방과후아동지도자료집, 영유아교수방법론 등, 지금까지 약 40여종의 기독교 및 보육 관련 자료집을 출간하였으며, 안양대학교 기독교육과 겸임교수, (사)전국보육교사교육연합회 교재편찬위원, 경기부북, 고양, 대림보육교사교육원 교수, 성결대학교 평생교육원, (사)예성 평생교육원, (사)경기미래 평생교육원, 고양여성인력개발센터 등에서 방과후아동지도사 과정을 담당하고 있다.

방과후돌봄교실지도자료집

엮은이 : 윤정한
펴낸이 : 채주희
펴낸곳 : 해피&북스

초판1쇄 인쇄 : 2013. 3. 28
초판1쇄 발행 : 2013. 4. 05

시울 마포구 신수동 448-6
출판등록 제10-1562(1985. 10. 29)

Tel. 02-323-4060
Fax. 02-323-6416

값 20,000원

이 책의 내용은 무단복제를 금지합니다.
잘못된 책은 바꾸어 드립니다.